清麿大鑑

中島宇一

序

薫山本間順治

長年の親友中島宇一君が数年にわたって精魂を打ち込んだ源清麿の図説的研究が遂に完成され、これが出版されたことは刀剣界の一大福音である。これによって短命ながら技倆は大慶直胤と相並んで幕末復古刀時代を代表し、ひたぶるに志津に私淑し、その人柄の反映でもあろうか、純真さと気迫の溢れる点に於ては古今屈指である。彼清麿の声価は斯界にいよいよたかまるであろう。従来とかくこの作には偽銘が多くまま巧妙なるものもあってその鑑別に苦心惨憺したのは私だけの体験ではないとおもわれるが、今やこの書をひもといて照合すれば正に浄玻璃の鏡にかけてみるがごとくである。但し私かに憂うることは今後この書による偽銘が必ずや生れることであって十分に警戒を要するであろう。

中島君は此の書を敢えて押形を主として編集されているが、その真剣さとご苦労に対して衷心から敬意を表し度い。およそ刀剣の場合よき押形は写真以上に貴重な鑑刀資料であり、図説的効果が高いものである。よき押形それは水拓、乾拓のいずれを問わず、銘を明確に表わしたものであり、刃文を正しく描写したものであることは勿論であるが、変化の多い乱刃の一点一画までをそのままに写すことは困難であり、自然筆者がこの作の見どころとしてとらえたものを描く結果となるものであり、まま写意的に誇張したものである。されば筆の巧拙ではなく見どころのとらえ方によって筆者の鑑識が窺われるものであり、例えば本阿弥光徳刀絵図巻のごときは略筆ながら各作の特色を実によく表現している。それとは趣を異にして此の書に所載する多くの押形の刃文を見るにいずれも丹念なる写実で特色をあますところなくとらえていることはいずれも正銘であることに加えて、因って以て中島君の清麿とその一派の作に対する鑑識に権威の烙印を捺すものである。

（〝源清麿〟続編序）

文字通り千古の鑑

佐藤寒山

畏友中島宇一君が、古来難物の一つとされていた源清麿と取組んで数年、ここにその図譜を完成された。これは何ものにもかえ難い貴い仕事であり、ここに至る迄の物心両面の困難さもまた察するに余りあるものがある。

抑々、源清麿の研究は故藤代義雄氏が先鞭をつけており、清麿に対する刀剣界の関心はこれによって開眼したことは事実であるが、今日から思えば、完全無欠なものではなく、加えるにその調査した資料も数の上からはなお不足していることはやむを得ない。

これに比して中島君の二回にわたって発表された源清麿図譜は、藤代氏の欠を補い、更に所説を裏付けるために清麿の作刀の殆ど全部とも言うべき全資料を網羅していることは誠に驚歎に値する。蓋し昭和の偉業として称讃すべきであろう。

清麿は申すまでもなく新々刀期に於ける最高の技術者であり、その最も得意としたところは、いわゆる相州伝の中でも志津伝にあって、その作風は信州在国時代を除けば終生変らず、四十余年の生涯を閉じた。

その人間としての生活に就いては兎角の批判もあるが、作刀に打込んだ根性には見るべきものがあり、称讃の辞を惜しまぬ。その死後、廃刀令後と言えども、その技倆と根性とが高く評価されて、その作刀の市価は他の新々刀はもとより、古刀、新刀をも圧する趣がある。市価のあるところ必ず贋作があるということは経済原理であって、源清麿の偽物の氾濫はまことに恐るべきものがある。しかも明治大正時代の偽物は全く幼稚極まりないもので多少なりとも清麿を論ずる程の人々はひっかかる憂いはまずない。

ところが藤代義雄氏の研究発表以後は、偽物が恐るべき進歩を遂げ、殊に現今に於ては刀剣鑑識の向上と科学の進歩に伴う偽作技術の上達によって巧妙極まりない贋物が横行している。これは全く鑑定家泣かせであり、ひいては愛刀家を泣かせ、結局に於ては清麿の真価をも傷つける結果となる。かかる悪徳業者は一日も早く一掃すべきであるがそれがなかなかに後を絶たぬことは慨嘆に堪えない。

清麿の偽物がどうして作り易く、それが横行し易いかということは、清麿自身にも罪があると云えば云えないこともない。それは信州在国時代は別として正行、清麿と改名し、しばしばその銘振りを変更していることで、悪徳者はこの盲点を衝いて跋扈するわけでもある。実にこのようにして推移してゆけば、恐らく百世の後には全くその真偽の鑑別は不可能となる懼れがないとは云えない。

この意味に於て中島君がその心血をそそいだ図譜を出版されたということは、全く文字通り千古の鑑というべきであり、現今に於ても鑑定家や愛刀家のよい指針である。吾人をして言わしむれば、一口の偽物を摑んで泣くよりは、まずこの一書を座右に置いて悔を百年の後に残さぬことが最も肝要であると思う。

ところが、一かどの専門家を以て任じ、相当の愛刀家として自他ともに許しているような方々が却って書を読まない場合が少なくない。そこに禍がきざす懼れがある。

中島君の源清麿は、形式ばった研究論文はないが、一枚一枚の図譜が無言の説明と汲めども尽きぬ研究を物語っている。この点一般の愛刀家にとって煩瑣がなく、しかも得るところが大である。この図譜を完成された中島君の満足はさぞかしと思われるが、我々にとっても偉大な教科書を得たという悦びが大きい。

ここに中島君のために又我がために、悦びの辞を述べて敬意と祝意を表する次第である。

（〝源清麿〟続編序〝源清麿の完成を祝う〟）

清麿の面目を伝えるに十分

辻本直男

「清麿大鑑」は清麿の優品を選りすぐってそのよさを十分知らせようとする意図のもとに、どちらかと言えば鑑賞本位に編集されたものである。大阪のアート紙に印刷された見事な刃文図とナカゴ図は清麿の真面目《しんめんもく》を伝えるに十分であり、正真作ばかりが選ばれているので銘鑑《めいかがみ》としても役立つ処多大である。

著者は長い年月にわたって既知の有名なもので未採録の分は勿論のこと、新発見のものに対しても鋭意その調査と拓影に精励を重ねられたのであるが、ここに漸く能う限りのものは悉く手懸けたと云う段階に到達したので、これを纒めて世に問われることになった。収載する処、正行銘のもの（環を含む）五十二口、清麿銘のもの五十数口。

正行銘について言えば武器講時代の作（山浦環正行と銘した大切先の刀と於吾妻以玉川水淬刃と刻した源朝臣正行銘の刀）正行二字銘の三例（天保十二・同十三年作）、萩打銘の短刀・刀・長巻直し・太刀など(その中天保十四年二月日の長巻直しは新資料である）、信州小諸打《もろ》（天保十五年八月の二例）、江戸定住後の諸作（弘化二・同三年）が主なものである。

清麿銘については改銘の翌年に当る弘化丁未（四年）二月の脇指（鳥居正意の好による）、同八月の脇指・短刀・刀の四例(この年には優秀作が多く、ここに掲げた刀二口は重要美術品に認定されたものである）、嘉永二年八月の刀(中条金之助の愛刀は新資料である）、嘉永三年二月の短刀と脇指（これらの焼刃には左文字風がよく出ている）並びに刀、同年八月の太刀、同年十二月の太刀など（その中で嘉永三年十二月の二字銘の太刀は従来未見の嘉永四年を探る為の手懸りとなる貴重なものである）、嘉永四年作と推定される後に講武所師範となった戸田忠道注文の大長巻（新資料）、嘉永五年二月の短刀（左文字風の顕著なもの）、嘉永六年八月の二字銘の太刀と菖蒲造の短刀（この二口は小諸城主牧野康哉の愛刀であった）、嘉永七年正月の太刀（試斬手の山田源蔵はこの刀で約三年後の安政三年十月千住で試斬を行い太々《たいたい》（両腕の付根の処）を切通し更に土壇を払ったが、その旨をナカゴに刻んでいる）などがあげられている。本大鑑に於て始めて世に紹介される作品が多く含まれており、そのことは本書刊行の意義を益々大きいものにしている。

本大鑑の特色として挙げなければならぬことは上記の豊富な新資料の紹介の他に、清麿の作品全般に対する編者の見解――所謂作家論が巻頭に掲げられている事である、これが一つ。ついでは萩打の時期の想定――正行銘変遷のことと関連させて説く、これが二つ。第三番目は清麿の作品に及ぼした左文字の影響についてであって、これは一と二のどちらにも繋ることである。第四は源清麿の銘文の新研究である。

第一の作家論は**源清麿論**と題するもので、その大筋は清麿の生涯を仮に次の様に

一、修業時代
一、松代時代
一、第一期江戸時代
一、萩時代
一、小諸滞在期
一、第二期江戸時代

の六期に分け、彼の行動を年代を追って史実の上から探りつつその間の代表作品を挙げ、それらを比較検討することによって輝かしい成長発展のあとを見ようとするのである。

「清麿によって創造された山浦派――これを特色づけるものは、彼が自身の手で原鉱から還元した最良質の鉄鋼を主材料としている

こと（これには鉄の大切な処女性が完全に保有されている）と、生気のあるその鉄性を十分生かすように工夫を凝らして鍛錬していること（これには出来るだけ鍛錬回数を少くする）、並びに構成が本三枚或は四方詰の方法をとっていること、などである。

彼の性格について言えば例えば武器講の場合、一振り三両掛けの契約である、注文主は「安けりゃよかれ」であるが、彼の方は大真面目で炭鉄の費用を惜しまず只管良刀をつくろうとして努力を重ねた――それから来る破綻が彼を長州に逃避させる因ともなるのであるが――。又後四谷に定住するようになってからはその名声を聞いて注文は殺到の有様であったが、弟子には一振りも代作をさせていない。更に彼が自ら死を選んだのも自由のきかぬ自身の体に対する失望と無念さからであって、詮ずる所彼は財富を欲せず、栄達を望まず、誠の作刀道一途に生き抜こうとする快男子であった。最初の作品（兄との合作）に早くも一貫斎（一以テ貫ク）と刻している処に、彼の堅い決意の程がうかがえるであろう。これらの事柄はこの処に説かれている。

第二の長州行についてであるが、作品の裏銘だけからすればぎりぎりの処天保十三年八月の少し前に長州の萩に来ていて、翌十四年八月の少し後に同地を去っていることになるが、前後にどれ程の幅を持たせるかが問題である。編者は正行銘の変遷を検討している中に、あからさまに告白しておられるように今迄全く気がつかなかった次のようなことを発見し、その結果次のような推定を下された。その大意は（ここには最初期のことには触れていないが）『武器講時代のもの即ち天保十・同十一年のものは銘の字体は色々に変っているが一グループと認められる特色がある。又上にも述べたように天保十三年八月には明らかに萩城ときっている。そこで先ず天保十三年二月作の刀と脇指を八月の萩城打に比べてみると鏨の運行（字形）と力の点で全く一致している、そこでこの年の二月は長州で打ったものと見なければならない。更に遡って前年の天保十二年二月作の脇指とも比べてみることにした、するとこれは亦のびのびとして大らかな調子は全く同じである。処がそれはその前の武器講時代の渋滞気味のものとはかなり趣を異にしている。そこでこれも亦長州打と認めざるを得ないのである。

次に天保十五年の八月作には「於信小諸城製」とあるから、その時には長州を去って故郷の小諸に帰っていることは確かである。がその年の二月打は長州か信州かそれを決めなければならぬ。処が編者はこのことについては言明をさけ、長門の国打の延長ではないかと思われるとだけ述べている。（それは信州打が武器講時代のもの程に、長州打との間に著しい差異がないので決定が困難であるからである。）

以上のことによって清麿の長州在住の期間は天保十二年の初頭から同十五年の春（若しくは前年の終頃）までのことと断じられる。』と、これを説明するに当っては理解を容易にする為に参考銘を拡大写真によって示している。

なお萩行を天保十二年の初頭とするについては、別の処に清麿が左文字風をマスターするには年月を要するし、又西涯先生に短刀を献呈するには馴染となるのに年月がかかる。その為には早く長州へ出向いているものと見なければならぬとしてこれを傍証に挙げている。

第三は清麿の作品に及ぼした左文字の影響―清麿の短刀に左文字の作風が顕著に反映している――殊に刃文の調子にそれが認められることは先人も既に指摘している処であるが、その由ってくる因《もと》を尋ねようとはしなかった。編者は清麿の長州行の真の目的は長州左（安吉）の研究にあるとし、更には筑前の本場へ足をのばす計画のあったことを推考し、萩滞在中に清麿は左の安吉から更に進んで大左の作風を完全に体得した、同時にそこでは又すばらしい地鉄を発見したとも言い、大左と安吉の各代表的な短刀の図を一口宛掲げそれと萩城打の短刀の図を比較することによってその正当性を強調し、最後に彼をほめたたえる言葉に今迄四谷正宗と称されているのは不当で、今後は〝四谷左文字〟と改められるべきであるとして大方の賛意を求めておられる。

第四は源清麿の銘文の新研究

正行から清麿へと改銘した弘化三年八月の第一作から嘉永七年正月の最終作に至る七年間余の清麿の作例を十二選び出しこれを年代

順に配して銘の変遷を跡付けようとするものである。これは拡大写真によっている。

内容は大体以上のようであるが、これについて聊か意見と批評を述べることが許されるならば

(1)萩打の上限を天保十二年の初頭とするのは編者の新見解で、作品の研究並びに銘文の字体の比較対照から生れたこの説は傾聴に価する。しかし下限のことについて天保十五年の二月作をどう取り扱うべきか、編者は多くを語ろうとしないが、同年八月の小諸打の「行」と「保」には一ケ処宛逆鏨を使っている（もっともそれは天保十年の作品に既に見受けられる処であるが。）その癖が二月作にも出ているのでそんな点からこれを信州打と見るのは如何であろうか。

(2)清麿が左文字乃至は安吉の作風に憧れそれを採入れようとして研鑽を積んだのは事実であるとしても長州へ行ったことで急にそれが達成されたとするにはそれを立証するものがなければならない。これらの詳しい説明がききたい。しかしながらその作風から彼を四谷左文字の愛称で呼ぼうとする新提案に対しては賛成するにやぶさかではない。

本書には弟子筋の清人・信秀（付盛寿）・正雄の代表作並びに兄真雄と甥兼虎の作品数点それに斎藤昌麿の遺跡についてのことなどが附加されている。これによって清麿をめぐる人々の群像も一段と明らかに描かれて来た。

編者は研磨業と云う忙しい仕事に従うかたわらこの押形集を遂に完結された、主人公の清麿その人を想わせるような不断の熱意と強い意志力に対して心から敬意を表したい。それと同時にこの事業に絶大な声援と協力を惜まれなかった愛刀家の方々に深く感謝し、出来のすばらしい正真作ばかりが厳選されたこれこそ本当の清麿の作品集である本書がその価値を正当に評価され、最高の指針として斯界から大いに歓迎されることを冀ってやまないものである。

自序

中島宇一

本書の刊行は、私が東都四ッ谷に住んでいました昭和十二年頃からの念願でありまして、清麿の卓越した作品に限りなき崇敬の心を寄せております私は、同匠の偉業を完璧な押形集として、これを永く世に伝へ遺すことは、彼の足跡を慕って愛好者や研究者が続いている今日、真に意義があり又是非やらねばならぬ仕事であると思ったのであります。茲に漸くその機が熟して永年心懸けて集めて置きました資料をもとにし更に新しく発見された同匠の作品を加えて収録し、その全貌を世に紹介する事と致しました。本書の刊行によって、清麿に対する理解を一段と深め、その研究にいささか寄与する処があろうかと心ひそかに自負しております。

本書に所載の作品は云う迄もなく正真で、しかも名品を選び、又、貴重な資料となるものをと心掛けました。その作品を年紀順に配列して名匠がたどった一代の道程、刀匠としての苦難や成長の過程を明確にすることを期しました。押形は刀を反映した鏡なので、観賞上、研究上の羅針盤であることを想い、その描写に当っては最善の努力を尽しました。申す迄もなく、刀が主体で、これによって研究し或は観賞するのが常道でありますが、誰しもが、又常に刀を手にとって観察することが出来る訳のものでもありませんので、平常はこれに代る押形にて知識を練って置き、機会有る毎に刀に接して、細微の点に至るまで忽にしないで、研鑽を繰り返すことは、やがて蘊蓄も深まり、真偽の判別も容易につき、優れた鑑識眼の持主になる道であります。

又、これは望むべき事ではありませんが、不慮の災害にあって名品の滅失した場合には、せめても押形に録して有ったことによって研究上貴重な資料が遺された例も少なからず耳に致して居ります。

清麿のような人気の頂点にある刀工ともなると夥しい贋作に出合っても当然のことのように思われるから不思議であります。贋作の程度は種種雑多で、どなたでも直ぐ見わけのつくような、極めて幼稚なものや、思わず吹き出したくなるような、悪意のない、ほほえましくなるような偽物もあります。そこで、よい気分になっていると次は真に迫るような巧妙なものが、お出ましとなる。一歩誤ると、この落し穴で、取り返しのつかない失態を演ずることとなります。幾重にも注意が肝要。

古来から清麿の傑作と唱われ、天下周知の名品とされているものの内に、この贋作があって、愕然とさせられた。いつまでも、驚ろき、面喰ってもいられないので、泣いて馬謖を斬ることとしました。

本大鑑には、正真物のみにて、疑問のもたれるものは、悉く之を避け保留とし、所載刀から外すこととしました。

他日、その真贋の究明には、全力を傾け、正真であることが立証されたものは、次の出版の機会に所載して発表することと致しました。ご諒承下さい。

先に上梓した「源清麿」二部作を刀剣春秋新聞社の飯田一雄氏のご要望に応えて、この書に簡単な改訂を加えて「清麿大鑑」と銘打って刊行する考えでしたが、いざ編纂にとりかかってみると、お座なりの改訂版程度ではすまされなくなりました。

即ち「研究資料編」「銘文（拡大）の変遷」「図録正行——清麿」これには新発見のもの多数を加え、更に山浦一派の作品も大々的に増頁しました。その他「清麿及一門と話題のある刀工」など、尨大な内容の清麿研究書の完成を、ここに見ることが出来ました。

この「清麿大鑑」は昭和聖代の文化遺産として後世に伝えるに足る書にと祈念しその編集に尽瘁しました。

読者のご支持を心から期待してやみません。

清麿大鑑目次

序……本間順治

文字通り千古の鑑……佐藤寒山

清麿の真面目を伝えるに充分……辻本直男

自序……中島宇一

研究資料編……(1)

源清麿論……(6)

斎藤昌麿……(14)

銘文の変遷 正行—清麿……(39)

図鑑編……(65)

源正行……(67)

源清麿……(123)

山浦真雄……(185)

直心斎兼虎……(202)

源正雄……(207)

栗原信秀……(215)

斎藤清人……(233)

荒木清重……(240)

上総国正直……(241)

鬼晋麿正俊……(244)

清麿及一門と話題の刀工……(249)

山浦真雄・同清麿・一門の年表……(265)

図版目次

■口絵図版

源正行刀　弘化二年二月
清麿の一期一振の刀
源清麿刀　嘉永二年二月
斎藤昌麿遺愛の「おそらく」
清麿刀　嘉永六年八月

■資料図版

源清麿の墓碑（長野県小県郡・長岡家）……13
斎藤昌麿の墓……14
斎藤昌麿の生家と遺愛の名石……15
史蹟上田城址……21
山浦兄弟の生家……22
真田家菩提寺長国寺と旧真田家邸園……24
海津城址……26
窪田清音邸辺の江戸地図……29
懐古園と小諸城址……30
江戸城と四谷伊賀町辺古地図……33
源清麿の墓碑（東京新宿・宗福寺）……35
真雄・清麿・兼虎生誕記念碑……36
真雄父子の住居跡と真雄の墓……37
兼虎作の刀匠鐔……38
源清麿の墓碑と位牌（高野山蓮華定院）……216
栗原信秀作の宝鏡……218
栗原信秀の碑と墓……219
栗原信秀の名鏡倭魂錦絵……222
斎藤昌麿家土蔵……241
上総国正直と鬼晋麿正俊での切り試写真……246

■本文図版

短刀　筑州住左……3
短刀　安吉……4
短刀　於長門国萩城造源正行　天保十三年八月日……5
刀　河村三郎源寿隆　文政十三年八月日……19
合口拵（信濃守幸貫の来国俊）……25
脇指　天然子完利二十七歳造之　一貫斉正行十八歳造之
文政十三年四月日……69
刀　一貫斉正行　文政十三年八月日……41
短刀　山浦正行　於海津城造之　天保三年八月日……41
短刀　一貫斉秀寿……72
小刀　信濃国正行（花押）・正行……73
短刀　信濃国正行……73
刀　山浦内蔵助源正行　為塩野入氏作之
天保五甲午歳二月……74
短刀　源秀寿　天保五年仲冬　為濤斎主人作之……75
脇指　表愛染之意鍛之山浦環　天保七申年九月吉日……77
刀　山浦環……78
小刀　同……78
刀　同……79
脇指　環……80
刀　山浦環正行　武器講一百之一　天保十年八月日……81
刀　山浦環正行……82
刀　於吾妻山浦環源朝臣正行
以玉川水淬刃天保十年秋八月日……83
刀　山浦環正行　天保十年十二月日主伴景徳……84
刀　正行　天保十一年八月日……85
刀　山浦環正行……86
脇指　正行　天保十一庚子年八月……87
脇指　正行　天保十二年二月日……88
刀　正行　天保十三年二月日……89
脇指　同　同……90
槍　同　同……91
短刀　恭呈西涯磵先生　於長門国正行製……92
短刀　於長門国萩城製源正行　天保十三年八月日……93
刀　於萩城山浦正行造之　天保十三年八月日……94
刀　山浦正行製　天保十四年二月日……95
短刀　同　同……96
小刀　同……96
刀　同……97
小刀　天保十五年春　源正行……98
刀　正行　天保十五年二月日……98
刀　山浦正行　天保十五年二（以下切）……99
刀　於信小諸城製源正行　天保十五年八月日……100
刀　山浦環正行　天保十五年八月日……101
刀　源正行　天保十五年八月日……102
刀　同　同……103
刀　同　同……104
刀　源正行　弘化二年二月日
応筑之　后州米藩武藤積忠需鍛焉……105
刀　源正行　弘化二年二月日……107

脇指　同　同……108
刀　同　弘化二年八月日……109
脇指　同　同……110
脇指　同　同……111
刀　源正行　弘化三年正月日……112
脇指　同　同……114
刀　同　弘化三年八月日……115
刀　源正行　弘化三年二月日　筑前守信秀
慶応四年正月上ル之……116
脇指　源正行　弘化三年二月日……118
刀　同　弘化三年八月日……120
刀　源清麿　同……124
刀　為窪田清音君・山浦環源清麿製
弘化丙午年八月日……126
小刀　山浦環清麿　山浦環清麿製……127
短刀　源清麿　依鳥居正意好造之
弘化丁未年二月日……128
短刀　源清麿　弘化丁未年八月日……129
脇指　同　同……130
脇指　同　同……132
脇指　同　同……133
刀　同　同……134
刀　同　同……135
脇指　同　同……136
脇指　源清麿　嘉永元年三月日……137
刀　源清麿　嘉永元年八月日……138
脇指　同　同……140
短刀　同　同……142
短刀　清麿　嘉永二年正月日……143
小刀　山浦環清麿……144
脇指　源清麿　嘉永二年二月日……144
刀　同　同……146
脇指　同　同……147
刀　源清麿　嘉永二年八月日……148
刀　同　同……149
短刀　源清麿　嘉永三年二月日……150
脇指　同　同……151
脇指　同　同……152
刀　同　同……153
刀　源清麿　中島兼足佩刀……154
刀　同……155
短刀　源清麿　嘉永三年八月日……156
刀　同　同　為山本重厚……157
薙刀　同　同　為岡田善伯君造之……158
刀　清麿　嘉永三年十二月吉日……160
嘉永四年の作銘三種……161
脇指　清麿　嘉永辛亥歳二月日……163
長巻　源清麿……164
短刀（おそらく）　清麿……166
刀　源清麿……167
短刀　源清麿　嘉永五年二月日……169
短刀　同　同……170
短刀　同　同……171
脇指　同　同……172
刀　清麿……173
刀　同　嘉永六年八月日……174
短刀　同……176
短刀　源清麿　神建雄三郎所持……177
刀　源清麿……178
刀　源清麿　嘉永七年正月日　安政三年十月廿三日
於千住太々土壇払切手山田源蔵……180
短刀　清麿……182
刀　源清麿　嘉永七年正月日……183
脇指　同　弘化丁未年二月日……184
短刀　信濃国天然子寿昌
於江府造之　天保二年辛卯孟春……190
小刀　寿昌（花押）……190
刀　信濃国寿昌　於小諸藩弘化二年二月作之……191
刀　山浦昇源正雄　嘉永二年於信州上田造之……192
短刀　正雄　嘉永三年八月……193
長巻　信濃国真雄……194
短刀　真雄　安政巳八月日……195
刀　山浦真雄造　文久元年八月吉辰……196
刀　遊射軒真雄　文久三年歳癸亥仲夏　一信斎兼虎……197
刀　山浦真雄　男兼虎……198
遊雲斎真雄（安政二年）　兼虎（花押）　天然子真雄（安政三年）……199
信濃国真雄（文久元年）　文久二年八月真雄……199
薙刀　真雄（文久二年）……200
短刀　游雲斎寿長　明治元戊辰九月……201
脇指　行宗　嘉永五年十月日……202
刀　安政五年五月兼虎造　応伊藤信成君需……203
刀　直心斎兼虎　慶応二年三月日……204
刀　信陽松代藩直心斎兼虎　明治二年二月日……205

刀　信濃国宗次　文久四年二月……206
刀　信濃国宗次造之　慶応四年二月日……206
短刀　源正雄作　嘉永七年八月日……207
短刀　源正雄　万延二年二月日……208
刀　源正雄　文久元年八月日……209
刀　武州住鈴木次郎源正雄　文久二年二月日……210
短刀　源正雄　文久二年二月日……211
短刀　同　文久三年二月日……212
短刀　同　文久三年八月日……212
短刀　源正雄　元治元年八月日……213
小刀　信秀造……220
刀　栗原謙司信秀　文久二年正月日……223
刀　信秀　文久二年十二月日……224
刀　筑前守信秀　慶応二二年二月日……225
刀　栗原筑前守平朝臣信秀　明治二年二月日……226
刀　栗原筑前守平朝臣信秀　明治二年八月日……227
刀　栗原平朝臣信秀　明治三年八月日……228
直刀　以残鉄平朝臣信秀　明治五年三月摹天国　皇命依十八振　謹……230
刀　栗原平朝臣信秀　明治七年八月日……231
短刀　平信秀　於北越（明治十一年作か）……232
短刀　盛寿造　明治三庚年十二月……232
短刀　武州於四ツ谷清人造之　安政二年二月日……235
短刀　羽州荘内藤原清人於江都為皇国無庵隠士如雲道人造之……236
脇指　荘内藩清仁藤原正行　安政四年二月於江府造之……237
脇指　於江戸小川町藤原清人作之　文久二年二月日……237
刀　清人於江都造之　元治元年二月日……238
短刀　豊前守清人　明治二年八月日……239
小刀　豊前守清人（明治初年の作）……239
刀　上野住荒木清重作　明治四十一年二月日……240
短刀　正直……241
短刀　正直　嘉永七甲寅二月日……242
刀　上総国正直　嘉永七年甲寅二月吉辰於江府作之……243
刀　岩井鬼晋麿源正俊作之文久元年七月日三分角鉄鹿角試之……244
刀　岩井鬼晋麿源正俊　文久三年二月日……245
短刀　国俊（名物・愛染国俊）……**249**
刀　無銘長船光忠……250
太刀　守家造……251
刀　無銘伝吉岡一文字……252
刀　慶長八年八月日国広　林伝右衛門尉持行所持之……253
刀　洛陽一条住信濃守藤原国広造　慶長十五捻二月日……253
刀　以南蛮鉄於武州江戸越前康継　本多飛弾守所持内かさ袮胴及度々末世剣是也……254
脇指　越前国住康継……254
刀　繁慶……255
刀　繁慶……255
脇指　長曽祢奥里……256
刀　長曽祢奥里虎徹入道……256
脇指　長曽祢虎徹入道興里　同作彫之　寛文弐年八月吉日……257
脇指　長曽祢興里入道乕徹……258
脇指　住東叡山忍岡辺長曽祢虎徹入道……258
刀　水心子正秀寛政元年八月日以五郎入道正宗末孫源綱広嫡伝鍛之……259
刀　造大慶直胤　ナニハ　天保八年仲秋……260
脇指　固山宗次作　天保十五年七月日……261
刀　於千代田城下左行秀造之　慶応元年穐八月吉日……262

年　表
山浦昇源真雄……265
山浦環源清麿……265
山浦隼太之助兼虎……267
栗原謙司信秀……267
鈴木次郎源正雄……267
斎藤一郎清人……267

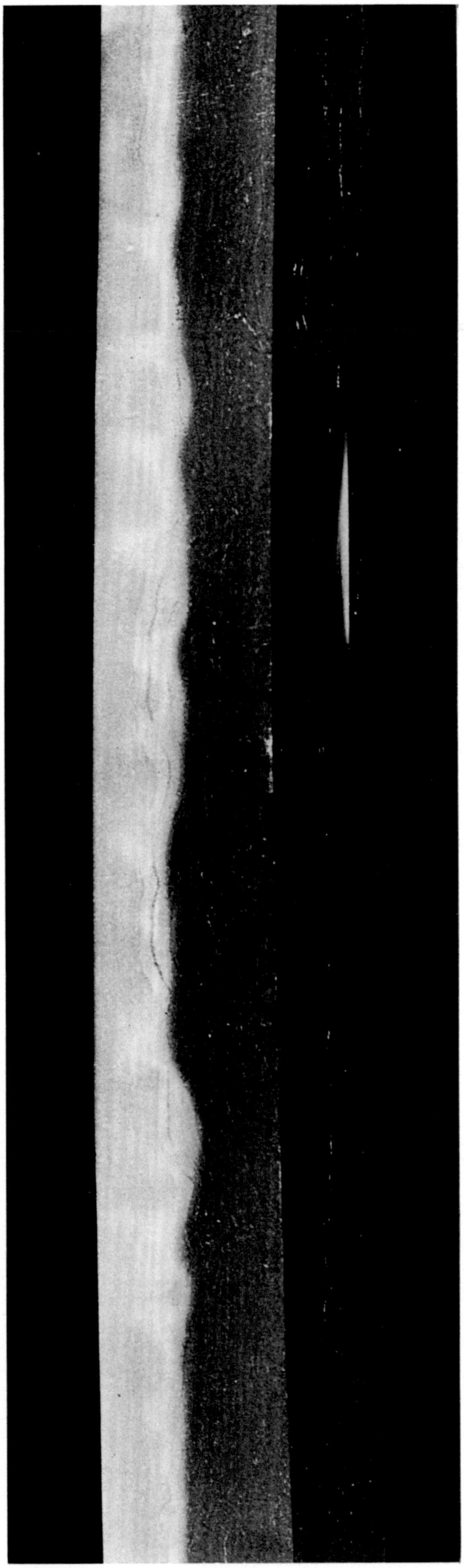

源正行　弘化二年二月日

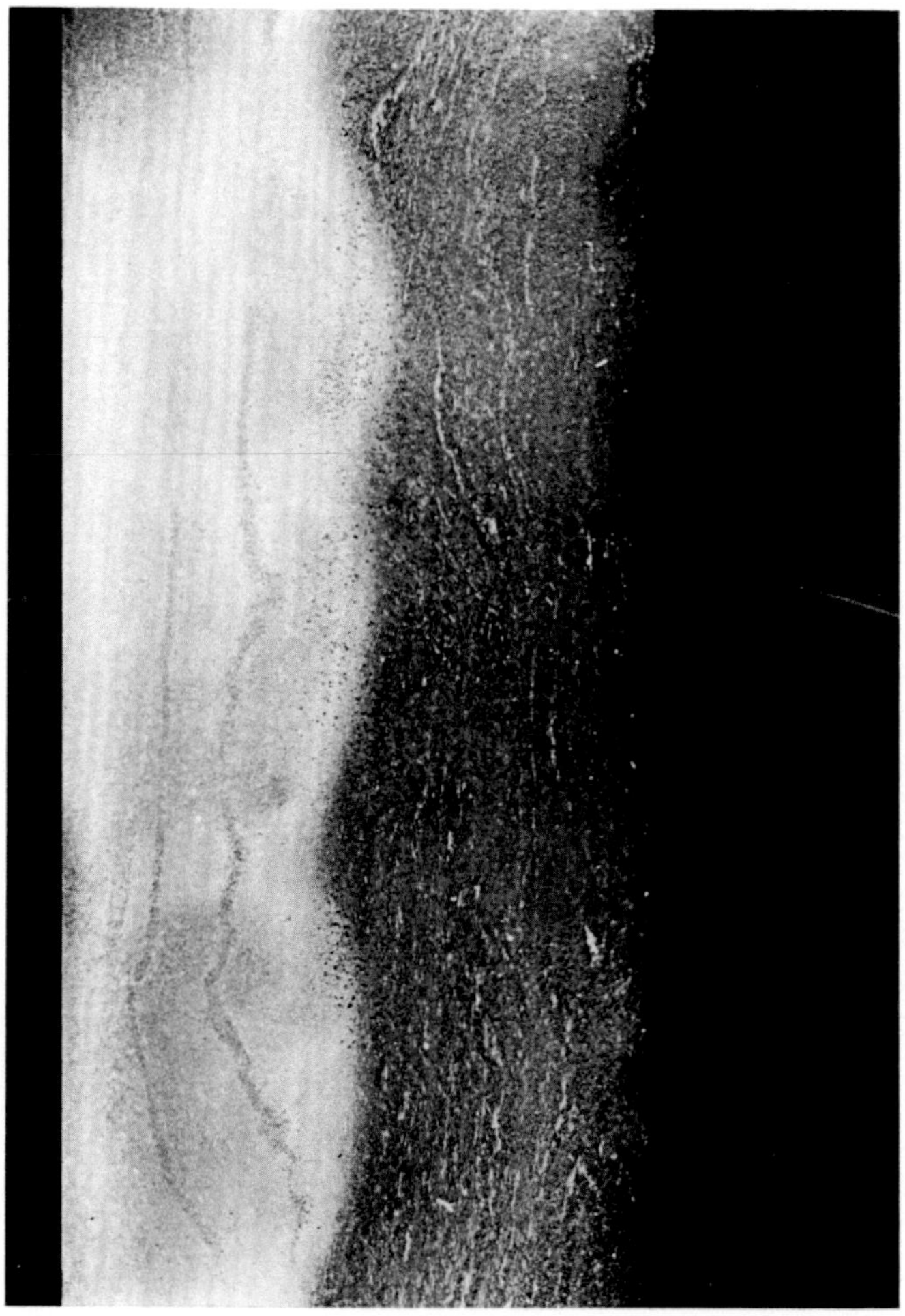

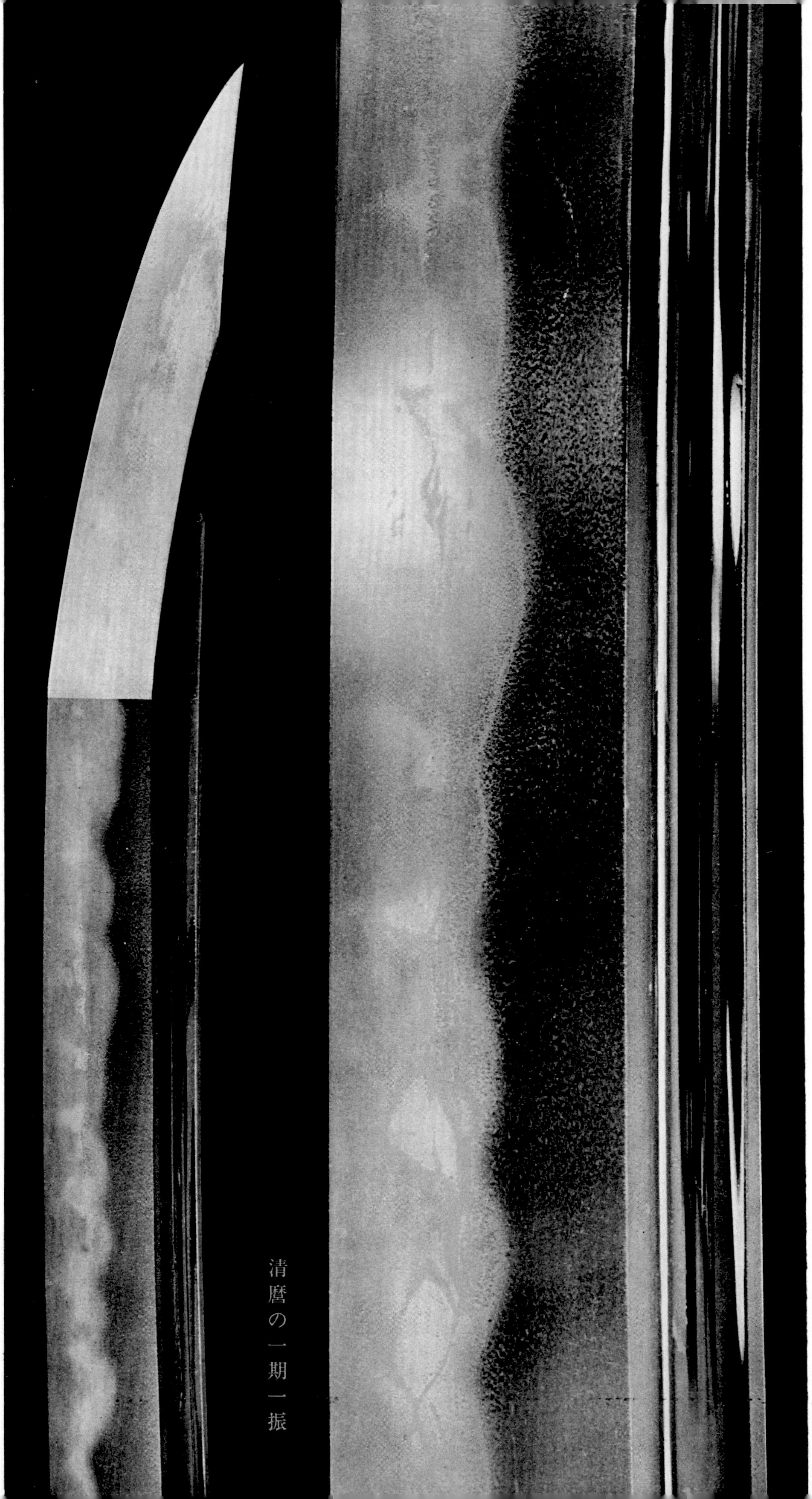

清麿の一期一振

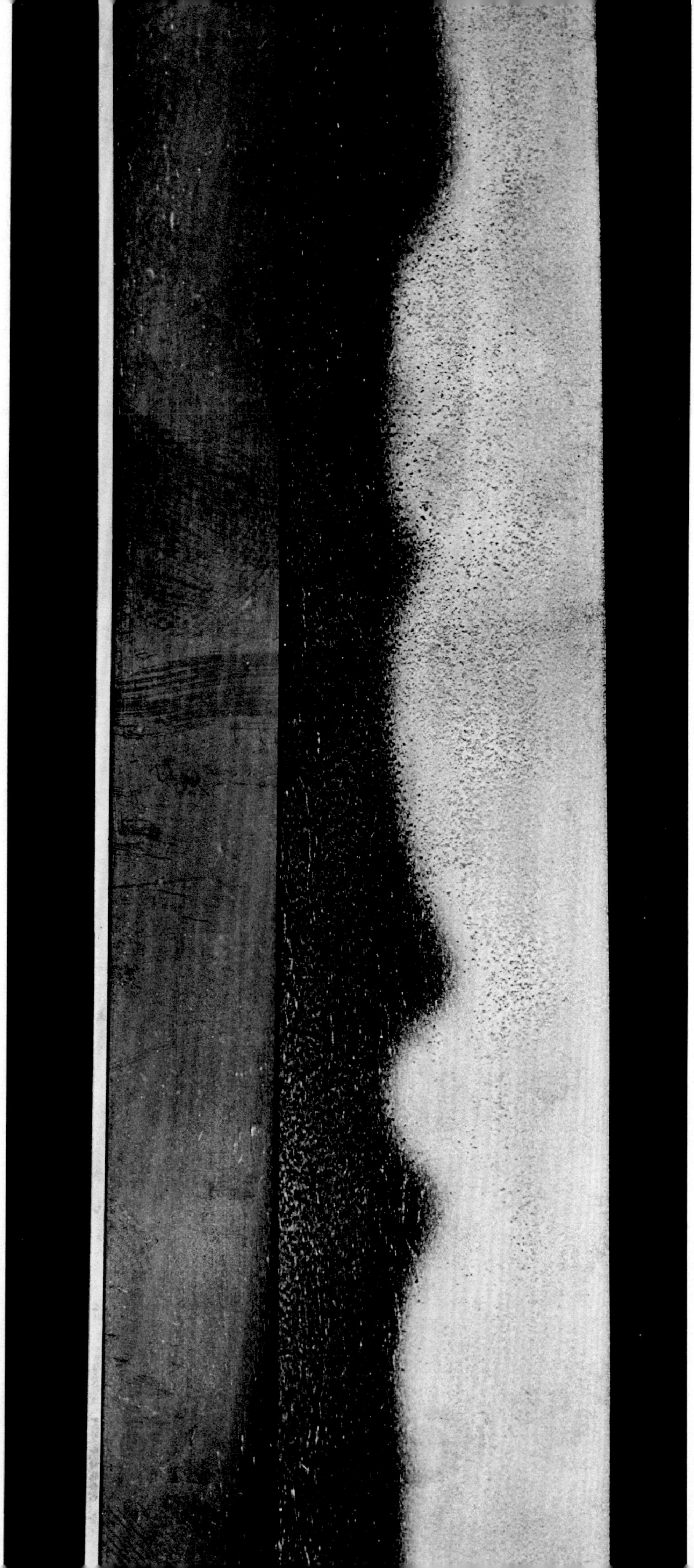

刀　銘 源清麿　嘉永二年二月日

斎藤昌麿遺愛の「おそらく」

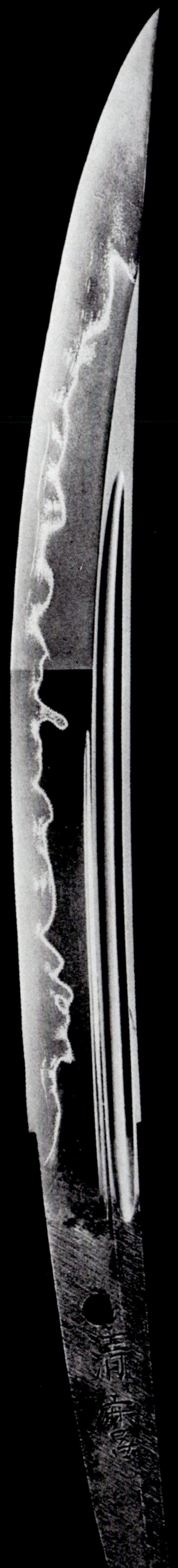

清麿
嘉永六年八月日

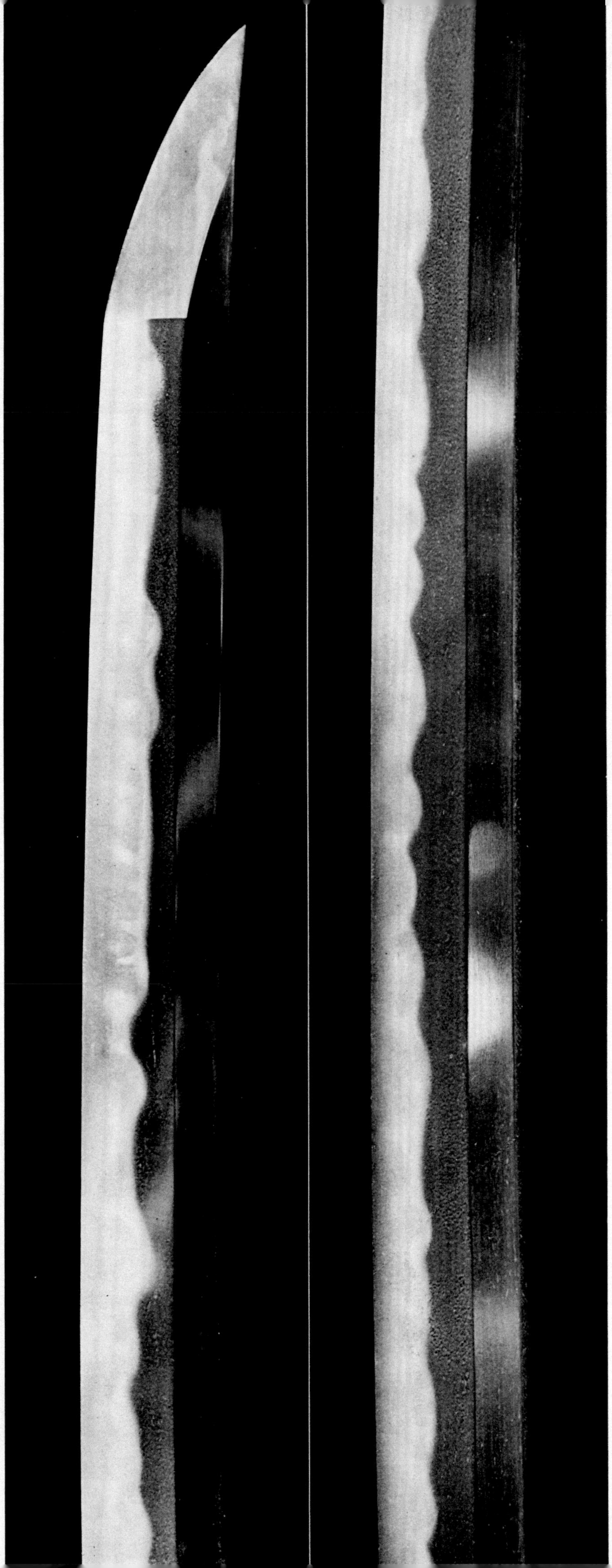

研究資料編

作品の母胎となった

に就いて

近世刀剣史上に比類のない功績を残した源清麿は、彼を愛好する人々によって、相州正宗に匹敵する程の名工であるとの意から四谷正宗と称えられ世の絶讃を浴びる事となった。しかし、清麿が私淑し、彼の作品の母胎となったものは言うまでもなく「筑州左文字」である。それにもかかわらず、名刀の代名詞の心算で付けてくれた好意は有難いものではあるが「四谷正宗」と呼ばれたのでは的はずれであり清麿も定めし戸惑っているものと思われる。これでは、どうも釈然としないから、今後は正しく「四谷左文字」の愛称で呼んで貰いたいものだ、と清麿自身もそう望んでいるのではないかと考えられるので、あえてここに記し以て皆様の御批判を仰ぐ事とした。

○短刀　銘　左　筑州住　（昭和八年一月国宝指定）

○短刀　銘　安吉（左）　（昭和二十四年二月国宝指定）

○短刀　銘　長門国萩城造源正行　天保十三年八月日

（本図録所載の右三図、御参照の上御批判、御検討を賜りたい。）

四谷左文字

太刀・延元三年三月日・肥州国泰作（埋）

短刀・延元四　十二　十三・肥州菊池住国時（光）

○太刀・興国三　二　九・国時

○太刀・正平二年八月・筑州住助永
短刀・正平三　八月日・国時（光）

短刀・正平七　六・肥州菊池住国時（光）
○太刀・正平七年八月・国時

短刀・正平十一年八月日・長州住安吉（光）
短刀・正平十一年八月日・筑州息浜住国弘（埋）
○短刀・正平十二年二月日・筑州住国弘作
○短刀・正平十二年二月日・左安吉作
○短刀・正平十三年二月日・筑州住弘安作（埋）
○脇指・正平十三年九月日・主長政　吉貞

○短刀・正平十七年八月日・長州住安吉

短刀・正平二十年二月日・筑州弘安作（往）
短刀・正平二十一年三月日・菊池住左衛門尉国綱（往）
短刀・正平二十二年七月廿五日・肥州菊池住左衛門尉国綱（往）
短刀・正平二十三年八月日・筑州住吉弘作（光・埋）

○短刀・正平二十五年一月日・筑州冷泉貞盛

南　朝	干　支	北　朝	逆　算
元弘元	辛　未	元徳 3	642
2	壬　申	正慶元	641
3	癸　酉	2	640
建武元	甲　戌		639
2	乙　亥		638
延元元	丙　子	建武 3	637
2	丁　丑	4	636
3	戊　寅	暦応元	635
4	己　卯	2	634
興国元	庚　辰	3	633
2	辛　巳	4	632
3	壬　午	康永元	631
4	癸　未	2	630
5	甲　申	3	629
6	乙　酉	貞和元	628
正平元	丙　戌	2	627
2	丁　亥	3	626
3	戊　子	4	625
4	己　丑	5	624
5	庚　寅	観応元	623
6	辛　卯	2	622
7	壬　辰	文和元	621
8	癸　巳	2	620
9	甲　午	3	619
10	乙　未	4	618
11	丙　申	延文元	617
12	丁　酉	2	616
13	戊　戌	3	615
14	己　亥	4	614
15	庚　子	5	613
16	辛　丑	康安元	612
17	壬　寅	貞治元	611
18	癸　卯	2	610
19	甲　辰	3	609
20	乙　巳	4	608
21	丙　午	5	607
22	丁　未	6	606
23	戊　申	応安元	605
24	己　酉	2	604
建徳元	庚　戌	3	603
2	辛　亥	4	602
文中元	壬　子	5	601
2	癸　丑	6	600
3	甲　寅	7	599
天授元	乙　卯	永和元	598
2	丙　辰	2	597
3	丁　巳	3	596
4	戊　午	4	595
5	己　未	康暦元	594
6	庚　申	2	593
弘和元	辛　酉	永徳元	592
2	壬　戌	2	591
3	癸　亥	3	590
元中元	甲　子	至徳元	589
2	乙　丑	2	588
3	丙　寅	3	587
4	丁　卯	嘉慶元	586
5	戊　辰	2	585
6	己　巳	康応元	584
7	庚　午	明徳元	583
8	辛　未	2	582

（昭和四十八年現在）

明徳３年・**南北朝の合一成る**

○短刀　暦応三年十月
左

短刀　観応元年八月日
筑州住行末

短刀　文和二二年月
筑州住行末（光）

○左衛門尉藤原国友　正中元年　月日（六四九年前）
○筑州住良永　長禄二二年二月日（五一八年前）
○筑州住大石家永　永享二年　八月日（五四四年前）
○肥州石貫昌国　延徳元己酉八月日（四八三年前）

延元元年南朝方の菊池武敏は多々良浜に足利尊氏と戦って敗れたので、菊池氏に加担した御用刀工の左文字一派は長門、筑後、肥前にと分散する事となった。

即ち
「**大左**を菊池家の**御用刀工**」
「多々良浜の敗戦を**左一派分散**の因」　とする

この説は大いに疑問で、そうでなかったと見るのがむしろ自然である。⬆年表参照下さい。

九州は、対蒙古関係の基地として、北条氏が大いに力をいれていた処、特に北九州はその中心地であった。北条氏の後をうけた足利氏が延元元年ここで勢力をもり返したのも、そうした背景があったからである。

正平の十年代は菊池武光はかなりの勢力があったせいか、この間の作品には南朝年号入りのものを多く見受ける。ここには年号入りのものだけ選び収録した。

○印は　実在するもの
(光)は　光山押形
(埋)は　埋忠押形　……に所載のもの
(往)は　往　昔　抄

これは世に喧伝される初代左文字の短刀である。作風から推して鎌倉末期から吉野朝期にかけての作者である事はほぼ間違いないものと思われる。古来より左文字は相州正宗の十哲であるかの様に言われて来たものであるが、現在ではこの説は架空のものとして信じるものは少なくなった。

相模の新藤五国光、同国広、美濃の志津兼氏、それにこの左文字の鉄は何れも桁違いに優秀なものである事は、これ等刀工の見逃す事の出来ぬ重要な特徴であると共に、鉄もかくまでに洗錬されてはもはや、いかに厚顔無恥な偽物師でも怖気て造る気にならないであろう。日本刀工が、その数、万を越える程いたとしても、鉄のよさからすれば、この左文字等数工に及ばざる事遙かである。

相模国鎌倉の住人正宗は名刀の代名詞の如く祭り上げられているが、ではその作品はどうかと言うに、在銘で誰もが納得出来る程のものは少なく、他はあまねく後世の極めもの（無銘）である。それらの大部分は肝心要の地鉄に冴えが足りず、結局正宗は評判倒れの名工という感が深い。それに引きかえ何と左文字の地刃のすばらしさよ。能阿本銘尽という古い刀剣書に「関東諸侍衆左文字を奔走いたさるること五郎入道よりもはなはだし（実力の有る左文字を入手する事は正宗などより遙かに困難であったとの意である）」と書いている。昔の武士は戦場を往来し白刃下に身を以て体得したものであるだけに、刀の真価は実によく知っていた。

この左文字の短刀は筑前福岡の大守黒田官兵衛孝高、号如水家に伝わる重宝である（渡辺昇氏旧蔵）この作と青山孝吉氏のものとは近世刀剣界に於て同作中もっとも典型的なものと、薫山・本間博士によって絶賛されているものである。

有名な義元左文字の刀は惜しくも明暦三年正月十八日本郷丸山本妙寺より出火したいわゆる振袖火事の際焼身となったので、再刃の上重宝として永く将軍家に伝わっていたが明治十二年に徳川家達より建勲神社に奉納されたものである。

⊙国宝
◎重要文化財　同作目録

◎一、刀　無銘（義元左文字）　茎ニ永禄三年五月十九日義元討捕刻彼所持刀織田尾張守信長ト金象嵌アリ（大正十二年三月指定）
◎二、短刀　銘　左 筑州住　（昭和八年一月指定）
⊙三、太刀　銘　左（江雪左文字） 筑州住　（昭和八年一月指定）
⊙四、短刀　銘　左 筑州住　（昭和九年一月指定）
◎五、短刀　銘　左（小夜左文字） 筑州住　（昭和二十七年指定）
⊙六、短刀　銘　筑州住左　（昭和二十八年指定）
◎七、刀　無銘（伝左文字）　（昭和二十九年指定）
◎八、短刀　銘　左 筑州住　（昭和三十年指定）

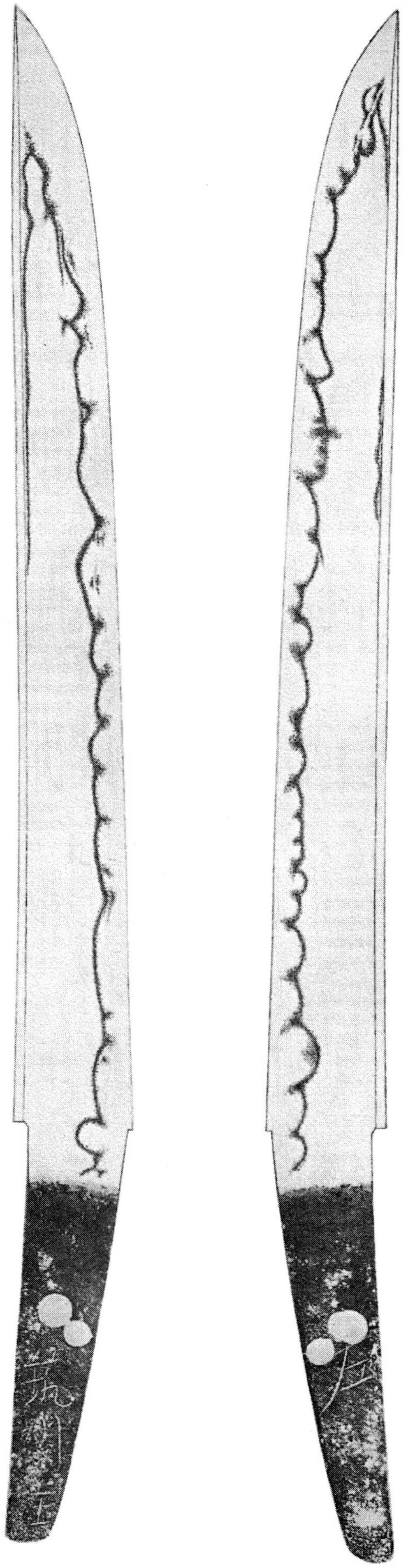

短刀　刃長七寸二分六厘

西蓮（正応・六八五年前）──実阿（元亨・六五二年前）──左文字（元弘・六四二年前）──安吉（正平・六二七年前）
└入西（永仁・六八〇年前）

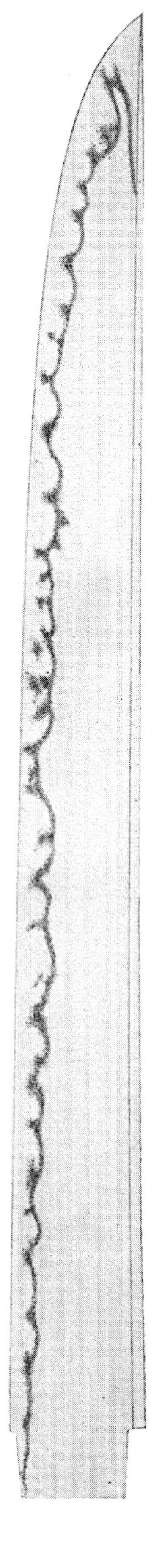

○一、太刀　銘　談議所西蓮　刃長二尺三寸二分
（大正三年　国宝指定）

○二、太刀　銘　安芸国入西　刃長二尺三寸六分
永仁伍年閏十月日
（昭和十六年七月　国宝指定）

○三、太刀　銘　元弘三年六月一日実阿作
刃長二尺七寸五分
（昭和九年　国宝指定）

○四、短刀　銘　安吉（左）刃長八寸九分
（昭和二十四年二月　国宝指定）

初代左文字は左衛門三郎と称し実阿の嫡子である。談議所西蓮を祖父に持ち、大叔父には入西がいる。彼は晩年には芸州広島におもむいて造っている。これ等は何れも筑前国隠岐浜の住人であり、錚々たる腕利き連の集団である。更に左文字派のものとなると子弟の吉貞、吉弘、国弘・行弘（この人には筑州住行弘・観応元年八月日とある名短刀の遺作があり、これは昭和三十一年十一月国宝に指定されている。）などの名工輩出し更に筑後の大石左、肥前の平戸左と延び左文字系のものは仲々繁栄している。初代左文字は刀の王様と言われる程の名人で、その子安吉は、また父に比肩する程の技倆の持主であったと思われる。日置安吉（岩崎小弥太氏旧蔵）、一柳左安吉（前田利為氏旧蔵）は屈指の名品で、これ等は極めて賞玩の厚いものである。就中本図録の短刀は最高峯の出来栄えであって、昭和二十四年二月国宝に（当時細川護立氏蔵）指定されている。

安吉は晩年、長門、安芸に移っている。「長州住安吉・正平十七(年)八月日」はいわゆる長州左と称えられているものである。この長門にて安吉の門下となったものに著名な顕国がいる。

名工は名工を知るの諺に洩れず左文字にもっぱら傾倒した清麿は、先ず基本の鉄研究から始めた。しかし、このように優れた鉄ともなると、山城粟田口に源を発する新藤五国光一派、左文字派、志津等の極めて少数の限られた刀工の作品にしか見受けることが出来ないという事は、当時に於てすらかかる鉄を得る事となると余程の至難事であり、更に、この鉄を刀にまとめ上げる処理が尋常一様の方法では不可能であったことを物語っている。斯うした高度の鍛刀芸術ともなると、これに打ち込める純粋な鍛冶は極めて少なかったのも当然である。ここに五百五十年を経た天保時代となって、清麿がこの鉄を求めて長門に行く事となった。所詮は、無駄な骨折りに終るものと、世の侮を蒙るのが関の山であろう。彼は、よく、この予想に反して、左文字を母胎とし、どこまで肉迫する事が出来たか、この間の消息は別項に詳しく述べた。ともあれ、清麿は古今を通じて比肩するものの少ない程明るい、そして驚嘆に値する優れた鉄を発見している。この事は彼の数々の作品が如実に立証している。

刃長八寸九分　反五厘

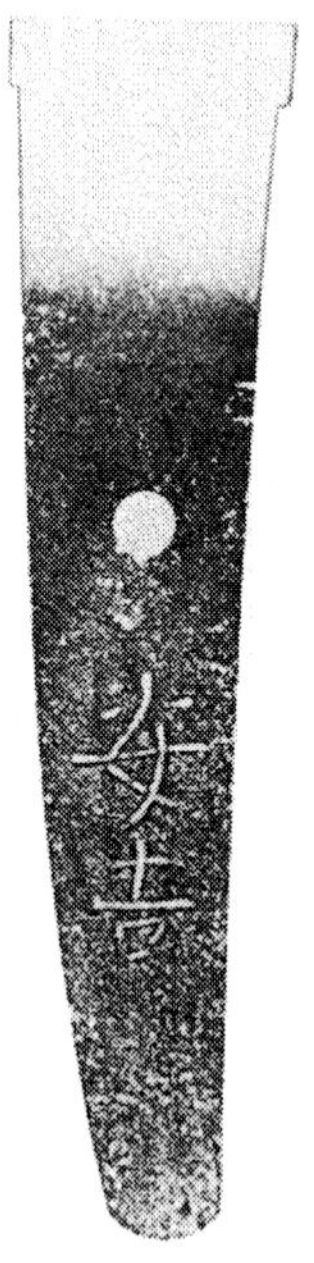

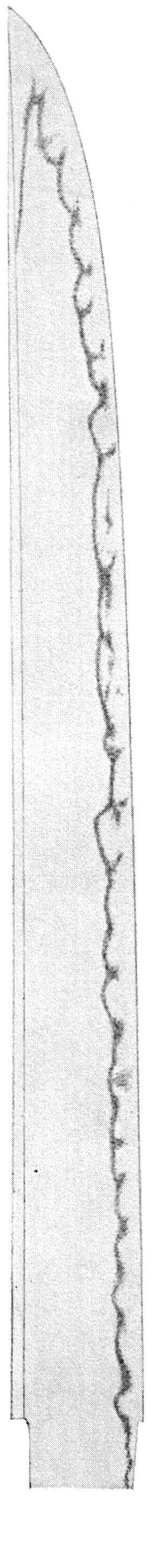

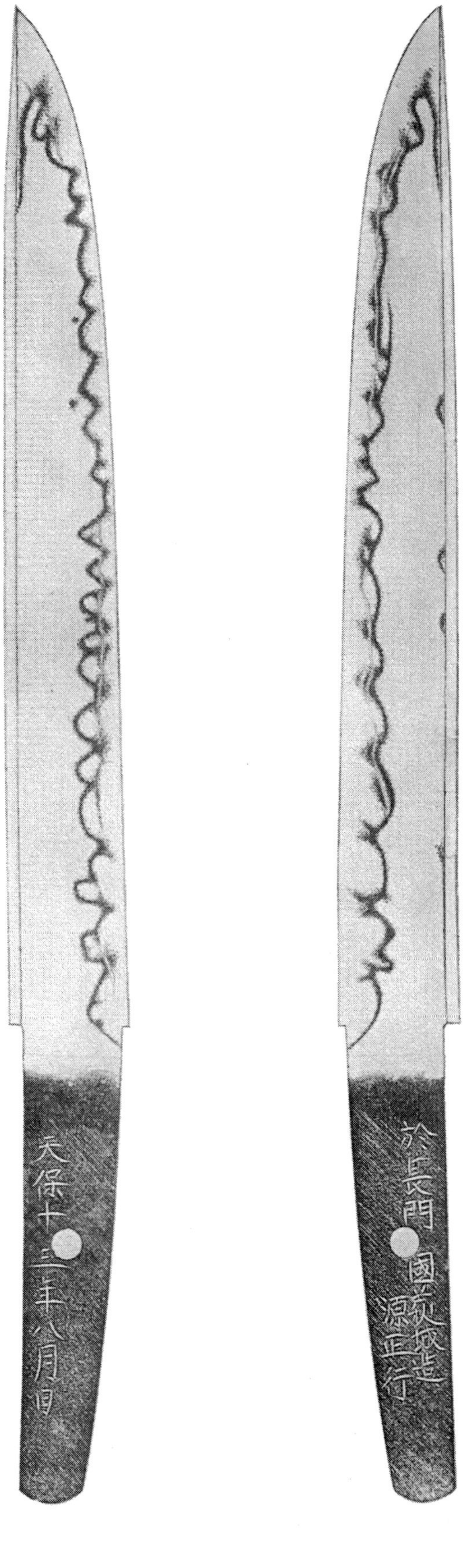

短刀　刃長六寸強

平安朝末期から鎌倉期にわたって、名匠が各地に続出し、互に技を磨いて殷盛を極めたが、鎌倉末期を境として、さしも豪華を誇った鍛刀界も衰微の兆を示しはじめ、更に戦国時代に至って多量生産を以て、時代の需要に応え濫作したので、はなはだしく刀の声価を失するに至り「応永以降に刀らしきものなし」との烈しい世の批判をうけた。

正行は天保六年頃出府し、窪田清音《すがね》邸内の一隅にて鍛冶に励んだ。清音の借りて来てくれる古名刀に親しむ内に、高度の鍛刀技術に心をうたれ、殊にその根源をなす鉄質の優秀さに至っては自失する程驚嘆した。当時唱えられた「鍛刀はすべからく鎌倉期の鍛法に還れ」とはまことに適切な至言だと思った。

正行は特に「筑前左文字」に傾倒して、その玄奥なる鍛法の探究に生涯を懸けても悔いるものでないと決意した。それには基本となる鉄造りから研究し、体得せねば、この難問題は解く能わざるものと思い、ここに、彼自身筑前国(福岡県)に赴き、左文字の使用したと思われる鉄鉱を探り成分を調べ、これを吹き卸して鍛錬し研鑽を累積するうちには、必ずや鍛刀の理法も解けて、その奥秘も把握出来るとの考えに到達したものと思われる。

時、天保十一年の晩秋。たまたま江戸を出奔せねばならぬ事態が起ったので(研究編参照)この機に先ず長州左文字の研究から始めて、ひいては筑前息の浜にまで赴き、更に研究を深く掘り下げ核心をつかむべく勇躍して長門国を目指して旅立ったものと思われる。

この短刀は左文字の影響を享けて造った内で「恭呈　西涯磵先生」の短刀に続く第二作で、左文字の塁を摩す程の傑出したものである。これには裏年号が刻されていて製作年月も明らかである。これによって思考される事はいかに正行に天稟が有り、清音邸に住んだ頃、左文字に関心を持ちおおよその知識は有ったとしても、その程度のもので、長門に来りしとて忽然として、かかる名作の生れ出るものではない。この境地に到達する迄には、左文字研鑽に要するかなりの時日にまたねばならぬ。かくの如く考えると、正行の長門国（山口県）駐鎚の時期は、この短刀製作以前に遡らねばならぬ事となって来るので「天保十二年初頭」には萩に現われていたものと思われる。

いずれにしても、正行は古今を通じての鍛刀界に千鈞の重みを加えた巨匠である。鎌倉期の雄、左文字の枯淡に陶冶され、桃山期を風靡した絢爛豪華たる相伝に示唆されて、ここに新時代の好尚に適応した、彼独自の斬新にして壮麗な山浦派の樹立を見たのである。

源清麿論

山浦派の作風を樹立

近世鍛刀界に偉大な足跡を遺した「源清麿」は鎌倉期前後の鍛法を基礎として、これに時代感覚を生かし、彼独自の新様式の山浦派ともいうべき特色ある作風を樹立した名匠で、彼の遺した数々の名作によって不世出の名人である事が確立され、その声価は最近愈々昂く、新刀期を通じての第一人者として、その地位は確乎不動のものとなりつつある。

そもそも「刀」はその創造された当初にあっては殺戮を目的として考え出された一利器に過ぎなかった。この武器の刃先に鋭利さを加えるための刃付け程度の研ぎから、時代の推移につれて地鉄、刃文の働きを美しく表現する拭《ぬぐい》仕上の研磨にまで著しい発達を示したので、必然、刀に対する観念も大いに異るに至り、ここに鍛刀法に一転機が画され、これまでの単なる武器としての刀剣を更に美化し、鋭利化せんとする意図を示して、種種研鑽工夫が凝らされ、鍛刀法に画期的革新が示されるに至った。

古来、刀匠はその製作に当って鍛冶道場に注連縄を張りめぐらして祓《はらい》の式を行なって浄め「吾に名刀を得さしめ給え」と祈念することは平素の事で、いざ製作ともなれば、これ等一切の意欲は消え去って無我の境に入り、ひたすら鎚を揮ったもので、過去の優れた刀匠達は自己精進の跡を、この作品に反映させ、この間の消息を芸術的に伝えている。こうした名刀ともなると、強敵を屈伏させる威徳を自ら備え、国の鎮めともなる。真雄が夢寐にも忘れず尋ね求めた渇仰の刀とは、この霊器とまで尊崇される域に達したものであった。

またこれを帯びる武人の多くは禅に悟入して心身を鍛錬し、この神品を帯びるに相応しい人格の陶冶に努めた。

山浦真雄は文化十二年、十二歳にして小諸藩士諏訪清廉に就き剣を学ぶこととなってより、己が佩刀を得んとする意欲は凝って、数年にわたりあらゆる観点よりその数、百余振りについて適不適を試したが、一として意に副うものに出会わない。時移り文政二年真雄十六歳の時、天領と小諸藩領の間で境界争いが起った。その訴訟のため父の代理で出府することとなった。この好機を逃さず当時江戸において古鍛法を提唱し名声天下に並び無き水心子正秀を訪れて刀を注文したが、これも世評に反して真に一身を託するに足りるものではなかった。（文政二年は初代水心子正秀が七十歳。六年後の文政八年九月二十七日七十六歳で没している。）

ここで真雄は更に重ねて一刀を求めたが、これとて徒らに失望を重ねるのみであったので、著述の上では古今の名工であるが、鍛刀の意義と本質を解せぬ点を暗に衝いたので、流石の水心子も、その正鵠な観刀眼に敬服し内心恐るべき若者と思ったものと推察される。

二代目水心子正秀は初め川部貞秀、水寒子貞秀とも切る。文政元年九月より初代正秀は「天秀」と改銘。これより以後貞秀は水心子正秀を襲名する。この時四十歳。文政八年十月二十日、父と同年に没す四十七歳。真雄が初・二代正秀のうちどちらに刀の注文をしたか判然としない。

真雄は、高名な水心子ですら徒らに空論を吐いて得々としている、いわんや他の多くの刀工達ともなれば、外

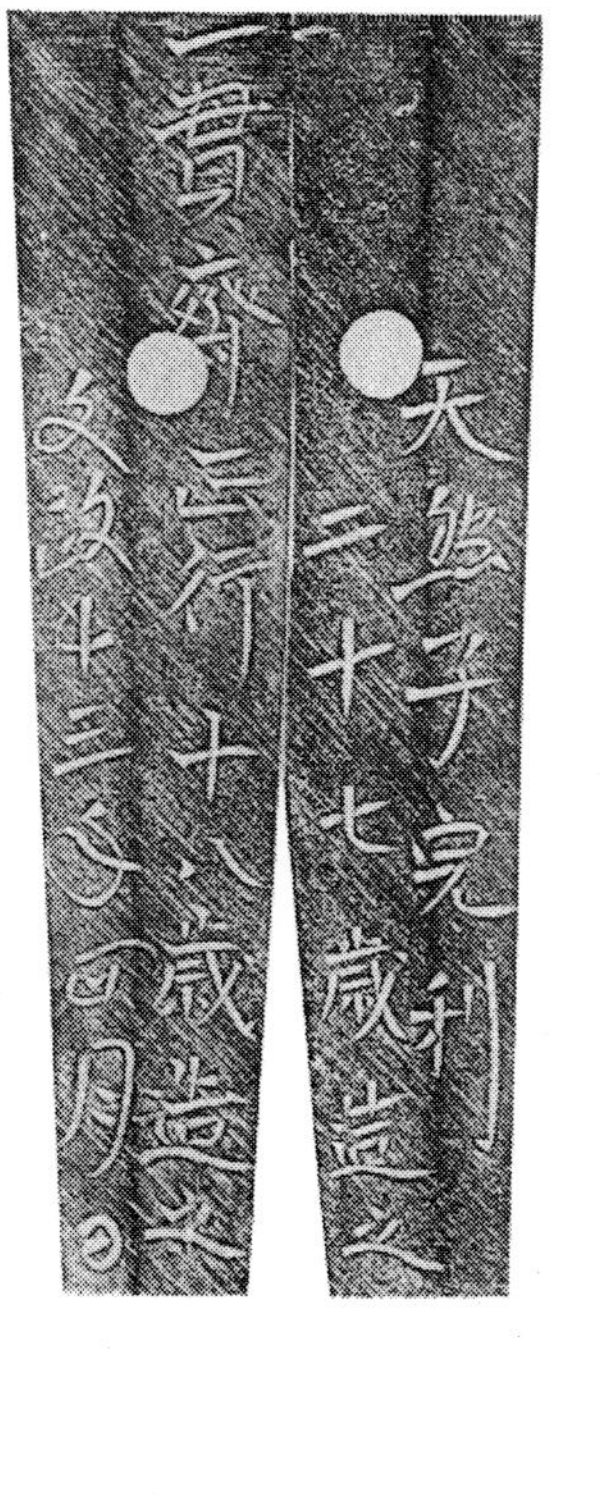

兄弟合作の脇指

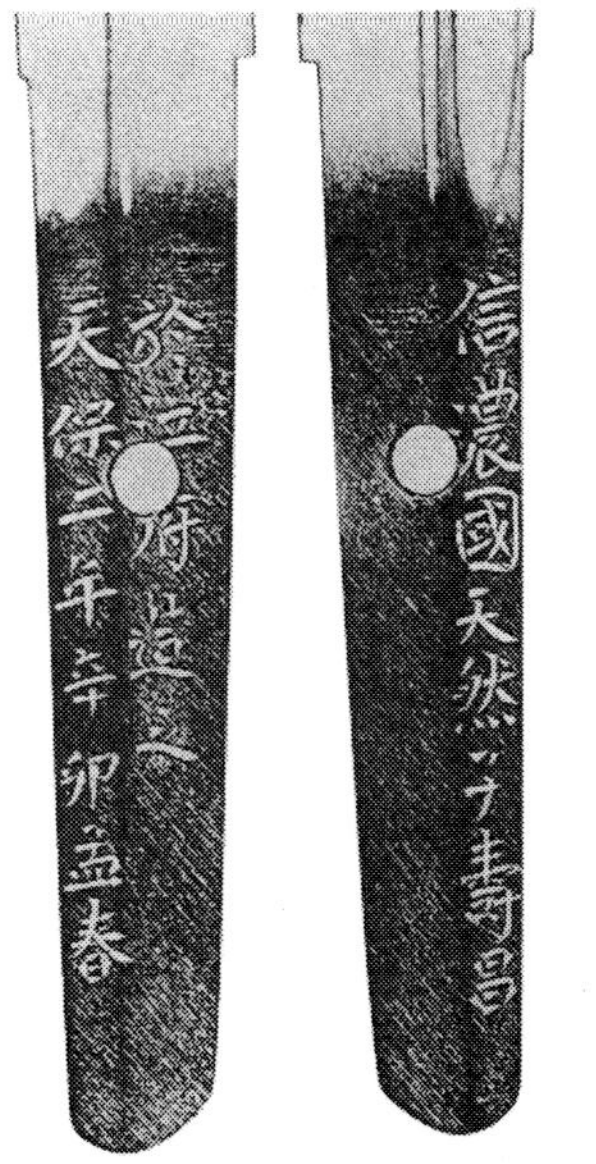

真雄の江戸打

海津城製

天保四年頃の作

形美のみを追い、精神の入らぬ死刀を造って、衣食する事にのみ窮々としている、このように堕落した鍛刀界を目前に見せつけられた彼は痛く慨嘆した。

かくして真雄は現鍛刀界の頼み難きを知るに至って、最早佩刀は自己の手にて造るより他道なきものと思い、ここに鍛冶を志すに至った。時に文政十一年真雄二十五歳。弟正行(清麿)はこの兄の刀剣観に強く刺戟され協力者たらんと決意し、兄弟相携えて鍛刀の手解きを受けるべく上田藩工河村寿隆の門を叩いた。時に正行十六歳。

真雄兄弟は先ず刀を形像している材質の鉄から研究を始め、よく鍛刀の根源を衝き、その本質を誤らなかったところに、将来の偉業達成が約束されていた。

最初の内は一度製品化され廃品同様の古釜、鉄瓶等の内より良鉄を撰び出し、これを砕いて吹き卸した鉄で鍛刀したが、意に叶ったものは得られずして徒労に終り、失敗を繰り返えす裡に、かかる性を失った「再生鉄」を以ってする姑息な方法にては如何に研鑚するといえども真に名刀を得る礎とはならぬものと悟り、その愚を恥じた。

かくする内に鎌倉期前後の刀匠は何れも原鉱から還元した「処女性を失わぬ鉄」を以て作刀している重大な点に心付き、この鉄鉱探究に意を集注するに至った。

鍛刀材料の鉄と称しても、磁鉄鉱、赤鉄鉱、褐鉄鉱、黄鉄鉱と幾種類もあり、岩石中に含まれた磁鉄鉱がその崩壊によって流出し河床に堆積して生じた砂鉄もある。また同種類の鉱でも発掘される鉱脈の場所によって大いに質を異にし、容易に還元するものと、還元し難きものとに分れ、モリブデン、マンガン等の少量の含有は神韻な地膚を顕し鑑賞上玩味あるものとなるも、銅チタン等の刀に不適の不純物も鉱中に含有されている。ことに燐、硫黄ともなれば抽出不能にて鍛接悪く鍛刀上支障をきたすのでこれ等を多量に含む鉄鉱は刀に使用されない。

このように各種の鉄鉱中から刀に適する原鉱の撰別、すなわち鉄の含有量、あるいはその成分の識別ともなると、現今のように科学的に観察し、処理する施設の無かった天保時代の事とて、兄弟の鉄の研究は全く人間業とは思われぬ程の熾烈な労苦の末にかち得た貴い汗の結晶であると考えられる。しかし、今日の如く科学にのみ頼り過ぎ精神面を軽視する時代であったとしたら返ってかかる卓越した鉄の研究はもとより、世界に冠絶した名刀の誕生は、あるいは見られなかったかも知れぬ。

もともと鍛錬とは鉄に含有されている一・三%近くの炭素をこのままにては脆弱で使用出来ないため脱炭を目的に止むなく行う(鍛刀上の)一工程である。それを江戸期に「百錬の鉄」と称して金科玉条の如く信憑した結果、よく鍛錬回数を重ねる事が名刀を得るの道であるかの如く誤り伝えられて今に大きな禍根を残すこととなった。

過去鎌倉時代においてすでに鍛錬回数を出来るだけ省略して刀に纏め上げる事に研鑚が練られ、鉄のもつ粒子、成分、処女性を害わずして生気ある鉄肌のままの状態で(鍛錬によって生じた鍛肌とは異る)刀となすかに心胆を砕き、竟にこの偉業の達成を見ている。この玄奥な鍛刀法の優れている点は科学的にも実証されるが、その方程式に至っては不明にて、科学を以てしても解決し能わざる所に鉄の神秘性があり、過去の優れた刀匠達が、よく刀の到達し得る頂点まで極め得ている事は奇蹟的偉業であると共に、それに払われた努力には敬服し驚嘆させられるものがある。

海津城下にての作

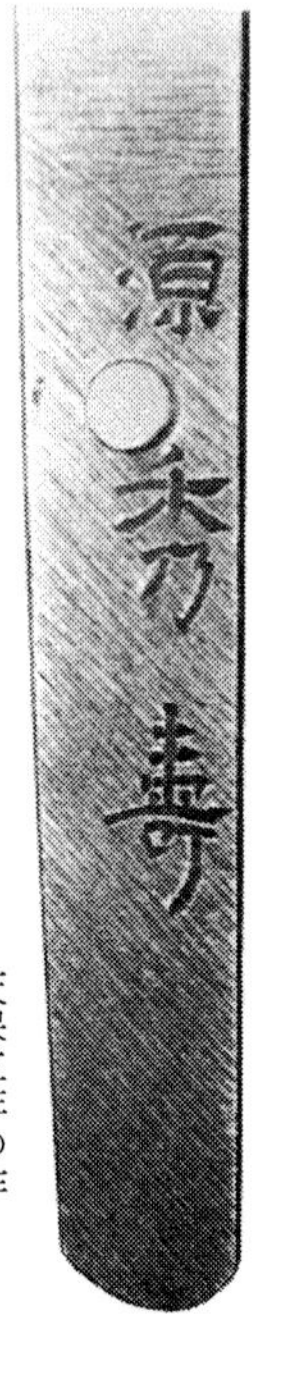

天保五年の作

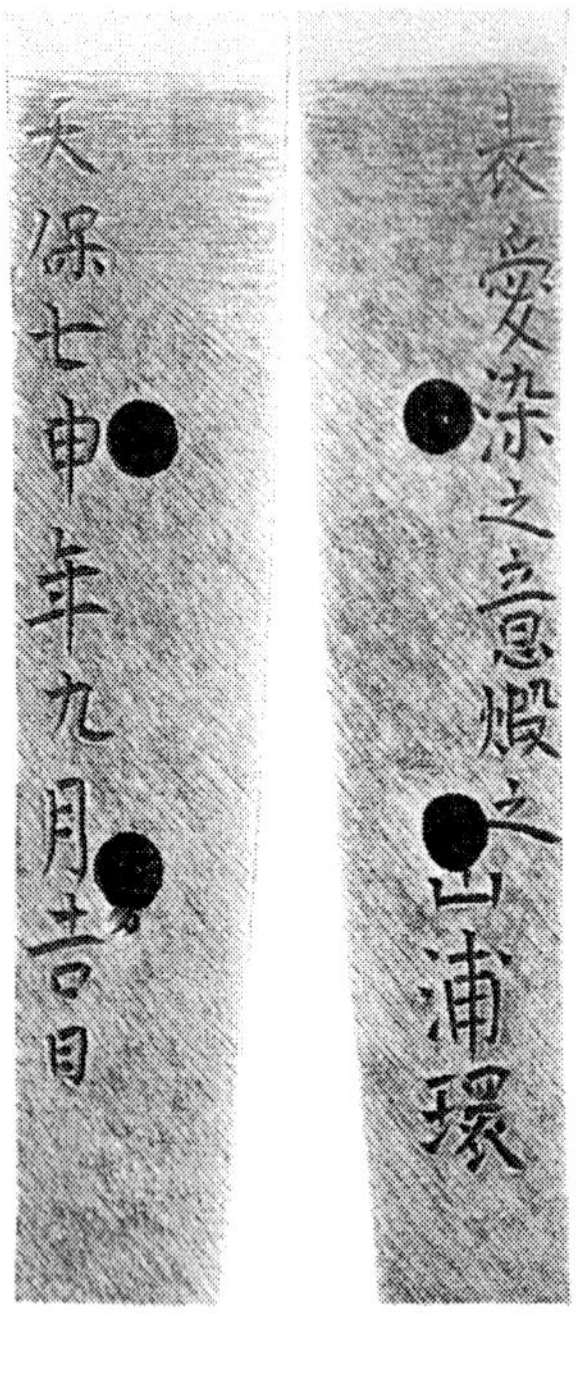

寿隆風から脱却、山浦独自の作風に推移して行く過程を示した作品

武器講第一作
重要美術品

以上長々と述べたが、これは世の鍛冶、愛刀家諸賢を導くなどと、大それた考えで書き記したものではなく、山浦真雄、清麿の兄弟が、この千変万化して止まる所なき魔物の如き鉱物と取り組んで苦闘した足跡を回顧し、思慕のあまり記した墓碑銘である。

山浦兄弟は鉄造りの工程を一応了えて一刀を造り上げ、これを以て兜、鹿角、鉄砂入り渋粘張陣笠、四分一鍔と順次切断して刃味を試し、更に鉄杖にて平、棟と打撃を加えて強靭、弾性、耐久性等を調べる凄惨目を覆わしめる荒試を行い、いささかでも意に満たぬ点あれば再び鉄鉱の撰別に戻り、この工程を繰り返して常人の企及し得ざる難事をもよく克服している。

かくして文政十三年（天保元年）四月、ここに記念すべき兄弟合作の脇指を造った。

御武運長久　天保二年辛卯正月十日　天然子寿昌　敬建の石灯籠を自邸の入口に建てると真雄は間もなく出府した。その時持参の自家製鋼で短刀を作り銘信濃国天然子寿昌云々と切った。

真雄があえて江戸打を行なったかについて考えられることは、手作の鉄鋼で作り上げた、この短刀の鉄味を玩味して貰いたい意図から出たものであったと思われるが、鉄造りなんて面倒な事は真平御免という連中のことだ、ことに信州の山猿の作ったものなんか、可笑しくって本気で相手になっていられるか位のところ、真雄苦心の作も一笑に付されたものだろう。この時、具眼の工でもいれば、江戸末期において鍛刀界が大きく躍進するきっかけを得たかも知れない、残念な事をした。また、正行は天保三年埴科郡松代海津城下に出て同五年まで鍛刀している。この地で作った短刀　山浦正行　於海津城造之　天保三年八月日銘のものはことに貴重である。源秀寿　為濤斎主人作之天保五年仲冬の短刀は地鉄極めて強い、刃縁の冴えきったもので堂々たる大家の作に匹敵する程の傑作品である。この松代打の銘は種種と変遷し、山浦内蔵助秀寿、山浦内蔵助正行等となっている。師河村寿隆に秀でるという意にて贈られた秀寿銘も、現在の正行にはあきたりないか、秀寿銘は天保五年この年しか用いていない。

天保六年正行は青雲の志を抱き、真田家藩士長巻師範植拓嘉兵衛の紹介状を携えて出府。麹町七丁目の幕臣窪田助太郎清音の許にて、最初は武人たるべく剣道の修業に励んだが、偶々刀工としての天稟を清音に認められ邸内の一隅に鍛冶場を与えられ鍛刀の研究に入る事となった。清音は古名刀を借り蒐めては正行に貸与し名刀の鑑識を深めさせると共に盛んに模作を造らせて技の向上をはかった。清音の正行に寄与した鍛刀上の援助は量り難くもっとも大なるものがある。

この作品は師寿隆譲りの重花丁子乱れから脱却、後年の山浦派の作品に推移せんとする過程が如実に示されて、この間の一作風を窺い知ることが出来る貴重なもので、松代藩主真田家の注文で造ったものである。

かくする裡に天保十年となり、清音の好意によって「武器講」の設立を見たが、これは主として講武所関係の旗本及びその子弟等に呼びかけたと伝えられているが、講武所奉行は安政七年一月十五日設置となっている。この時は清音を慕う旗本子弟の集りかと思う。一振り三両掛と定め抽籤によって順次加入者に渡す組織である。このように安価に掣肘されたものでは武用一片の数打程度のものしか造れぬのが当然であり、事実、武器講の求めたものは名刀の鍛造ではなく武用刀を安直に入手する目的で計画されたものである。然るに鍛刀の純粋を信奉す

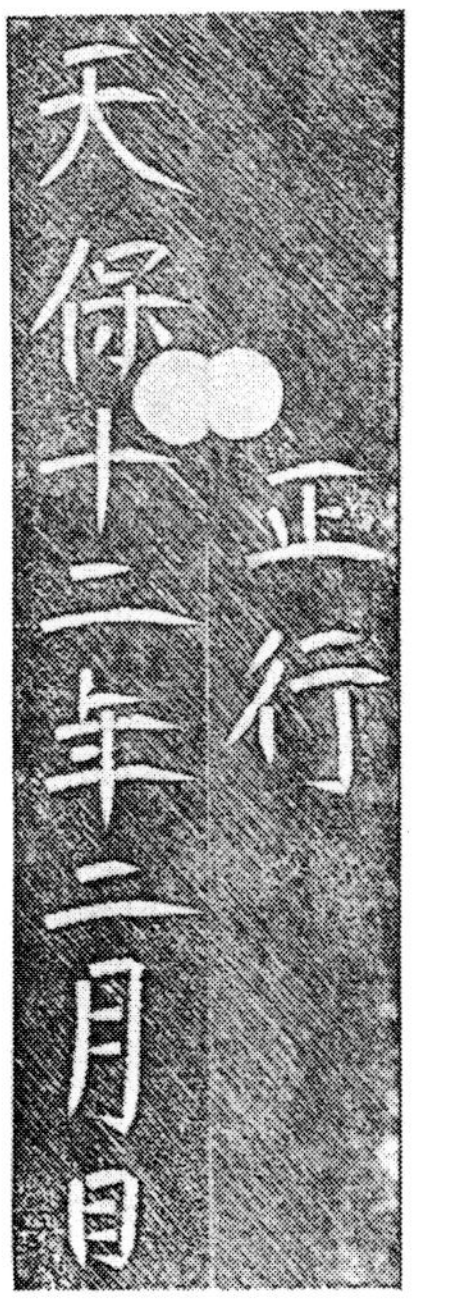
長州打の第一作か

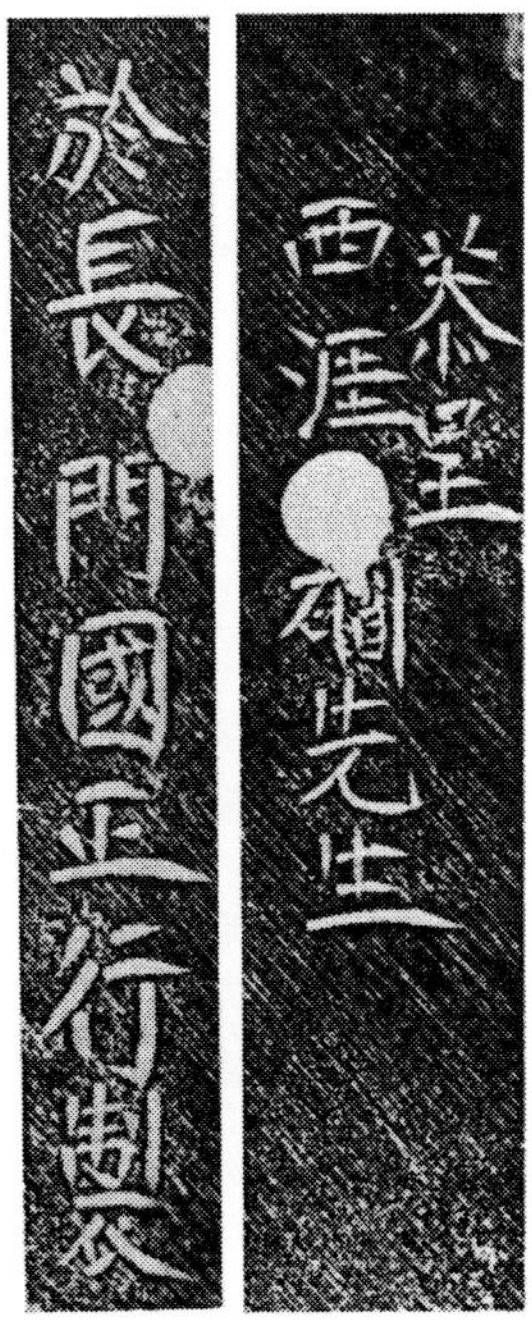
天保十三年二月頃の作か

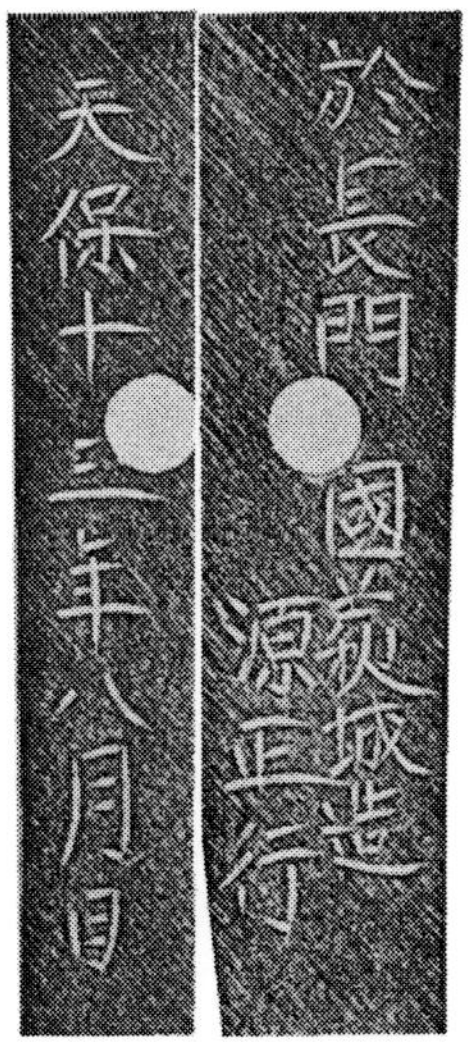
左文字風の名短刀

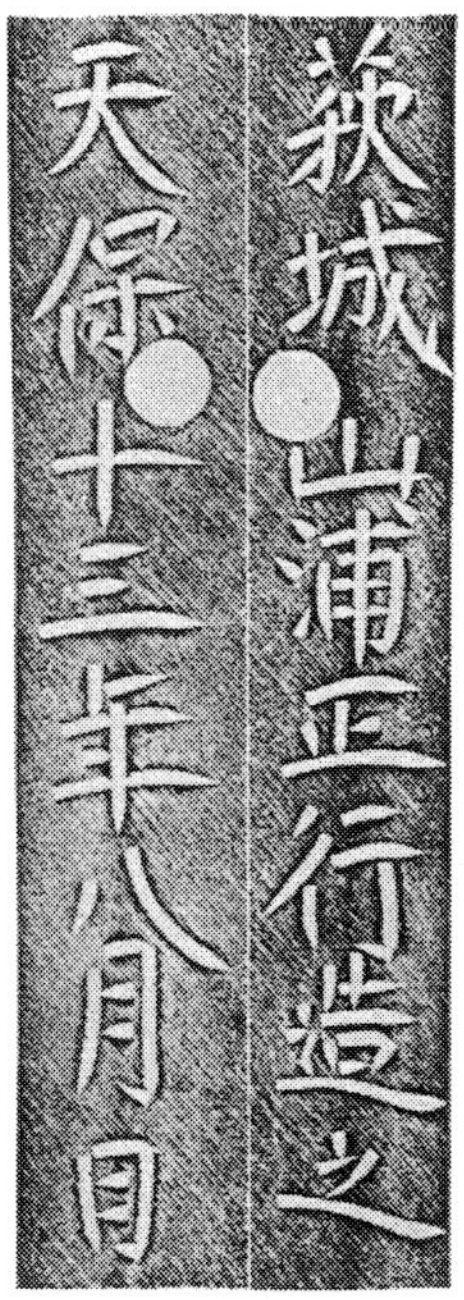
長州打の作

る正行は喜んで、鍛刀研究に絶好の機到来とばかり心魂を傾けて、ひたすら名刀作製のみを祈念して鎚を揮う事となった。

このように武器講は目的を異にする二ッの繋りのままで始まった為に、この企図の齟齬が後々まで災した。正行が講のために名刀を造った事は、加入者に刀が行き渡らぬので、結果に於て良心的な仕事は、返って講の主旨に反する事となって、彼を窮地に陥らせ、長州に遁走せねばならぬ皮肉な運命の因子をこの武器講は当初から胚胎して出発した。

清音は大量の木炭と莫大な製作費を使って一振りごとに精魂籠めて鍛刀に打ち込む正行の純粋な製作態度を傍から眺め、更にまた、鍛造を了えて研上げ、白鞘に納まった数振りの鞘を払い鑑して驚嘆した。かかる名刀のみを零細な講金にて造っていては、将来莫大な債務を負う事は必然にて、この無謀な鍛刀を継続する時は、経済的破綻は火を見るより明らかな事と思われる。事態は猶予出来ぬ処まで迫っている。ここにおいて清音は心痛の余り正行に、この苦境を打開するため、彼が遠隔の地に一時走り難を避けてくれればと暗に望んだものとも解される。

天保十一年師走も迫る頃、正行の姿は忽然と江戸の地から消え、暫くはようとしてその消息が絶えた。

清麿の出奔を知った清音は一時は自己の好意を踏みつけにされたものと思って、見つけ次第斬り捨てると言って大いに怒ったが、後になって「清麿は決して不業の行をするものではない。これには何か仔細のあることだろう」と子弟の宥め役に廻っている。

この天保十二年二月日の脇指は正行の動静を探る唯一の手がかりとならないか。この脇指を見ると、武器講の苦悩などいささかも感じられない。江戸から遠く離れた何れかの地にて、晴々と製作したものと思われるようすがこの銘振り、作風に強く反映している。正行の江戸脱出、続いて長門打となっている。この間の作品はないと思う。天保十二年八月日年紀のものは一口も見ない。天保十三年二月日年紀のものは大小、槍の三口で、恭呈西涯磵先生の長門打の短刀は惜しいことに年紀がないので、大小と同調の銘文でありながら決定に至らない。長尺の磨上もので、銘　於吾妻正行　天保十三年二月日。脇指　同銘。この二口は拝見したが贋作であった。

刀　銘　於吾妻山浦環源朝臣正行　以玉川水淬刃　天保十年秋八月日。吾妻打の正真はこの一刀の他に見ない。吾妻打の正真ものが有るとすれば天保十年から同十一年の暮頃までの年紀のものしかないはずである。

下図の二口は何れも「左文字」さながらの名品で、共にそれぞれ異った滋味掬すべき風格のある名短刀である。

なお、西本済治氏の（天保十三年二月頃の作と思われる）短刀。恭呈西涯磵先生の添銘から考えられる事は、正行と西涯と両者の交りが初まり次第に親交を深めて自己の作品を西涯に恭呈するまでにはかなりの日時を経たものと見られる。この点のみにても、正行の長門に現われた時期は天保十二年の初め頃ではないかと思われる。

この他、同国にての作には大振りの長巻が数多く遺されている。これは腕自慢の藩士の多かった事を物語っている。なお長門打に傑作が多く遺されている事は、同国において良質の鉄の発見と共に著しい技の躍進が、これ等の作品によってよく窺われる。

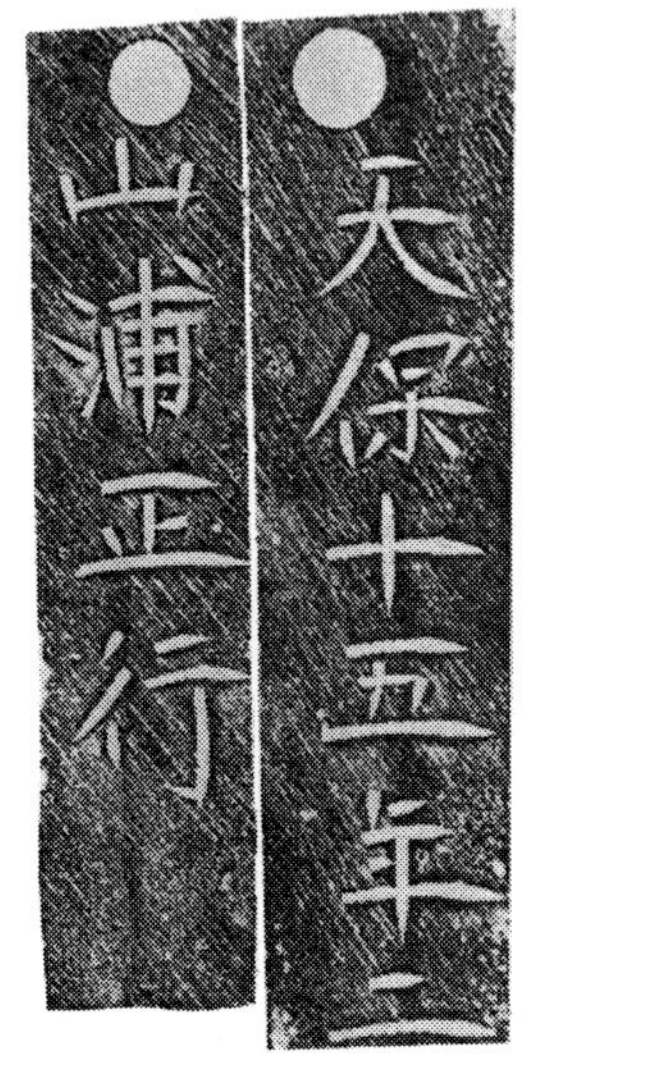

小諸打はほとんど源正行と銘す。

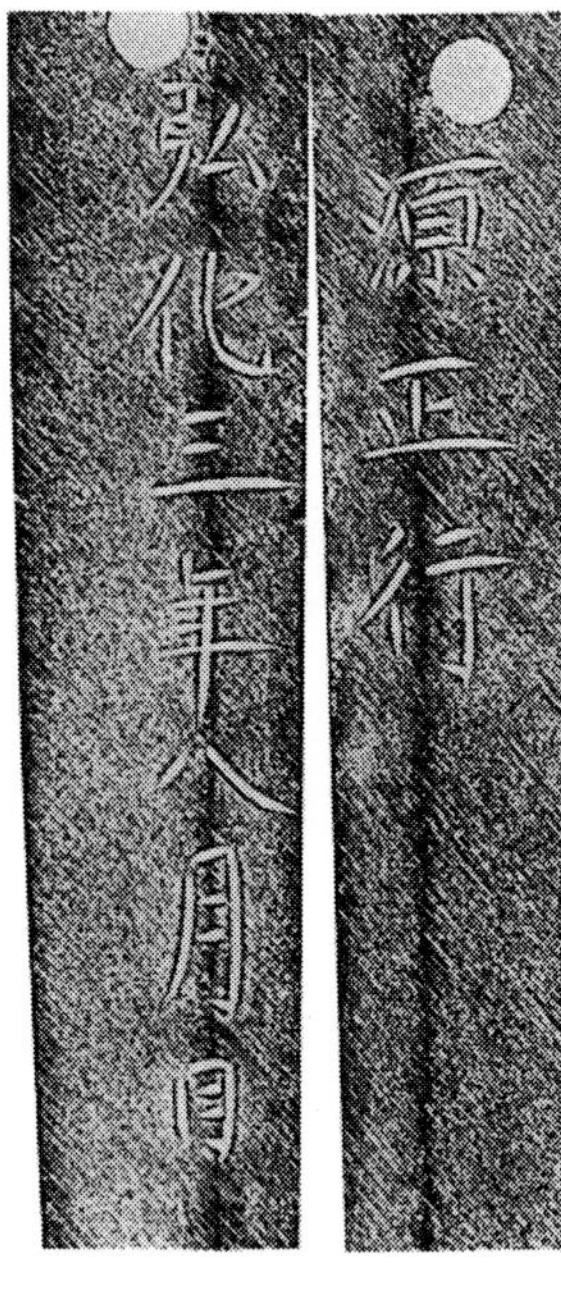

源正行

弘化三年八月日

源清麿

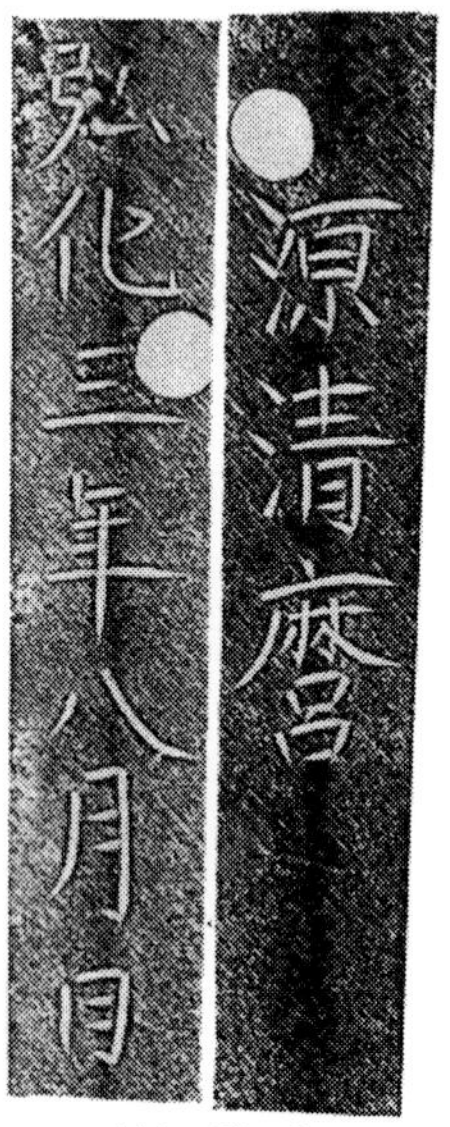

改銘の第一作

鍛法については「左文字」はもとより、清綱、長州顕国等に関する研究、これに前後して長船鍛冶の跡を尋ね、また、出雲踏鞴《たたら》等についても足にまかせて出来る限りの見聞と研究を怠らなかったものと察せられる。

長州打は天保十二年二月より同十四年八月までの約三ヵ年余と見られる。

天保十五年二月。この作は長州打に多い山浦正行と銘している。信小諸打はほとんどが源正行となっている。この点だけで長門打の延長とは言い切れないし、信州入りしての作かを決めるには資料が足りない。今後の研究に待つこととする。天保十五年（弘化元年）八月までには山陰道を経て東山道に出て久方振りに懐かしの故山を踏み兄真雄を訪れ、ここにて数振りの小諸打を鍛刀している。

太刀　信　小諸城製の刻銘は正行の足跡と年代を明らかにするただ一振りの貴重な資料であり、大林粲氏の藤代正行と共に、その抜群の出来を称えられ鑑賞厚いもので共に小諸打を代表するものである。

弘化二年の初めには再び江戸の地を踏み、窪田清音の許を訪れた。かつての武器講の不始末を詫びるでもなき颯爽たる正行の態度に清音は一瞬亜然としたが、翻って考えれば武器講の蹉跌は両者にて暗黙の裡に総べて了解出来ていた事でもあり、深く咎め立てる事由のない点に心付き、そこに濃やかなる師弟愛が油然と湧いて正行の復帰をしきりに喜ぶ清音の寛容となって、一見嵐を捲き起すかに見えた武器講の難問題も、かくて何事もなかった往時に還り、再び清音の愛顧を受ける事となった。この微笑ましい一情景がまざまざと浮び出て心温たまる思いがする。

これより四谷南伊賀町稲荷小路（西念寺横丁ともいう）に鍛刀道場を開き定住。「四谷正宗」（事実は四谷左文字であるが）と絶讃を博する事となる。

この二振りは弘化三年八月日の同一年号で、正行、清麿に別れている事から、実際に清麿銘のものが造られたのは八月以降の九月頃からと推定される。

嘉永七年（安政元年）正月まで作品が見られるが、清麿と改銘してからこの自刃の年まで実際に鍛刀した期間は七年三ヵ月となる。清麿銘の作品の少ない所以もうなずかれる。この安西氏の刀と窪田清音の為に造った二振りは弘化三年を代表する二大傑作である。

嘉永元年八月「一期一振」を発表した。これは単に清麿畢生の名作というに止まらず、古今を通じてこれ程の名刀は、その数甚だ稀なるもので、これによって彼の名は弥々高く万古不動となった。

この清麿銘の嘉永二年正月日短刀は真の皆焼《ひたつら》刃ではない。最初から意図してかく造ったものでなく、偶然のもたらした所産で、千変万化する焼刃渡しの玄奥を遺憾なく発揮した、玩味掬すべき逸品である。

木内英治氏の嘉永二年二月日の刀は、故藤代義雄氏を垂涎せしめた程の名作である。

源清麿・嘉永三年八月日・為岡田善伯君造之これは長巻の典型で「天下無類」と佐藤寒山先生激賞の名品で、いまさら喋々と蛇足を要しないものである。

比毛　関氏の嘉永三年十二月吉日の刀は従来盲点のまま顧りみられずにいた「嘉永四年」の作を解く重要な鍵の如き存在となっていた。

今回はからずも脇指　清麿　嘉永辛亥歳二月日と嘉永四年紀の作が見つかって、これほど喜ばしいことはな

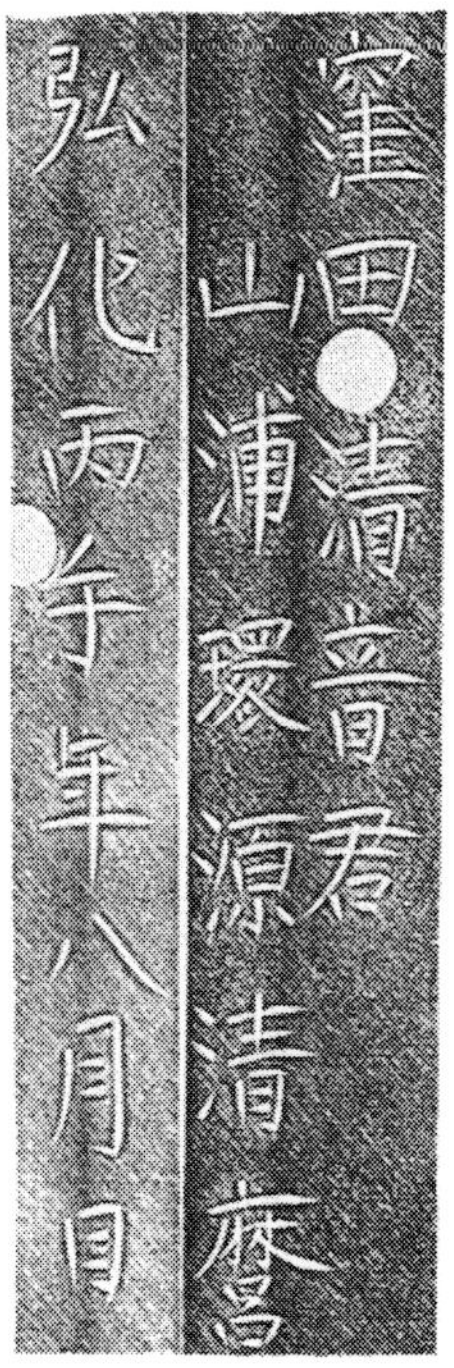

弘化三年作の傑出作

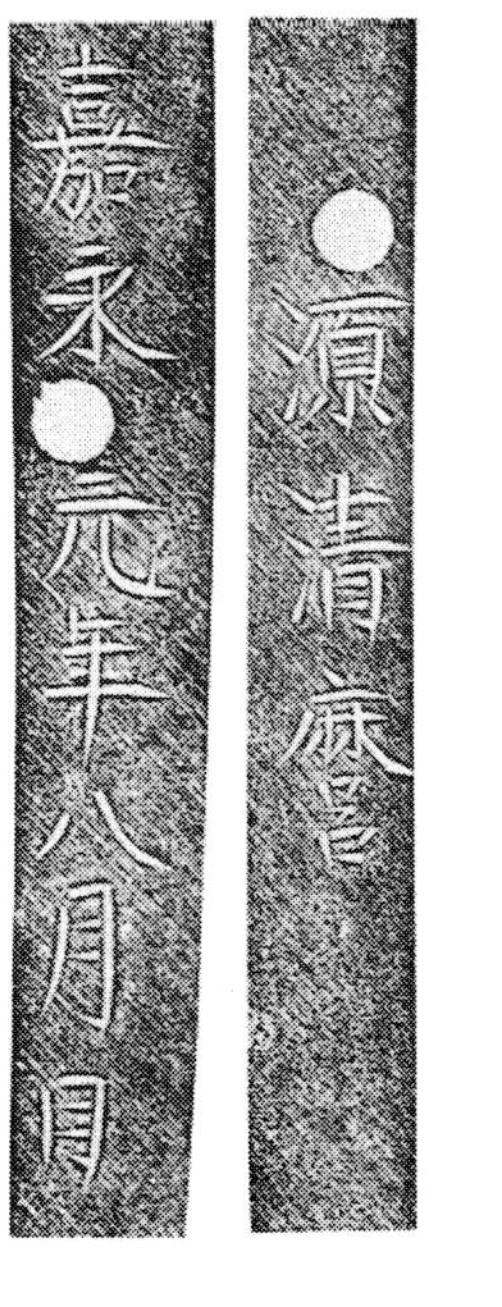

「一期一振」の名作

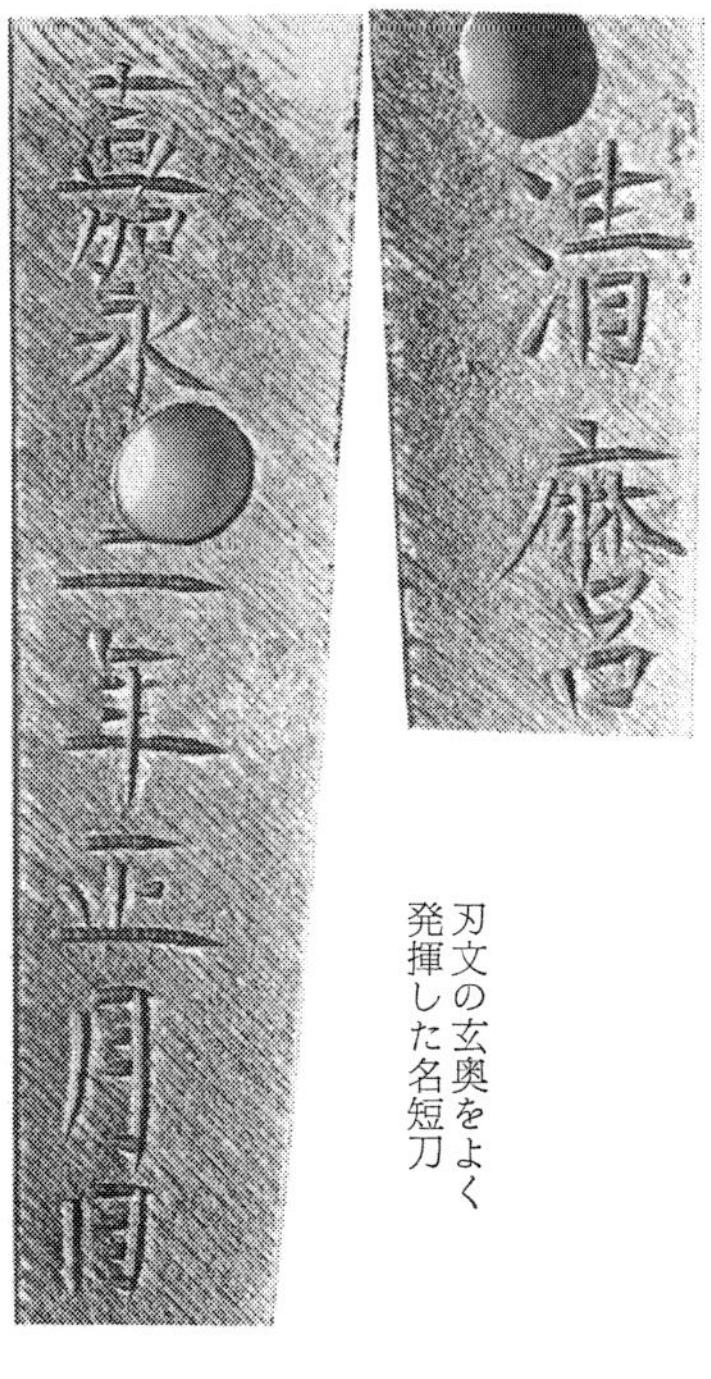

刃文の玄奥をよく発揮した名短刀

い。これまで随分と尋ねまわったが見当らなかったもので、半ば諦めかけていた折だけに発見の喜びはまた一入である。今後はこの銘をめあてにして嘉永四年作を決めていきたいと思う。

斉藤昌麿は深く国学を修め、開国を主張して闘った幕末の新知識である。嘉永四年清麿は、彼の薫化を多分に享け、その敬愛する斉藤昌麿のために、この「おそらく」の典型ともいうべき名作を造りこれを贈った。嘉永四年作はこの他にも数振りある。

嘉永五年は不思議に短刀のみにて、刀は未見、脇指は一口最近発見された。

この嘉永五年のものでは故神津伯先生遺愛の短刀と、上野喜重氏所蔵の短刀が出色のものである。

藤井学氏の嘉永六年八月日の刀は清麿の作風に新紀元を画し、鉄の処理に苦杯をなめた末、漸く到達したもので、彼にとっては記念すべき作品で、ことに年号は重要な資料である。

いつの世も同じであるが流行鍛冶ともなれば、注文殺到して、いかに乱作しても、その需用に応じ切れないので、やむなく代作を以て応えることになるのであろうが、かかる言い訳は、鍛冶道には許されぬ程厳しいものである。いうまでもなく、刀鍛冶の如く純粋な製作を生命とされるものにあっては、ことに、その作品は作者の分身であるとすればなおさら、かかる芸術を冒瀆するも甚しい行為に出られないはずのものである。真に鍛刀の意義を解するものにとって乱作は唾棄すべき事である。

清麿には、かかる不純な製作は一振りといえど見受けられない、ことごとく切磋琢磨し、一作ごとにさらによりよきものをと希って尋常の体力では到底耐え得られない程の熱情を注いで製作に当っている。当然の事ではあるが、彼の作品には駄作がなく、優れたもののみであると言われている世評は、誠に当を得た至言である。

嘉永五年辺りからの彼は大酒が災いしたものとも思われる動脈硬化による疾患で、弾力を欠いた体でよく異常なまでその製作に没頭した結果甚しく健康を削りとられながらも、なおかつ、残された生命をその作品に打ち込もうとする彼の気魄の閃きが感じられ、その峻厳な芸道の在り方には、頭が下り粛然たる敬虔の念に打たれる。

かくする内に、嘉永七年正月ともなり、ここに数振りの作を了えた時、突然軽い脳溢血に倒れた——同年秋強い製作意欲に駆られるままに、しばらく振りに鍛刀場に入り鎚を揮わんとしたが、既にその手は木端の如く硬直して自由の利かぬものとなっていた。ここに鍛冶として命数の尽き果てた事を知り、流石に彼も強い衝撃を享けしばらくは茫然として鍛冶場に立ちすくんでいた。

彼の如く生きる目的が鍛冶以外に求められない者にとって、これ程残忍な痛手はない。生へのよりどころを失った今日、屍に等しい体で、いまさら生き長らえることは彼の如き気骨のある武人には到底耐えられるものではない。彼は名誉心に生命をかけ、そこに安んじて死に場所を見出そうとした。（清麿時代と現代とでは全く別種の道徳感に生きていた実例がここに見られる）

自刃の直前、彼の眼前を去来し、明滅した悲喜交々の幻想の裡に、格別彼を悲憤せしめたものは、世の多くの刀工達が生活の糧稼ぎに鍛錬している歎かわしい一事である。かくまでに腐敗し、堕落した鍛刀界の現状では、彼が生命がけで「筑前左文字」を母胎として追究し把握した、この比類ない鉄の至芸も、自己の死と共に廃絶するものかと思った時の、彼の心事はいかばかり無念に堪え難いものがあったであろうか、推察してなお余りあ

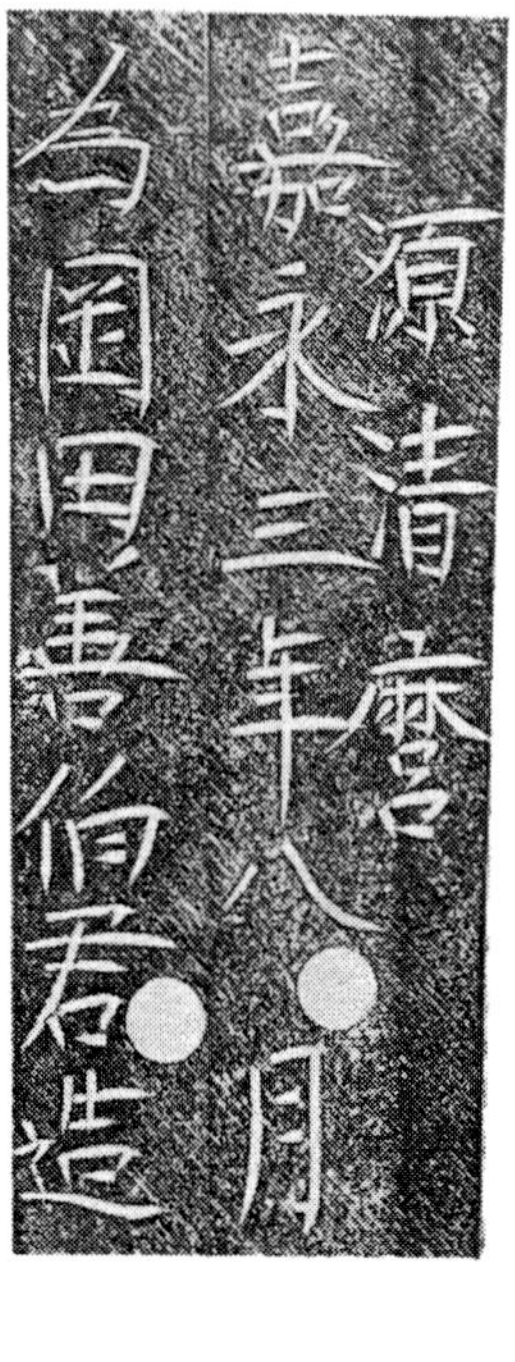
〝天下無類〟長巻の典型

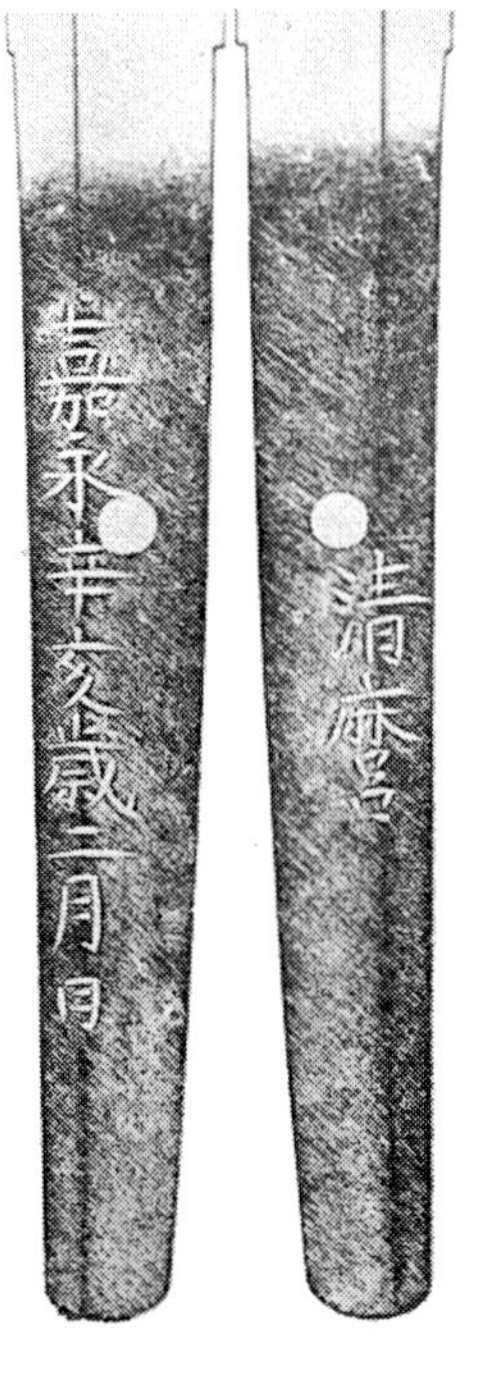
天下の珍品。嘉永四年紀の脇指

斉藤昌麿遺愛の短刀

重要資料である嘉永六年紀の刀

る。

嘉永七年十一月十四日、四谷南伊賀町の自宅において壮烈な自刃を遂げた。

かくて巨星は地に堕ちたが、彼の遺した数々の名作によって、この高度の鉄の文化は永劫に称えられ、芸術は無窮であることを立証している。

(上図) 長野県小県郡滋野村字大石、長岡家の墓地にある源清麿之墓碑。
左図はその側面。
撮影・信濃毎日新聞社

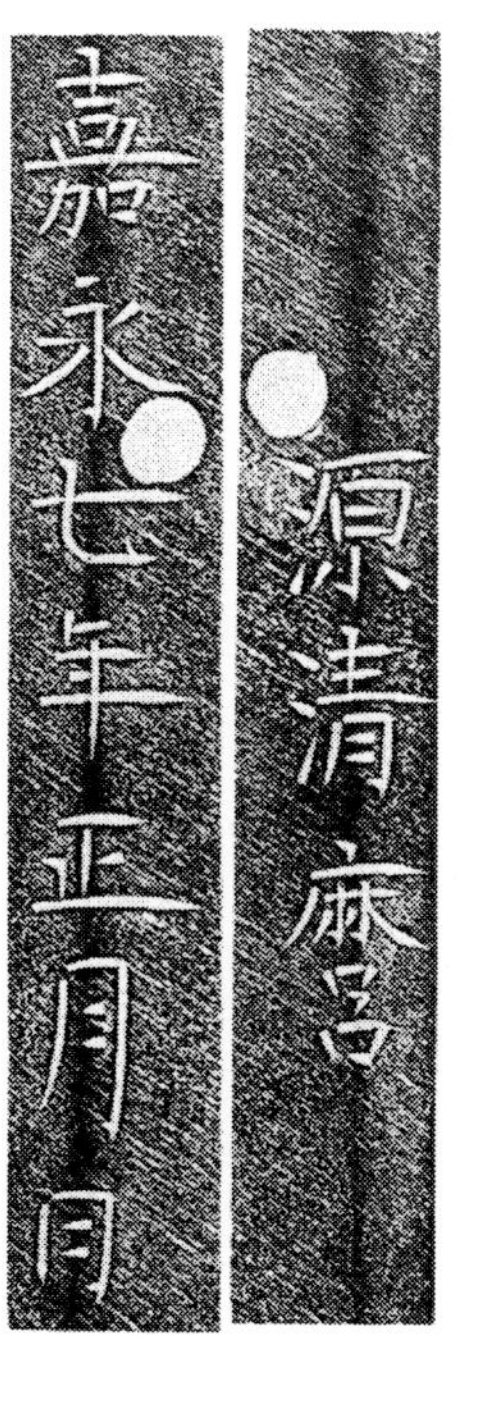

最後の年紀の作刀

斎藤昌麿

斎藤昌麿は享和二壬戌年、上総国（千葉県君津郡波岡村小浜）に生れた。通称を源助といい雲根斎と号した。出府して神田左衛門河岸の御用札差佐藤鉄之助の養子となる。昌麿は伴信友、平田篤胤、香川景樹らと並んで天保の四大国学者と称えられた橘守部（儒教を排斥し復古神道を主唱した尊王論者）について、深く国学を修め、王政復古を唱えた幕末のインテリである。やがて、この天皇の権威の絶対化と皇室尊崇の思想は明治維新以後↕終戦までの絶対主義的天皇制イデオロギーの基礎となった。

江戸幕府の大老井伊直弼は勅許を待たないで、安政五年六月米、ロシア、英、仏、オランダの五ヵ国との間に神奈川、長崎、新潟、兵庫の四港を貿易場とする事を約した仮条約に調印し、さらに家茂を将軍に迎えたことに反対した公卿、諸侯を罰すると共に、吉田松陰、梅田雲浜、頼三樹三郎、橋本左内等勤王の逸材を数多殺戮した。

この安政五年九月のいわゆる安政の大獄には昌麿も飯泉喜内、高橋俊濤等と共に小伝馬町の牢獄に繋がれた。獄中にて昌麿が著した「夢の浮橋」は大義名分を主題としたもので、王事に心血を捧げて奔走する彼の心情を窺うに好個の大文字である。

彼も、また当然断斬に処せられるはずのところを彼の人格と学識を惜しむ、諸侯の嘆願によって（しかし事実は、裏面から幕府要人に与えられた莫大な贈賄が奏功したのであろう）彼のみ奇跡的に九死に一生を得ることが出来た。

清麿は長門国での重要な鍛刀の研究も一段落したので、帰途信濃路に兄真雄を訪れ、天保十五年八月、この小諸で数振り造ると、久方振りに江戸に帰り四谷南伊賀町に鍛刀場を設けた。刀鍛冶のように協力者を是非共必要とする仕事では、何より先に門下生を募る事である。幸、鈴木次郎正雄、続いて上総国から正直、岩井鬼晋麿正俊と次々と志望者が現われた。彼等は何れも「正」の一字を貰っているところから考えて弘化三年秋、清麿と改銘する以前に入門していたものと見られる。このうちで上総の正直は斎藤昌麿と郷里を一にしている関係から、正直が刀鍛冶である事を、ふとした機会に知った昌麿は、優れた新身を斡旋するようにと彼に頼んだ。彼はためらうことなく

千葉県君津郡波岡村小浜字山神免の斎藤昌麿の墓

己が畏敬する師清麿を推薦して止まなかった。刀の注文が奇縁となって、忽ち両人は十年の知己の如く打解けて交遊が始まった。清麿は、この偉大な国学者昌麿によって親炙されていった。

斎藤昌麿の所持した刀剣目録は大略次のようである。

○脇指、源清麿、嘉永二年二月日、刃長一尺六寸二分、武用一遍の鉄拵が付いていて、山浦環清麿と在銘の豪華な小刀が附属している。

○斎藤昌麿遺愛のおそらく。清麿二字銘刃長七寸、実に気のきいた拵が付いている。

○脇指、銘、清仁《ひと》、刃長一尺四寸三分。○短刀、銘正直（上総）刃長九寸。

○刀、先師清麿が親友の斎藤昌麿が欲しがっていた神剣（稜威尾羽張《みいずおはばり》）の製作の約を果さず死んだので師の志を継いで二十年もかかって蓄積して置いた地鉄をもって、大神に誓い、慎で藤原清人之を造という意味の事が中心一面に刻銘されている。（**次頁の押形参照**）惜しいことに、この刀は現在行方知れない。昌麿は晩年には、全国から名石を蒐め、郷里の邸内に築山を造り時々帰省して、これ等の名石を賞玩して楽んでいた。

慶応二年丙寅年三月二十四日昌麿江戸に於て没す。享年六十五歳。

斎藤家の築山

亡き世にも訪ふ人あらば

魂はこの石に鎮めて在りと答へよ

（雲根斎昌麿）

昌麿遺愛の名石

昌麿遺愛の名石

斎藤昌麿の生家

意富比大神宮（船橋市宮本町３丁目）
の神苑にある天水桶。ふとした機会から
美術刀剣保存協会元支部長渡辺昇氏によ
って発見された。

天水桶の部分拡大（昌麿書）

いま行方不明の斎藤昌麿の遺愛刀

斎藤昌麿の歌

横浜にえたつもののふこととはん
　日本心のありやなしやと

ことしあらば御旗の竿はわれ持たん
　数ならずとも身をはいとはじ

君がため命は的にかけぬとも
　敵にひとやはかへさましやは

御民みな君よるべの水ならば
　あきつ神代のかけやうつらん

五代七代先つ神代ゆつきつきに
　あきつ神よの国ぞこのくに

さかのぼる神代のみちははるけきを
　日はならやまにくれむとすらん

かしこしや孔子と仏の奴のみ
　神代かたらふともたにもなし

身に負わぬことは我世のほかなれば
　はるかに仰げ高窓の月

富士のねのふもとばかりはほの見えて
　かすみにしづむ浮島が原

- 初代 浜部寿格
  - 直道
  - 元一
  - 二代 寿実
    - 寿隆（河村）
    - 兼先（妙一）
    - 三代 寿幸
      - 邦彦（竹中）
      - 四代 寿秀
        - 勝広（関田）

刀　美濃守藤原寿格
天明五歳巳八月吉日　（四十一歳）

刀　美濃守藤原朝臣寿格
寛政八年丙辰十一月日於
武州以伯刕印賀鋼鉄造之　（五十二歳）

寿格は浜部派の棟梁、延享二年因幡国鳥取に生れる。九郎左衛門という。寛政頃、浜部寿格の鍛えた脇指に「新刀辨疑」の著者鎌田魚妙が焼刃した珍しいものがある。

鎌田魚妙が河内守国助を名工と推したので脚光を浴び、彼の焼く互の目小丁子乱は好評を博した。浜部寿格の刃文も、この河内守国助に最も似た作風である。人気作家に追従したわけでもなかろうが、風潮には逆らえぬものが感じられる。

刀　眠龍子寿実
文化八年八月日　（初期作）

浜部儀八郎寿実という。父寿格が文化七年六月十四日六十六歳で没している。その後の浜部一門を指導して名声を高める。

門人に河村寿隆あり、この門下から山浦真雄、清麿の名工が出る。山浦兄弟は寿隆からごく初歩的な鍛刀の手ほどき程度を学んだ。浜部派を墨守して満足していたら、山浦派の誕生はなかったと思われる。

上田城　本丸　西櫓

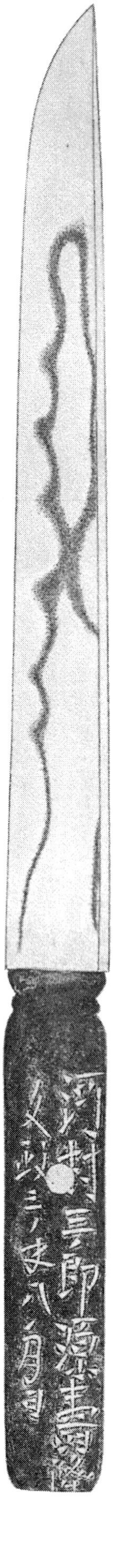

大小刀《おおこがたな》　銘　河村三郎源寿隆
文政三年八月日

茎に硬、軟の鉄を混ぜ合せて松皮肌のように見せている。刀身にも同様軟鉄を混ぜたので覇気に乏しいものとなっている点惜しい。

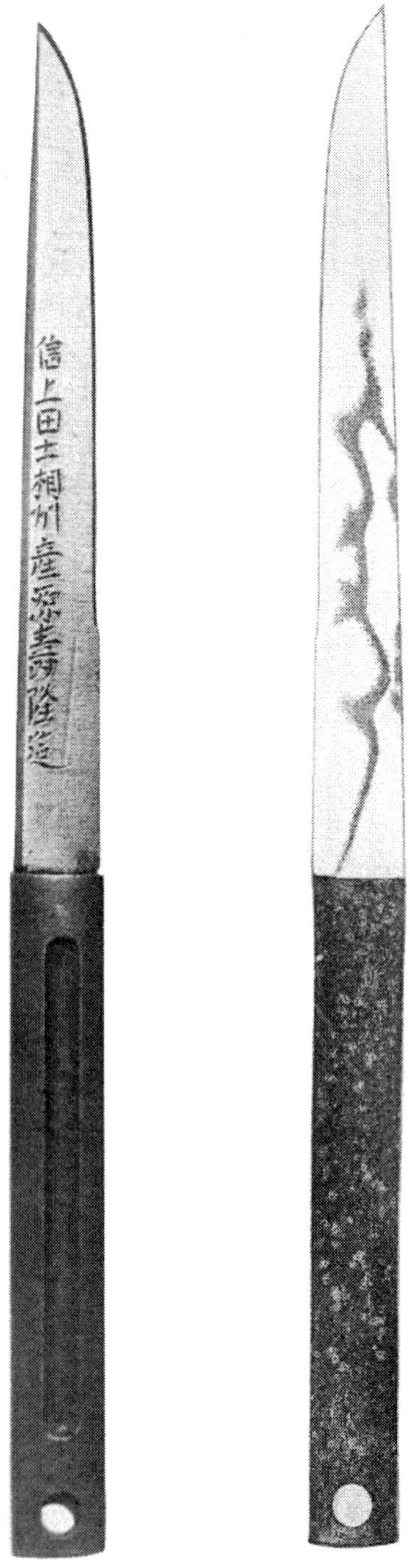

小刀　銘　信上田士相州産源寿隆造

茎に硬、軟の鉄を混ぜ松皮肌のように見せる。刀身には軟鉄を使用していないので覇気美事な出来となっている。これで見ると、寿隆の生国は相模国となる。

刀　刃長二尺三寸　反四分

浜部寿実門下、これまでは、因幡国産のようにいわれてきたが、相州産源寿隆と銘の有る小刀や脇指が出て来たので改めなければならなくなった。信州上田藩主松平家の御抱鍛冶となる。文政十一年頃山浦真雄、清麿兄弟は、寿隆の門を叩き師事する。

寿隆の作風は、この刃彩の如く、浜部一派独特の重花丁子乱に終始するも、稀には直刃も焼く、地鉄は小杢目肌よく詰まり無地風に見える。

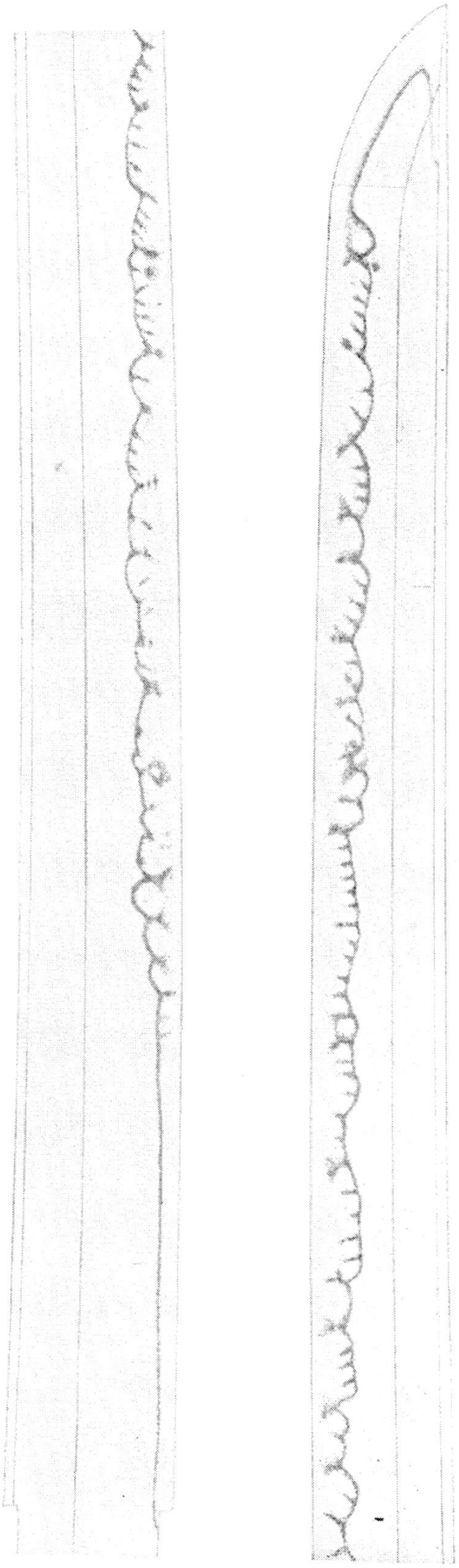

上田城は城南を千曲川が西流し、更に小牧山がひかえ、北は太郎山が聳る。西には岩鼻の要害があり、東には神川の流れがさえぎっている軍事上の要衝の地である。天正十二年真田昌幸によって築城され、天正十三年と慶長五年の再度にわたって徳川の大軍を撃破した戦歴は有名である。

文政末年から天保の初年にかけて山浦兄弟はこの上田城下町にしきりに師寿隆を訪れたものと思われる。

史蹟
上田城址

上田城址
土屋竹雨

御武運長久　天保二年辛正月十日　天然子寿昌　建立　（山浦邸玄関口）

（長野県史跡）

「山浦兄弟生誕の処」の碑（邸内）　昭和十五年十一月十四日建立

真雄明治4年松代より生家に帰り
「老の寝さめ」を執筆。鍛刀もする。

←布引観世音

←千曲川の奔流がこの間を走る。

←山浦兄弟の生家

←布引観世音

←山浦邸は森の影となって見えない。

←山浦邸周囲は砦のように石垣でかこまれている。

藩主幸教公命名の「水　月　邸」

徳川幕府は寛永十一年諸大名に参勤交代を命じ「その妻子を領内に置いているものは江戸に移住させよ」という指令が出された。（この令は文久二年になって廃された。）そこで真田家では藩主幸教の母おていの方の松代での隠居所を文久三年家老赤沢蘭渓に命じて造営させた。幸教はこの邸を水月亭と名づけた。

真田家菩提寺「長国寺」

恩田木工翁邸址

旧真田家庭園

松平定信（白川楽翁）の次男、真田家に入って信濃守幸貫となる。この来国俊の短刀は婿入りの時持参の一口で、目貫小柄は松平家の葵紋をそのまま用いて、縁頭、鯉口、栗型には真田家の六連銭の定紋で新規に作らせ、鞘は同紋を金蒔絵で現わした見事な拵である。

山浦正行は天保三年から同五年までこの松代城下町にて数振り鍛刀している。

海津城は善光寺平の東南端に位して、東北に鳥打峠の険、東は皆神、狼煙山、象山、西南に妻女山と三方を丘陵に囲まれ西北は千曲川に臨み、更に本丸は方形に、二の丸、三の丸は円形に造り、その間に水濠を掘り神田川、関屋川の水をとりいれて外濠に注ぐという、自然の要塞を巧みに利用した類のない名城と称されている。

天文二十二年甲斐の武田信玄が信濃制圧と越後の上杉謙信に備えて　軍師山本勘介晴幸に命じ築城させた。

当時の城は土塁と濠を連ねた簡単なものであったと思われる。しかし軍事的にはなかなか立派なものであったようである。

海津城初代城主は元亀三年信玄の寵臣高坂弾正昌信がなり、天正十五年三月天目山に武田氏滅亡後、織田信長の臣森長可が入り川中島四郡を領したが、同年六月本能寺に信長が没すると上杉景勝が信濃に軍を進め、川中島を手中に収め、村上景国

を城代とした。慶長三年上杉氏が会津に移封され、田丸中務少輔直昌が海津城に入り、慶長四年森忠政が入封、慶長八年八月家康の六男松平上総介忠輝が十八万石で川中島を領した。元和五年酒井忠勝が十万石を領し、元和八年真田信之が入封して以後真田氏が世襲した。

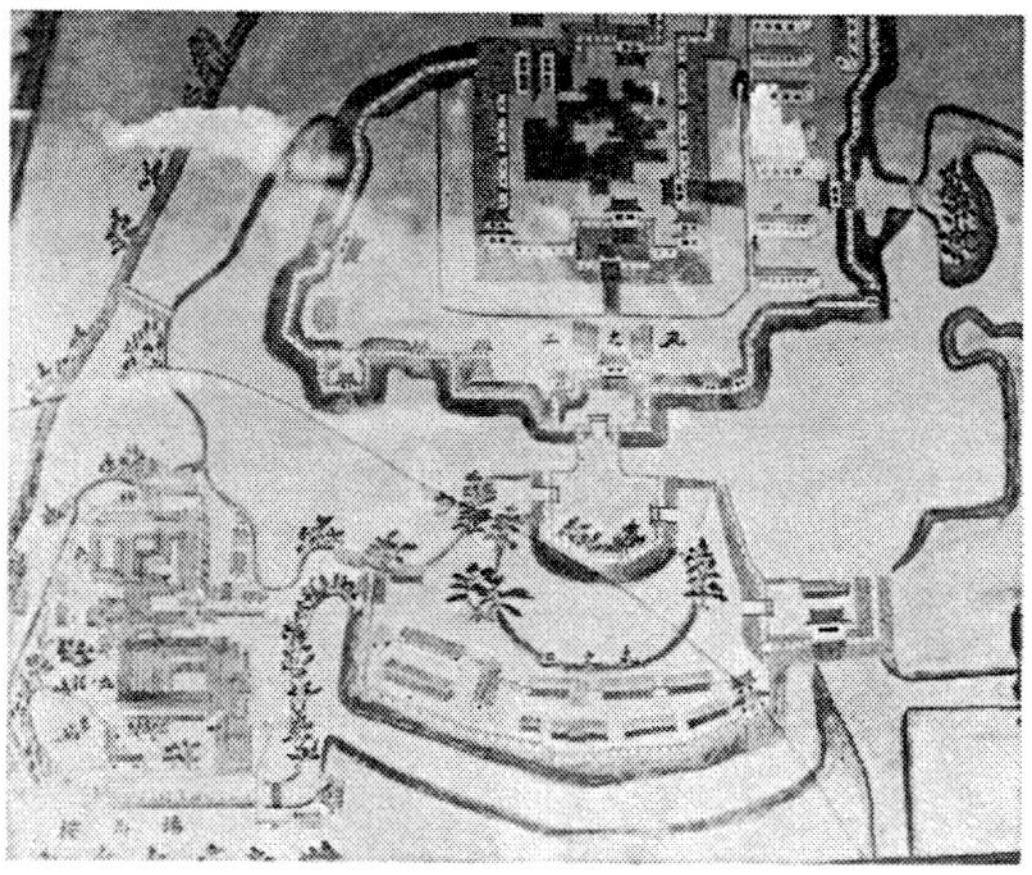

↑廃藩当時の古図

海津城下（埴科《はにしな》郡松代）にての作品の数々

短刀　於**海津城**造之　山浦正行
天保三年八月日

短刀　信濃国　正行

短刀　信濃国　正行

小刀　信濃国　正行花押

短刀　一貫斎　**秀寿**

刀　為塩野入氏作之　山浦内蔵助源正行
天保五甲午歳二月

脇指　為保士龍氏作之　山浦内蔵助源**秀寿**
天保五年仲冬

短刀　源**秀寿**
天保五年仲冬

↑江戸城　二重橋

天保六年 山浦正行、植拓嘉兵衛の紹介状をもって上京。

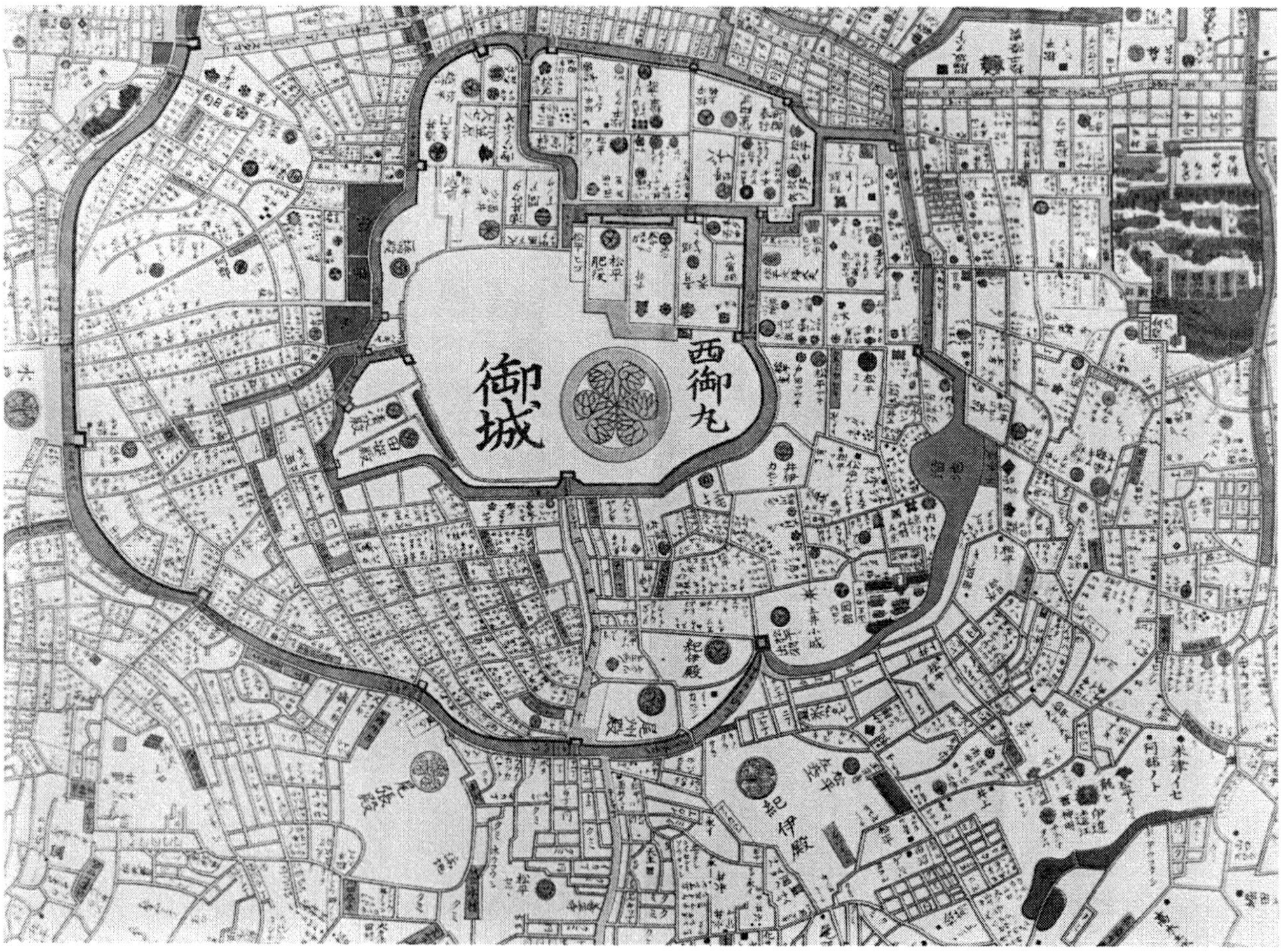

鍛記余論の中に

「かの正行は信濃国小諸の産にてぞ有ける十九歳の時より真田家の伝手にて、おのれに頼りて鍛冶をするに生れながらにして其ことを得るものにて、今はこれが上に立べしとおもうものなし。今ほどかのあしかる似せものを作り出ざるは正行一人にかぎりたるべし」云々

天保十二年む月十八日二の丸との居の夜おもひつきたるまゝに

窪田源清音《すがね》しるす

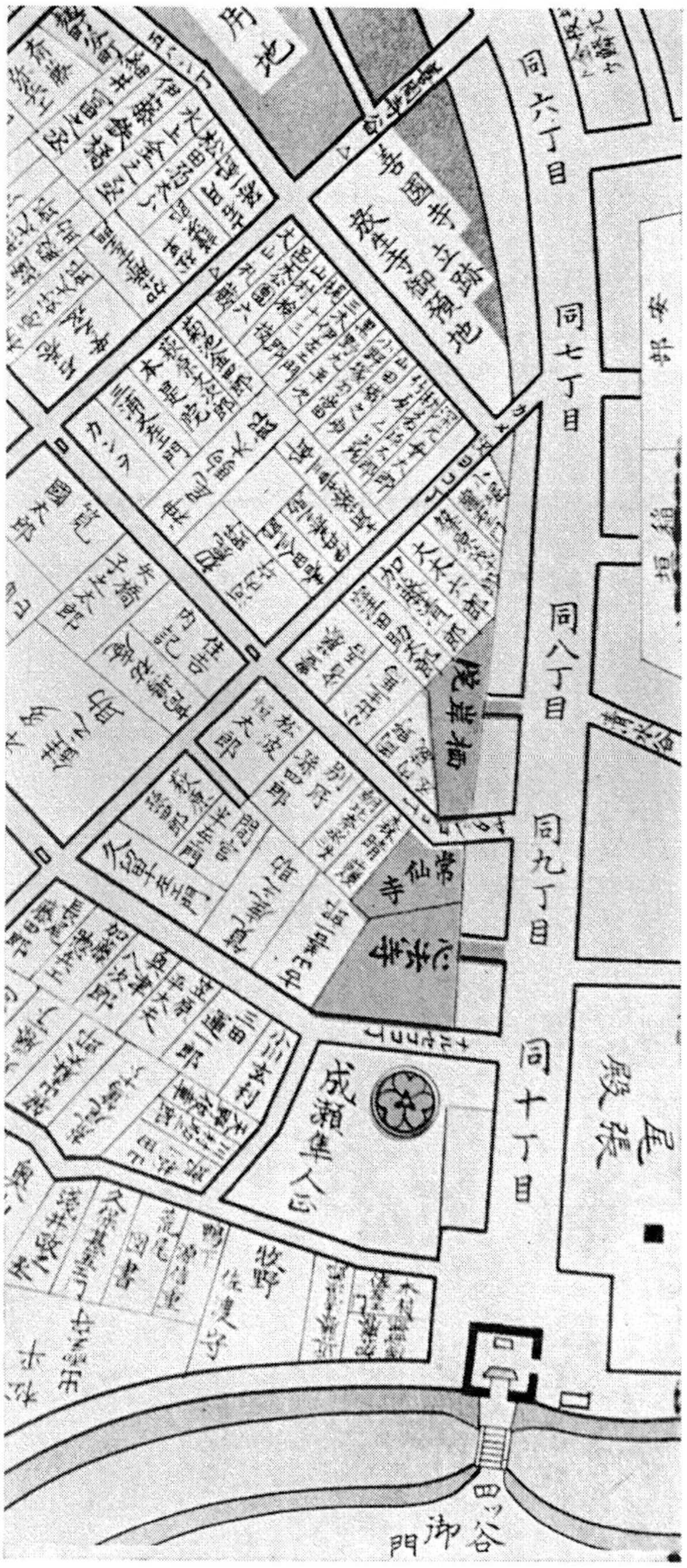

麹町八丁目亀沢横丁に入り五軒目　窪田助太郎清音邸

講武所奉行設置は安政七年（万延元年）一月十五日となっている。

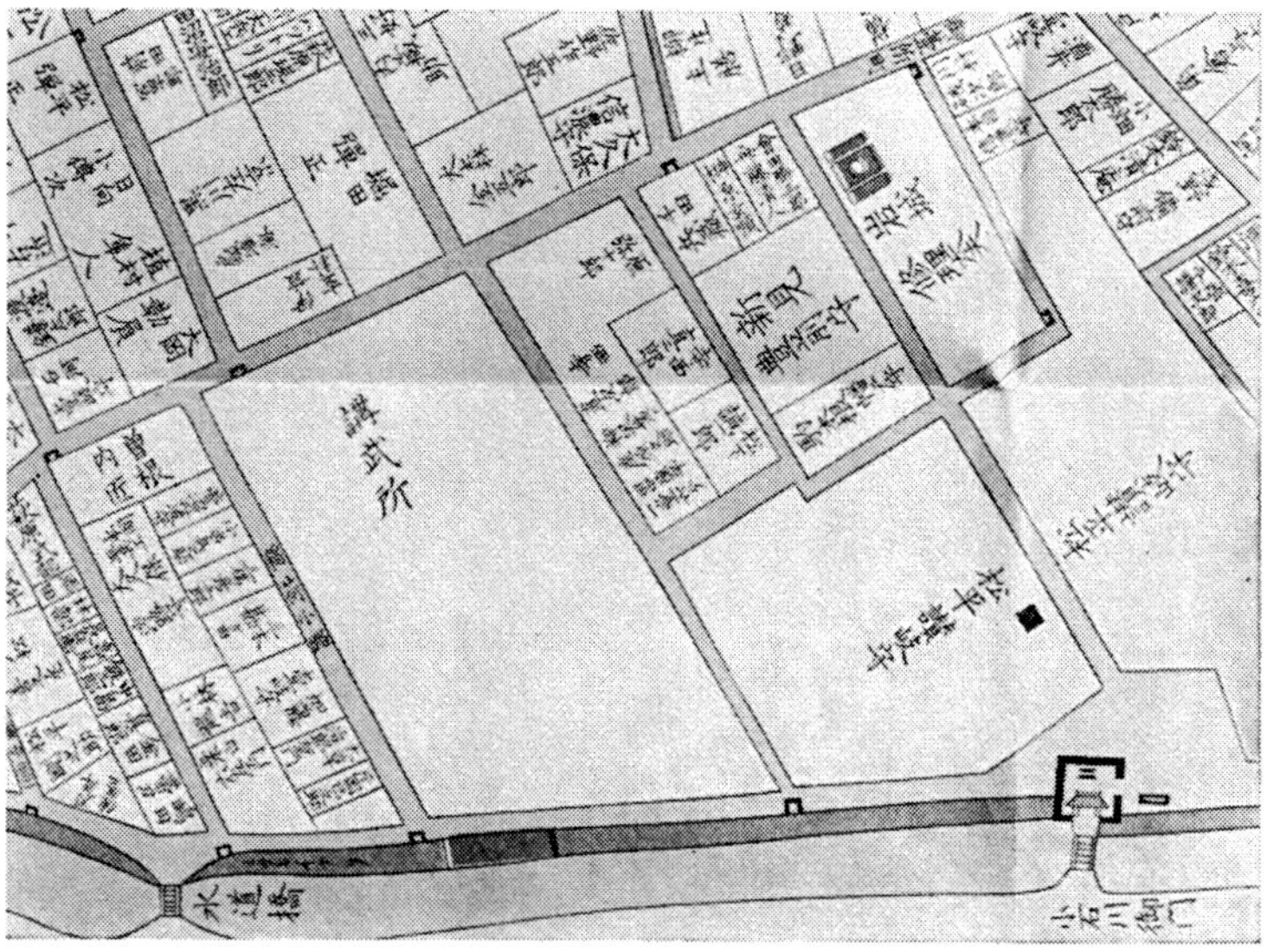

と「鍛記余論」にあるのは正行の松代打のことを指しているのか、いうまでもなく正行が清音の庇護を受けるようになったのは周知のように天保六年彼が上京してからのことである。また清音は当代に於て贋作をしないものは独り正行だけであろうと極言している。

真田家と窪田助太郎清音、それに拓植嘉兵衛が加わって、この三者の間には何等かの繋りがあったものか、やがて正行の出府となる。

↑小諸城三の門

→小諸城天守台

↑懐古園　題字　勝海舟

小諸城。東南は浅間嶽、西北は断崖下を千曲川の激流が走る。自然の要害を巧みに利用した名城の一つである。

長享元年大井伊賀守光忠が鍋蓋城を築いたが、天文二十三年八月武田晴信に攻略される。天正十年には武田氏滅亡する。後、織田氏の代を経て豊臣の世となり、その将仙石秀久が封ぜられ、この時代に大改築が行なわれる。

更に豊臣氏が亡び、徳川氏の領有となり、元禄十五年九月越後興板城主牧野周防守康重が移封され、以後代々これを領す。

明治維新の際旧藩主牧野公ヨリ馬浜口村名主山本勝太郎ニ下賜セラレタル標石ヲ同人甥中山禎次郎ヨリ改メテ献納ス大正十四年六月十日

↑小諸城二の門跡

↓小諸城址と懐古神社

天保十五年晩秋正行小諸より再び江戸入り永住

↑江戸城辰巳櫓

←江戸城北詰橋外側

←半蔵門外側

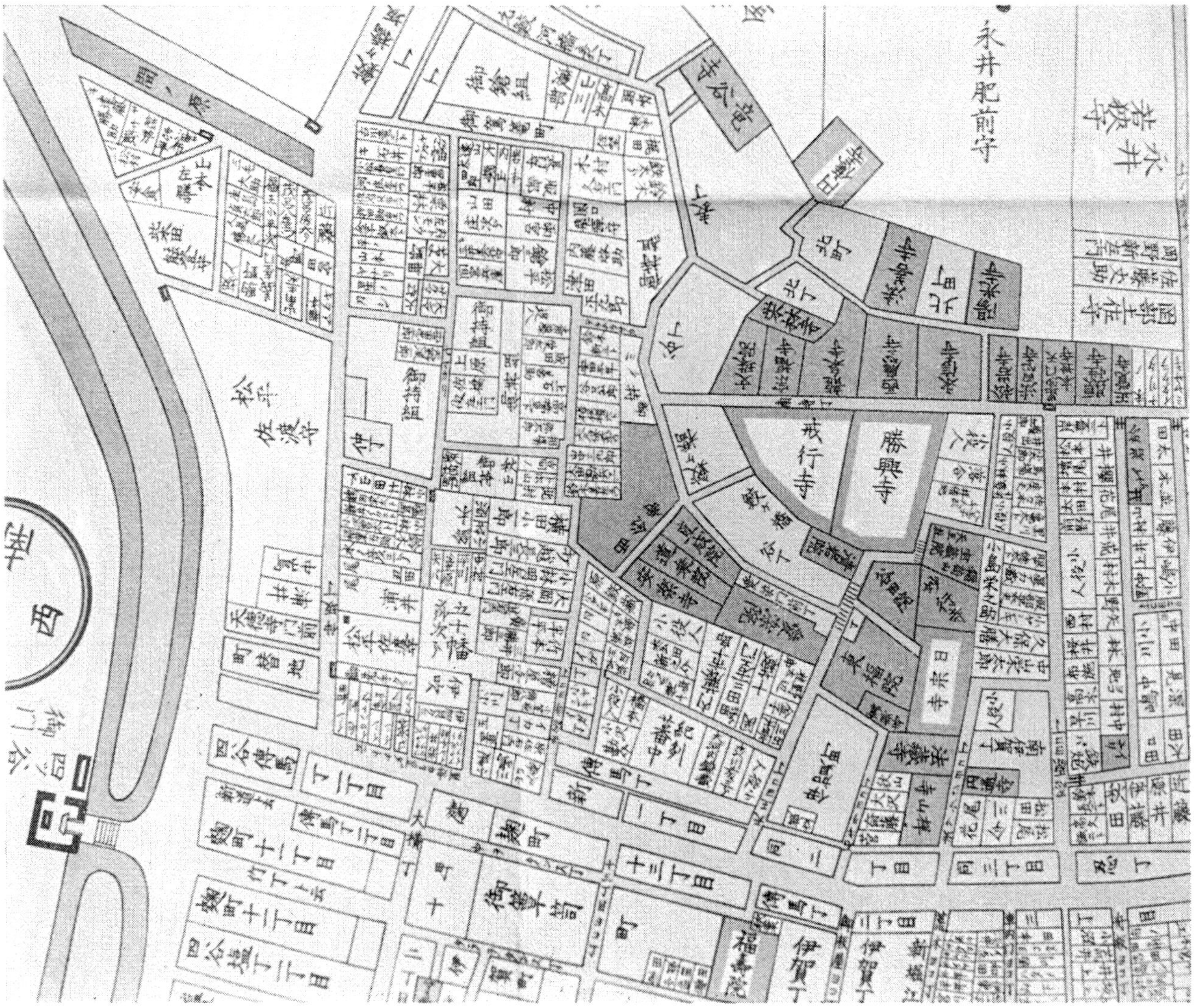

東京名所図会　四谷鮫河橋長屋図　明治初期

四谷鮫河橋は南寺町宗福寺前の坂道を西南に降り切った辺で、目と鼻の間には、槍の名手服部半蔵が開基した西念寺がある。この西念寺ヨコ丁とか稲荷小路ヨコの南伊賀町に清麿の鍛冶場があったと言われてきた。嘉永頃の古地図には「鉄砲師」とあり「刀シ」となっている所が、清麿の鍛刀場であってくれればと願うが、無理であろうか。

鮫河橋は谷町を中心に、数千の貧しい人々が、荒屋で雨露を凌いで生活している様は哀れである。ここでの唯一の金融機関は質屋である。米屋、薪炭商、酒屋、古着屋等があって、なんでも日用品には事欠かないよう便利に出来ている。ここに社会の縮図を見る。

庶民的な清麿は、鮫河橋谷町辺の隣人と屋台で盃を重ねて談笑に時を過し、鍛刀の苦労を忘れていたかのよう。

宗福寺にある清麿の墓碑

江戸四谷南寺町（現、新宿区四谷須賀町10）

清麿の自刃直後、斎藤昌麿、晋勝伊十郎等の友情によって建立された墓碑も安政２年10月２日の江戸大地震で倒壊したまま、長年にわたって顧みられなかったので、この墓碑は惜しくも散逸してしまった。

明治21年５月になって刀工桜井正次、白銀師田村宗吉、鞘師斎藤政沖、柄巻師村山兼五郎等が協力して再建したのが、この墓碑である。

なおこの碑文は大道院と「院」を加えている点と、没日の「十四日」を「五日」と書き誤っている。

清麿の没後間もなく斎藤昌麿などの尽力で建碑された、この墓碑は安政の大地震で大破した。これはその墓碑の石摺りである。

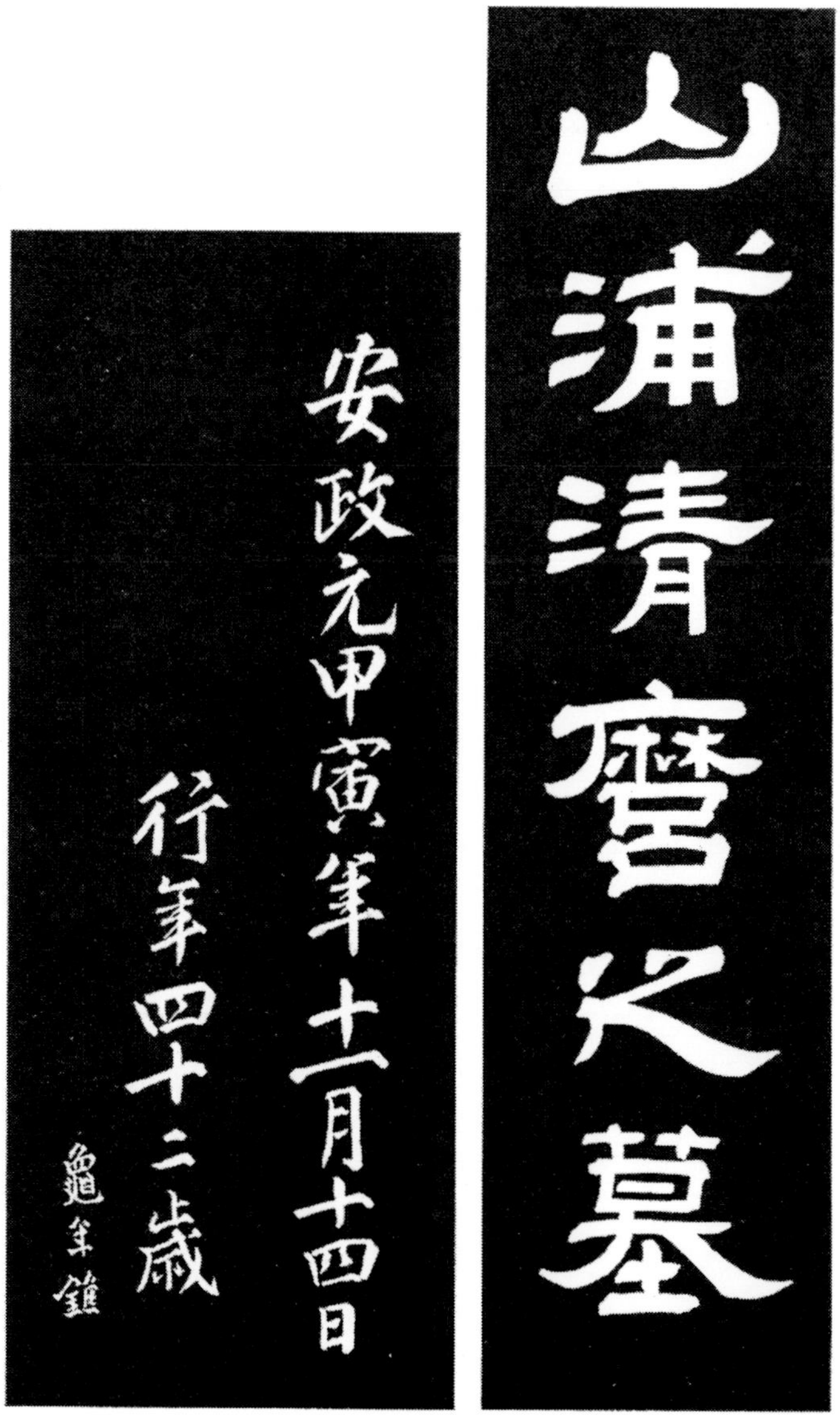

題字は本間薫山先生

長野県小県郡東部町大字滋野牧家にある

「山浦真雄　清麿　兼虎　生誕之郷」の碑

七軒長屋
松代町西条北組四一四八番
真雄父子の住居（右より二軒目）

↓赤岩にある真雄墓

七軒長屋の一部分

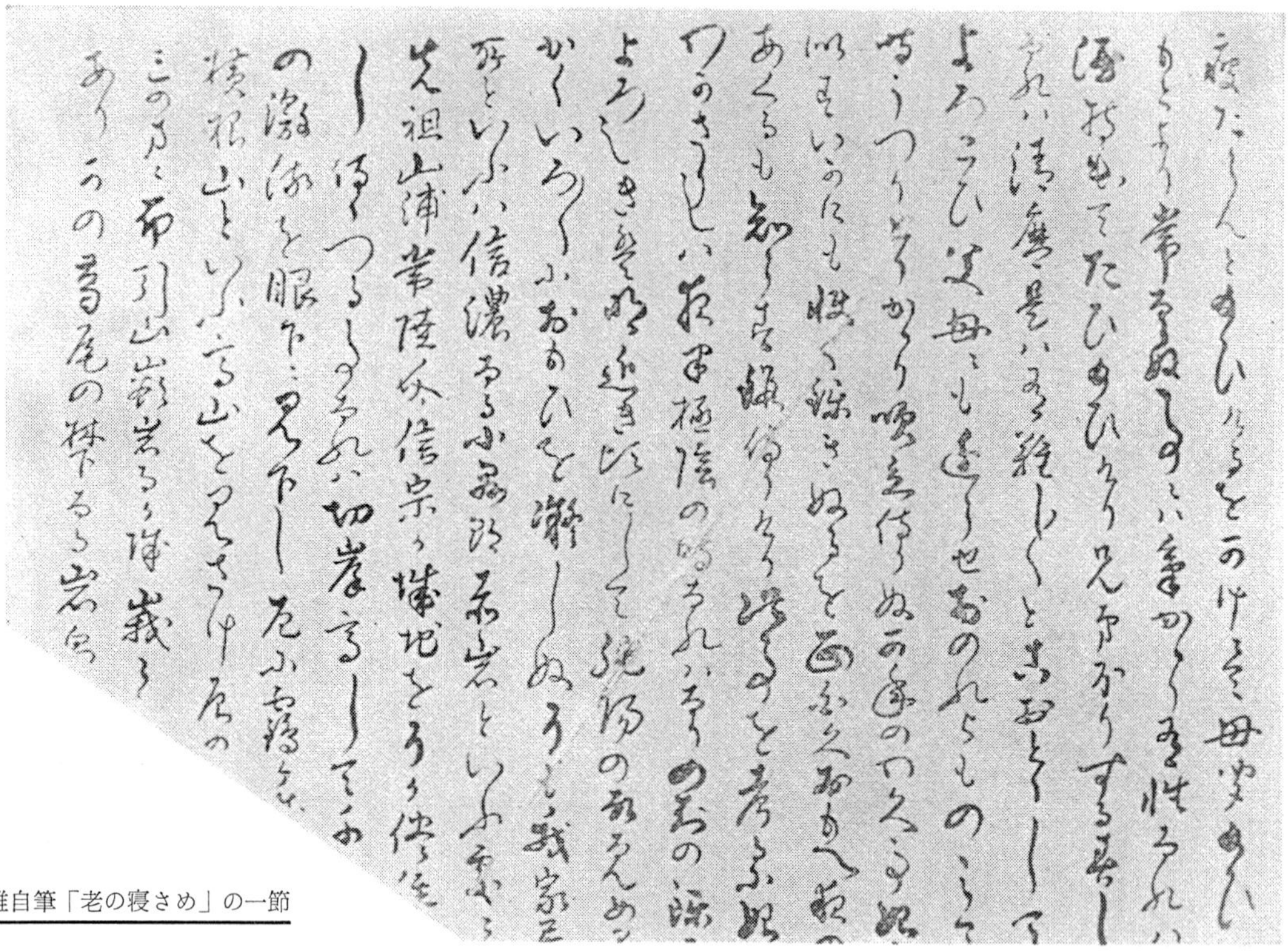
山浦真雄自筆「老の寝さめ」の一節

山浦真雄が、天保二年出府前に邸前建立した常夜灯の側面を拡大したもの。この年江戸打の短刀あり。

兼虎作の刀匠鐔

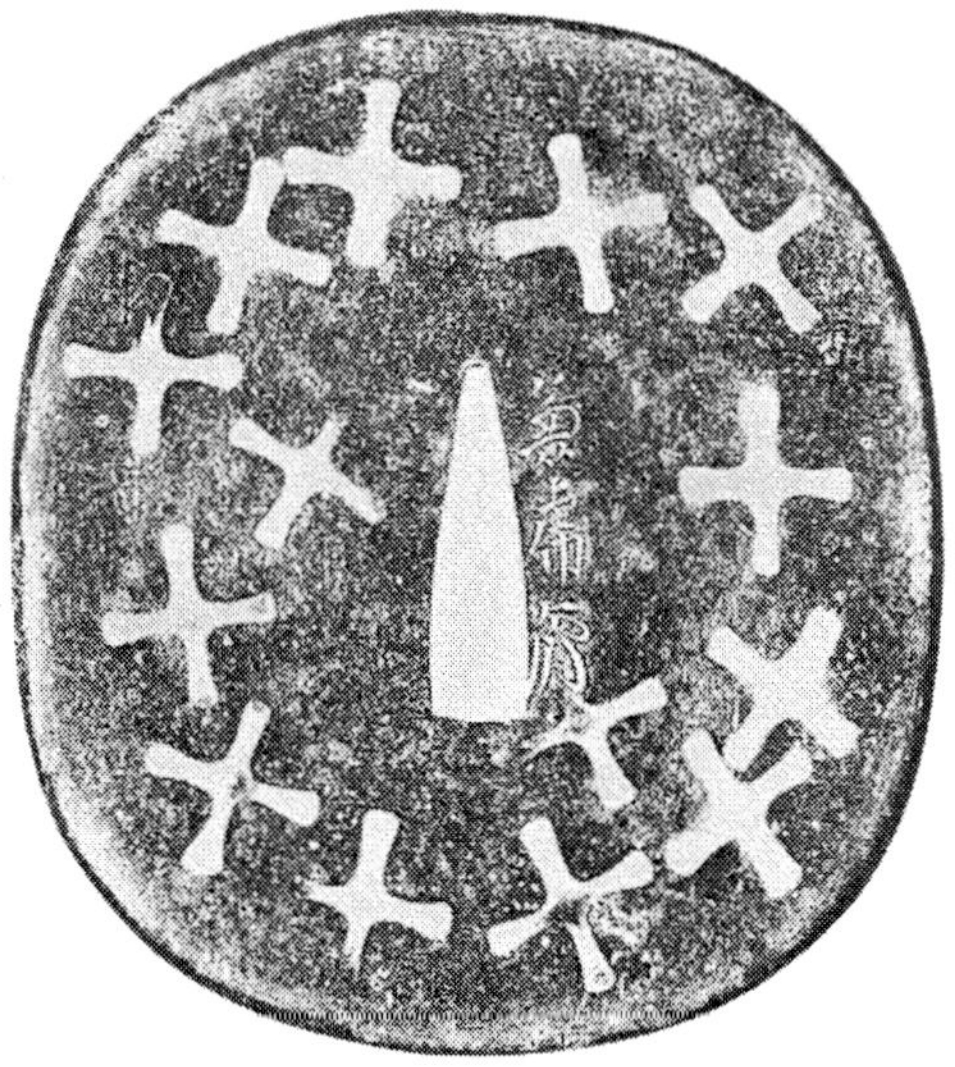

銘文の変遷

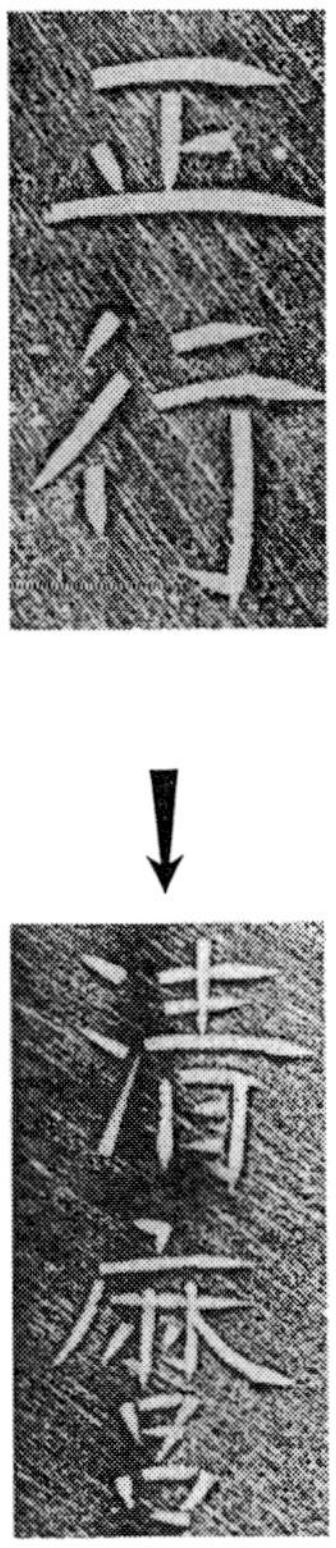

文政十三年四月一貫斎正行銘の第一作より、自刃の嘉永七年（安政元年）正月に至る清麿生涯の銘文中、各年代にわたり、その内より殊に特徴の著しい「銘」を選び出し、これに写真《カメラ》の眼《アイ》をあてて、これまで肉眼にては到底見ることの出来なかった清麿銘の種々相を科学的にとらえて、ここに解明することとした。

大正中期頃までは、銘の変遷を無視して、単に、その作者の代表的銘の一点を見つめ、これに該当するものは正真とし、これといささかでも相違するものは（たとえ正真といえども）偽物として取り扱われてきたものである。かかる杜撰な前時代的鑑定法は、今日では過去の遺物として顧みるものなきまでに銘の研究は進歩した。

これを思うと最近の鑑定は長足の進歩を示し、厳たるものがある。しかし研究の向上につれて偽物もまた巧妙を極めるに至るのは自然の趨勢であろう。

言うまでもなく「銘」は生物のように、年と共に成長し、変化して少しも止まるところのないものである。つねに流動する正行、清麿銘の全貌を年代順に集録した本書の押形集と、この拡大押形とを一貫としたものを体系として、厳密な研究を重ねる事によって、これまで難解とされていた清麿銘も、今後は平易に、しかも的確に、その実体が把握されてくるものと考えられる。偽銘も研究上誠に重要なもので、出来れば発表したいのであるが、これはさしさわりの向きもあるやに考えられるので遠慮申上げた。

兄真雄との協同作品

文政十三年（天保元年）の作品はこの二口のみと思われる

海津城造銘入りはこの一口のみ　重要資料

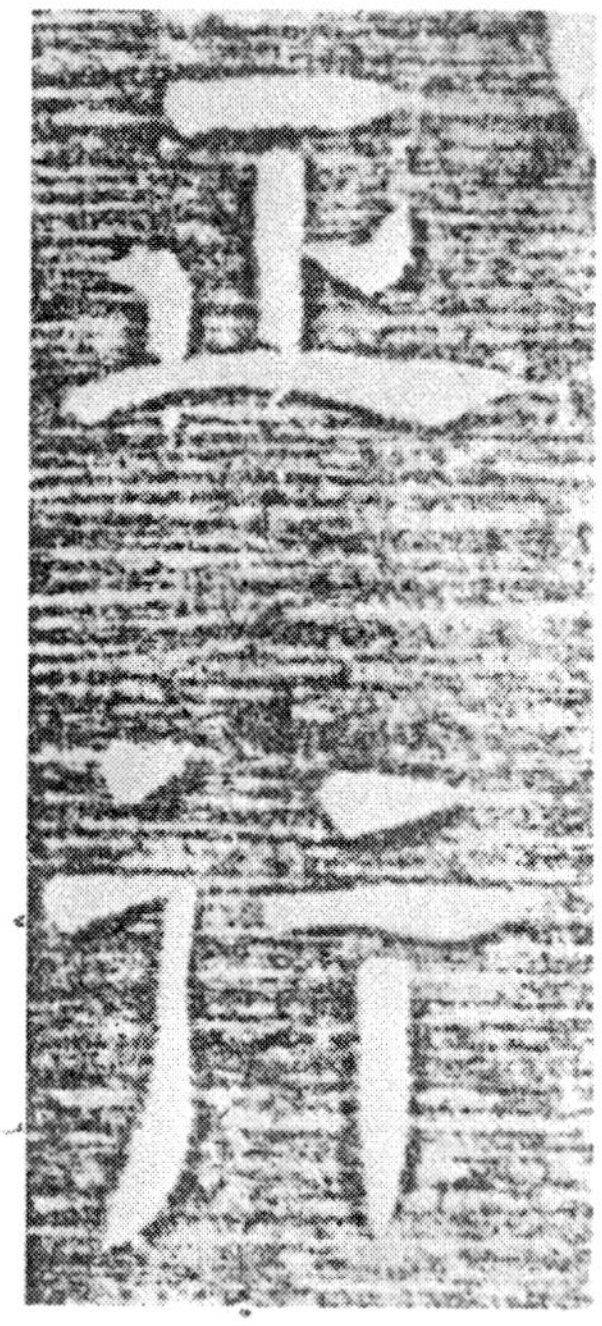

松代打の一口。
これは天保四年癸巳の作ではないかと思う。

天保五年頃の作と思われる。
この頁はいずれも松代打。

短刀　天保三、四年頃の作か。
松代打の一口。刃文直刃。

刀　刃長二尺三寸四分
師寿隆さながらの重花小丁字乱れ刃であるが、地鉄は優れてよい。
松代打。

短刀　刃長７寸７分
松代打中の白眉。

短刀　天保五年仲冬　松代打。
為保土龍氏作之（裏銘）有り。

短刀　松代打。

愛染正行。

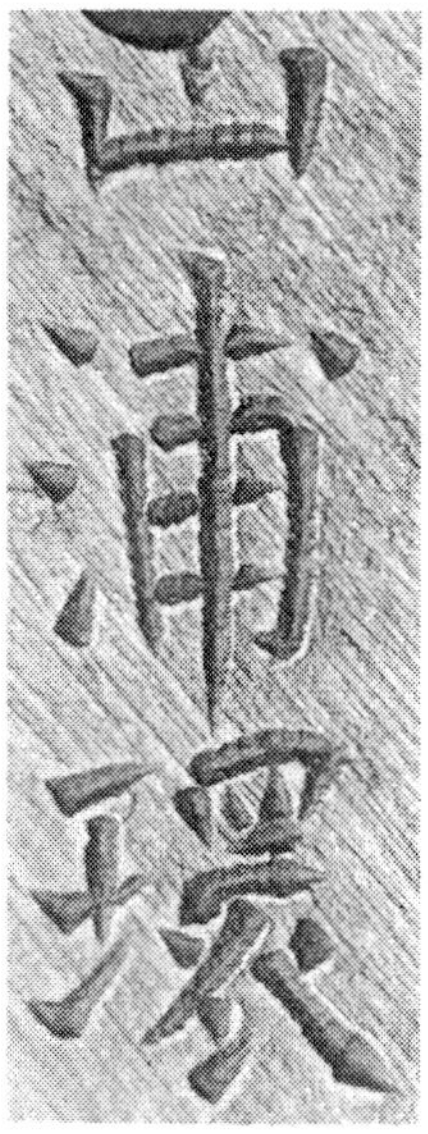

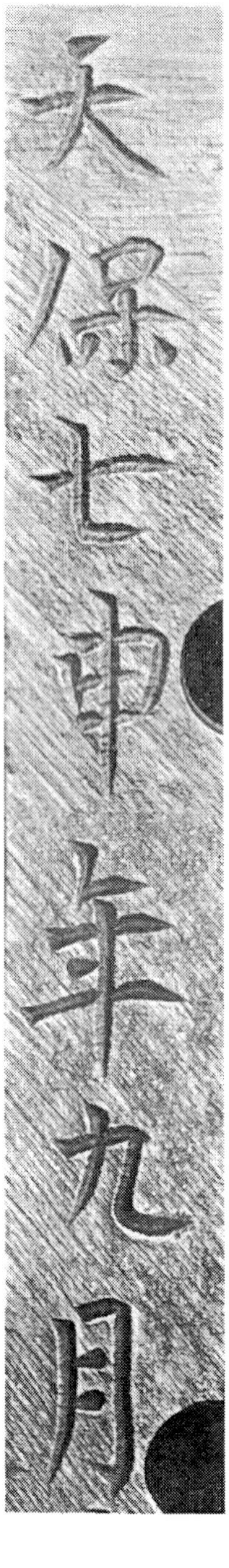

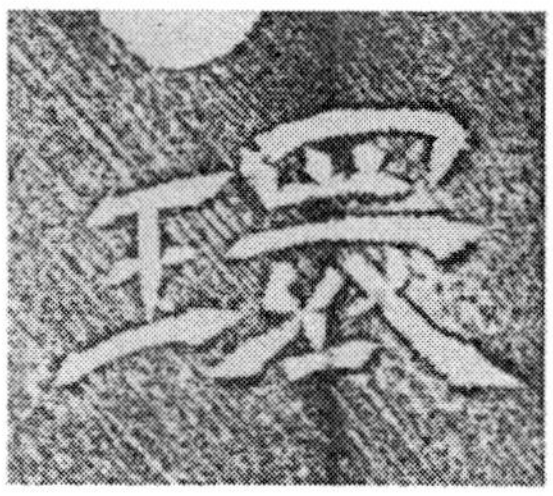

脇指
刃長一尺三寸三分

二口共　天保八、九年頃の作。

天保十年の作。
武器講第一号。

天保十年の銘。

武器講は正行の鍛刀技術の向上を主眼として誕生したものである。

しかし事実は一名三両掛けという、零細なものであった。彼はこの食い違いを意に介せず、もっぱらその理想とする名刀を造ろうとした結果、刀が講中に行き渡らない事となり、あたかも彼が講金を酒色に費しているかの如き悪質のデマが蒔き散らされた。事の意外に流石の彼も驚いた。事態は日ごとに彼に不利となり、ついに進退きわまる所まで追い詰められた。

武器講一百之一に引続いて十幾振りか造った。これはその内の一振りで年号こそ切ってないが天保十一年八月頃の作である。ここではまだ化粧鑢が見られる。

天保十一年の銘。天保十年銘との相違をご記憶頂きたい。

天保十一年八月と年号が刻されているが、事実は八月も過ぎて師走に近づいた頃の作と思われる。この僅か三、四ヵ月の間に目まぐるしいほどに銘文は種種と変遷している。この辺から化粧鑢が見られなくなっている。

正行の長門國萩城下出現は天保十二年劈頭と思われる

これ等の作品は、かつて一振りずつは場所を異にして幾度か鑑賞する機会に恵まれた。この時はつい何気なく見過ごし、これほどの重要性が有るものとは不覚にも気付かなかった。

今、ここに長門国打、及び同国にての作品と思われるものを選び、銘文を拡大し年代順に並べ、同時に刀身の作風をも合わせて研究することによって、正行の長門行きの動機、並びに同国に現れた時期を明らかにする事が出来る実に重要な資料となってくる。

（源清麿論・図録・八田行誠氏蔵、長門国萩城造の項参照）

①

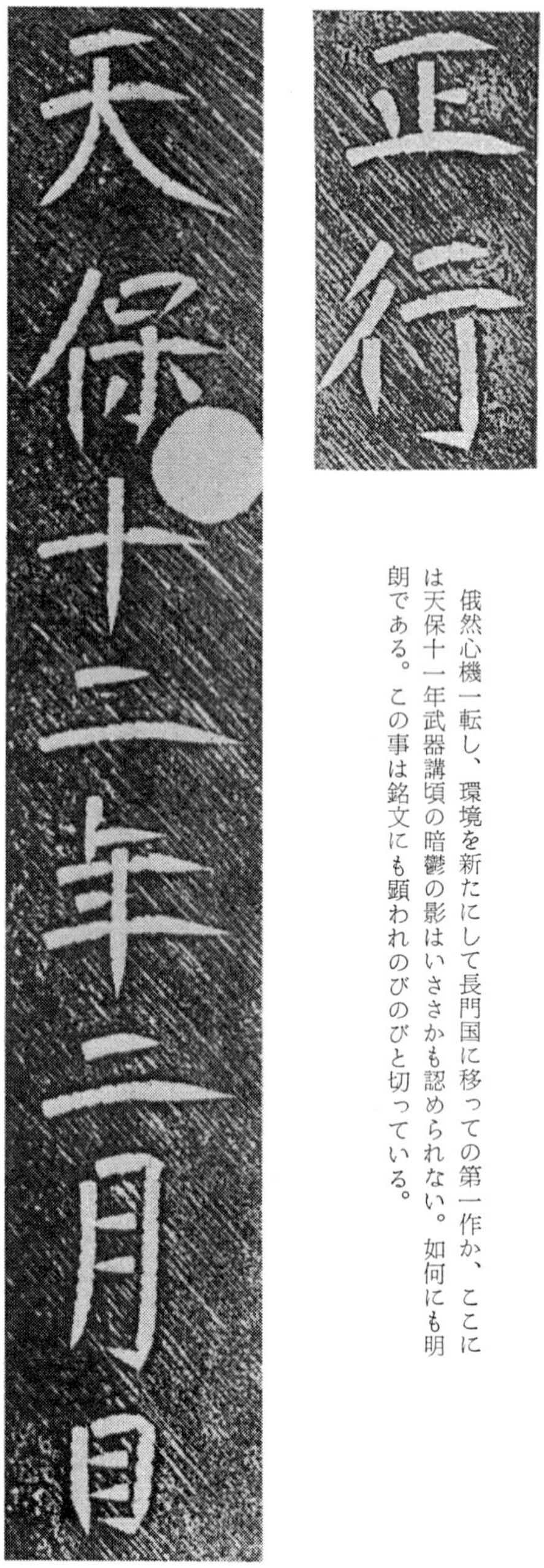

俄然心機一転し、環境を新たにして長門国に移っての第一作か、ここには天保十一年武器講頃の暗鬱の影はいささかも認められない。如何にも明朗である。この事は銘文にも顕われのびのびと切っている。

②

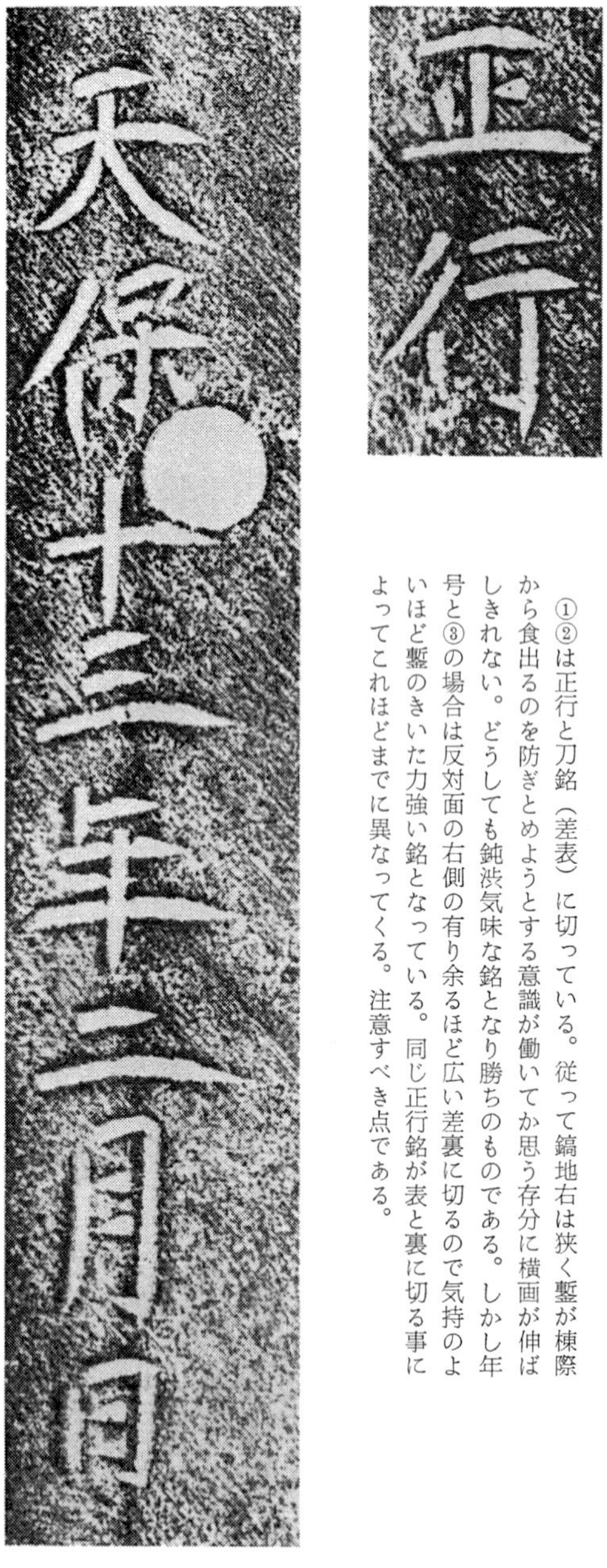

①②は正行と刀銘（差表）に切っている。従って鎬地右は狭く鏨が棟際から食出るのを防ぎとめようとする意識が働いてか思う存分に横画が伸ばしきれない。どうしても鈍渋気味な銘となり勝ちのものである。しかし年号と③の場合は反対面の右側の有り余るほど広い差裏に切るので気持のよいほど鏨のきいた力強い銘となっている。同じ正行銘が表と裏に切る事によってこれほどまでに異なってくる。注意すべき点である。

③

西涯 硐《はざま》先生へ恭呈の短刀。正行が長門国に至り、左文字を窺っての作。

堂々と「山浦」姓を冠し幕吏に追われる身でない事を立證している

ロシアはウラルを越え、シベリヤをも過ぎて慶安2年には黒龍江岸に達し、更に宝永4年にはカムチャッカを領有するに至った。それ以来千島列島を足場として南下し始め、寛政5年には根室に来て我が北辺を頻りに脅かした。また、欧州の列強は名を通商に借り、日本をその支配下におこうと機会を狙っていた。が然、嘉永6年に米艦隊は我国の表玄関たる浦賀に投錨し開港通商を迫ってきた。この非常事件と、更に勤王の巨頭を数多殺戮した安政の大獄とは志士を極度に激昂せしめ、ついに万延元年3月3日大老井伊直弼を雪の桜田門外に血塗った。これら少数の水戸浪士によって先ず維新回天の偉業の幕は切って落とされた。しかし天保12・13年頃の日本は夜明け前で、未だ勤王運動など兆も見えぬ穏やかな時である。従ってこの為に正行が長州落をせねばならなかったとの理由は成り立たなくなる。

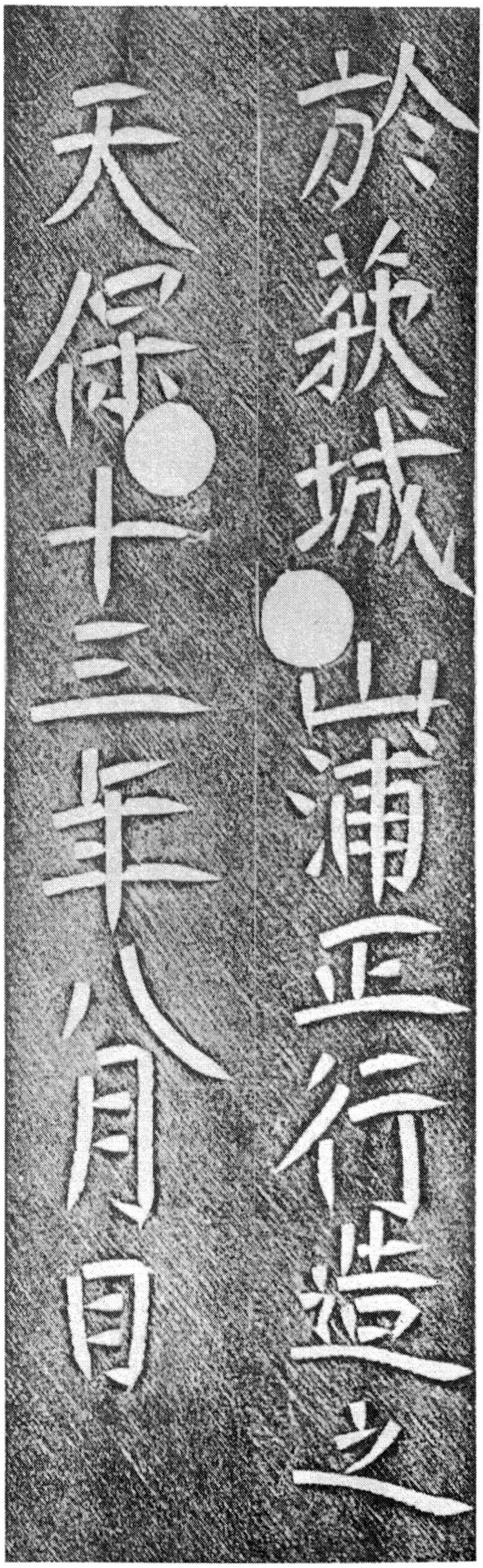

萩城下製の豪快な太刀。

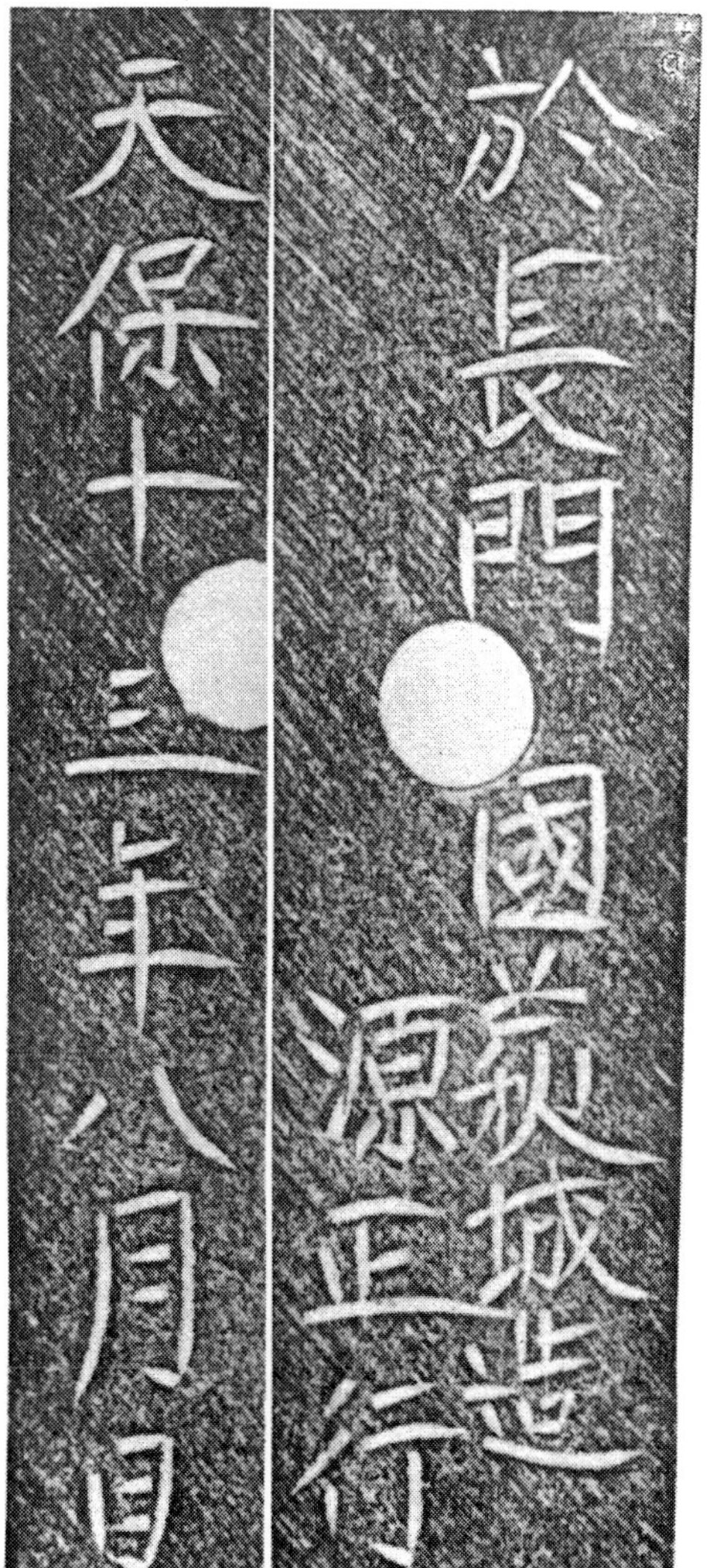

正行の長門国行の動機を解く唯一の資料「左文字」に私淑しての作。

長門打には長尺の太刀・大長巻が多い。定めし腕自慢の藩士が数多くいたものと思われる。

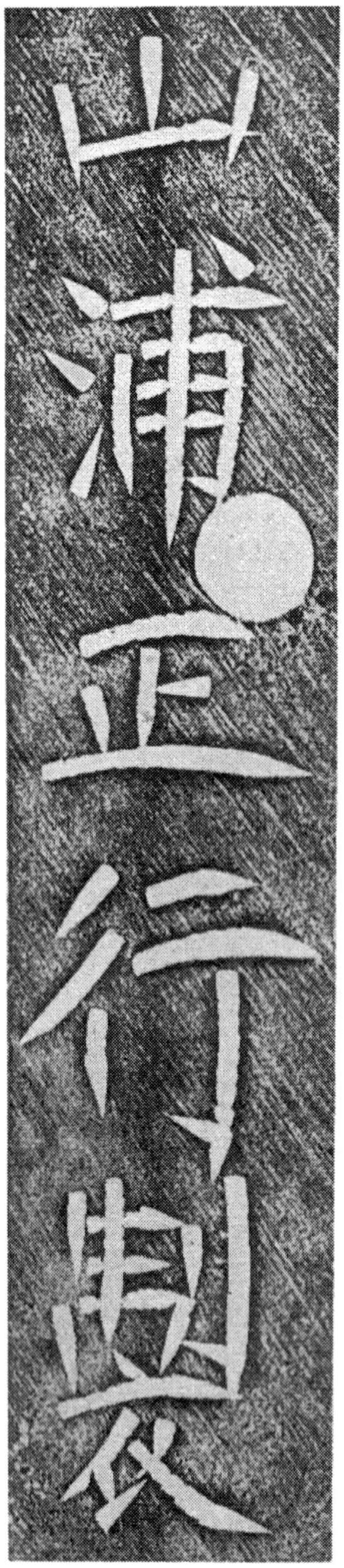

刃長三尺有余寸
（天保十四年八月頃）の作。

長巻
〝新・古刀大鑑〟に所載されている大阪の長谷川某氏蔵となっているが、その後久しく未見、戦災にでも会ったものか。

長門国あるいは萩城と明記されていないが、この刀も長門打に入るものか。〝山浦正行〟銘のものには長門打が多い。小諸打はほとんど〝源正行〟と銘している。

信濃國小諸城下にての作

天保14年8月までは長門にて鍛刀していた事は佐々木猪三郎源高義の長巻がこれを立証している。更に天保15年8月は信州小諸城製の太刀があることによって正行の消息は明らかである。しかしこの中間の天保15年2月の作品は恐らくは長門国打の延長ではないかと思われるが、決定付けるものがないので今後の研究にまつ事とする。

信・小諸城製と明記されたものはこの刀一振りのみである。製作の天保15年8月と同一の年号のものはことごとく小諸打で他に数振り有る。ほとんど「源正行」と三字銘に切る。（天保15年12月2日弘化と改元）

この小諸打は正行の動静を明らかにする唯一の資料である。（正行の「行」の第三画逆鏨となる）

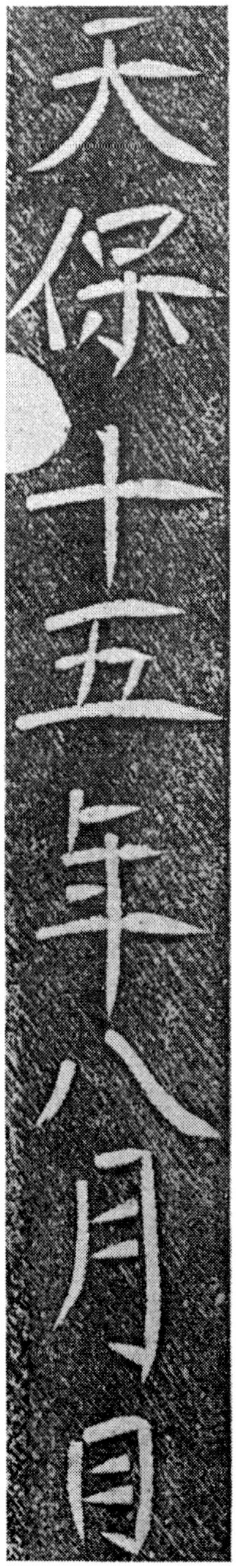

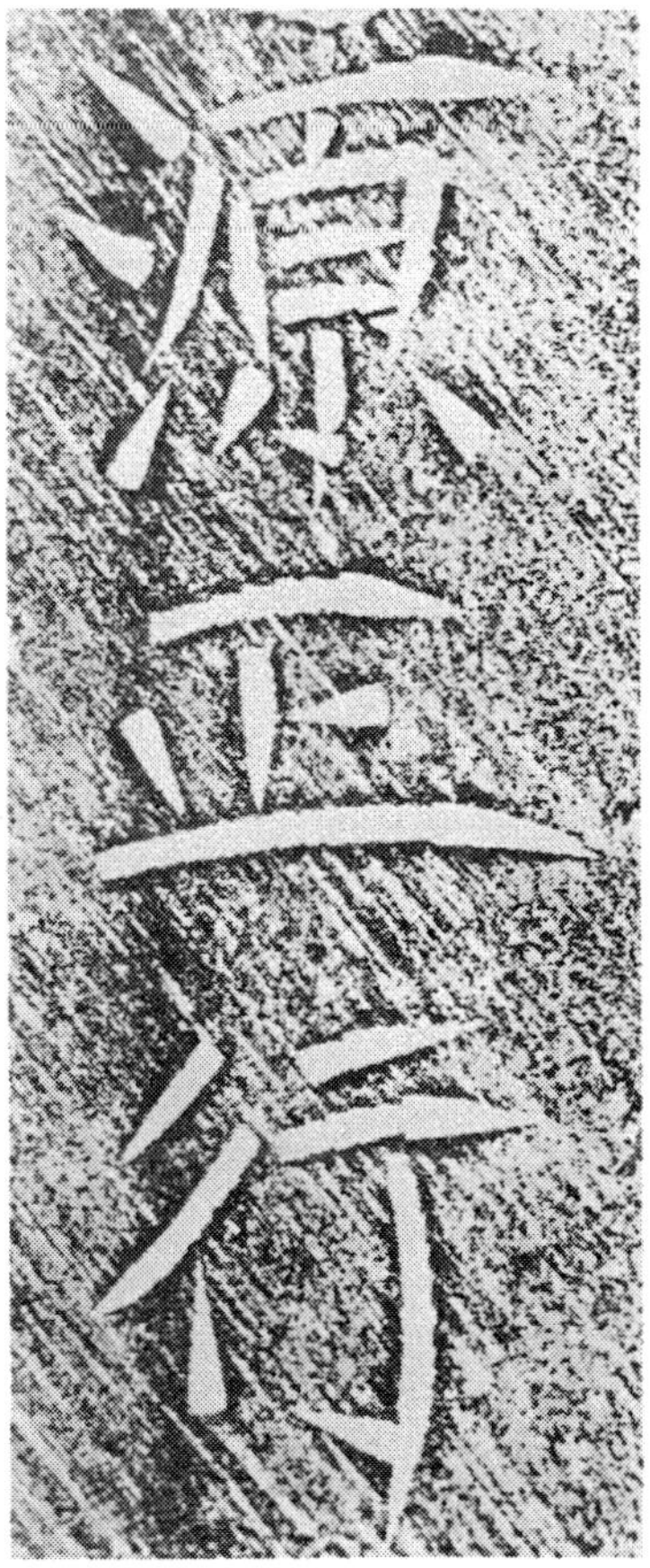

信濃国小諸城製の内の一振り。小諸打は他に数振りあり。

刃長二尺七寸五分
筑後国久留米藩士武藤積忠の佩刀。

刃長二尺四寸六分

小　刃長一尺五寸三分
大刀に比してはやや劣る。

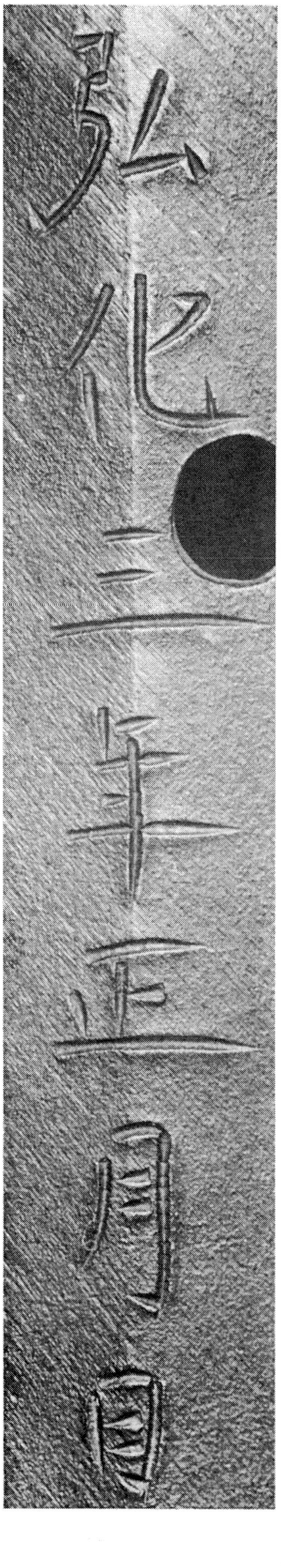

大　刃長二尺二寸九分
正行時代の傑作の一口。

脇指
この年月日のものには疑わしいものが非常に多い。
これは貴重な資料である。

源正行銘の最後と思われるもの。
刃長二尺六寸七分　反七分　豪快な作である。

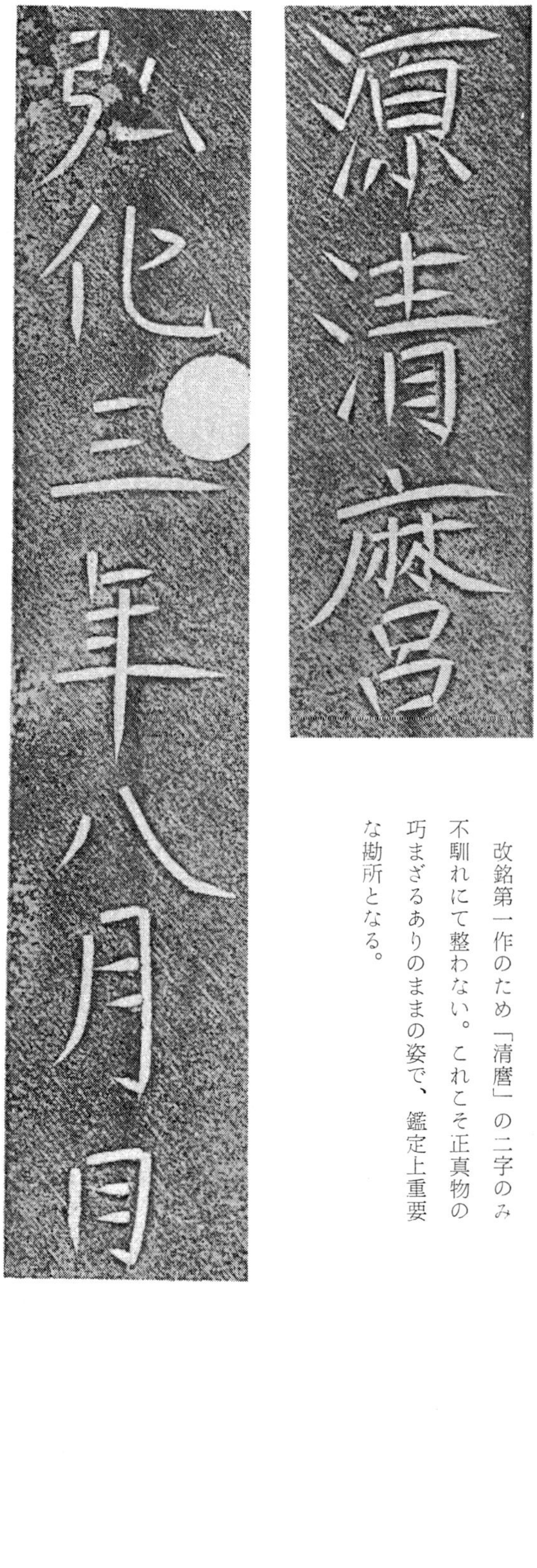

改銘第一作のため「清麿」の二字のみ不馴れにて整わない。これこそ正真物の巧まざるありのままの姿で、鑑定上重要な勘所となる。

左文字の枯淡に陶冶され、桃山期の絢爛な相伝に示唆されて、ここに山浦派の樹立を見るに至る記念すべき作。これより清麿と改銘。

刃長　2尺3寸6分

（重要美術品）

窪田清音はあらゆる意味で、清麿の大成に寄与した力は絶大なものがある。その清音のために心血を注いで完成した。これは弘化三年（丙午《ひのえうま》）の傑作品。

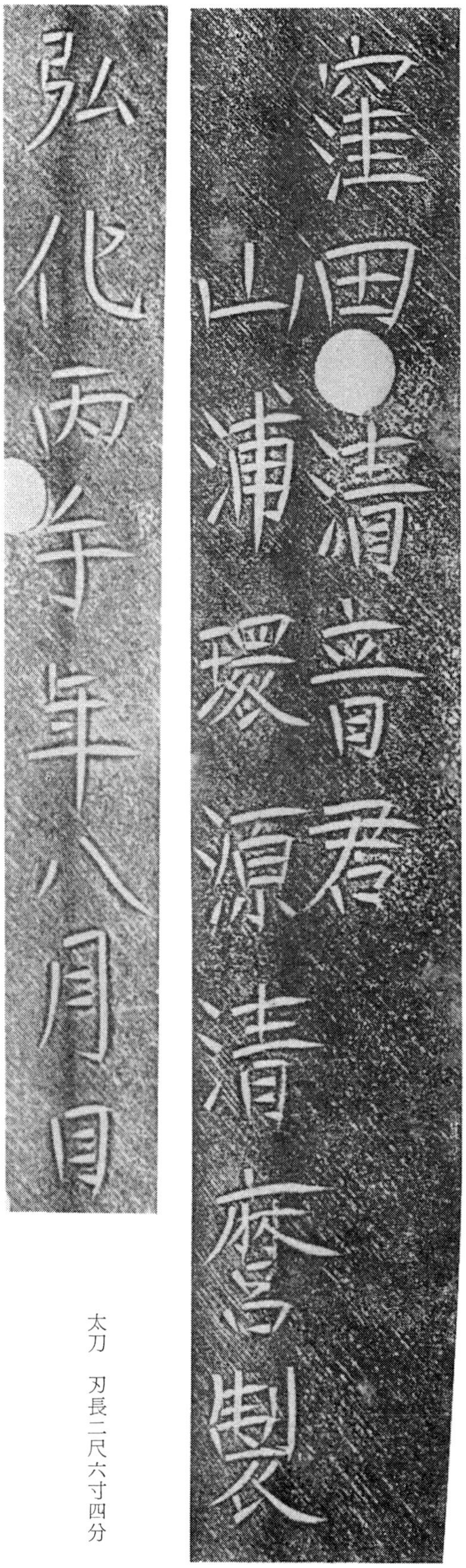

太刀　刃長二尺六寸四分

黒田清隆の愛刀

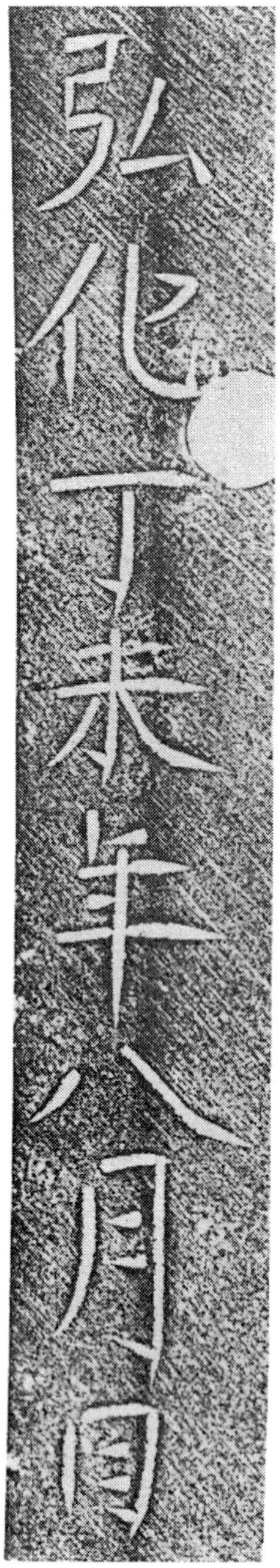

（重要美術品）

旧幕時代より清麿の絶品と称えられてきた、清麿の代表的傑作。

弘化四（丁未）年の作。

伯爵黒田清隆は薩摩藩士で、戊辰、西南の役に官軍参謀として功を樹て、農相、逓相、首相、枢密院議長等を歴任した明治の政治家であり、また愛刀家としても著名である。廃刀令後、刀は極度に衰微し顧みる者もない時代に、しきりに名刀を蒐めて鑑賞したので勢い名士間に愛刀熱が昂って、刀剣会は空前の活況を呈するに至った。危うく刀が屑鉄として葬り去られようとした運命にあった明治初年、黒田清隆の愛刀精神により難を免かれた。

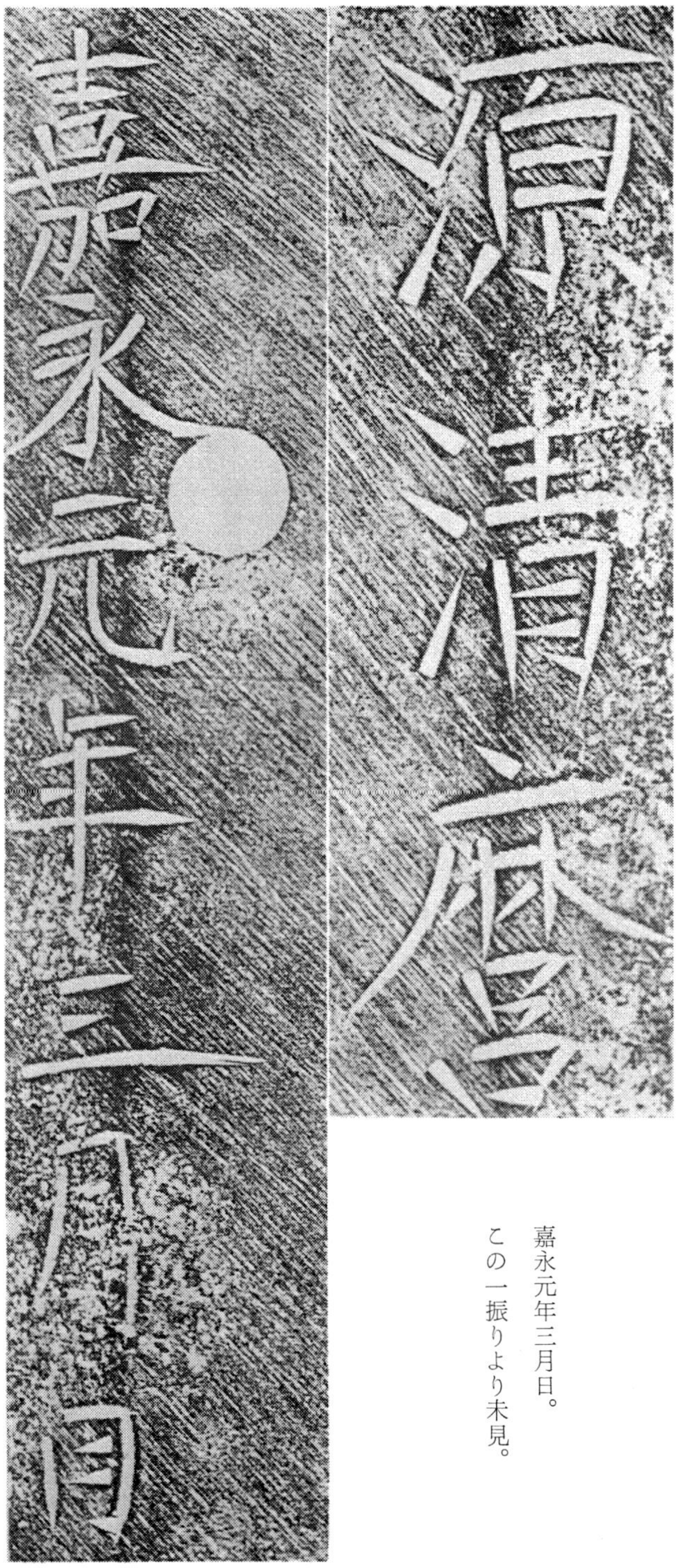

嘉永元年三月日。
この一振りより未見。

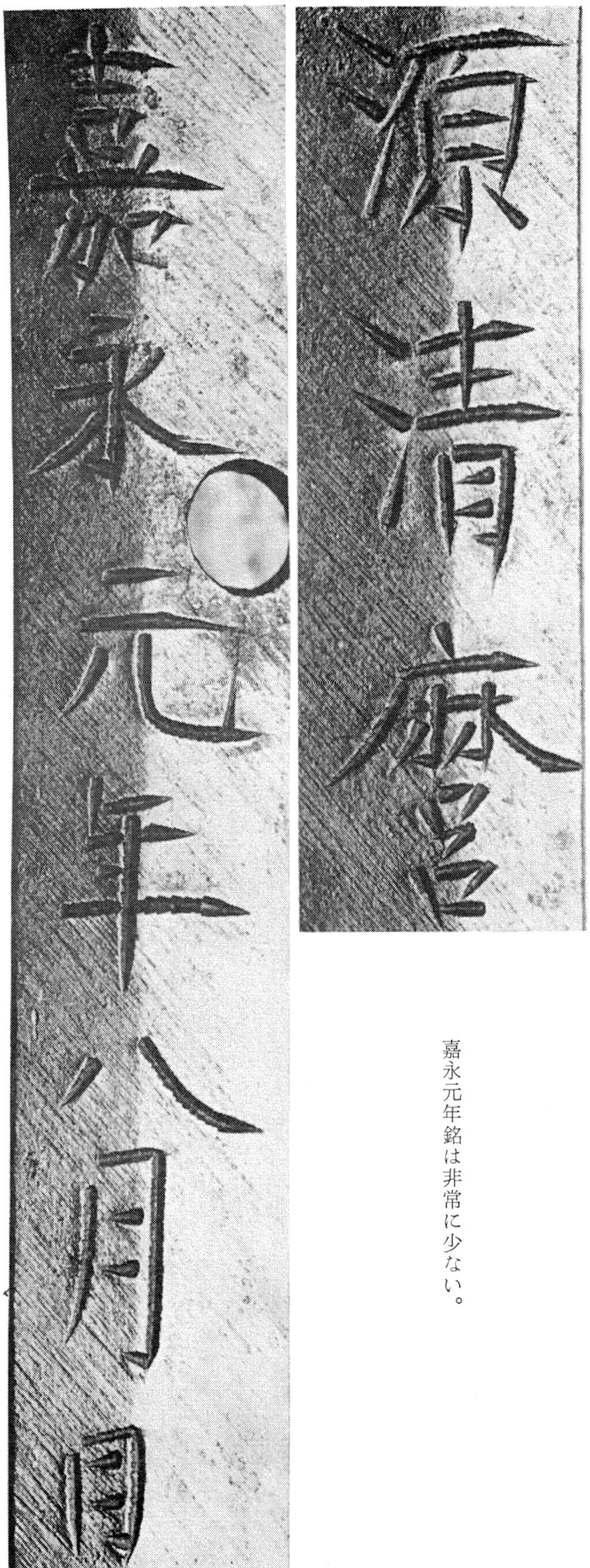

嘉永元年銘は非常に少ない。

これは芸道の玄奥を究めて成れるもので、単に清麿畢生の名作と言うに止まらず、古今を通じて、この刀に伍するものは数少ないと思われるほどのものである。

富山家門外不出の名短刀。

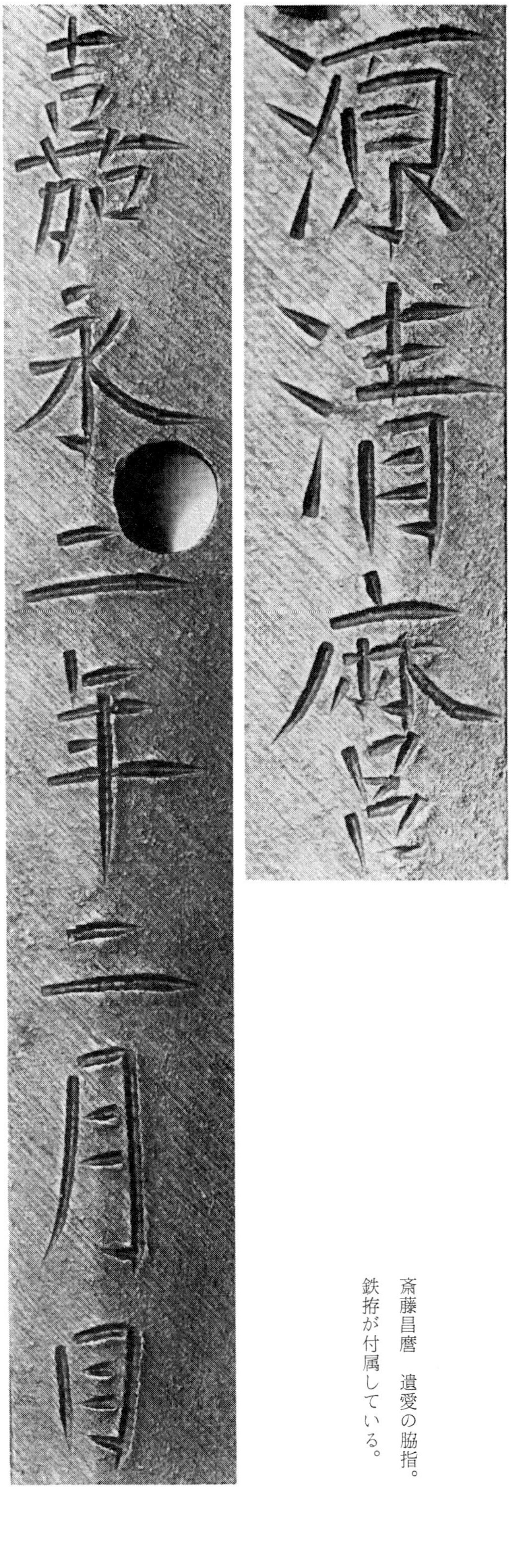

斎藤昌麿　遺愛の脇指。
鉄拵が付属している。

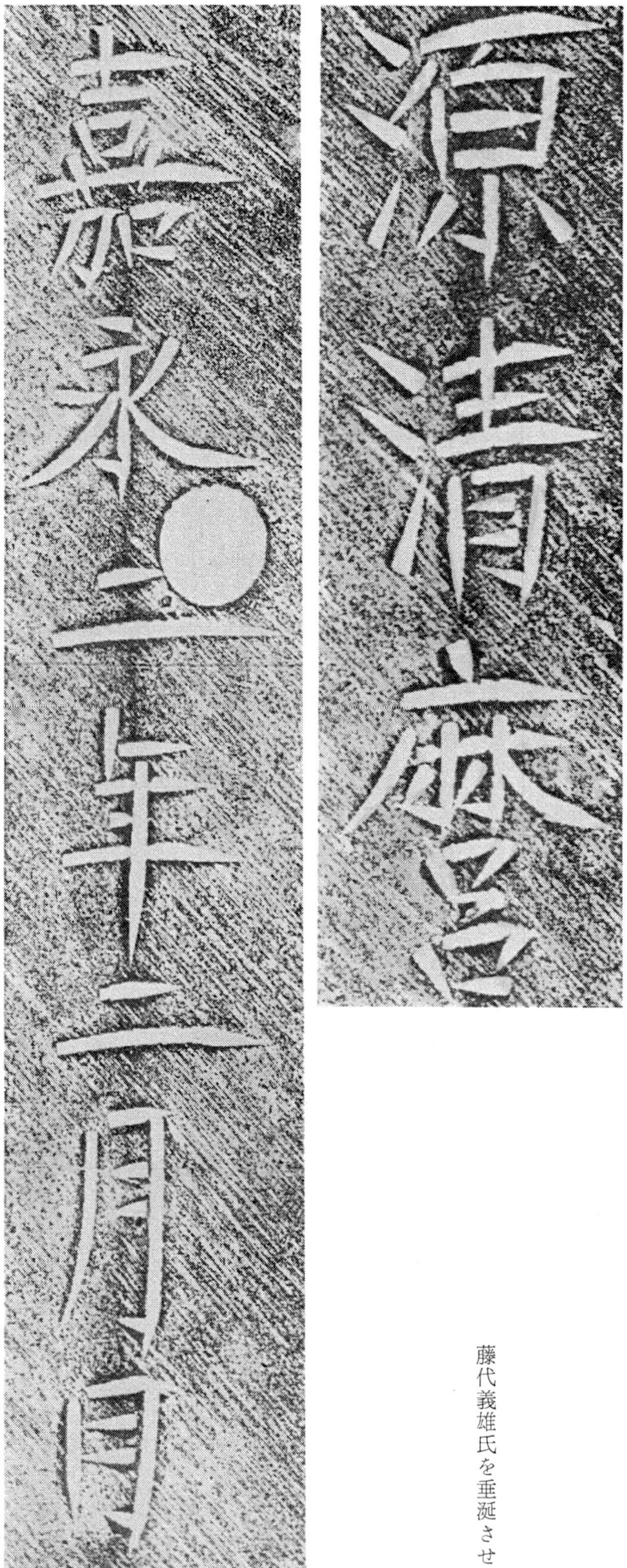

藤代義雄氏を垂涎させた清麿の逸品。

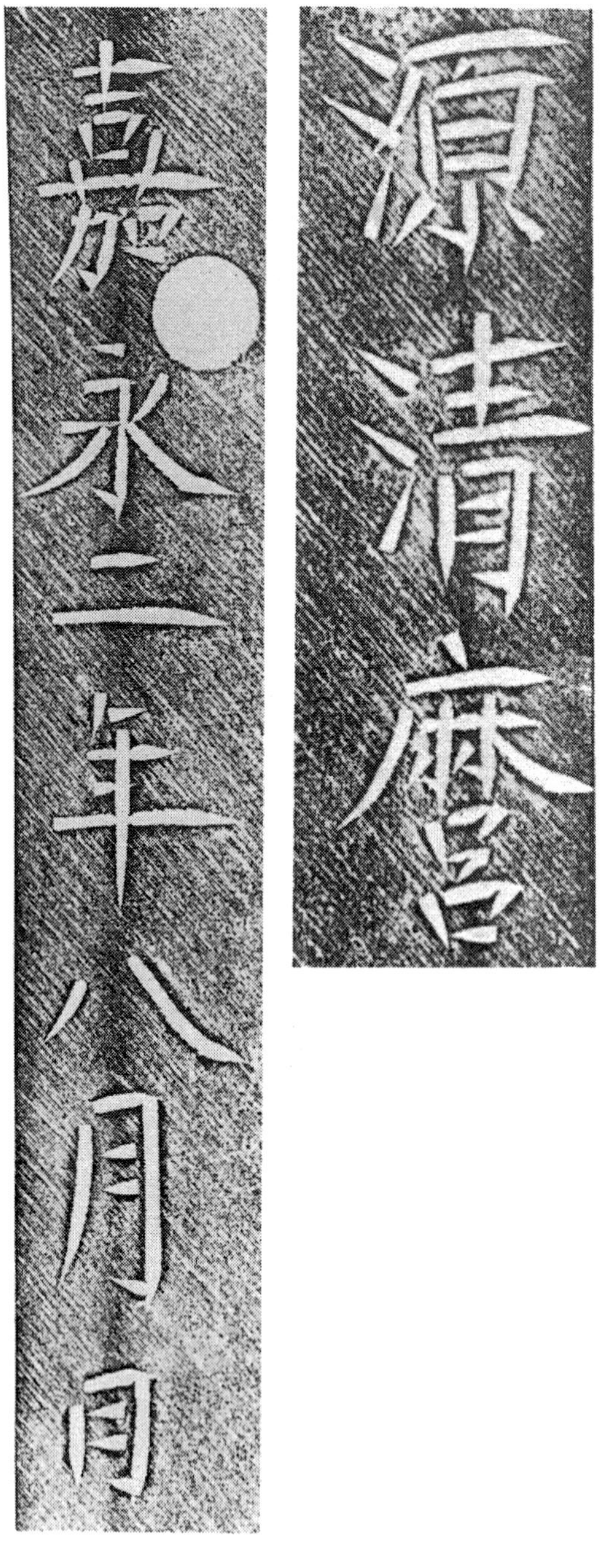

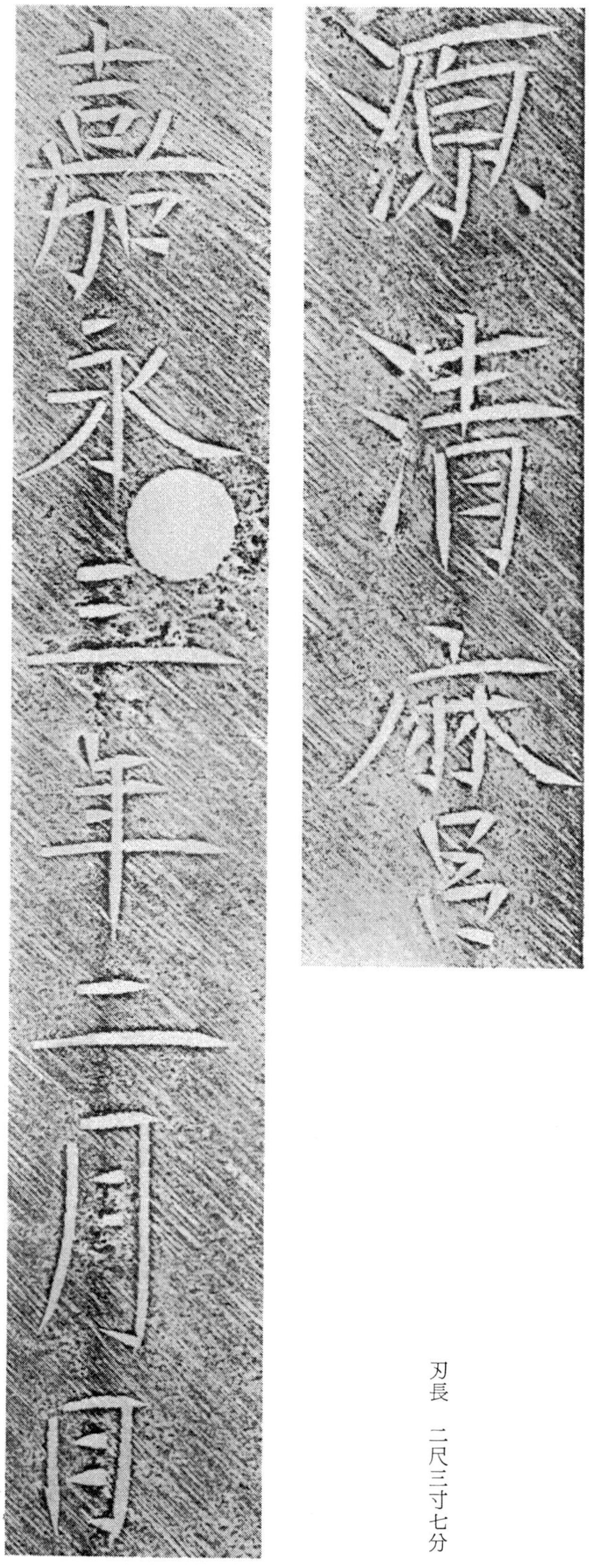

刀長　二尺三寸七分

円熟の境に入った清麿の代表的銘

これは、気韻の高い刀姿、傑出した出来から見て、さる大身の注文によるものとうなずける。

（裏銘）
中島兼足佩刀と刻名されていて年紀はないが
嘉永三年作と思われるもの。

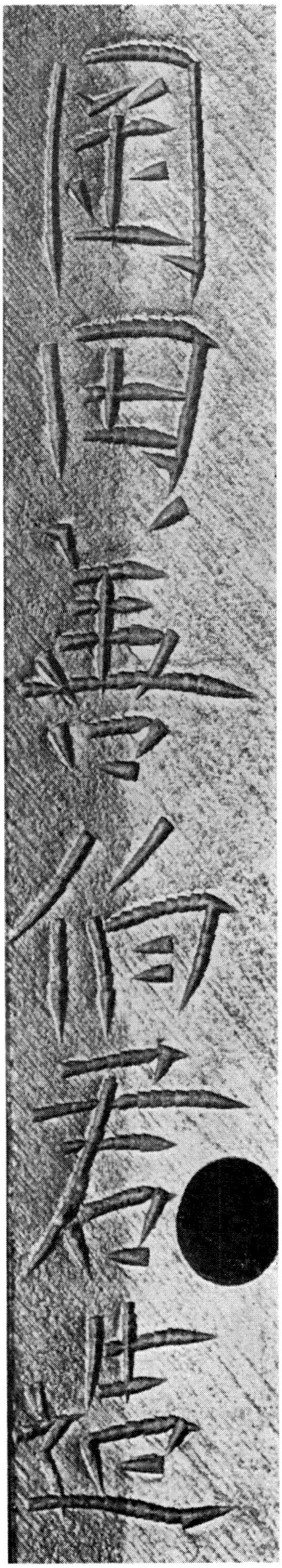

長巻の典型
清麿が岡田善伯のために造ったものである。　刃長一尺六寸二分

盲点 嘉永四年解決の鍵

「嘉永三年十二月吉日」の年号は、嘉永四年と年が改まる寸前の作である。
「嘉永四年」と同然の、この銘文を基礎にして同年作決定の鍵としたい。これは重要な資料である。

太刀銘　刃長二尺七寸五分

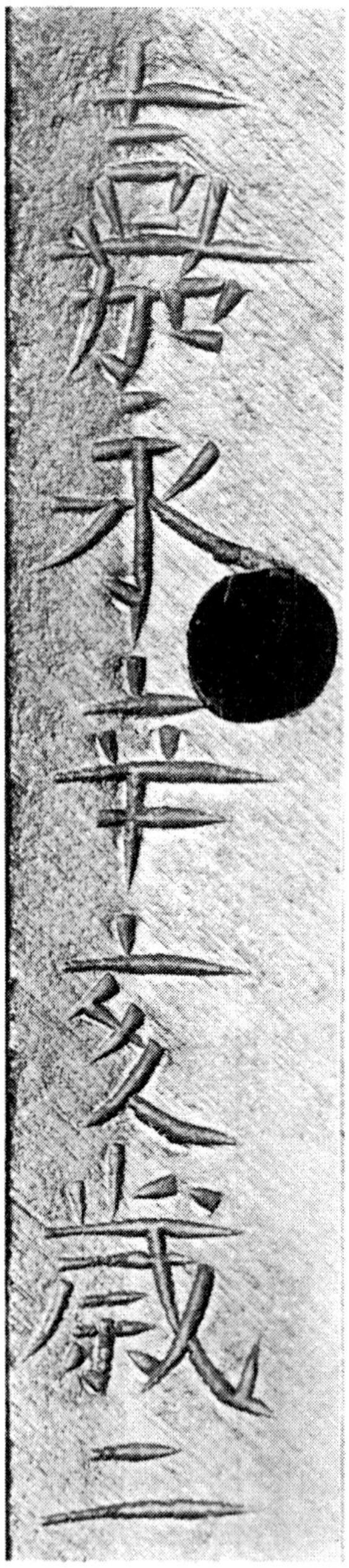

清麿　嘉永辛亥（四年）歳二月日（ついに発見された貴重な資料）

天保四年は癸巳《みずのとみ》
弘化四年は丁未《ひのとひつじ》
と「四年」の場合は干支を以て、年代を表して来たが、嘉永四年に限って干支（辛亥）を切ったものも見当らない。当然四年作は

嘉永四年の作

数振りあるものとは思われるが、これまでは極め手となる嘉永辛亥年の作が出現しないので、四年に最も近い嘉永三年十二月吉日の清麿銘に重点をおいて四年作を撰び出す程度のことしか出来なかった。
　今回はからずも嘉永辛亥歳二月日と刻銘された脇指が発見されたので、今後は、これをお手本にして、嘉永四年作を決定して行きたい。

筑州左文字に私淑して作ったもので左文字に肉迫する力量を示した清磨の逸品。
　この嘉永五年の作は短刀のみ多く、刀は見かけない。

神津伯先生の「新刀鍛冶綱領」に所載。この短刀は、神津先生から川島要三 日刀保協会土浦支部長が譲り受け、愛蔵されていた逸品である。

この短刀は嘉永四（辛亥）年と思われていたが、克明に銘文を調べると嘉永六年作が妥当であろうと思われる。

短刀　嘉永六年作と思われるもの。
左文字写しの傑れたもの。

清麿の作風に一転機を画した記念すべき名作。
「嘉永六年」の年号入りのものはこれまで未見にて、推定に止まっていたものである。この太刀の出現によって、今後はこれと同調の作風と銘文のものは年号なくも、「嘉永六年作」と決定する事が出来るに至った。重要な資料。

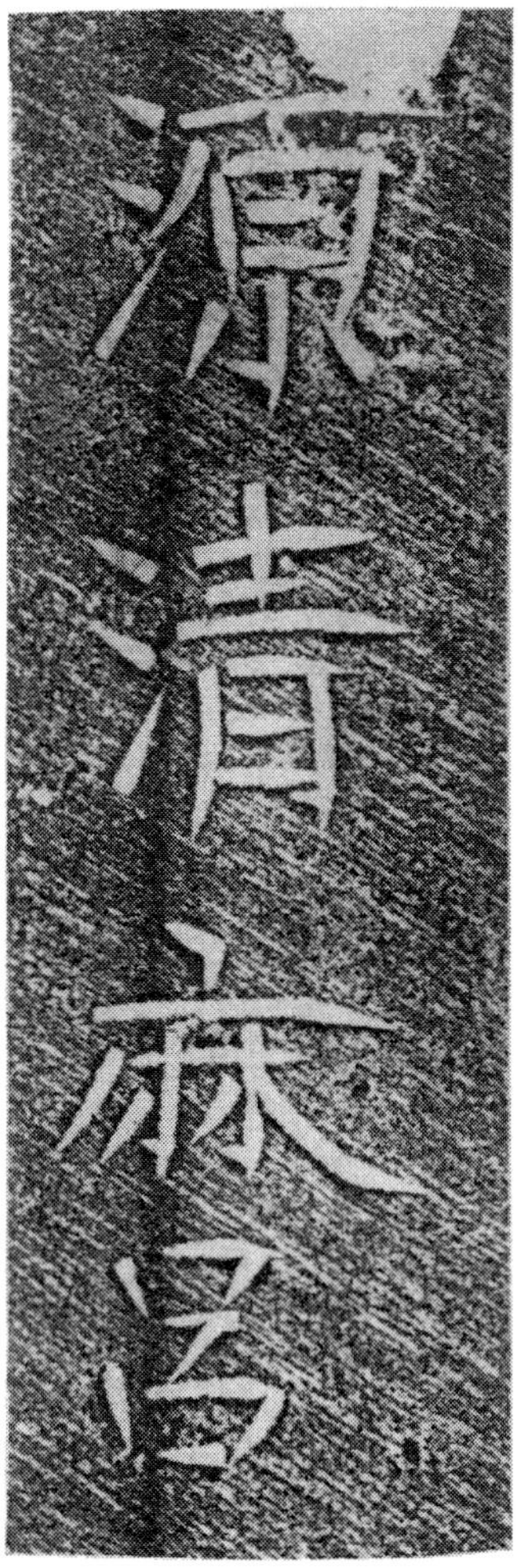

裏年号は無いが、嘉永七年作と推定出来る。

裏銘
嘉永七年七月日とあり。

動脈硬化による疾患のためか、
銘文に生彩を欠いている。

嘉永七年十一月十四日自刃

四谷南伊賀町稲荷小路の自宅にて。

大道義心居士

四谷南寺町宗福寺に葬る。

図鑑編

凛正行

脇指　刃長一尺四寸　反三分

兄真雄と共に信州上田、松平家藩工河村寿隆に師事していた当時の作、これは完利（兄真雄）との合作にて、茎仕立て、銘振り、刃彩等寿隆さながらで、匂の締った重花丁子乱、この刃彩が山浦派の基礎となり、後に変幻極まりなき生動する刃彩へと進展して渇仰すべき山浦派の樹立を見るのであるが、この脇指は第一歩を印した時の記念すべき作。

山浦兼虎手記の家譜に「予が中興の祖山浦常陸介信宗　天正三年長篠合戦の後信州に至り小県郡に於て三千石の郷士となる」とあるので、蓋し山浦信宗は武田方の一部将で長篠敗戦後、難をこの地に避け土着して郷士になったものと思われる。環（清麿）は文化十癸酉年三月六日山浦治右衛門信風の次男として生れた。

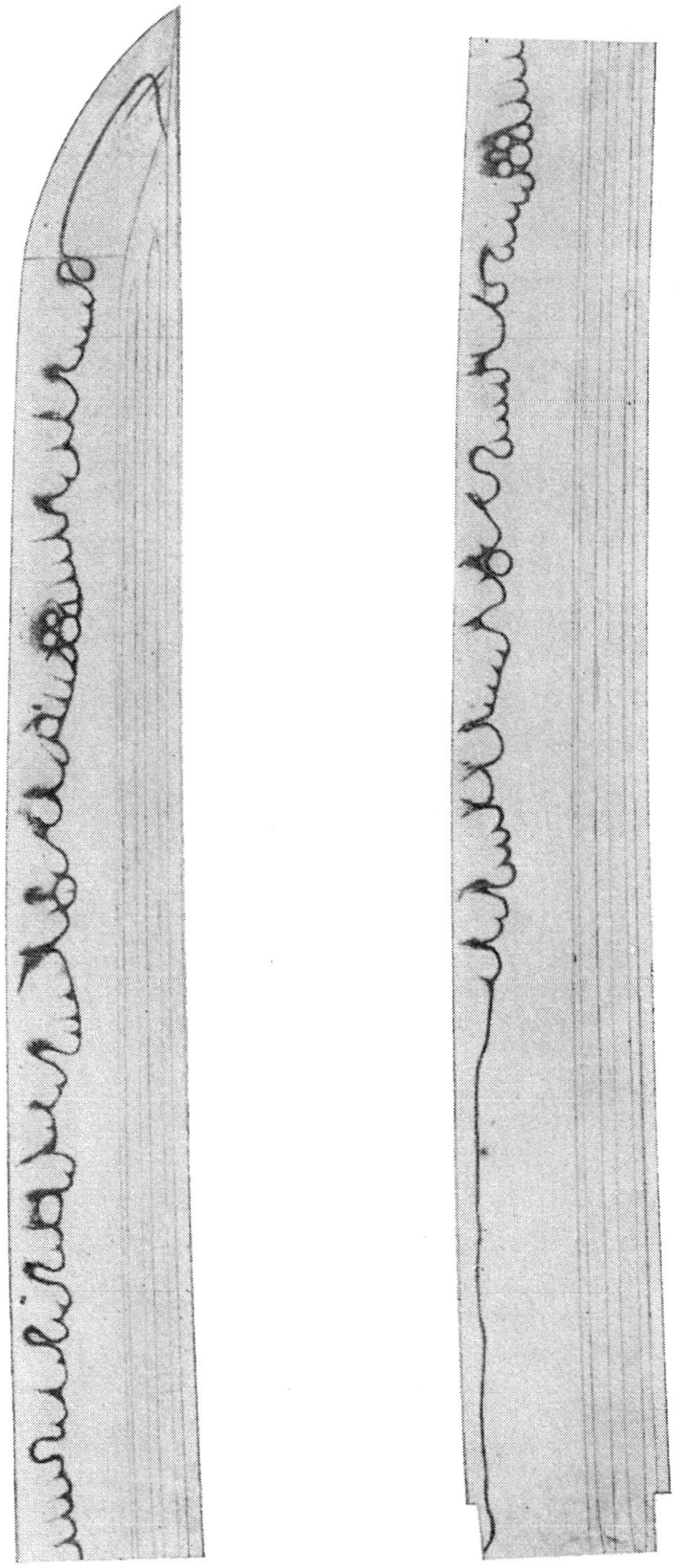

刀　刃長二尺三寸　反二分五厘

水心子正秀の「すべからく刀は鎌倉時代に還れ」との復古刀説はまことに立派なものであったが、その技がこれに伴わない正秀の腕では、この提唱も造刀によって実証されない為、空論なりとの世評も甘受しなければならなかった。

山浦真雄もつとに「古鍛刀法を探究し、以て鎮護の名刀を造りたい」といっていた。山浦兄弟は先ず名刀を造るには熱処理と鍛錬の方法如何によって、生命の有るが如き生々とした地鉄となし得ると確信し、この点の探究に大いに力を注いだ。この刀は正行の処女作である。十八歳の若冠ですでにこれ程の驚嘆に値する優れたものを造っている。刃彩の稚拙など云々する暇を与えない程の卓越した地鉄に、ただただ驚きの眼を見はるのみ。

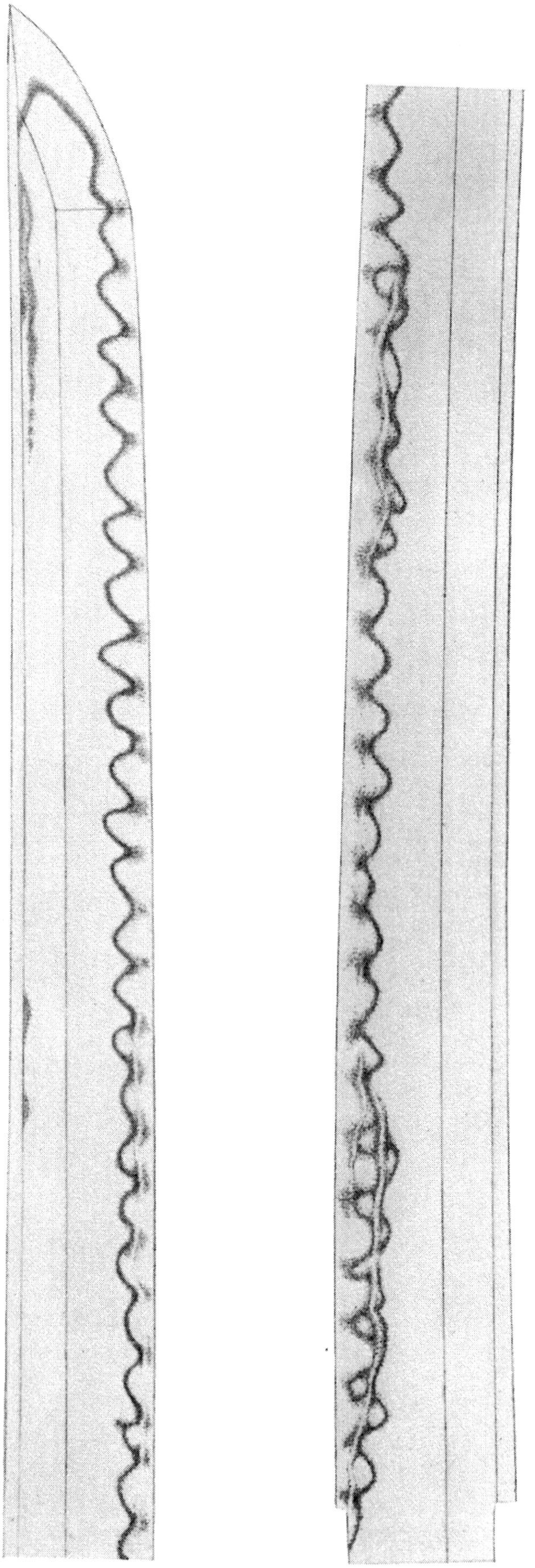

短刀　刃長五寸一分　反無し

天正十五年三月武田勝頼が天目山に滅亡後、織田信長の命を承けた森長可が入り、海津城を改め「待城」と称した。後、慶長四年八月松平上総介忠輝が入封した時に松代城と改称している。

この短刀は天保三年八月、山浦正行、二十歳の時、松代城下にての作である。

「於海津城造之」と刻されているものは、この一口のみで、正行の動静を知る上からも誠に貴重な資料である。江戸時代には「松代城」と改称されているのに、「海津城」とあるのを見ると、この通称の方が親しまれていたものとも解される。

栴檀は双葉より芳しの古諺がある。この短刀は不世出の名工正行の製作になる絶品である。

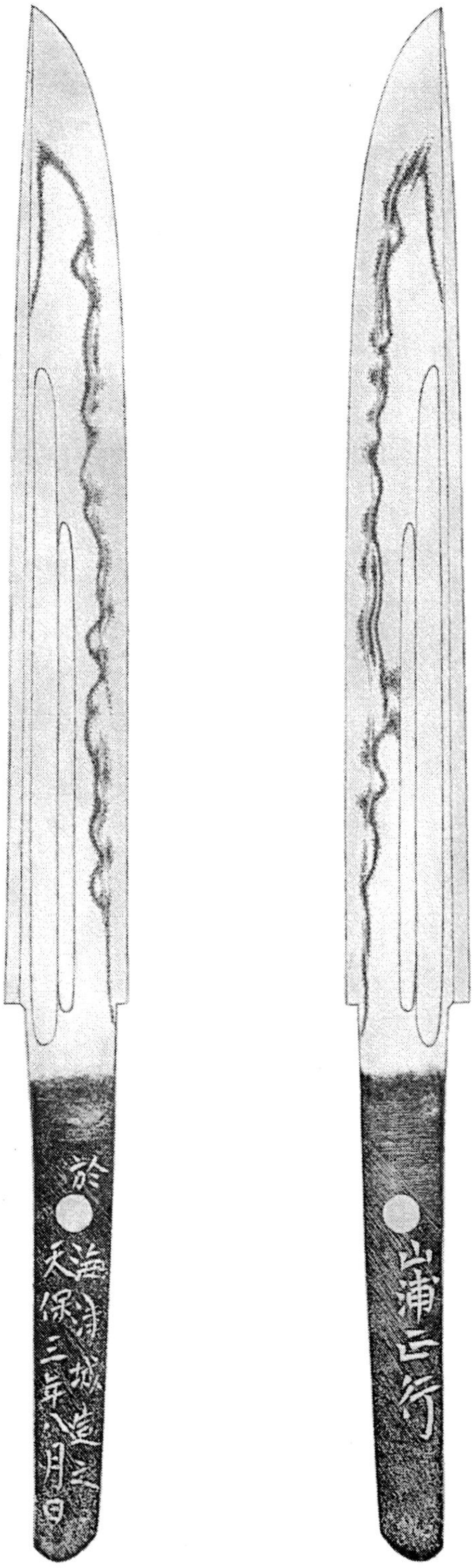

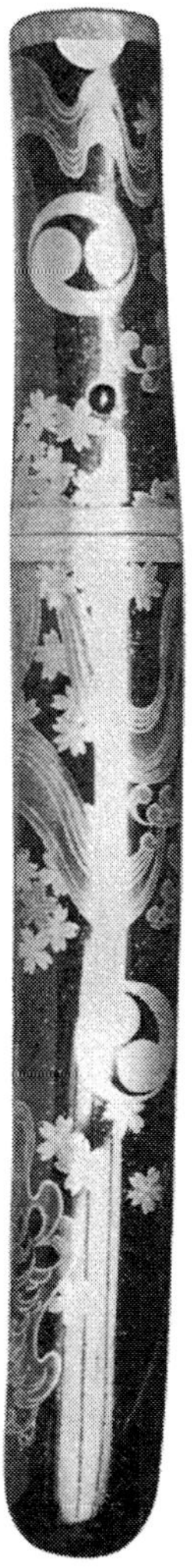

正行・海津城造の拵

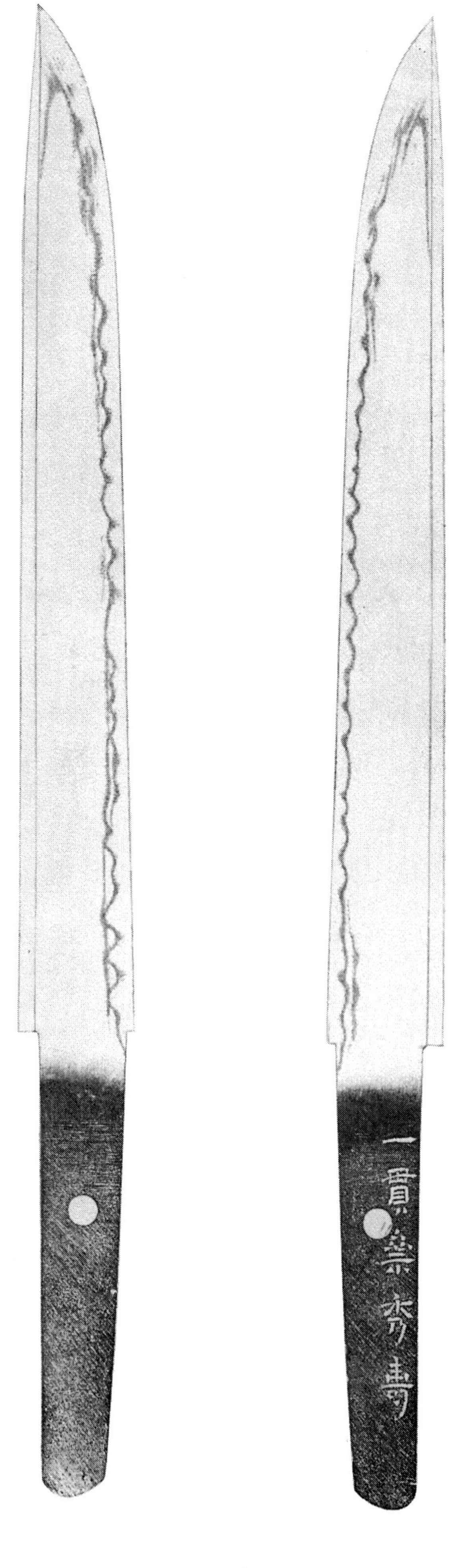

短刀　刃長七寸
天保五年の作（推定）銘秀寿は、師河村寿隆より「吾に秀たる名工」との意から正行に贈られたものと言われるが、この栄誉も豪放不羈な正行には、余りにも小さ過ぎた。この天保四・五年だけで秀寿銘は生涯切っていない。ここに古名刀の風格の有る気韻の高い名短刀を造った。

小刀　天保三年頃の海津城にての作と思われる。花押のあるものは、清麿の生涯を通じてこの作の他に見かけない。

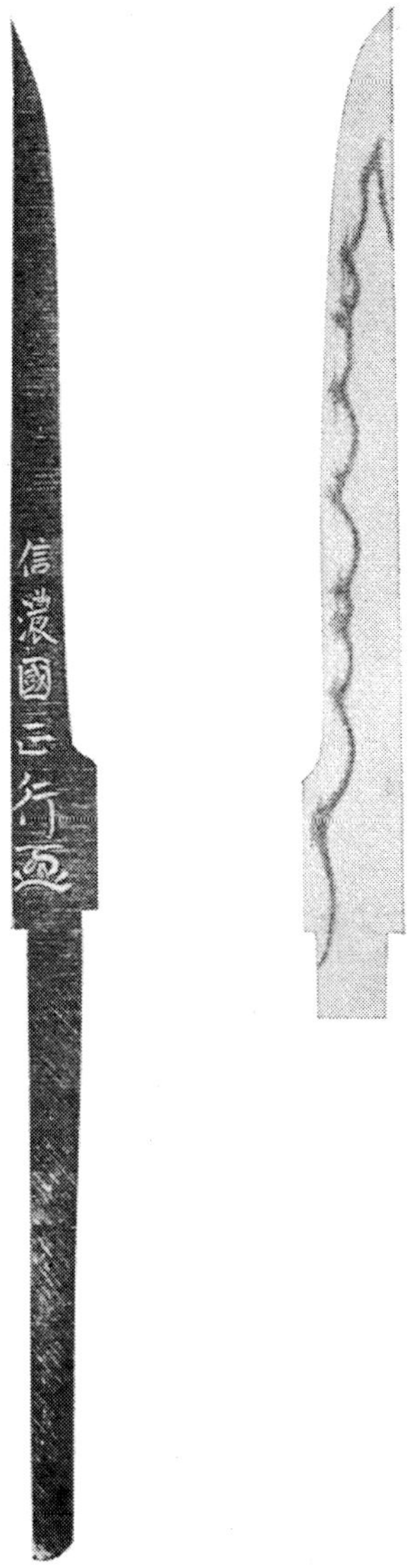

小刀　濤瀾風の小丁子乱に、元に富士見西行を焼く。兄天然子寿昌、天保三年壬辰仲夏銘の短刀に、これと同調のものがある。

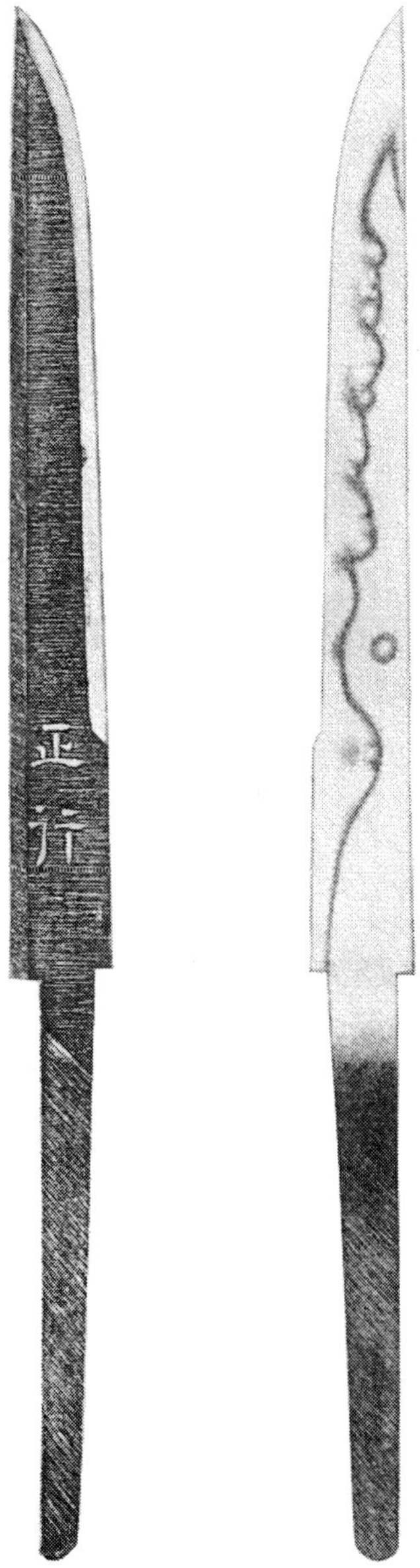

短刀（鵜首型）
刃長　三寸七分
天保五年の松代打の一口と推定。心憎いまでにスッキリした名短刀、地刃の出来秀逸。

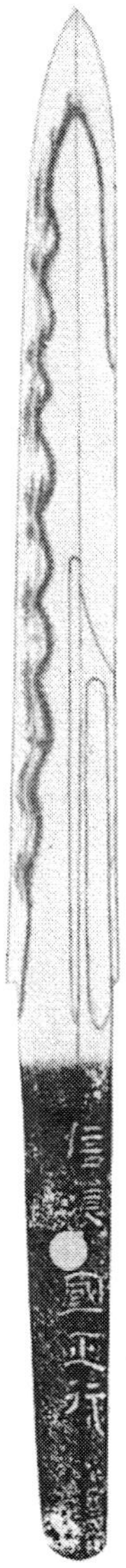

この刀の刃文はいうまでもなく師寿隆さながらの匂口の締った重花小丁子乱で、全く寿隆臭の強いものである。また秀寿銘は天保四、五年に限られていることと、この両年の特色は正行、秀寿銘のどちらを切っても隷書体が多いということである。

然し正行が、うぬぼれて師に秀でるとの意から秀寿と銘して、ほこり高ぶっているようであったらおそらく、山浦派の樹立はもとより、不世出の名工源清麿の誕生はあり得なかったであろう。

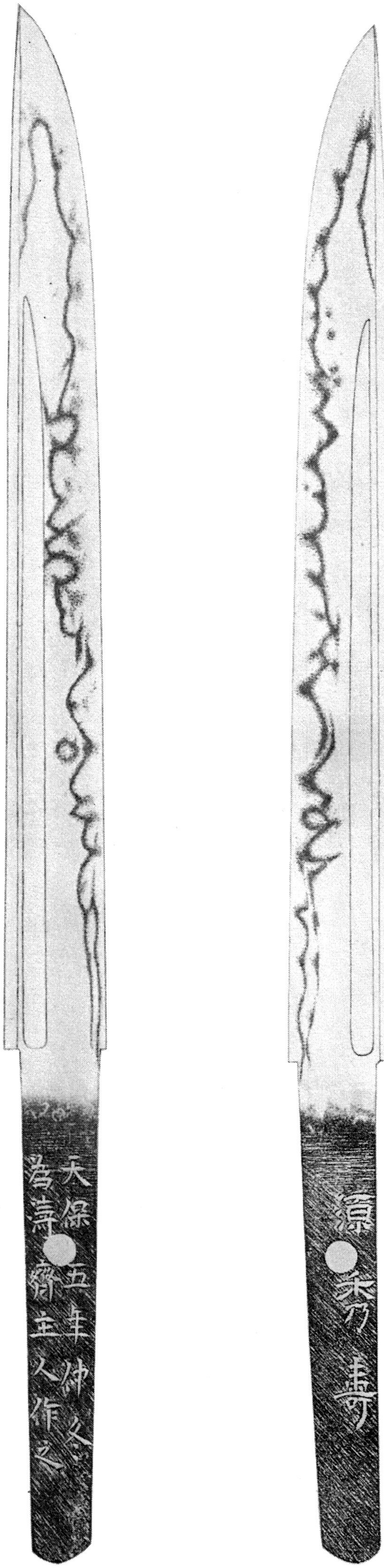

短刀　刃長　七寸七分

松代城は江戸時代に真田十万石累代の居城となったが、戦国時代末には海津城と呼ばれていた。

この短刀は、銘文にもあるように、天保五年仲冬、正行二十二歳の時、松代城下にての作である。

正行はこれまで師河村寿隆さながらの重花小丁子乱のものを二、三振り造ったが、ここに師伝では満足出来なくなり、鍛刀道を極めるには、檜舞台の江戸行を決行する以外にないと悟る。

この短刀は若き日の正行の旺盛な製作意欲を強く反映させている豪快な一作。

宮入　昭平

この山浦環は、唯一の愛刀である。もう二十年近く前、中島宇一さんに「清麿があるが、どうだ」といわれ、それが三万五千円だという。どうしてもほしかったが、金がない。思い切って、山を売ることにした。場所の悪いところで、かなり広い山だが、ちょうど三万五千円になった。刀を自分の家に持ち帰った時は、心からうれしかった。

清麿二十四歳（天保七年）の作で、師河村寿隆の、小づんだ丁子刃から沸がつき、金筋・砂流しがかかり、いわゆる清麿独特の刃文に移り変わる過程が明らかに出ており、地鉄も地景があり、小板目がつんで冴えている。

銘も後年のような、のびのびした美しさはないが、まじめに、慎重にきられている。銘の表に「愛染之意煅之」とあるのは、松代藩主真田幸貫公の命により、城内に祭られてある愛染明王に祈願をこめて製作されたものだ、とされてきた。しかし、私は清麿自身の、造刀に対する執念というか、何物も焼き尽くすほど愛するという、愛染明王のこころをこころとして……というふうに思われてならない。

昭和三十七年頃、体の具合が悪くて困ったことがあり、金になるものは皆金にかえてしまったが、この清麿だけはとうとう持ちこたえたものである。

（窪田清音ではないが、座右に名刀をおいて親しむことは、刀造りに貢献することこれ程大なるものはないと思い、この愛染山浦環銘の脇指所有者中西純一氏を宮入昭平氏にご紹介申し上げた。色々と誤解を招くので、値段とか、お取引に関しては、ご両家だけで相談してよろしいようにおきめ頂いた、この脇指の威徳で人間国宝への道が開けたとすると灼《あらた》かなものがある。　著者）

脇指　刃長一尺五寸二分　反四分

正行、文政十三年（天保元年に当る）の処女作より、ここに七星霜、その間の倦まざる探究は酬いられて、鎌倉時代より久しく廃絶されていた古鍛法の一端を把握する。刃彩は師寿隆さながらの重花丁子乱を基礎として、更に金筋を添え、後年の山浦派なる斬新にして独自の作風へと漸進する。これは、その道程を如実に示すことに重要にして、貴重な作品である。これは正行が信州松代藩主真田家のために造ったものと言われている。

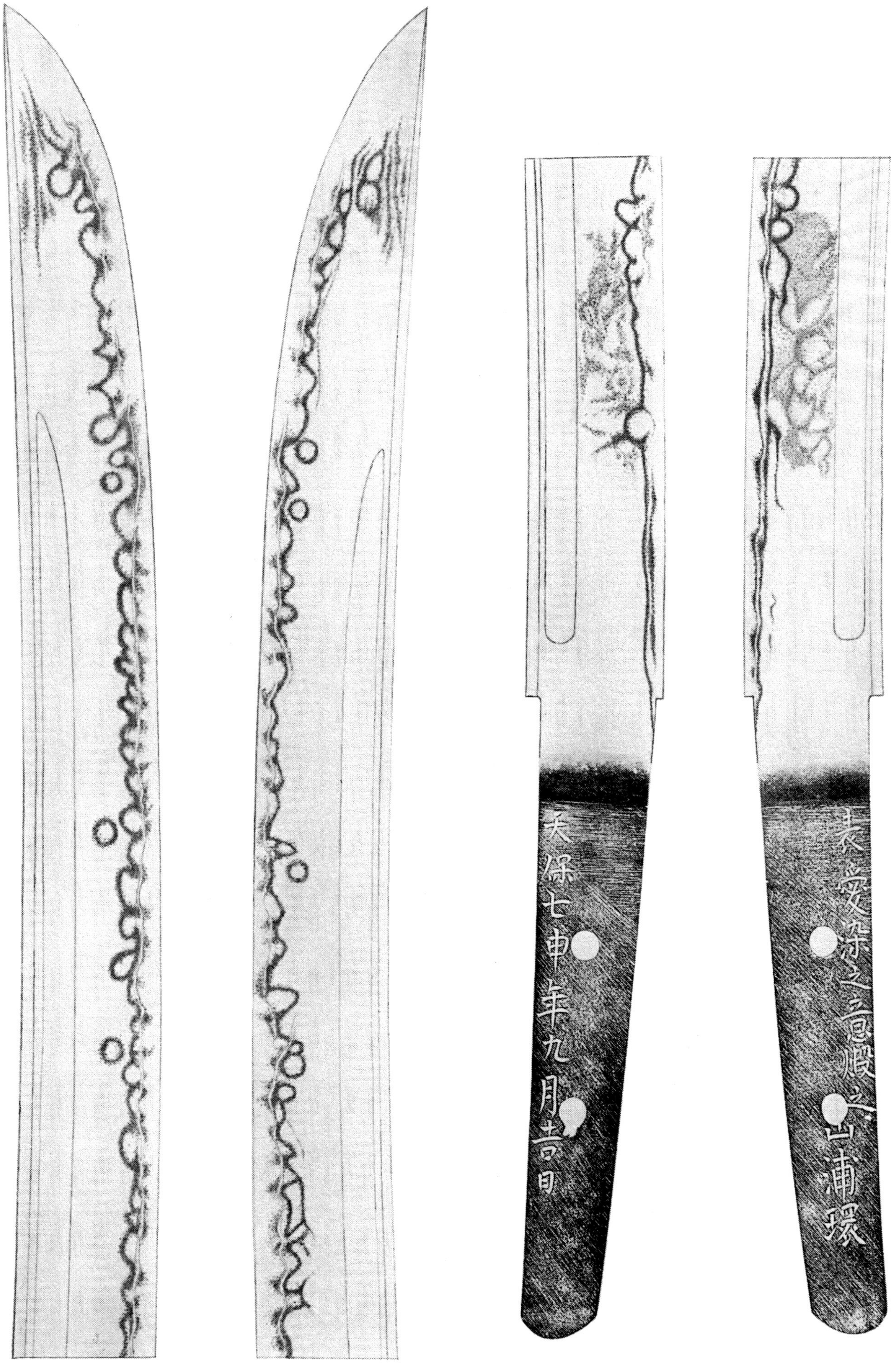
天保七申年九月吉日
山浦環

刀　刃長二尺二寸　反六分

天保四年大慶直胤が真田家の招聘によって松代城下に来た。この直胤の松代駐鎚は多感の正行を強く刺戟したものと思われる。その後、松代藩において直胤、山浦真雄両刀の切試が行われた。これは言語に絶した荒試であり、その激烈さには目を覆わしめるものがあった。直胤は不評甚しく、真雄は「洛陽堀川住国広」以来の大業物也との絶賛を博した。

とまれ、正行は天保六年の初め、松代藩士柘植嘉兵衛の紹介状を携え江戸麹町の幕臣窪田清音へ入門寄遇した。最初は武芸修業を志したが、清音に刀匠としての天稟を認められ、その薫陶の許に、古今の名刀に親しむ機会を得て、正行の鍛刀上に著しい躍進を見せた。これは天保八、九年頃の作にて、古名刀に接するような風格のある名品。

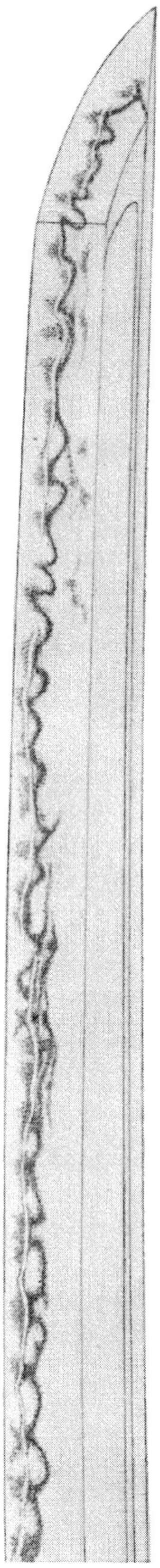

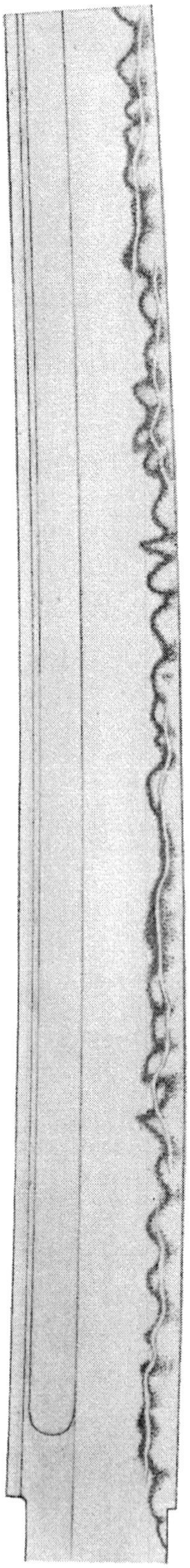

小刀　天保八年頃の作

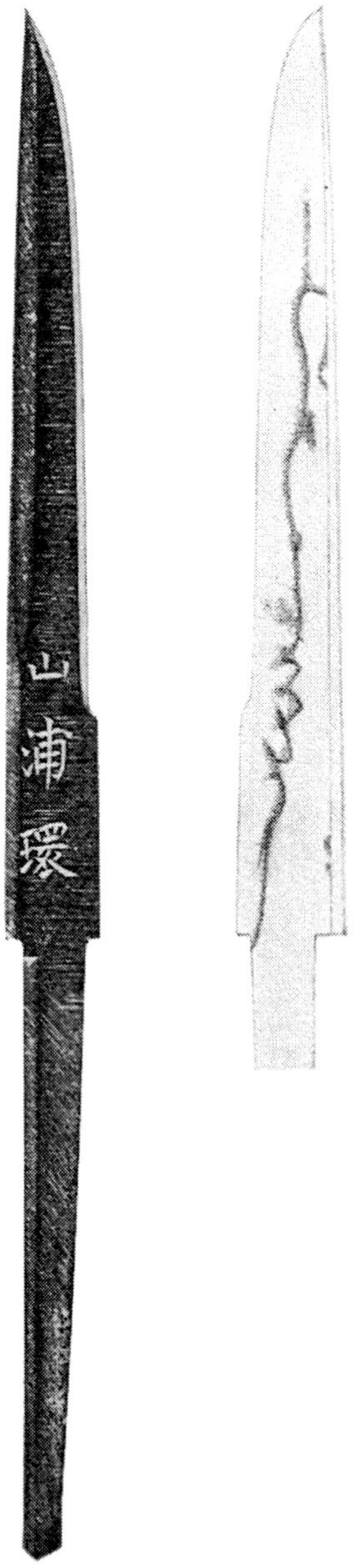

刀　刃長二尺四寸三分

天保八年頃の作(推定)。正行二十五歳、この若さですでに大家の風格を示した堂々たる作品を残している。まことに恐るべき天稟振りである。

この刀、かつて刀いじりを始めたばかりの御仁が、一道具屋にて発見して、早速土地でも刀に明るいと評判の先生に相談ということとなった、その言う事が振るっている。「三浦環」という刀鍛冶がいるかとの問に、流石の先生も一瞬啞然としたが、そこはこの道にかけてのベテラン「ハハアこれは慌てなすって、『山』を『三』と見誤ったナ、その位では、清麿の若打ちとは先刻御存知あるまい、ことによると存外面白い掘出し物かも知れぬ」と思ったので素知らぬ顔で曰く「三浦環といえば世界的名歌手、鍛刀の余技でもあったのか、しかし女でも刀が造れるものであろうか」と、これでは意気込んで来た御仁もスッカリ拍子抜けの態。後日譚として、この刀果して誰の有に帰したかは聞き洩らした。

これは大正も十年前後頃の、殊に一地方ともなれば清麿も山浦環ではまだ通用しない頃の事なのでその認識不足から起ったまことに微笑ましきナンセンスである。

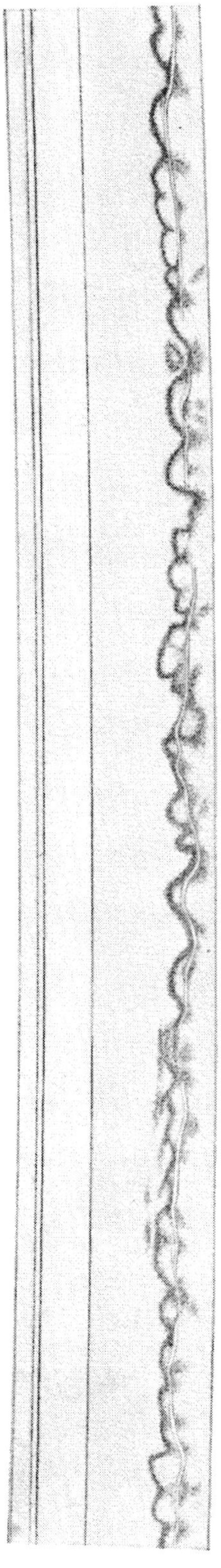

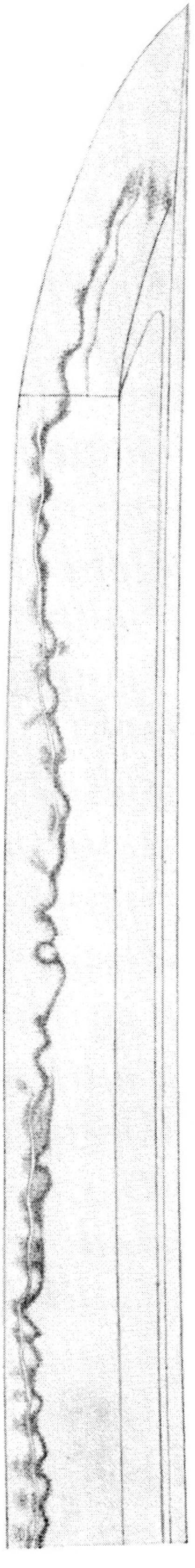

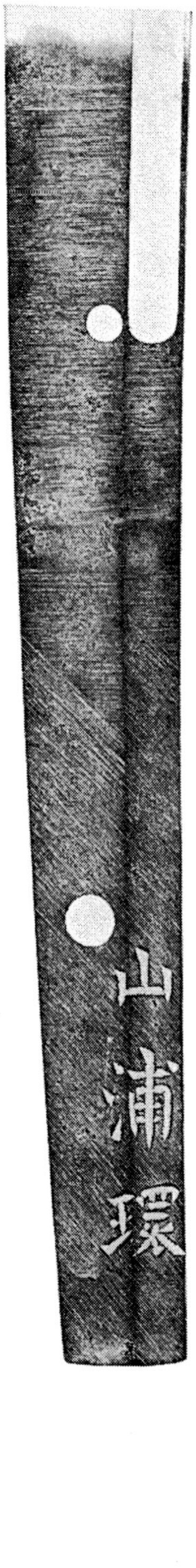

脇指　刃長一尺三寸三分　反三分二厘

この脇指は、天保八年頃足利の一藩士が江戸詰の折に、おそらくは窪田清音の紹介によって正行に注文して造らせたものと思われる。その藩士が希代の業物を得て、これに、海老鞘の立派な拵を付けてさも満足する姿が、まざまざと眼前に浮ぶ。

大正の頃、耳鼻咽喉科のドクトル小此木信六郎氏の令弟小此木忠七郎氏は刀剣の愛好が嵩じて、ついに職をなげうってその研究に没頭する程の熱の入れかたで、その優れた鑑識は当代に比を見ない斯道の権威者といわれた。

たまたま小此木忠七郎氏、足利にてこの脇指を見て垂涎惜く能わず、その譲渡をしきりに懇望されたが、ついに入れられず止むなく断念したという逸話のある名品である。

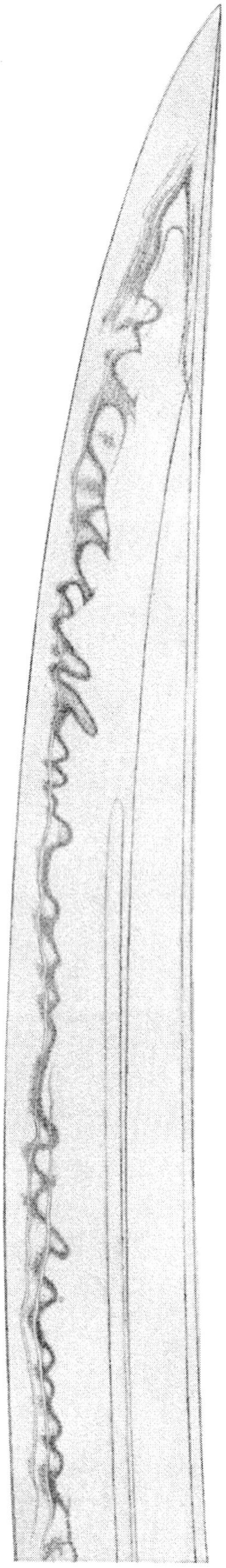

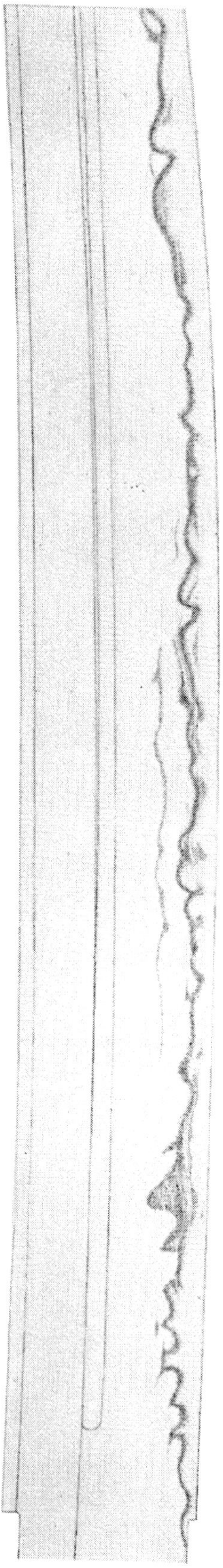

天保十年の初夏、窪田清音は、正行修業上の一助にもと好意溢れる熱情をもって、知人、及び門人達に呼び掛けて「武器講」を設け、一名三両掛の無尽にて、順次当籤者に渡す事とした。一振り三両に掣肘された「武器講」の鍛刀でも、良心的正行には武用一片の濫造では済まされない性格である。一振りごとに心魂を傾け、意に満つるまで製作に没頭し、汎刀工の数倍に及ぶ製作費をかけて、「武器講一百之一」を造った。この添銘不評の為か続く二、三が見られない。「武器講」の添銘こそないが、他に数振りこの時代に造ったものが現存している。講金はほとんど使われていて、残り少ない何がしの金を持って、一時窮境を避ける為に、まだ見ぬ憧れの維新の檜舞台長州萩へと吸い寄せられるように去って行った。後、この事を知った清音は激昂して見つけ次第斬り捨てるといったが、何れが是か非か、芸道人のみの知る境地。

刀　刃長二尺五寸　反五分五厘　天保十年の作(推定)

「武器講一百之一」に引続き数振り造った内の一振り、「武器講」といえば粗末な濫造品だろう位に思われ勝ちであるが、正行はたとえ安価にと制約された武用刀といえども等閑にしない、入念な注文打と何等異ならない立派な作品を造っている。

この真摯な製作態度こそ正行の真髄である。

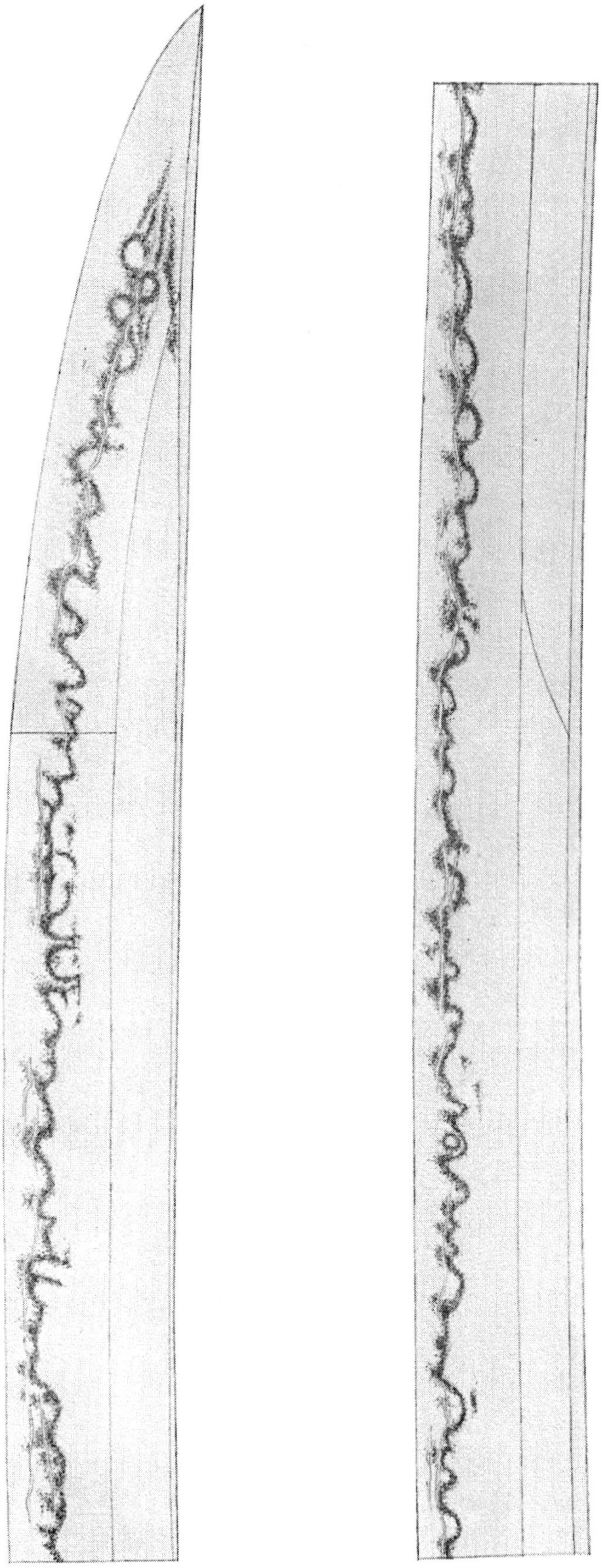

刀　刃長二尺四寸一分　反五分

山浦真雄・清麿兄弟の碑建立の企について

この計画は「われわれ」が山浦兄弟を「顕彰しよう」ためではありません、いわば一愛刀遍路者の追想が、自然にかつ純粋にここにまで発展したのであります。

福永酔剣君はたえず刀工の遺蹟を遍歴しているのでありますが、かつて信州赤岩に山浦兄弟誕生の地を訪れ、眼前に峨々たる布引岩を仰ぎ、脚下に吼ゆる千曲川の水音に耳を傾けつつ由緒りの宅址を逍遙う時、自然法爾に胸に泛んだのは真雄の手記「老の寝さめ」の一節でありました。……

夜毎に弟なる清麿と二人して精を砕きて、数多の剣作立て侍る程に……（父）傍らより見給ひて、各よ気の疲れたらんとの給ひけるを、蔭にて母聞き給ひて、もとより常ならぬ事には気がゝりある性なれば、酒持出でたび賜ひけり、兄弟欲する筋なれば、清麿こは有難し有難しと小躍して喜び、父母にも参らせおのれらも呑みて、時移りとりかゝり吹立て（御鋼）侍りぬ……

ああ何という美しい情景でありましょう。この天地この父母の温い懐に抱かれて鍛えの道にいそしむ二人の姿、それはげにも麗しい兄弟愛の鑑として、さなきだに感じ易き遊子の瞳に感激の泪を宿さしめずにはおきませんでした。そしていつの日かこの感激を、せめて一もとの標柱にでもと深く心に誓いつつこの地を後にしたのでありますが、この悲願はやがて今年この佳き年に於て奇しくも実現することになったのであります。即ち彼は資を携え孤り飄然として赤岩に赴き、兄弟のための小碑を営まんとしたのでありますが、之を伝え聞いた彼の刀友の間に、それは大に佳い、だが一応は弘く有志に懇うべきだとの議が起り、終にこの企てを大方各位に御伝えすると共に、皆様の純粋なる御協力を仰ぐ事となった次第であります。『趣旨』の如きは改めて申上げるまでもありません。真の愛刀家の高純なる刀念がおのずからこの微挙に対して美しく結ばれるであろうと信じます。ここに要綱を記して同志の御参加を御待ちする次第であります。（大村邦太郎）

元々この企ては福永酔剣氏が、この愛刀を資金として、個人でやる考えであったが、山浦兄弟は全国愛刀家の渇仰の的である。よって江湖に呼び掛けて純粋な御協力を仰ぎ、昭和十五年十一月十四日信州赤岩の地に兄弟生誕の碑を建設、同時に東京四谷宗福寺の清麿墓碑修理をも行った。（36頁写真参照）

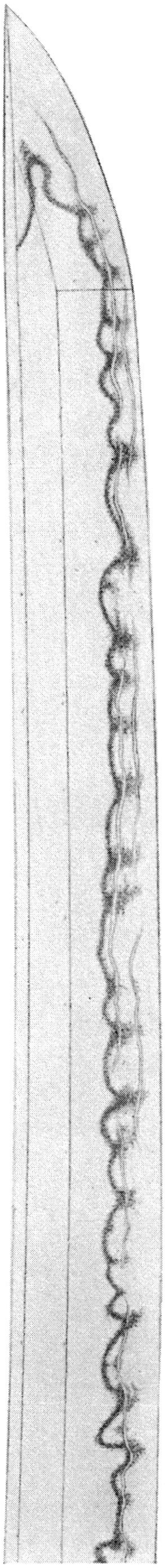

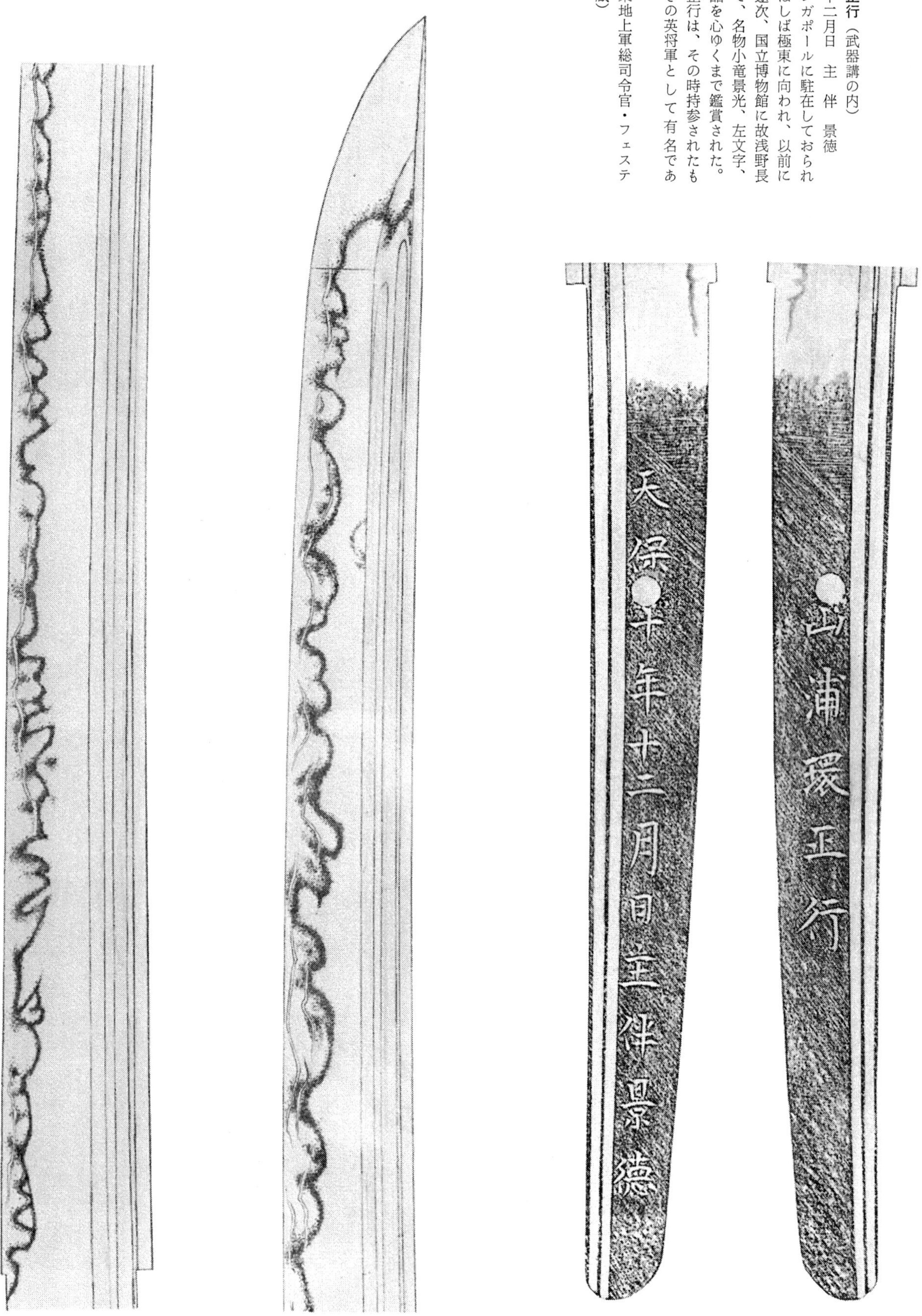

刀・**山浦環正行**（武器講の内）

天保十年十二月日　主　伴　景徳

大将はシンガポールに駐在しておられたので、しばしば極東に向われ、以前にも朝鮮への途次、国立博物館に故浅野長武氏を訪れて、名物小竜景光、左文字、国広等の名品を心ゆくまで鑑賞された。

この山浦正行は、その時持参されたもので、刀好きの英将軍として有名である。

（元英国極東地上軍総司令官・フェスティング大将蔵）

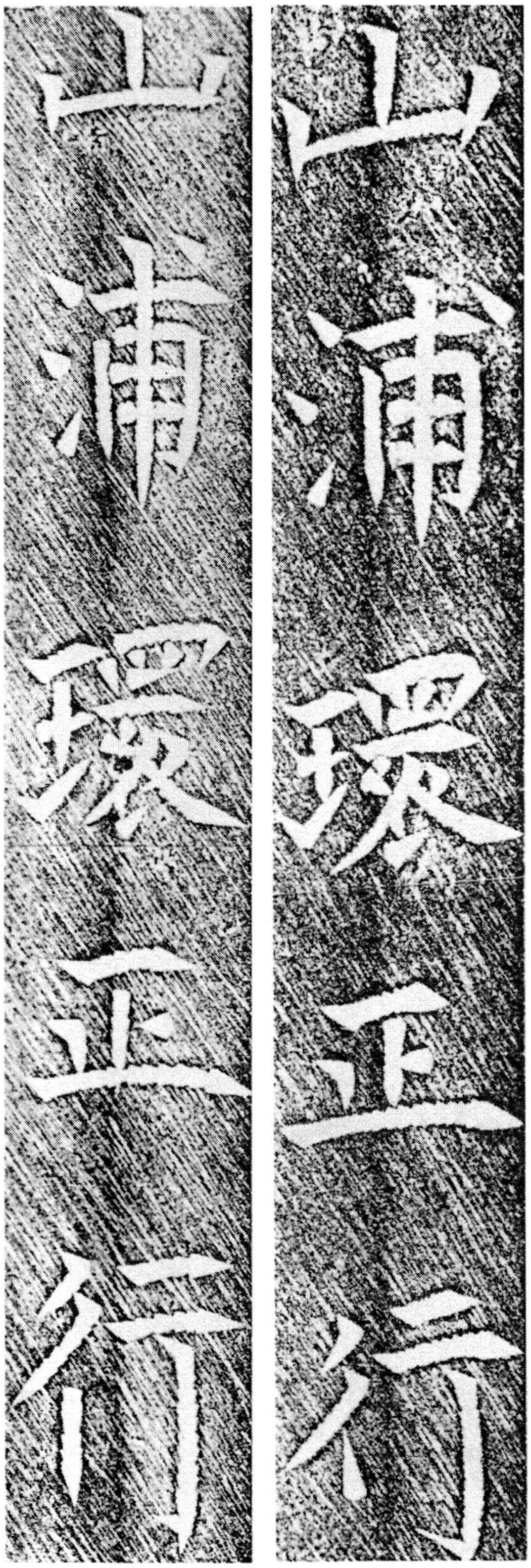

←天保十年の銘

この銘の区別は重要である

←天保十一年の銘

天保十一年八月日と年号は入っていても、事実は同年八月過ぎから暮近くにかけての作と見られる。この頃より切り鑢の磨出しは無くなり筋違鑢だけとなる。

刀　刃長二尺五寸五厘　反九分五厘

戦闘様式の変遷は吉野朝期に大長巻の一流行を見た。更に室町期に入ると戦術は一転して徒歩戦となり、終日戦に明け暮れる乱世にあっては、いくら濫造品を以てしても刀の消耗がはなはだしく需要に応じきれない。そこで、窮余の一策として、長巻を戦術に適応するように改造して差料とする事が考え出され、これが広く行われるに至った。

これは、長い茎を切り捨て、広い先幅を狭めて急場凌ぎに刀らしく改造した、いわゆる長巻直しとは事変り、長巻を母胎として正行の鋭い感覚によって構成された生粋の刀である。

天保十一年武器講時代の豪快な作で正行の個性を強く反映した作品である。

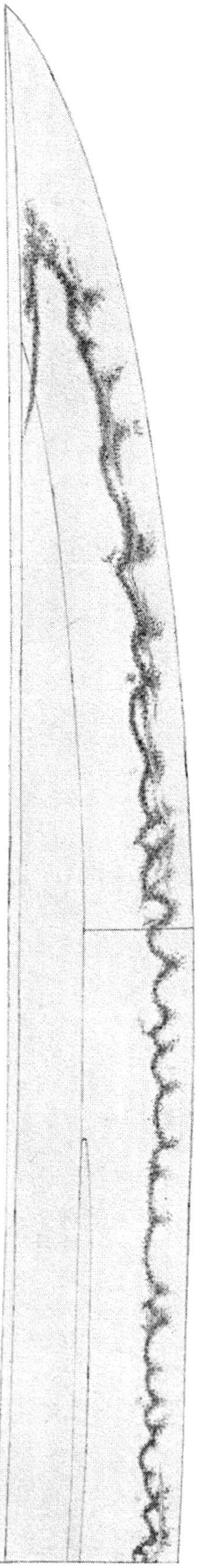

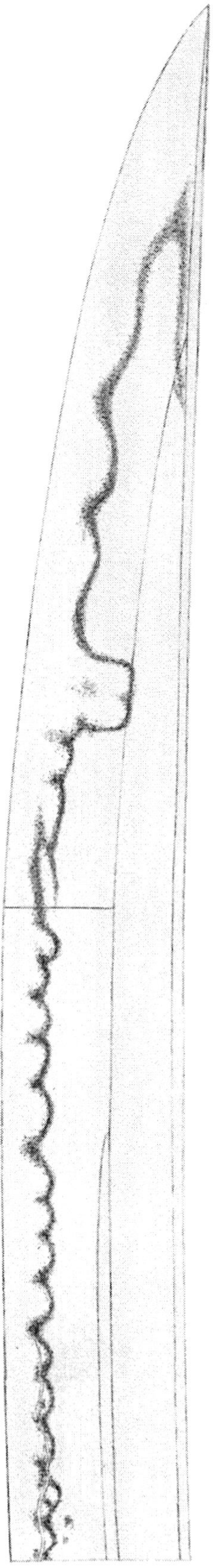

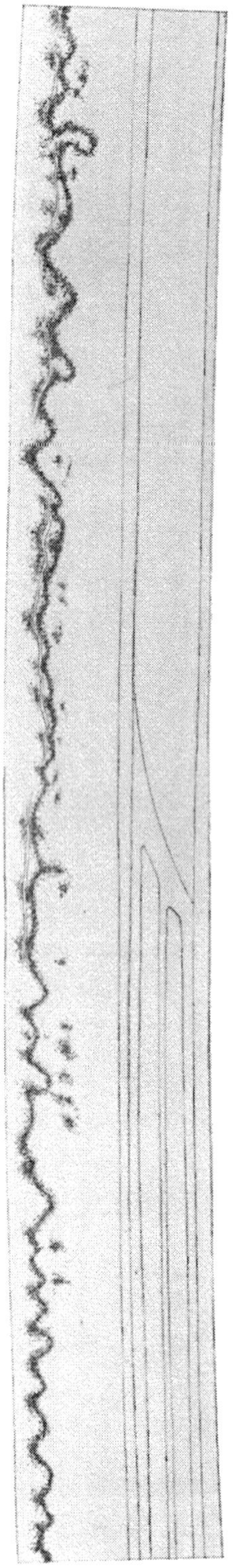

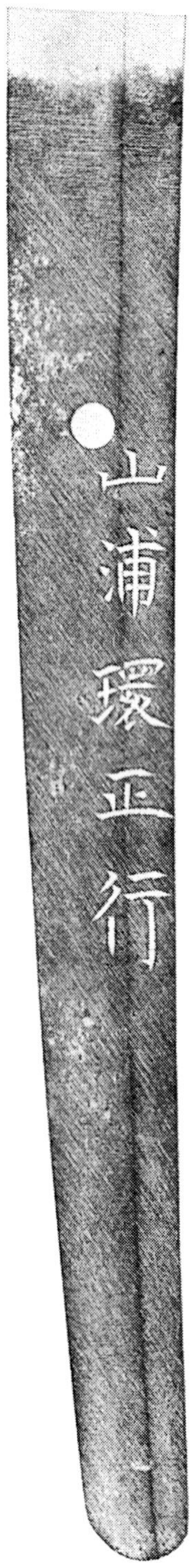

脇指　刃長一尺三寸五分　反三分
武器講のつまずきから、江戸脱出直前の頃の作と思われる。この苦難の時代に、よくこれ程の優作をものにしている、流石である。天保十一年の作には、短刀、脇指、刀と、年紀の有る無しに限らず、どうしたことか、贋作が実に多い。特に注意を要する。

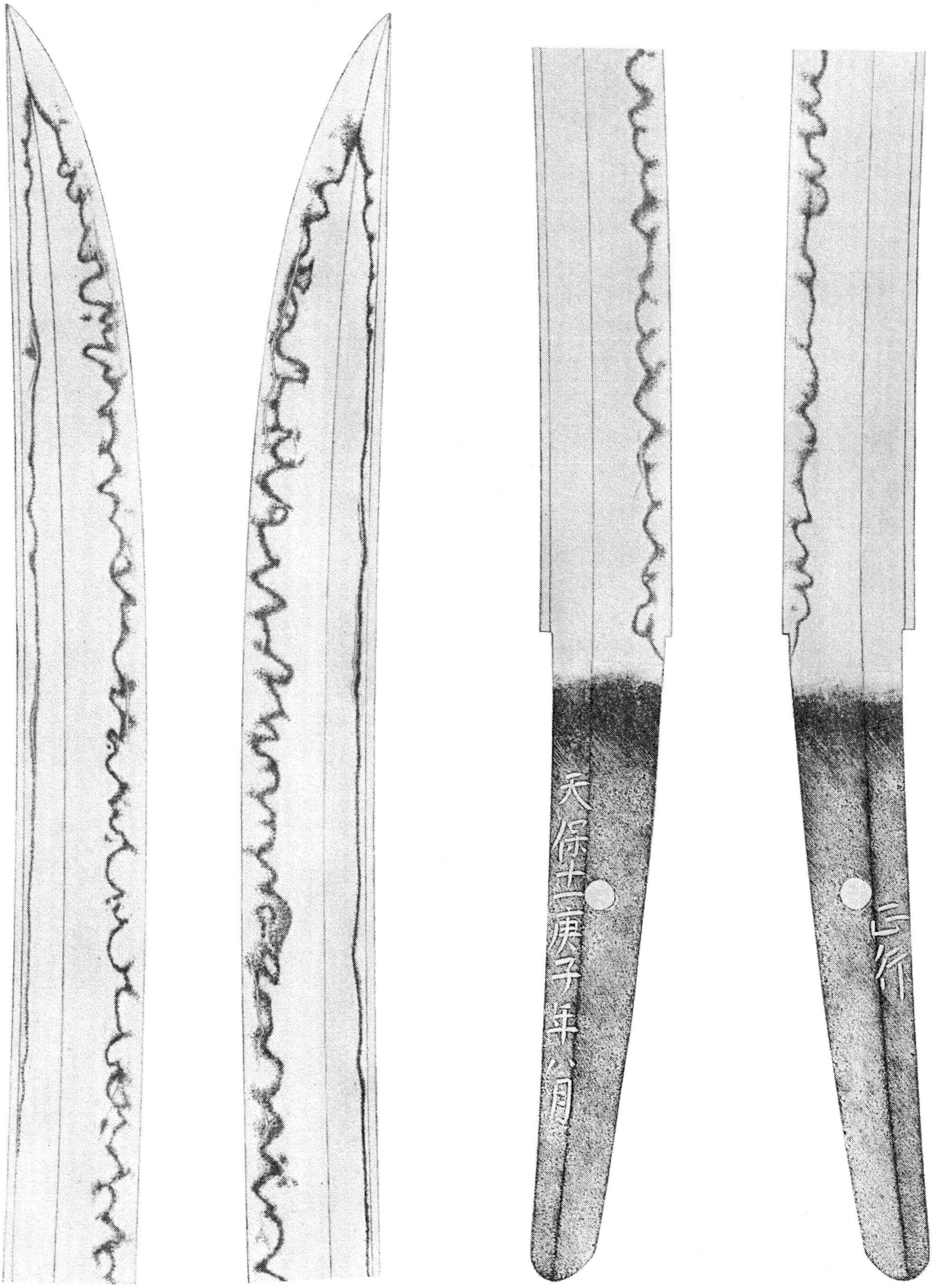

脇指　刃長一尺七寸六分　反六分

天保十二年は現在のところ、唯この一作に止り、研究上重要な資料となっている。

「武器講」ほど正行の鍛刀史を通じて大きな難関にうちあたった事はあるまい。溢れる熱意と健鎚を揮って「武器講」に邁進したが作刀少なく注文者に渡らないので、不評は甚だしきものがあった。

天保十二年劈頭(推定)長門国に到って、正行は乾坤一擲「武器講の苦汁」を払拭したかの如く晴々と、ここに雄渾な傑作品を発表して、健在を示した。

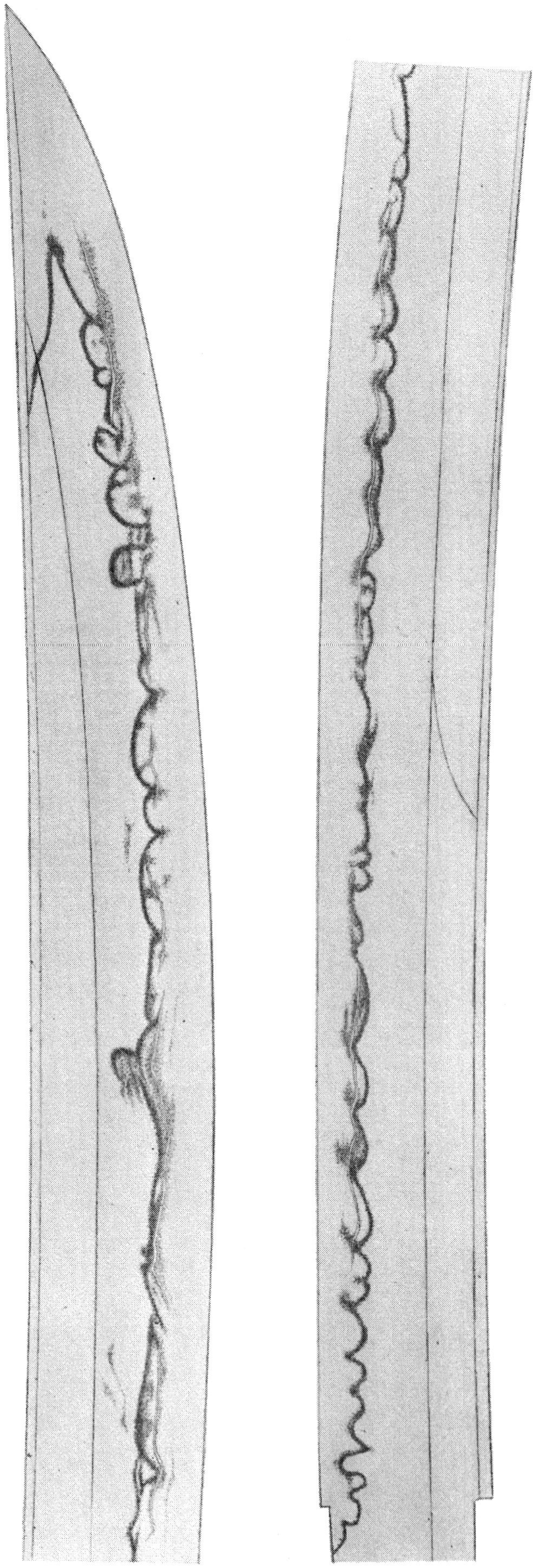

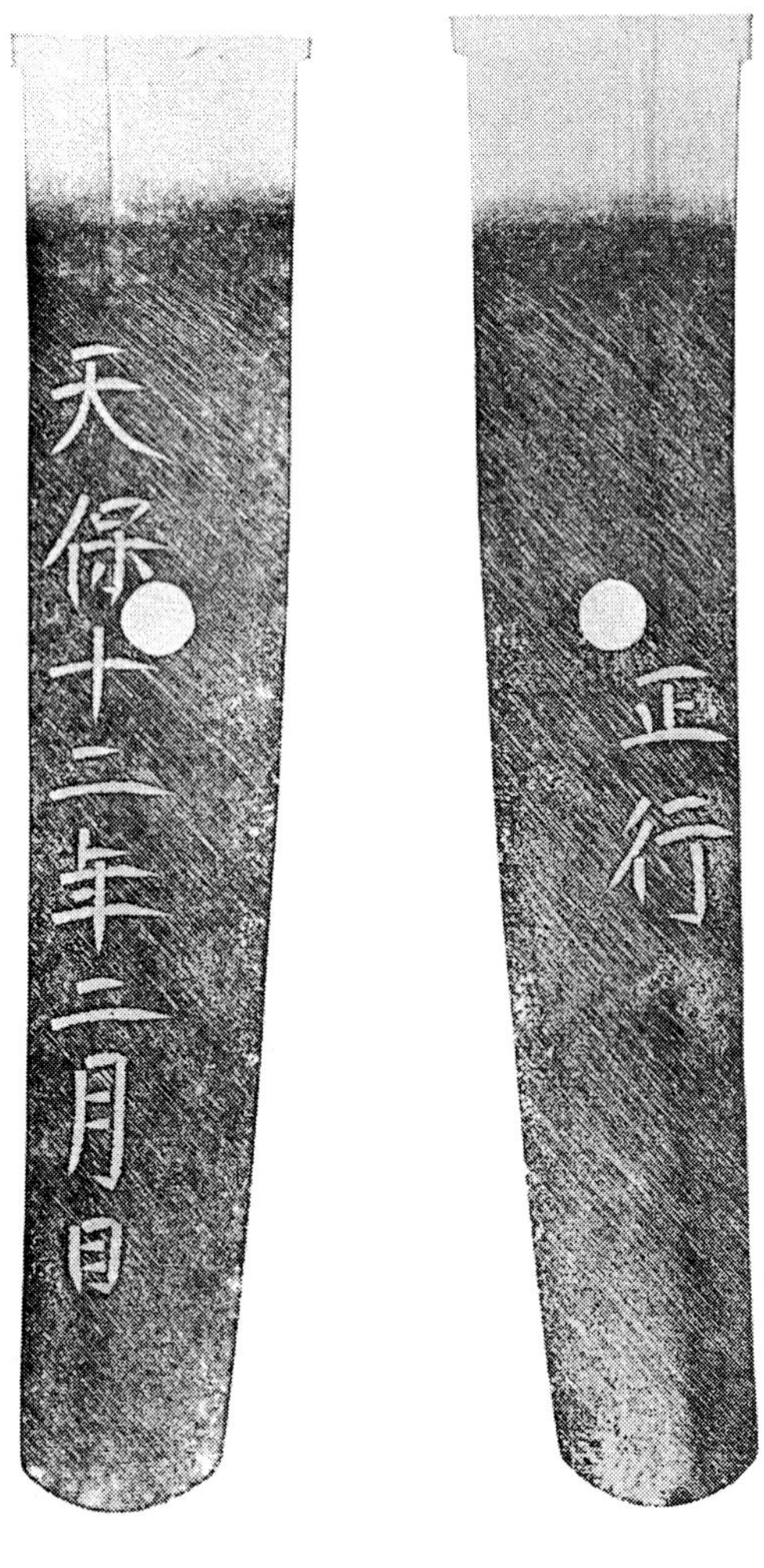

刀　刃長二尺三寸二分五厘　反七分五厘
表　恭呈西涯磵先生
裏　長門国正行製　（92頁参照）

右の短刀の銘と、前頁の脇指、天保十二年二月日の銘振りとを比較対照して研究を推し進めて行くと、そこに著しい類似点が見い出されて、正行の長門国駐鎚の時期は、おそらくは天保十二年正月頃と推定される。更に、この作、即ち天保十三年二月日を観るに至っては、も早長門国打の銘と同調一点の相異点も認め難いが、惜しむらくは西涯磵先生に恭呈の短刀に「年号」なき為慎重を期し正行の長門出現の時期決定は今後の研究に待つ事とした。

この刀は、正行時代稀に見る優秀品である。この刀と次頁の脇指とで一対となる本格の「大小」である。

世上多く見受ける不自然な取り合せ大小とは異り、これは正行が注文者の希望で、最初から意図して製作した「生《うぶ》の大小」である。それだけに両者は間然とする所ない均衡美をたたえて貴い生ぶの持味を遺憾なく発揮している。

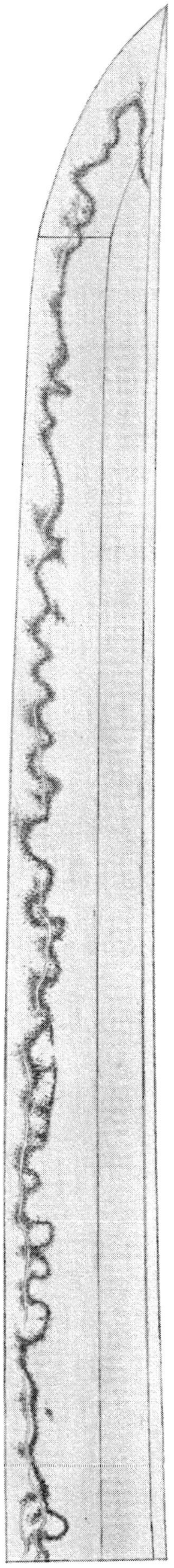

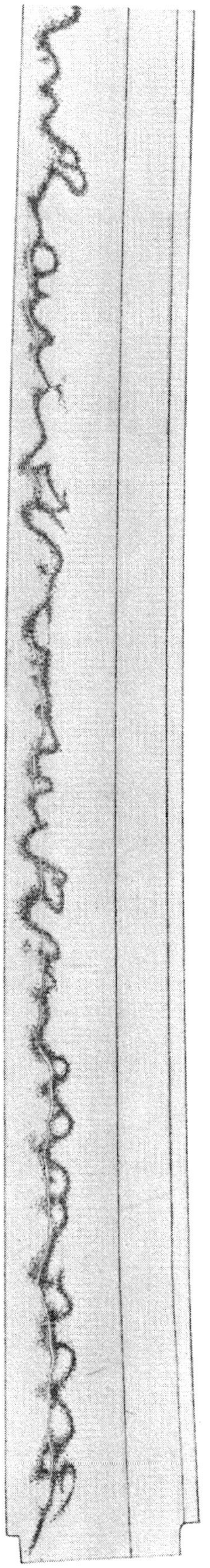

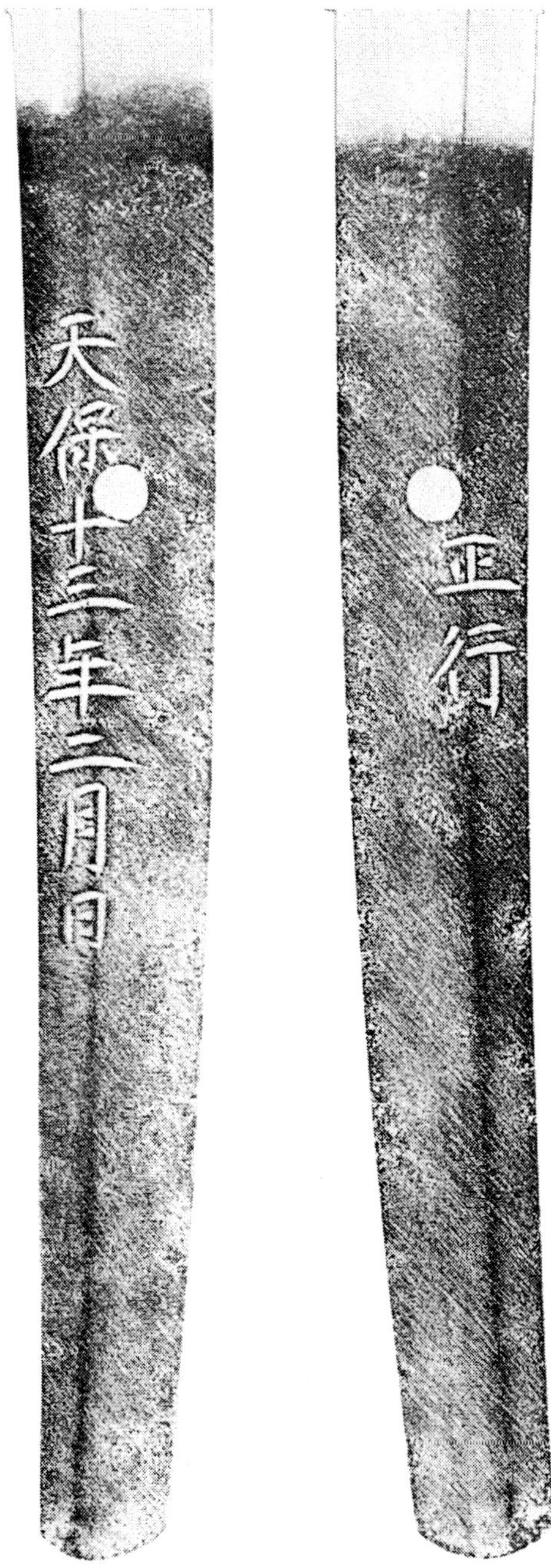

脇指　刃長一尺五寸　反四分

於吾妻正行　天保十三年二月日銘の刀、脇指と各一口ずつ拝見したが、どちらも贋作であった。

天保十三年には正行はすでに江戸を脱出していないと思われる。然るに、天保十三年二月打の吾妻正行銘の刀と脇指の出現には全く驚き入った次第である。これは拙かったネ、千慮の一失とでも申しますか。

於吾妻山浦源朝臣正行　以玉川水淬刃天保十年秋八月日銘の刀がある。吾妻打の正真物はこの刀の他にないと思う。この名刀が昭和十年頃本阿弥家で偽物とされたので、広島の故大村邦太郎氏はカンカンに怒って抗議した。この間の詳しい事は後に故宮形光盧氏が「東雲」誌上に発表している。

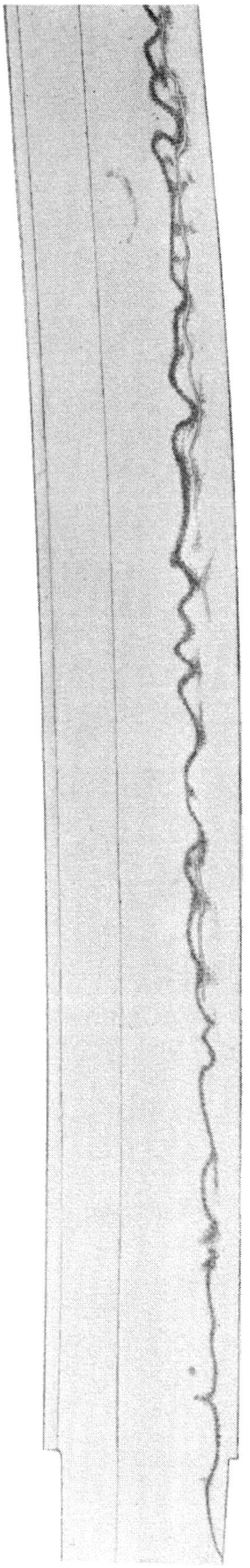

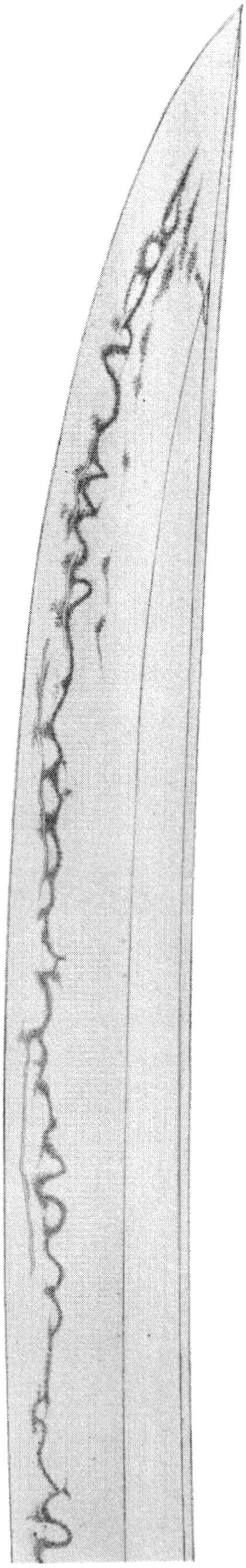

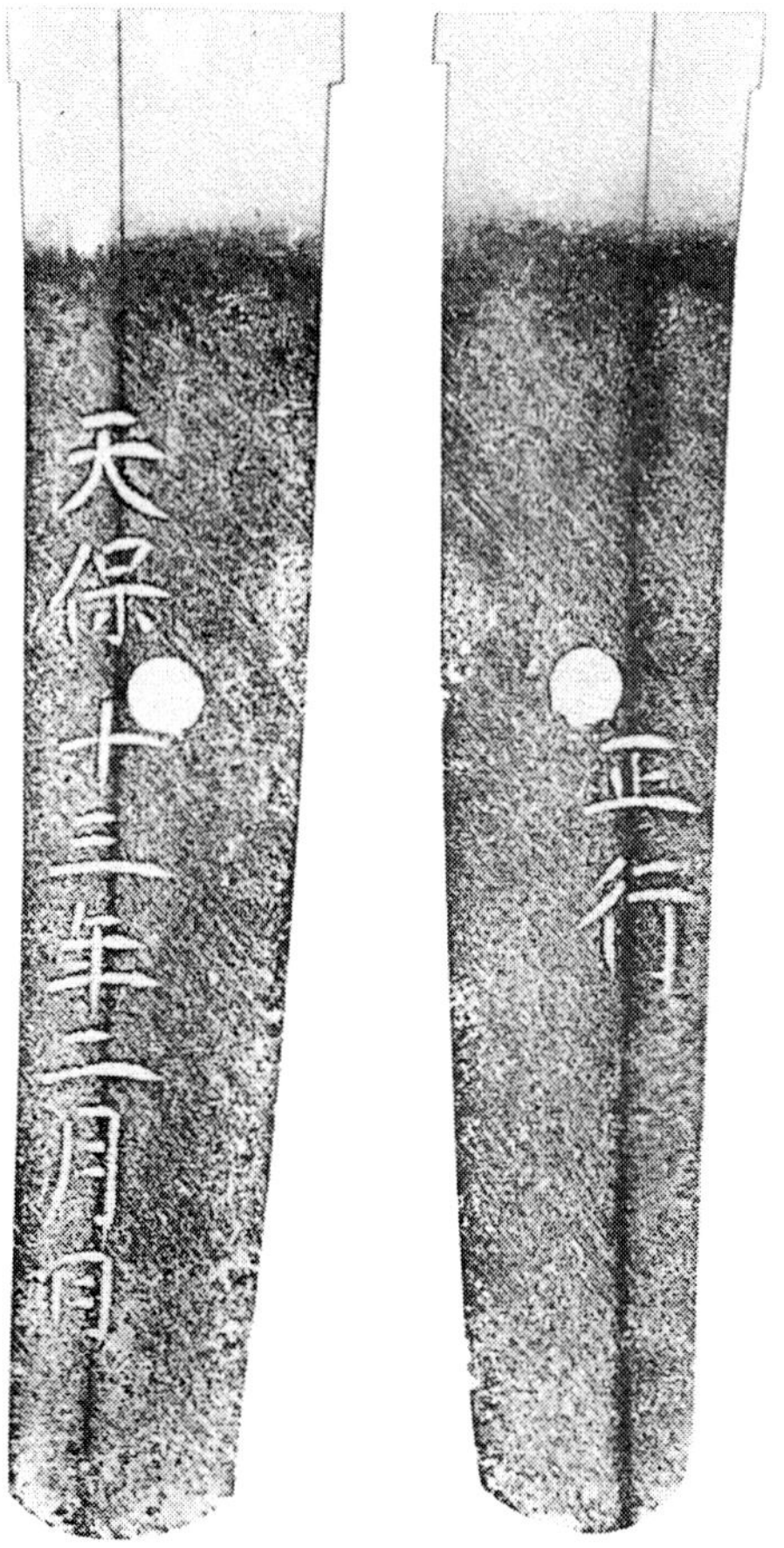

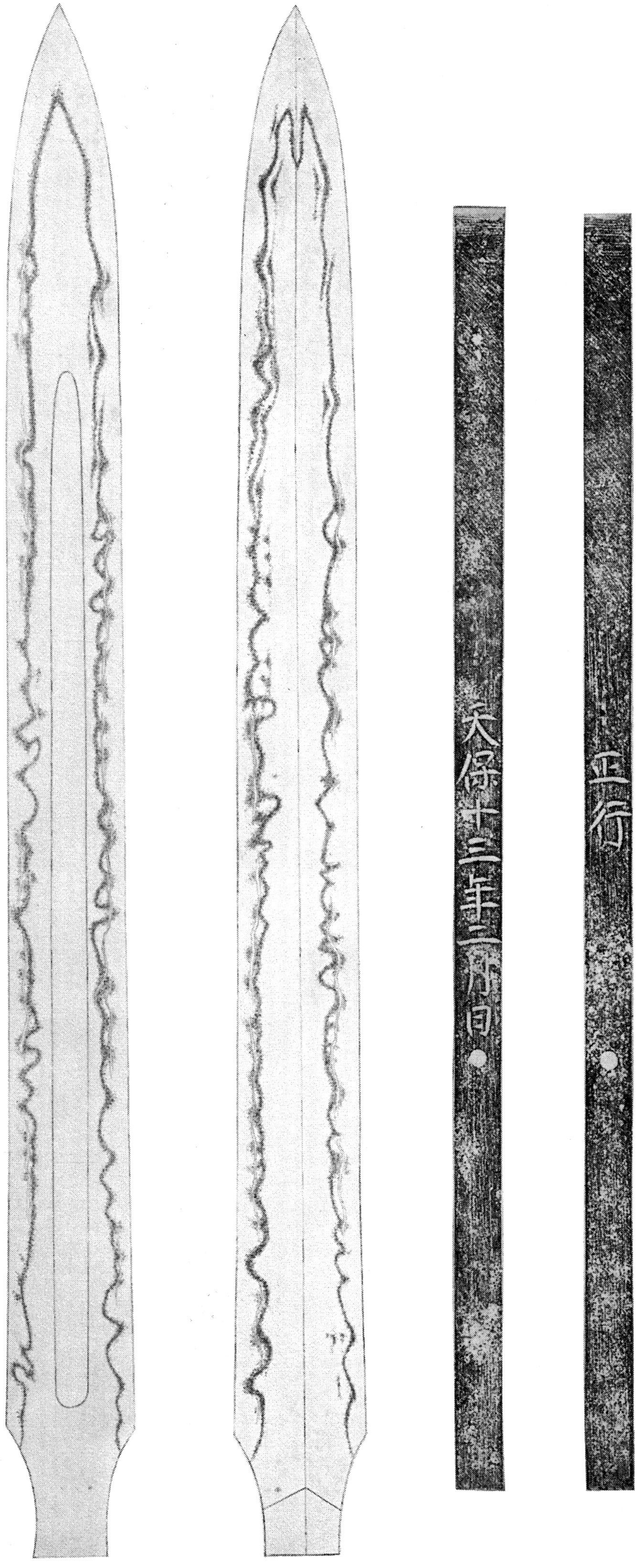

槍　（平三角）刃長一尺三分

戦い言葉の「槍合う」「槍玉」「横槍」等は今なお日常語として人口に膾炙されている。この事は戦国の世にあっては槍が如何に重要な武器であったかを如実に物語るものである。また本名より愛称で知られている「槍半蔵」「血槍九郎」「槍弾正」等は槍一筋で勇名を轟かせた豪の者である。この槍は名だたる勇士の愛用したものと思われる。佐藤寒山先生「天下一品」と激賞された。まことに至言にて「吾が意を得たり」と名槍もほほえんだであろう。

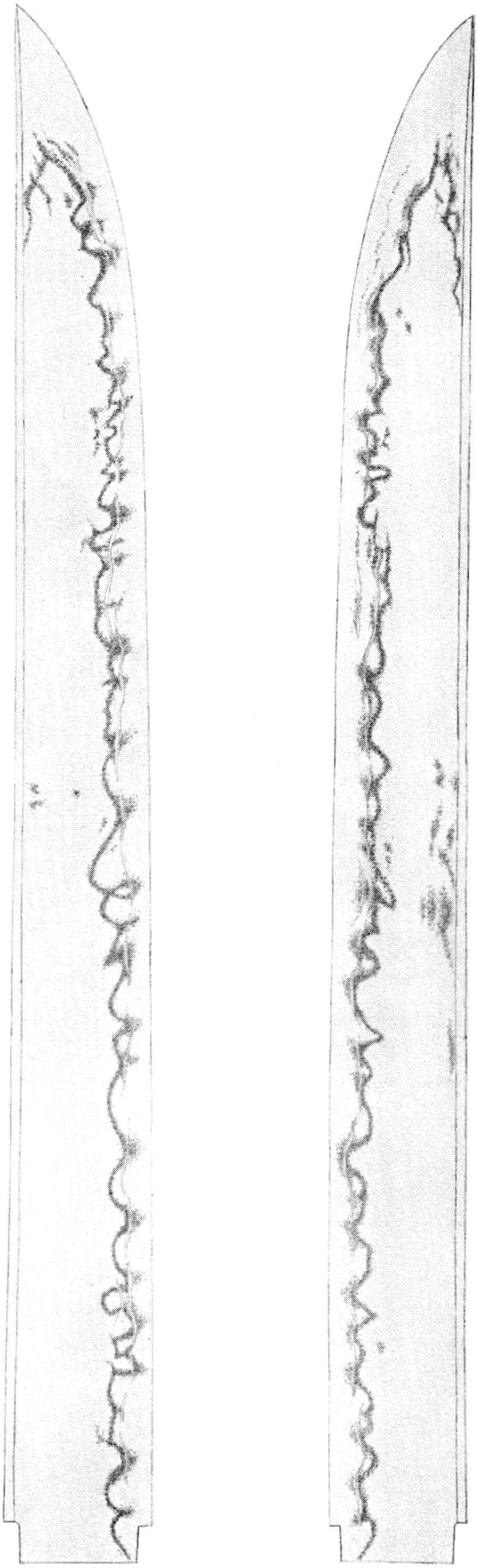

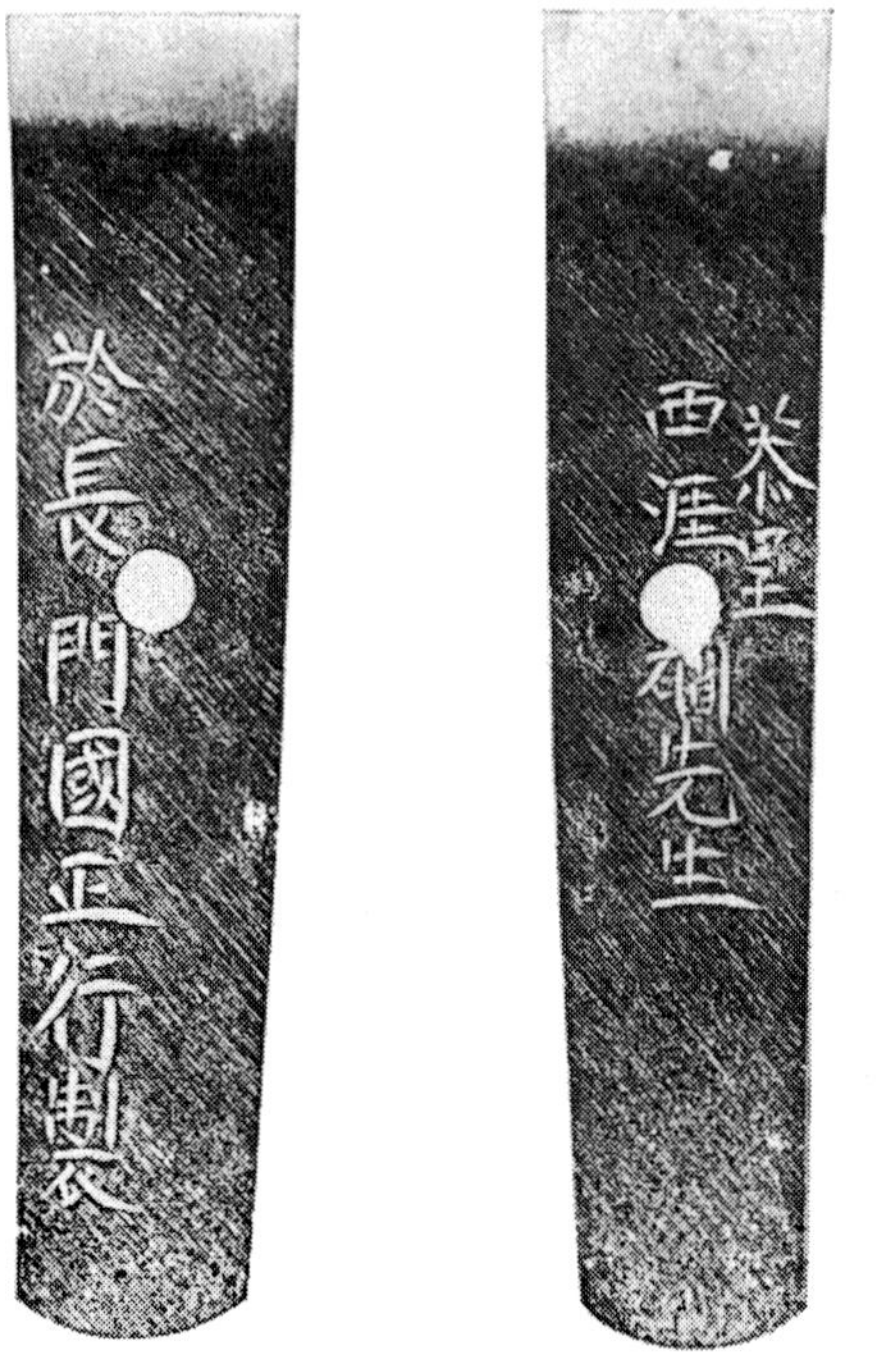

短刀　刃長九寸九分　反一分

凋　西涯は、長州萩藩譜代の臣、福田泰の事にて、通称を宗四郎といい、西涯はその号、師古、芙蓉峰とも称した。福田家を出て羽様家の養子となり、その居を荷香書屋といった。西涯は兵学にも精通した武人で、画を京都の小田海僊に学ぶ。入門後、幾ばくもなくその高足と目せらるるに至る。西涯花卉の描写に秀で、その描く桜花は近世第一人者との称をほしいままにした。殊に百花中桜花を撰んで、これに画技を傾注したことは、西涯の思想が奈辺にあったかを暗示している。西涯の門下から松浦松洞のような勤王志士を輩出せしめたのも、決して偶然の事ではなく、松洞の描く吉田松陰像からは、勤皇の赤心が、まざまざとほとばしるが如く感ぜられる。

この短刀は尺にも満たぬ小品であるが、正行の気魄は凝って刀面に躍動しているかの感があり、桜花をも髣髴せしめるような刃彩、けだし正行の短刀中随一との呼声の高い傑作品。銘も差表に敬意を表して「恭呈西涯凋先生」と切り、正行銘は遠慮して裏にしている。この点だけ見ても、正行がいかに西涯を崇敬して止まなかったかが窺われる。

短刀　刃長六寸強

この短刀は左文字の影響をうけて造った内で「恭呈　西涯碉先生」の短刀に続く第二作で、左文字の塁を摩す程の傑出したものである。これには裏年号が刻されていて製作年月も明らかである。これによって思考される事はいかにに正行に天稟が有り、清音邸に住んだ頃、左文字に関心を持ちおおよその知識は有ったとしても、その程度のもので、長門に来りしとて、忽然としてかかる名作の生れ出るものではない。この境地に到達する迄には、左文字研鑽に要するかなりの時日をまたねばならぬ、かくの如く考えると、正行の長門国（山口県）駐鎚の時期は、この短刀製作以前に遡らねばならぬ事となってくるので「天保十二年初頭」には萩に現われていたものかと思われる。

何れにしても、正行は古今を通じての鍛刀界に千鈞の重みを加えた巨匠である。鎌倉期の雄、左文字の枯淡に陶冶され、桃山期を風靡した絢爛豪華たる相伝に示唆されて、ここに新時代の好尚に適応した彼独自の、斬新にして壮麗な山浦派の樹立を見たのである。

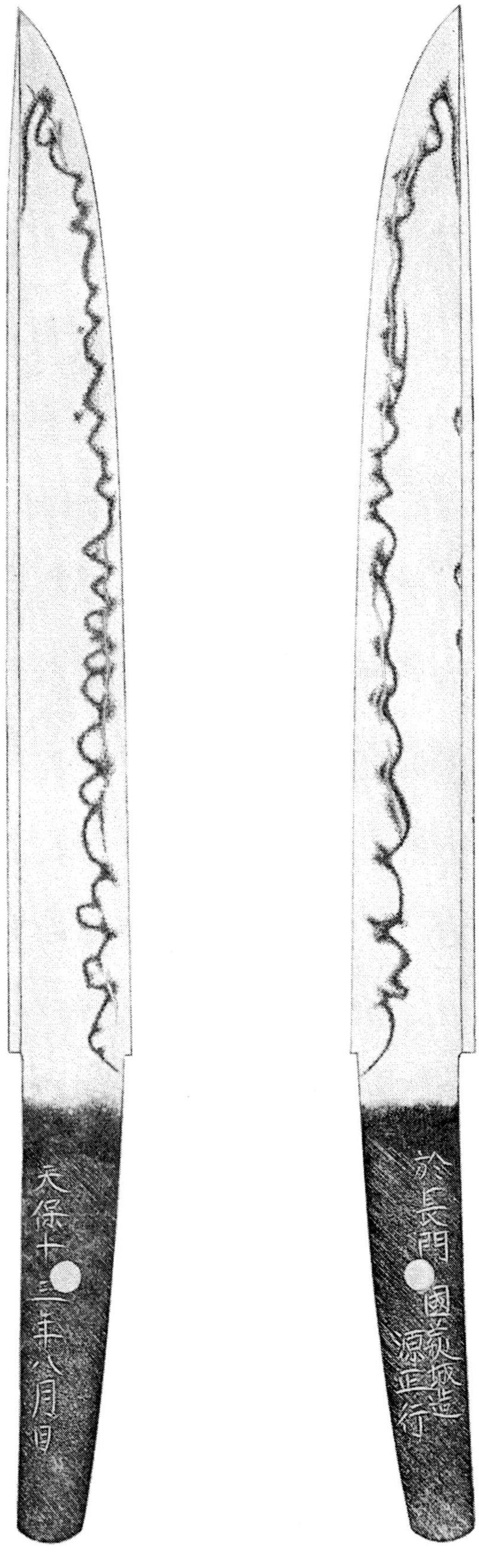

刀　刃長二尺七寸一分　反七分三厘

萩城下に於て正行は藩の一剣豪の注文によって、この壮麗雄偉な名作を造って一躍藩中にその名声を轟かした。銘も堂堂と「山浦」姓を冠し(注目されたい)いささかも臆するところがない。

正行は窪田清音の後援によって、邸内の鍛冶場で旺盛な製作意欲をたぎらせ、鍛刀に励んだ。当時の正行は講武所関係の子弟、旗本等との交わりをつづけ、重大な事局の進転に触れる機会のないままに過した。

従って、勤王云々で正行が長門に遁走したとか、匿まわれねばならぬような事はしていない。故に、この説は論拠のない附会のものとなってくる。むしろ正行の勤王精神は萩に来て、この地で藩士と交遊する内に芽生えたものと見るべきである。

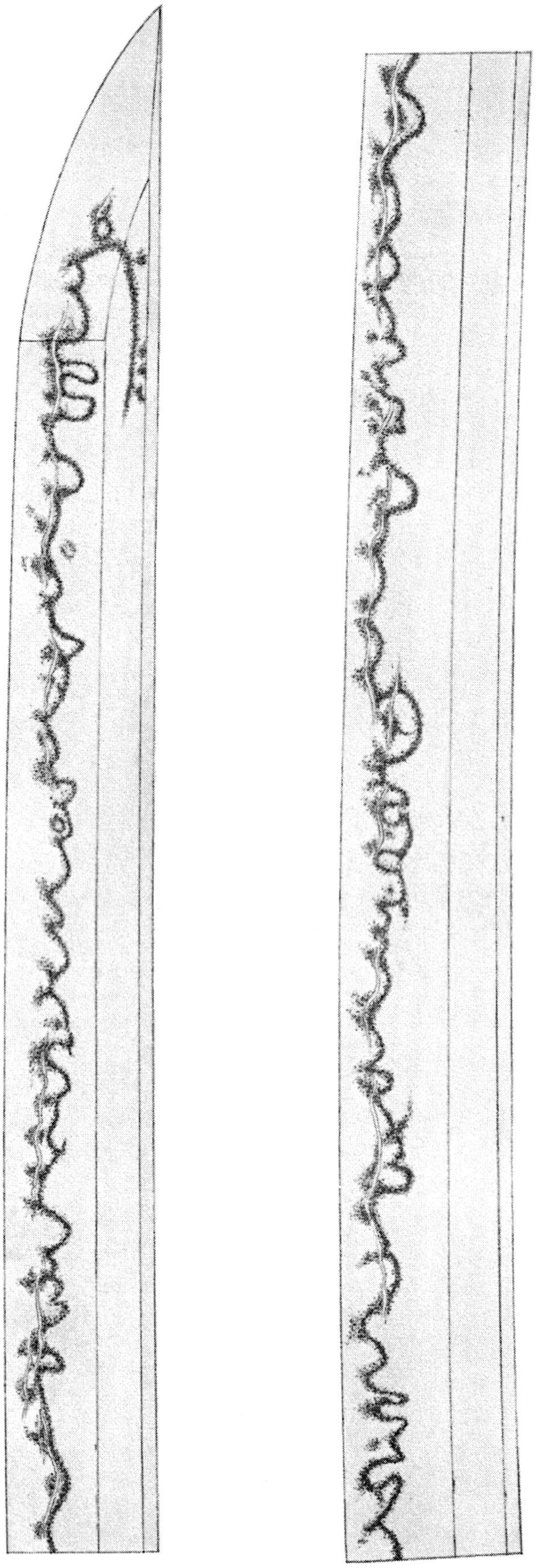

長巻直し　刃長二尺八寸六分　反六分五厘

この大長巻はかつては、その豪快な姿を誇ったものと思われるが、製作後間もなく茎を短く切って背中に帯びて活躍しやすいようにとの目的で、この姿に改められたものである事は、当時の拵がそのまま遺されているので、この間の消息がよく窺われる。また物打ち辺りの研べりによって、この刀の激闘の跡が忍ばれる。これは長門国三田尻にての作と言い伝えられている。

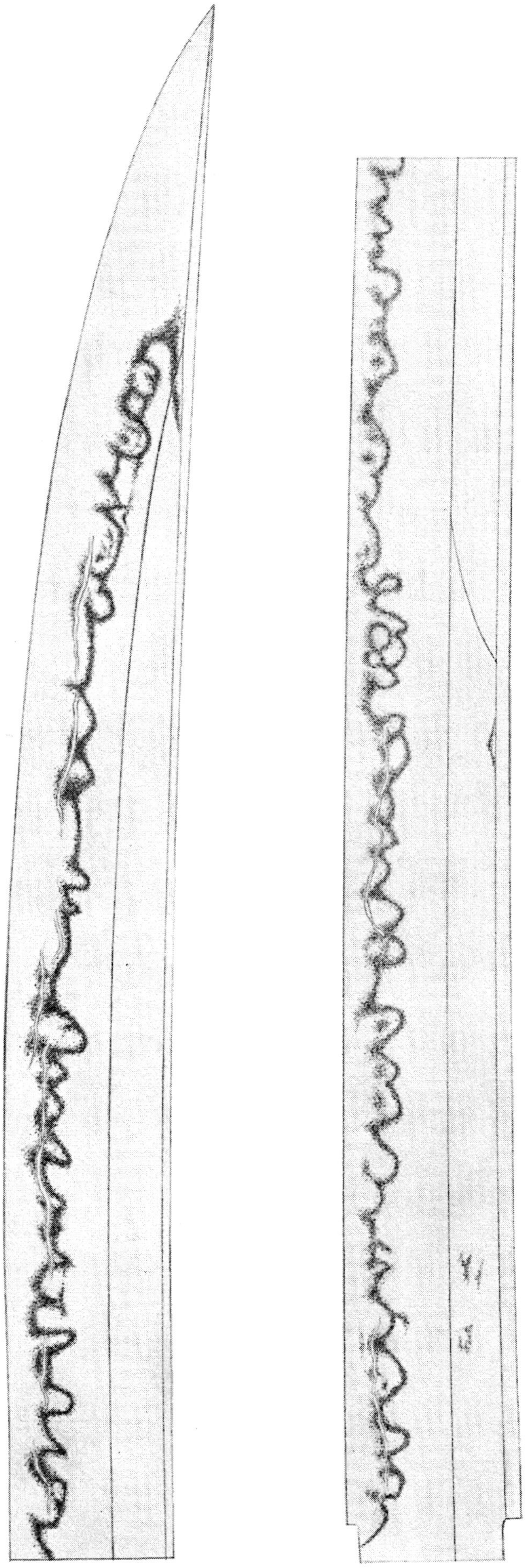

短刀　山浦正行　製
　　天保十四年二月日

長門国萩打のものには、大略山浦姓を刻銘したものを多く見うける。
この年代のものには、「作」「造」とは切らないで「製」を盛んに使っている。

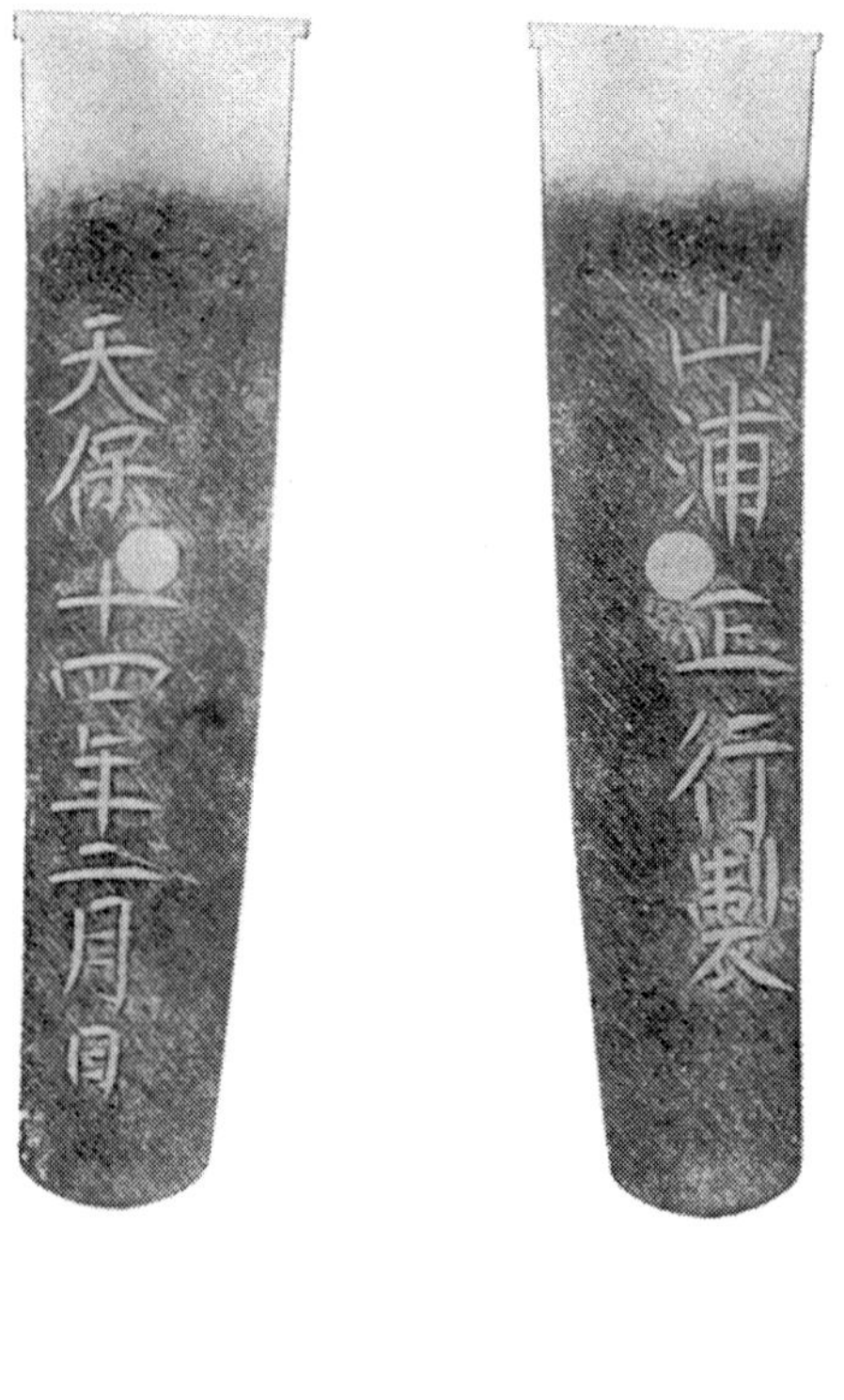

小刀　長門国萩打の一口

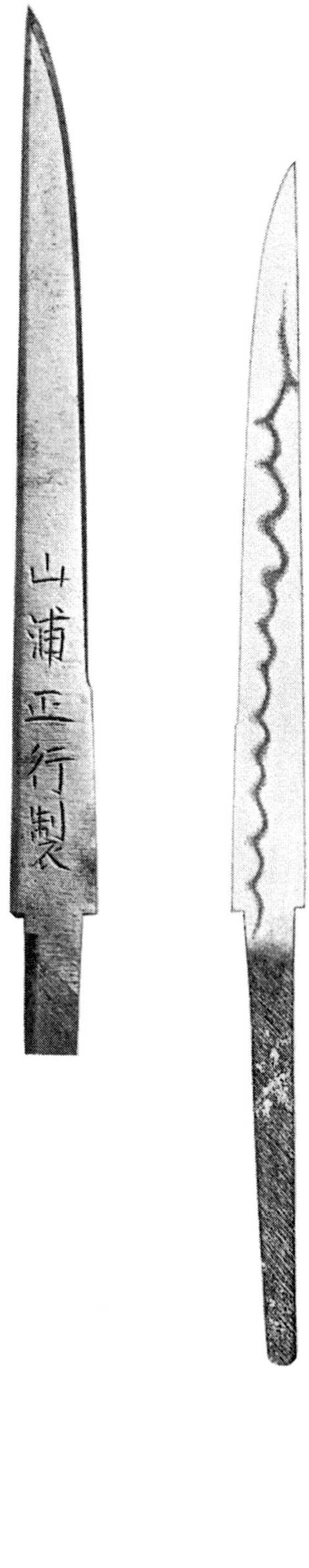

太刀　刃長二尺七寸　反七分

生ぶの時は刃長三尺にも及んだ堂々たる太刀であったものを、現在は三寸近く区《まち》送りされているが姿を逸していない。銘文に山浦正行「製」と刻まれている。

　窪田清音、西涯磵の場合と同様「製」と刻銘されている点から考えられる事は、この太刀も定めて萩家中にて名だたる御仁の注文に応えての正行の入魂の作と思われるが、磨《すり》上に際して佩裏に新しく鑢が掛けられて注文者銘あるいは年号が削り取られ、いまは判読すら出来ず、惜しみても余りある。

天保十四年八月萩城下製中の雄作。

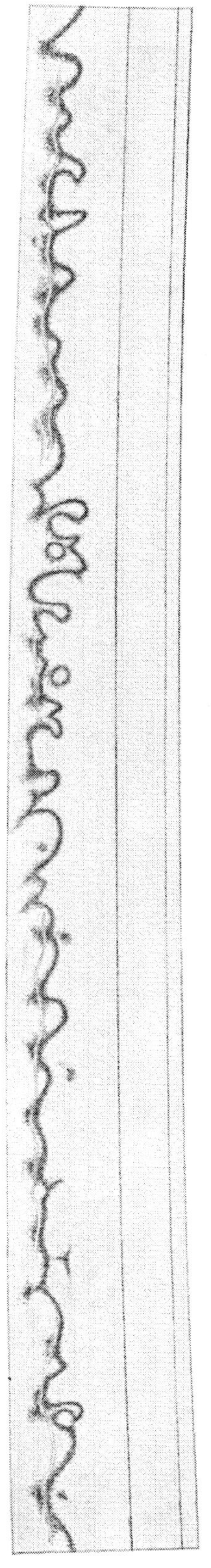

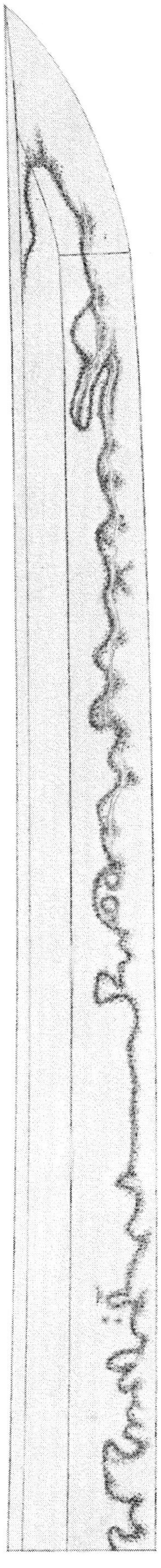

小刀　年紀入りのものは、この一点のみと思われる。小刀中最高の作。

①刀　山浦正行（二尺五寸）　天保十五年二（以下切れ）（貢）
②刀　正　行（二尺五寸六分）　天保十五年二月日（貢）
（①②）逆鏨なし

③小刀　源　正行（三寸八分）　天保十五年春（貢）　逆鏨

天保十五年八月の小諸打は悉く正行の行の第三画と天保の保の第二画は逆鏨となっていてこれは著しい特徴のある銘である。

天保十五年二月の作にも、これと全く同一銘のものが交じっている。③の小刀がそれに該当する。そこで小諸打はこの二月から始まるのではないかとの見解も出てくるわけである。

しかし同じ二月の作でありながら①と②の刀二口のように全く逆鏨を使っていない銘と逆鏨銘のものと二種有るということは何と解釈すればよいか、天保十三年八月から天保十四年の萩打は「山浦正行」と銘を切る。この点から考えられることは天保十五年二月の太刀銘「山浦正行」は、萩打の延長と見てよいのではないかと思われる。天保十五年八月の「信小諸城製」から改銘まで「源正行」と切る。

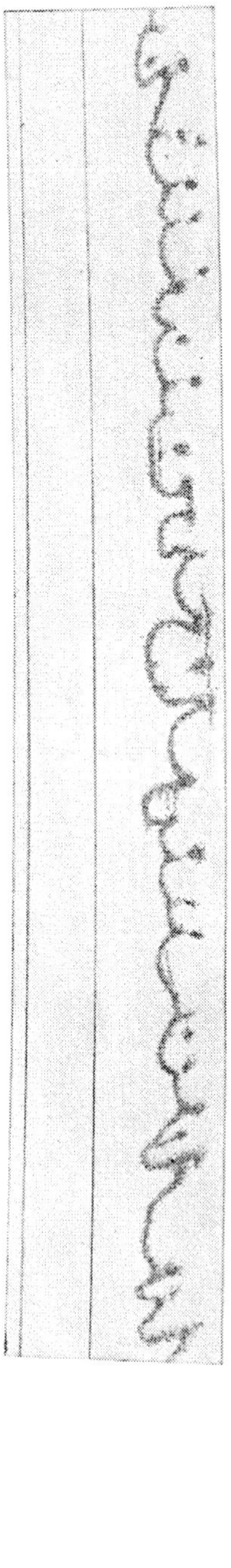

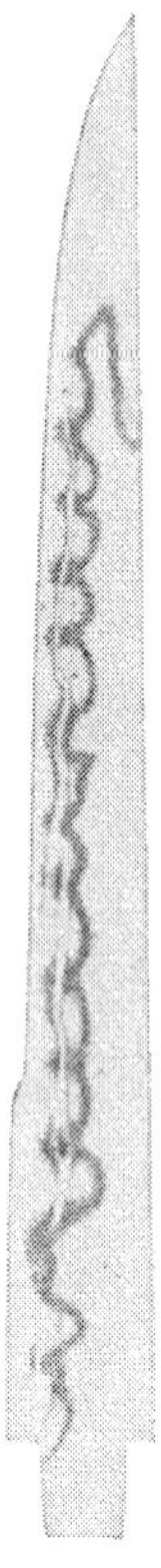

刀（太刀銘）　刃長二尺五寸　反七分

仲村城一郎氏は「清麿研究」の一権威。同匠に心酔して、その顕彰に尽瘁せられた功績には甚大なものがある（後述）。

この刀、刃彩の出来傑出すると共に、地鉄の素晴らしくよい点、特記に価する。

天保十三、十四、十五年頃のもので「山浦正行」と銘したものには長門国萩打が多い。同年八月の「信小諸城製」から源清麿と改銘までは「源正行」と切っている。

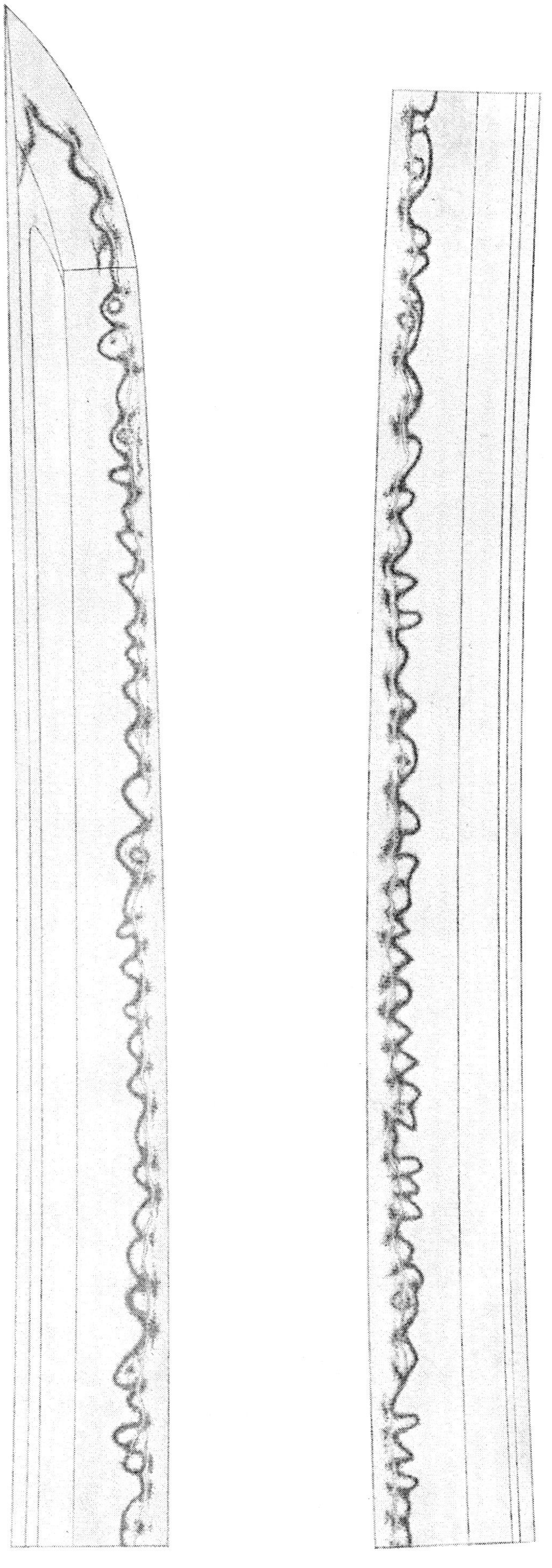

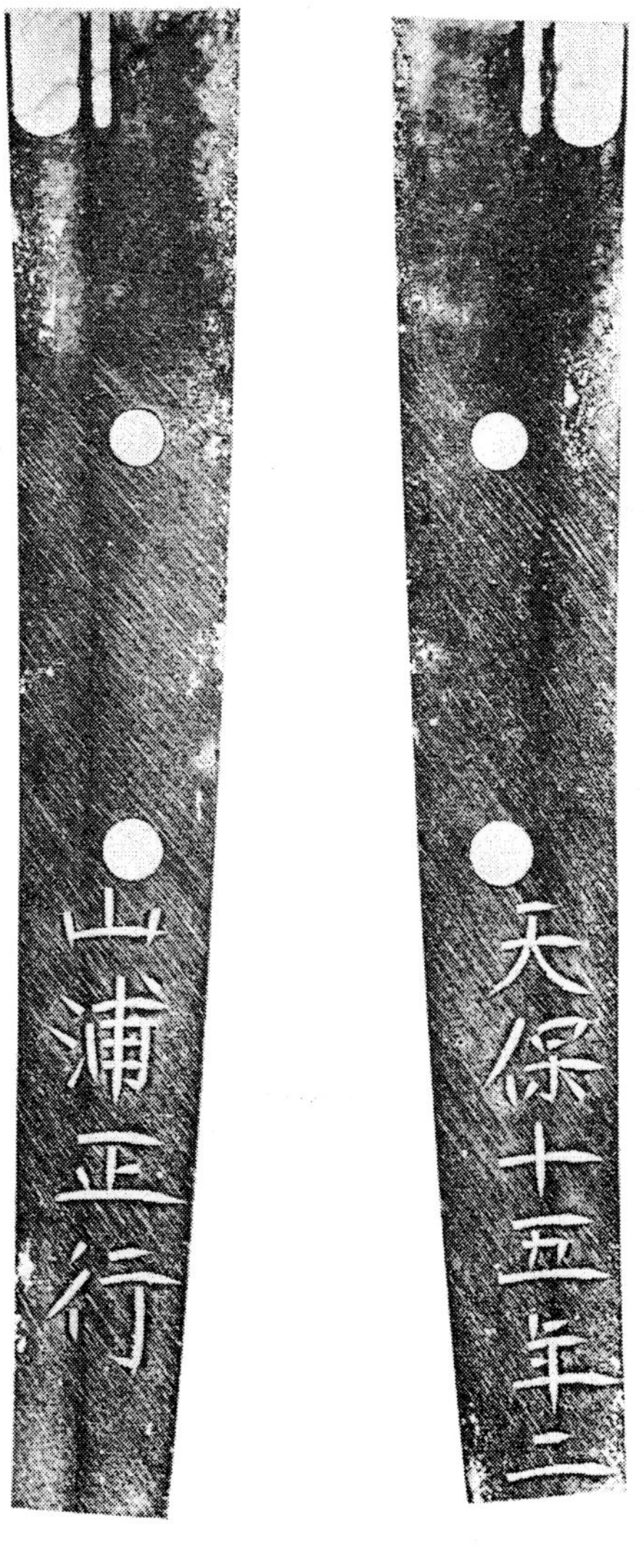

刀（太刀銘）　刃長二尺六寸五分
　　反七分

天保十四年八月、佐々木猪三郎源高義子の嘱の太刀「山浦正行」天保十五年二　以下銘切れの刀を最後に、長門国萩を辞し、一路信・小諸に兄真雄を訪れた。兄は欣躍して正行を迎え、夜を徹して鍛淬上の難問題などについて兄弟は語り合ったものかと思われる。この刀は「於信小諸城製源正行、天保十五年八月日」と有るので、正行の足跡を実証するまことに得難い貴重な資料となっている。

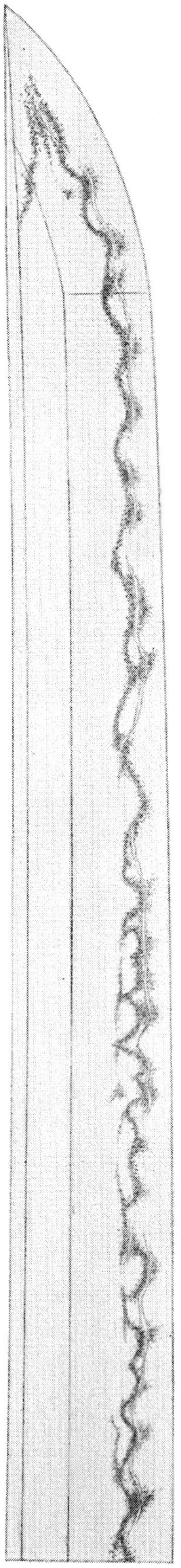

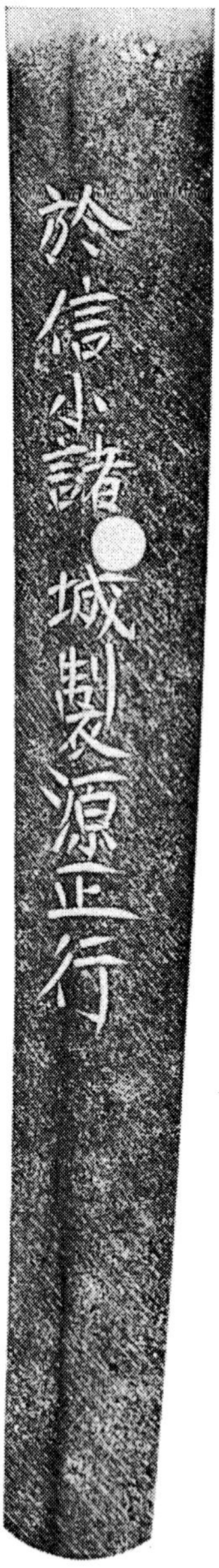

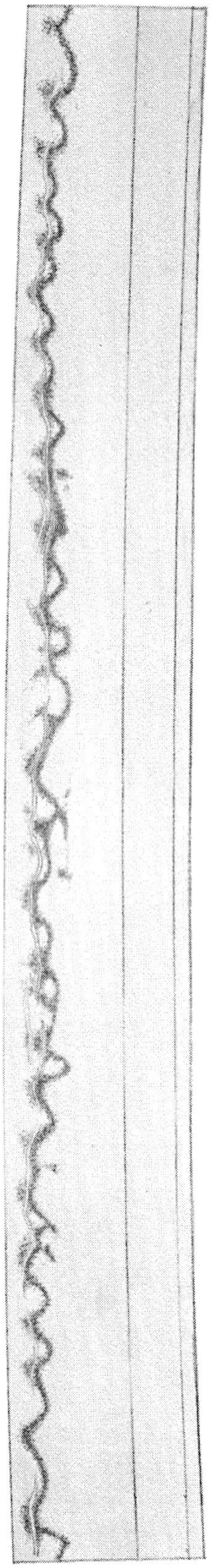

この刀は終戦のどさくさに紛れ防空壕内に埋蔵したまま二年有余というもの腐蝕するに任せたので、この間に刀身、茎共に見るも痛ましい程変り果てあたら名刀を失ったかと悔まれたが、この朽込錆を除去して驚いた事に地刃に一点の緩も現れぬ健全さである。これは鉄質が殊に優れて良い点と、本三枚鍛法による賜ものであろうが流石に恐れ入ったものである。

「於信　小諸城製源正行・天保十五年八月日」は同工の足跡を明らかにする唯一の資料で、世紀の名工源清麿の生れ故郷での製作でもあるので、殊に小諸人にとってこれ程の至宝はない。長野県としてもゆかりの重要な文化財だけに面目にかけても、愛護してもらえるものと確く信じていたところ、これ等由緒の正しい数振りの小諸打はいつの間にか次々と流れ出してしまっているので驚いた次第である。文化水準の高い県として、何の顔せあってと言いたい所であるが、今更悔いても仕方ない次第である。しかし幸、県内には有力な美術刀剣保存協会長野支部が生れてからは、散逸したこれ等の名刀が再び地元へ迎えられる日も遠いことではないであろう。

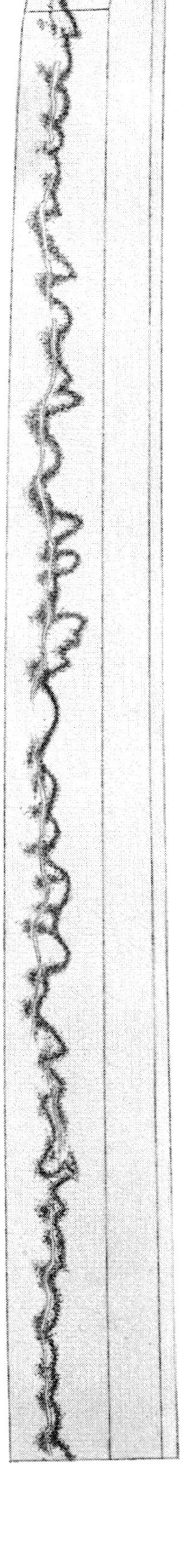

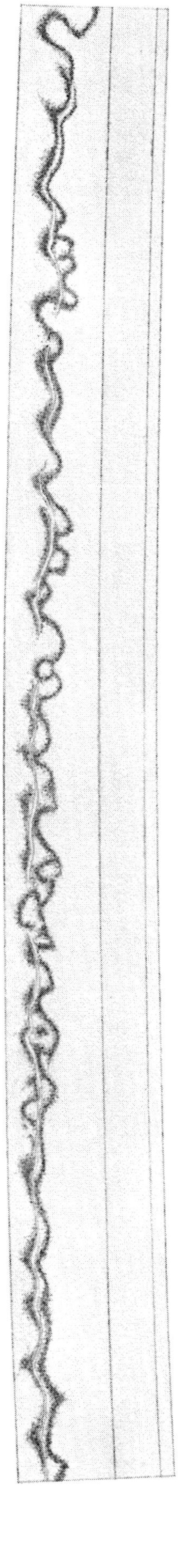

太刀　刃長二尺六寸
　反六分三厘
天保十五年四月頃、長州萩を辞し久々にて懐しの故山に兄真雄を訪ねた時の信・小諸城製の内の一振り、覇気横溢した正行銘時代の豪快な逸品。

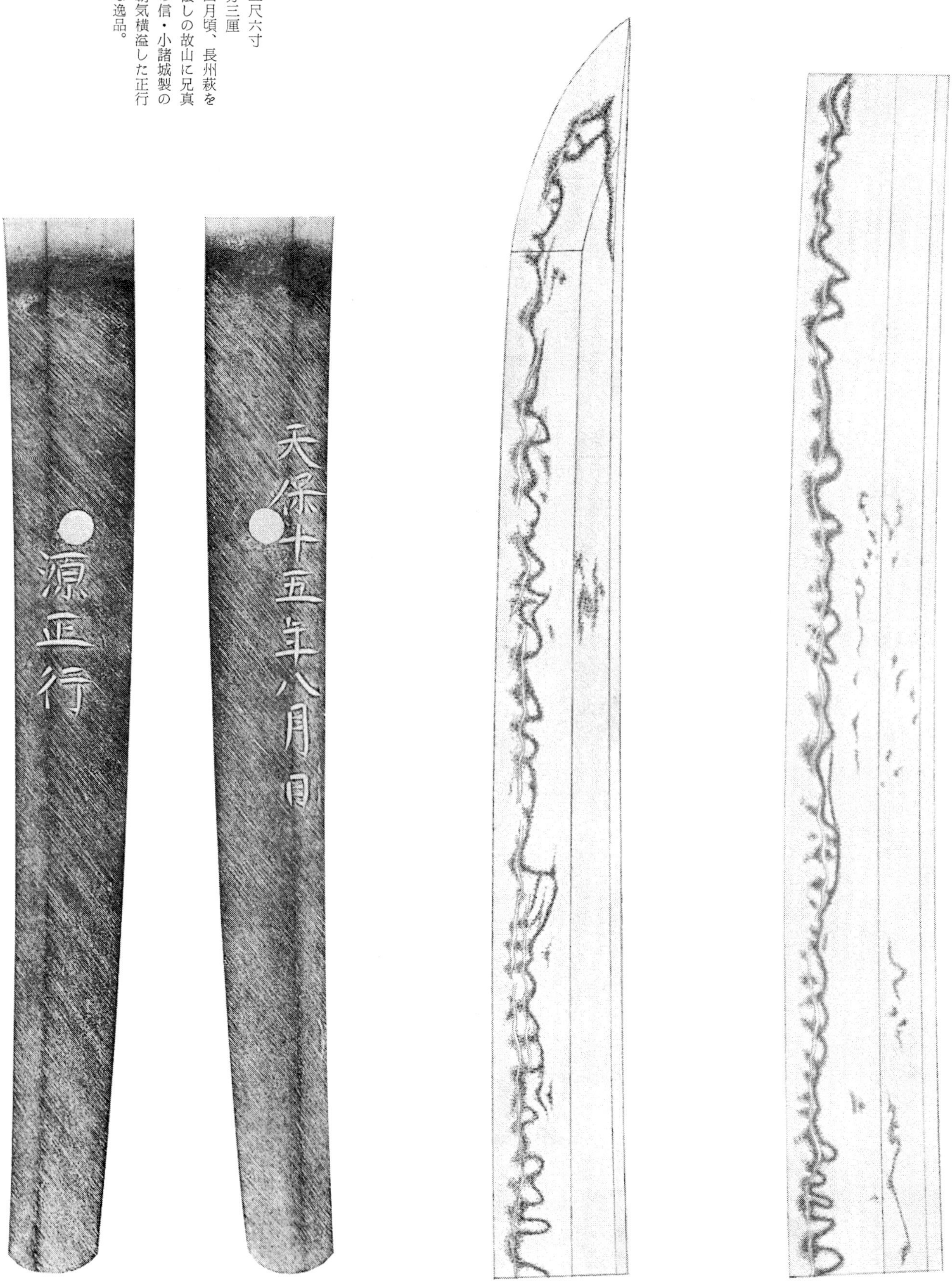

刀　刃長二尺四寸　反八分

本刀は藤代義雄先生の有に帰してより「藤代正行」と号し、藤代家世襲の重宝とした程の名刀にて先生大自慢の正行銘中稀有の逸品。

斎藤一郎氏たまたまこの正行刀を鑑賞した折、その豪放にして壮麗、目映いばかりの刀芸の神韻に触れて驚嘆「これこそ年来祈念して求めて得ざりし意中の名刀也」とて烈々たる熱意を披瀝してその譲渡を迫ったが、ついに容れられなかったもの。当時同氏失意の様は痛々しい程であった。

しかるに終戦直後、先生謎の死を遂ぐるに先立ち、斎藤氏を訪れて心よく之を譲り、且つその将来を案ずるの余り保護の万全を呉々も懇請した。誠に愛刀の前途を憂うる先生の心情には心を撃たれるものがある。

かくて斎藤氏は年余の願望を達成し欣躍したが、旬日を出ずして斯界の巨星、心友にして刀友、かの生涯を通じ毅然として鑑識界に君臨せられた藤代先生との永遠の別離がおとずれようとは。

この刀現在は東京における名だたる愛刀家の秘蔵となっている。かかる由緒ある名宝を所有し得たることは天下の幸運である。

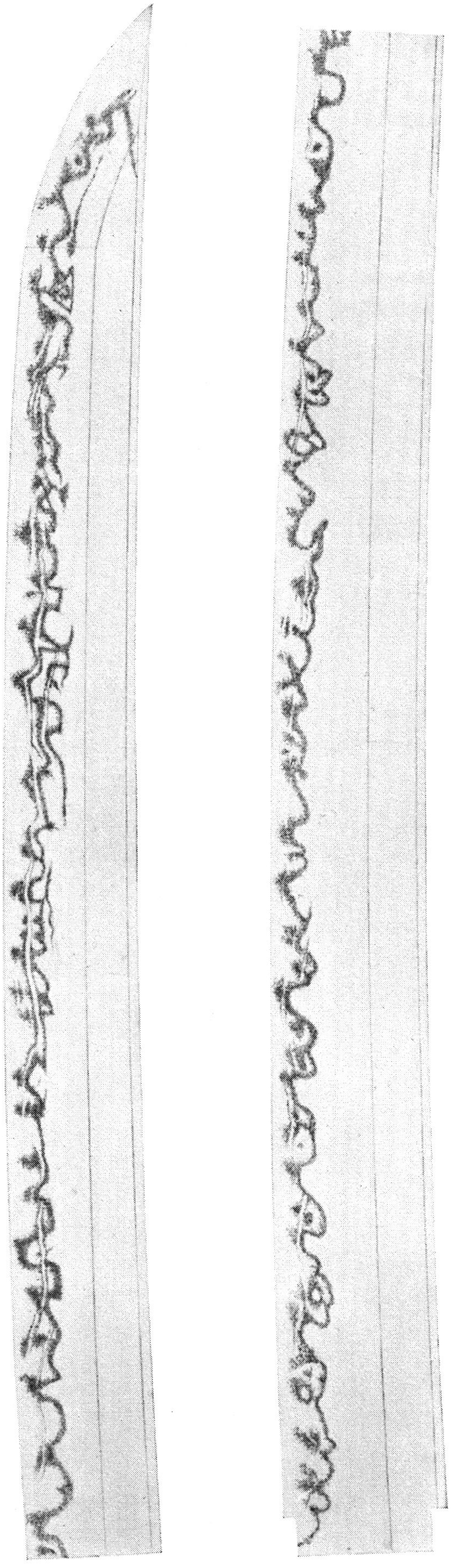

太刀　刃長二尺七寸八分
反八分

天保十五年萩城下よりの帰途を信・小諸に兄真雄を訪れた時正行の鍛刀談に「鉄鉱の地域的な相異、辺陬の地には今もなお、学ぶべき古鍛法の片鱗が伝え残されている」との言は、真雄を強く刺激した。己れもまた見聞を広め、鍛刀上の参考に資せんものと弘化四年京畿、中国地方へ旅立った。

この刀は「信・小諸城製」数振りの内で首位を競う程の傑出したものである。

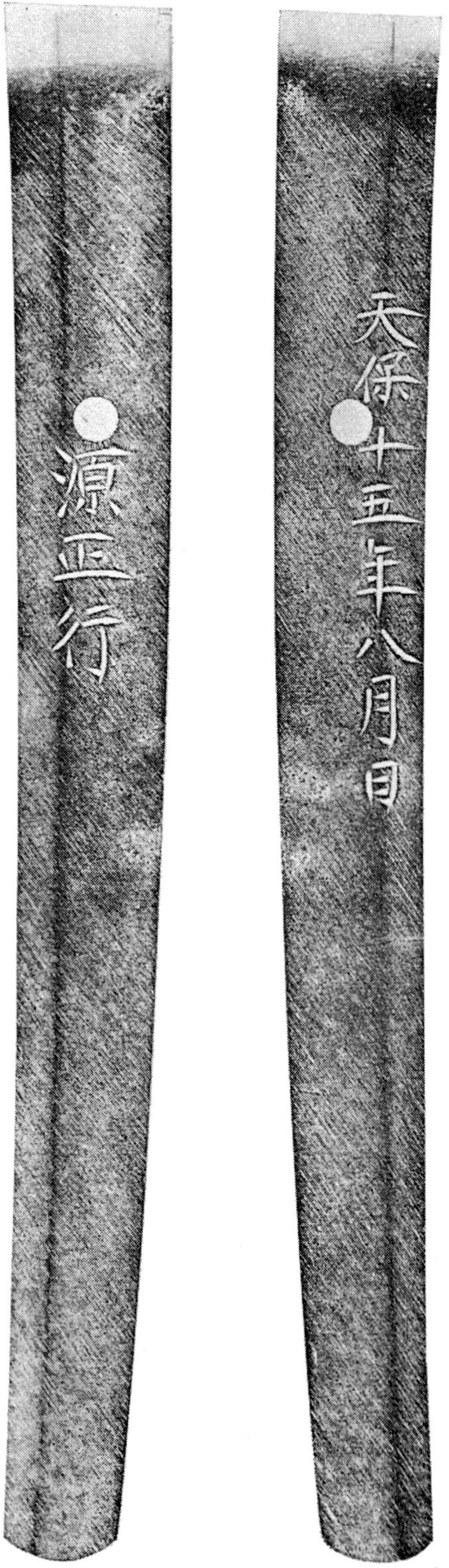

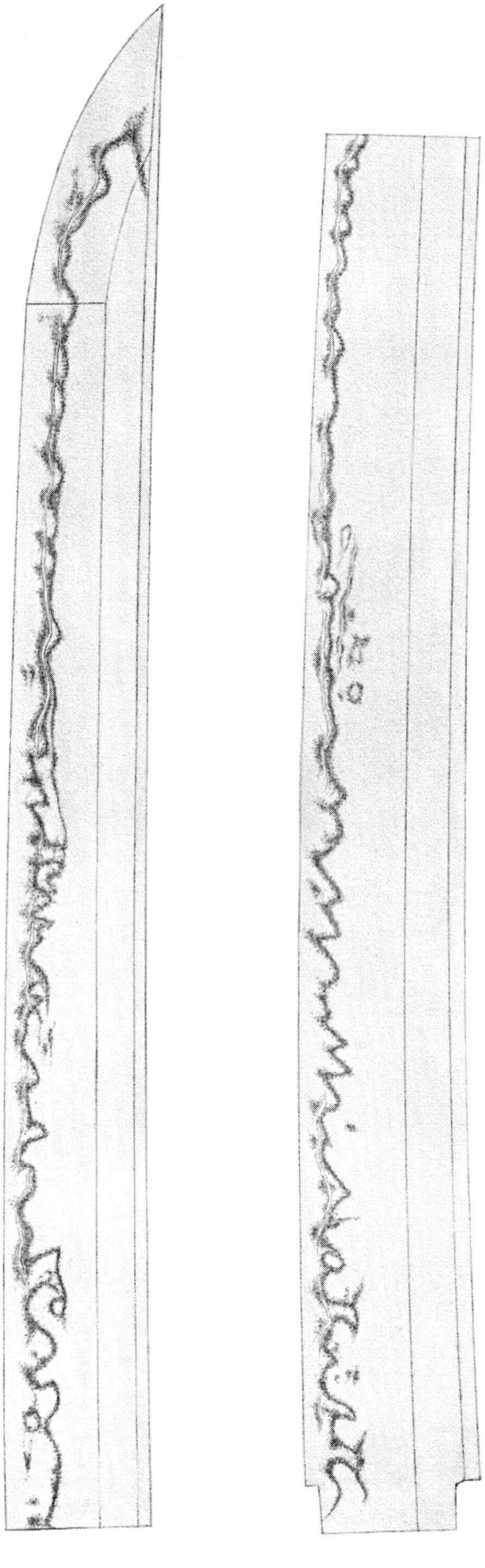

脇指　刃長一尺五寸八分　反四分

四谷南伊賀町の正行鍛刀道場開きに、近隣の刀匠、左門町に住む固山備前介宗次は一片の会釈も無きため忿怒やる方なく門弟を集めて一夜を期して正行の鍛冶場を襲うことに決した。たまたまこのことを洩れ知った正行は、門戸を開け放ち邸内は昼を欺く炬火の光焔。時は腥風の幕末。気負って雪崩こんだ宗次一門はこの意表の構えと、正行の堂々たる威容にうたれて悄然と霧散した。

事実の真偽は保証の限りではないが、正行の気質に最も相応しい一挿話である。

この脇指には正行の、この不抜の気魄が端的に表徴されているかの感がある。秀抜の作品。

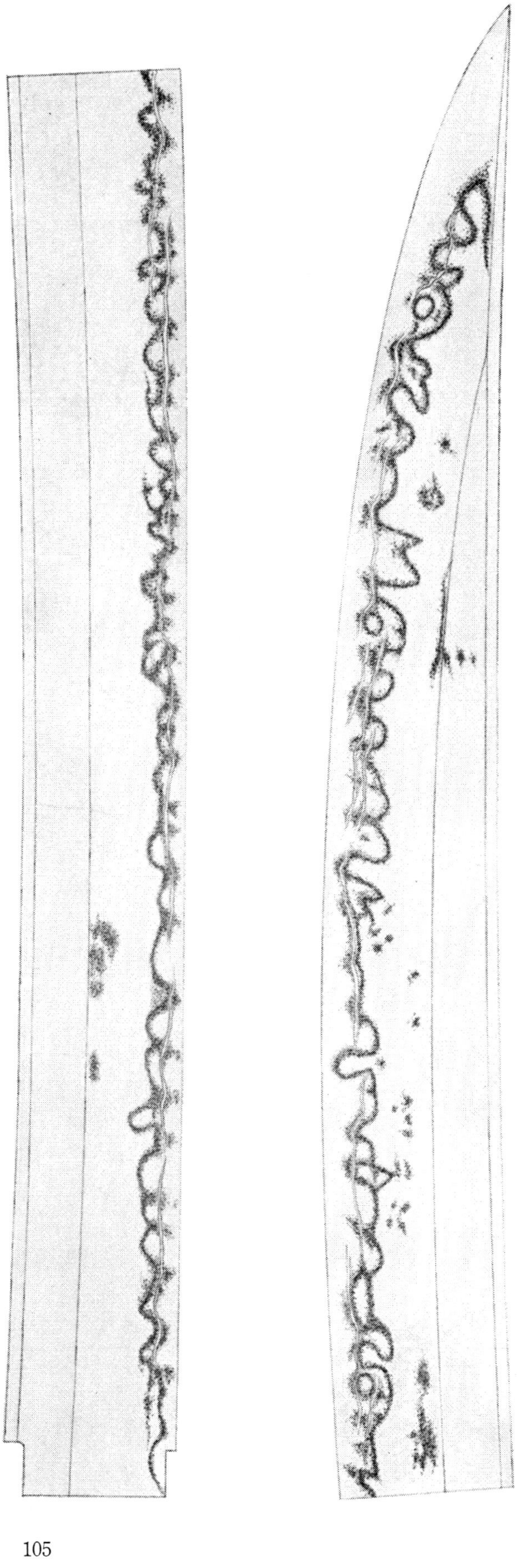

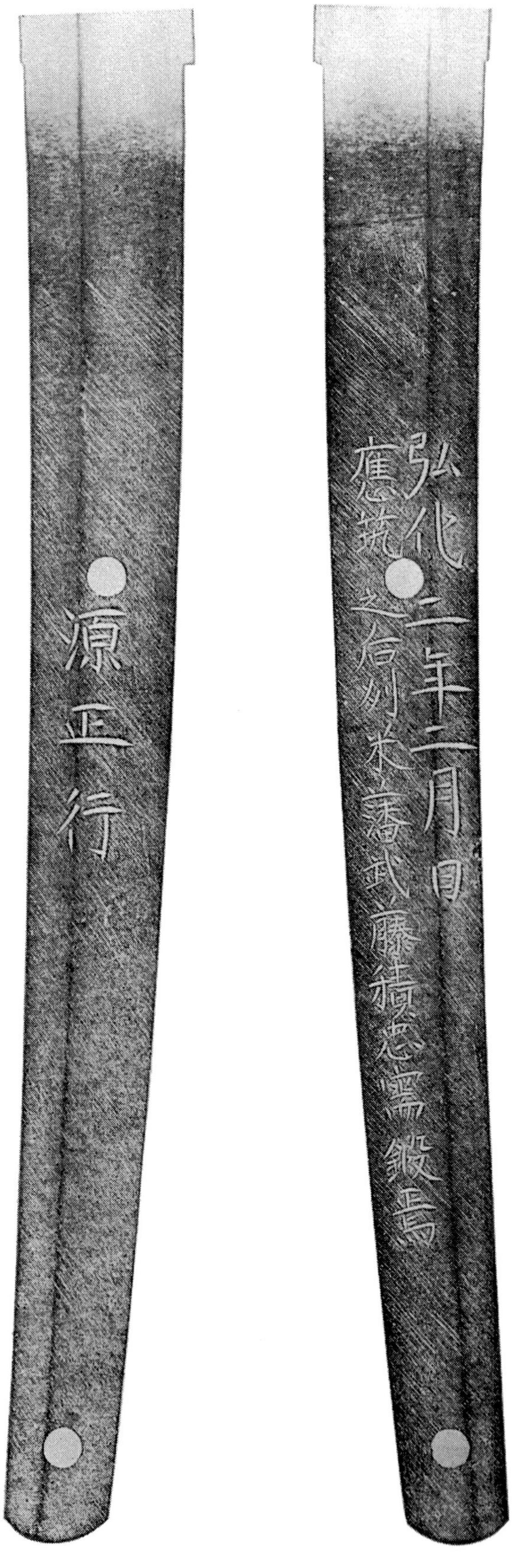

刀　刃長二尺七寸五分　反七分

正行、天保十五年暮、信・小諸を去って、江戸に現われ兄真雄、知人などを介して詫びをいれ、再び窪田清音の許にて鍛刀する。「武器講」の不始末など一向意にも留めぬ正行の、平然たる風姿には、清音唖然として微苦笑する。これは麴町窪田邸内にての作と言い伝えられている正行銘時代屈指の名品。

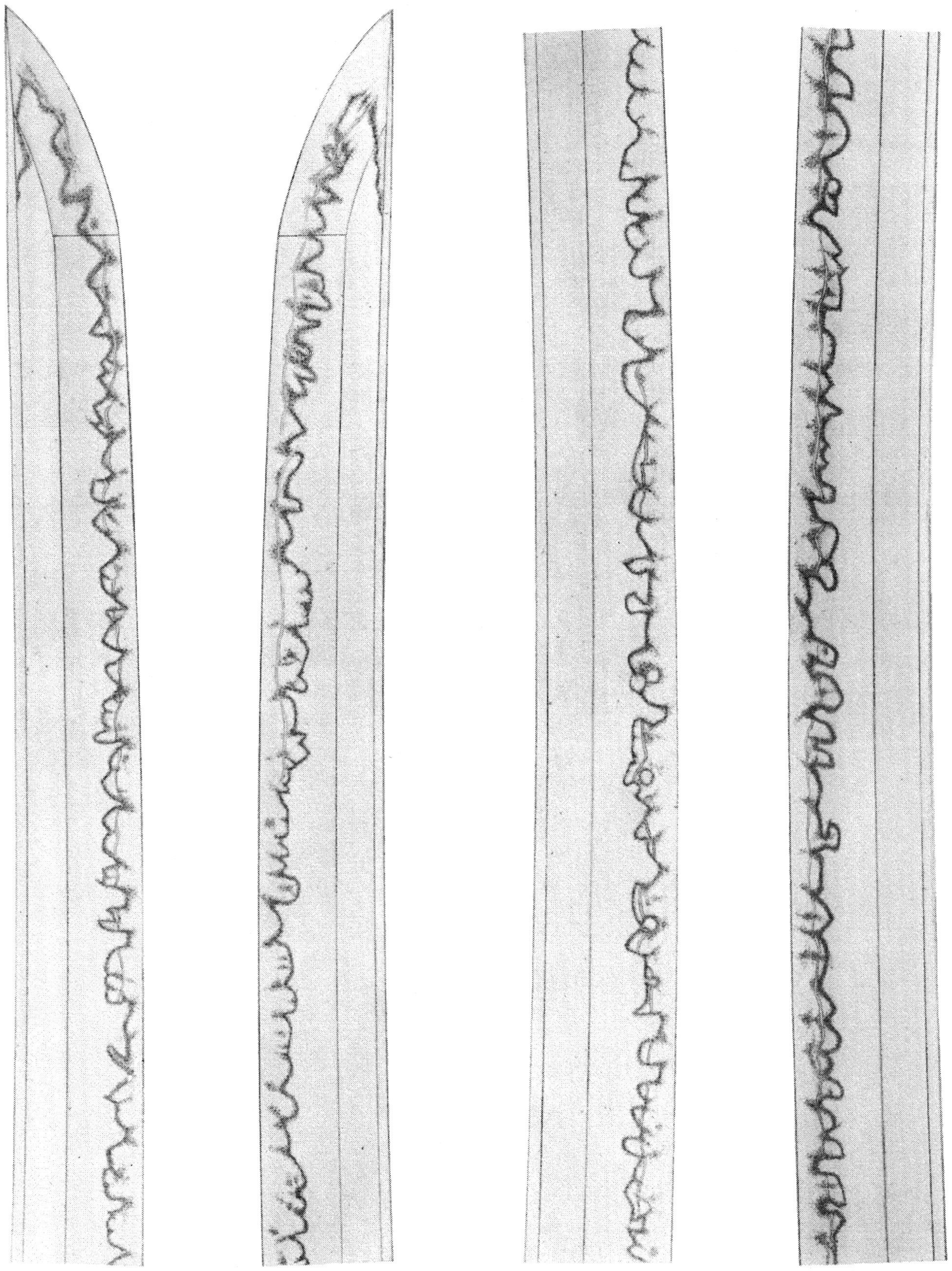

刀　刃長二尺四寸六分　反八分五厘

江戸を発足、天保十二年には長門国三田尻か、更に萩城下にと転じ、幾多の作品を遺して天保十五年七月頃には山陰道を経て東山道に出て懐しの信濃路に入ったものと見られる。この間鉄鉱探りに、あるいは諸処に鍛法を尋ね求めて、僅々数ケ年の目まぐるしい遍歴の裡に鍛法上多大の集積を収めて、弘化二年再び江戸に帰り、窪田清音の許にて久方振りに鎚を揮っての会心の一作。

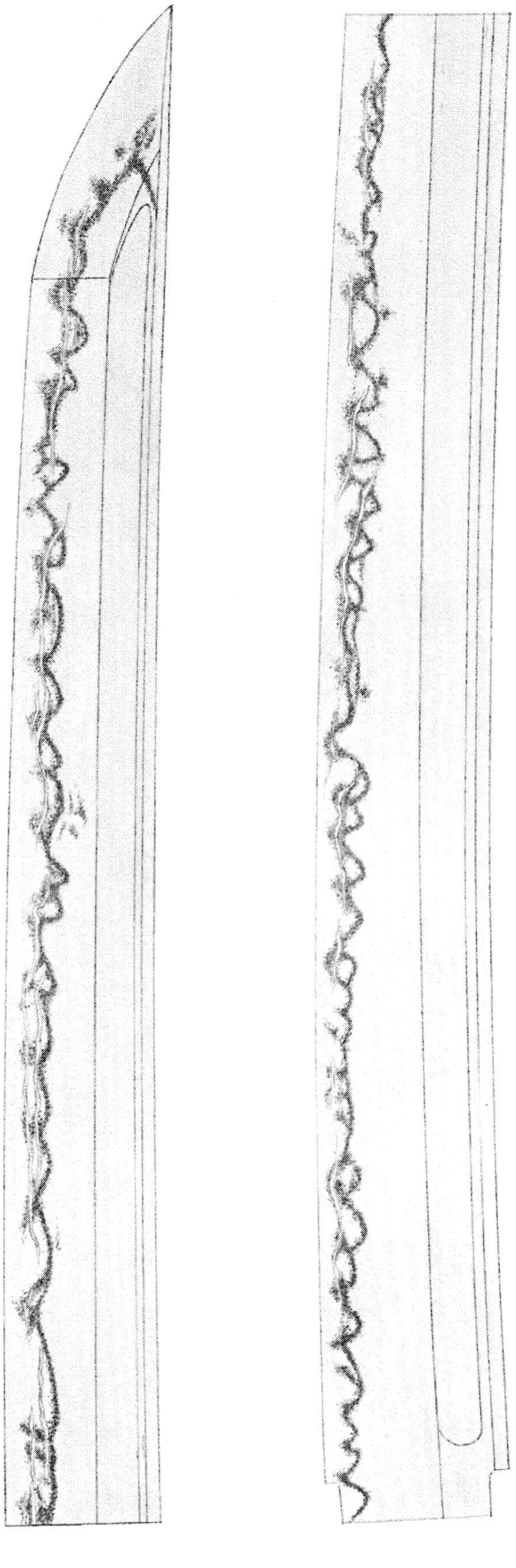

刀（太刀銘）　刃長二尺五寸　反七分
天保十五年（十二月二日弘化元年と改る）から嘉永三年頃迄は清麿の黄金時代とも称すことができる。この間に比類なく傑出した作品を残している。これまた同期の作にて清麿の真髄を発揮した逸品の一口。

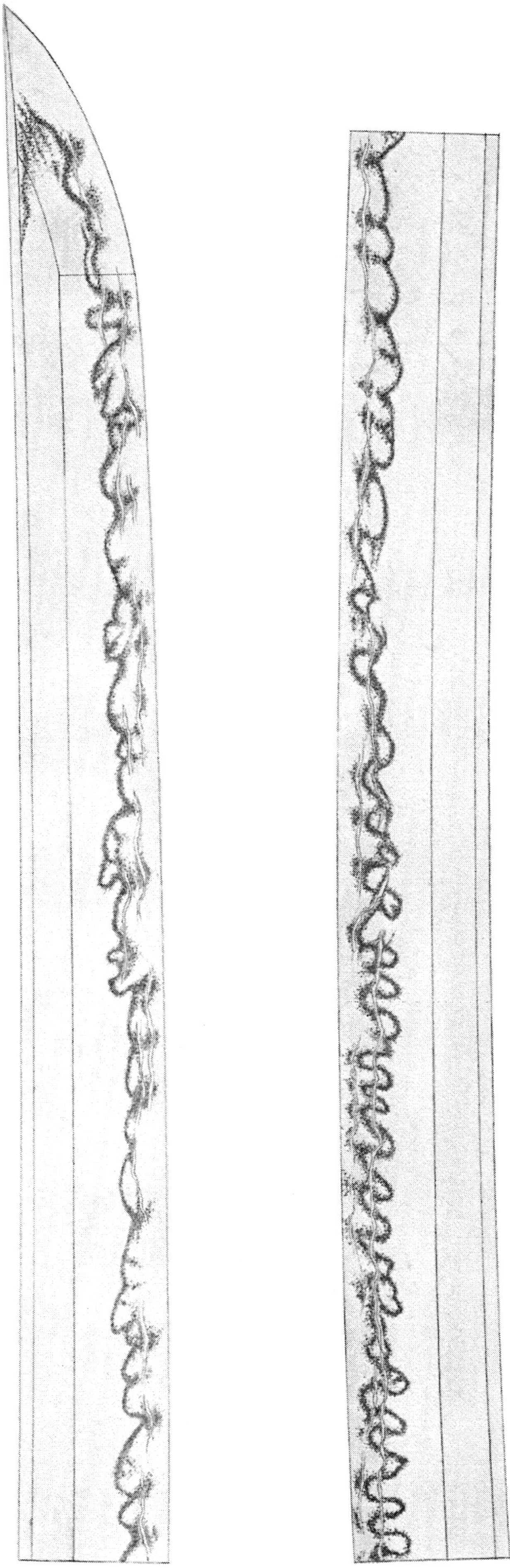

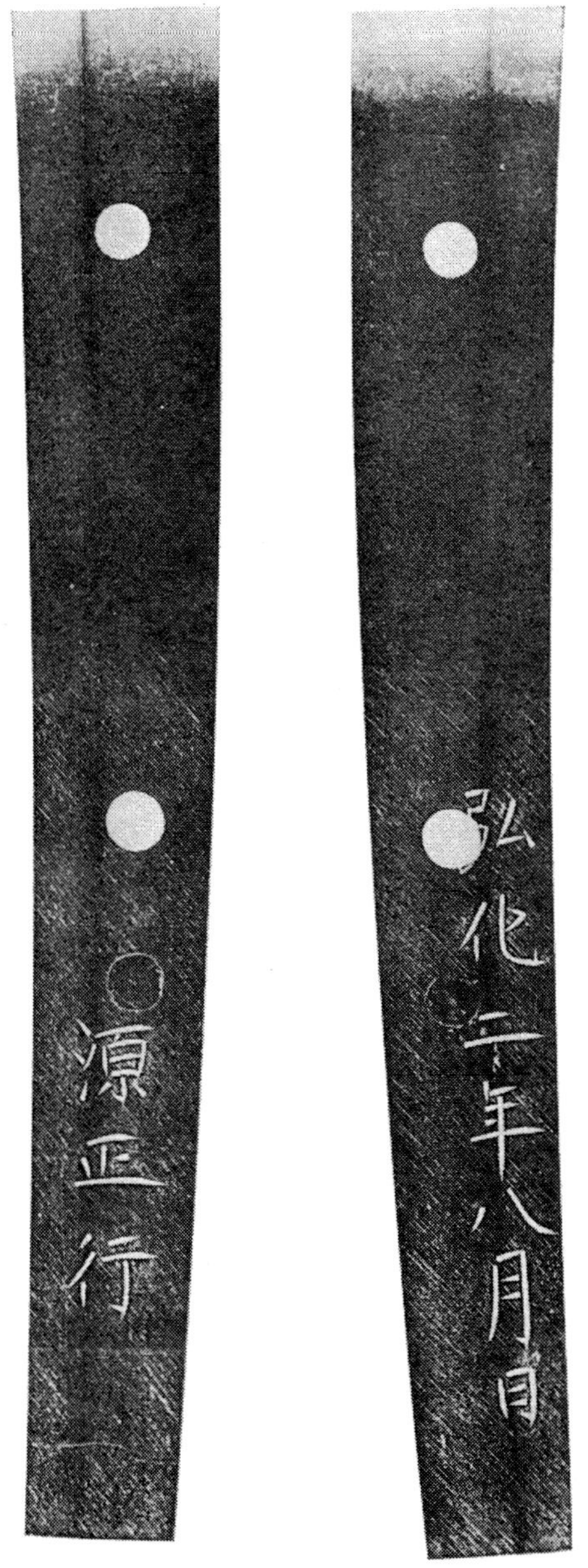

脇指　刃長一尺五寸一分　反三分八厘
これは鎬筋の極めて高い菖蒲型の脇指である。地鉄は板目肌がよく詰んで実に美しく、刃文は低い調子のよく揃った互の目乱に盛んに銑が付き、それに金筋がからみすこぶる美観を呈している。正行時代の優作の一つである。

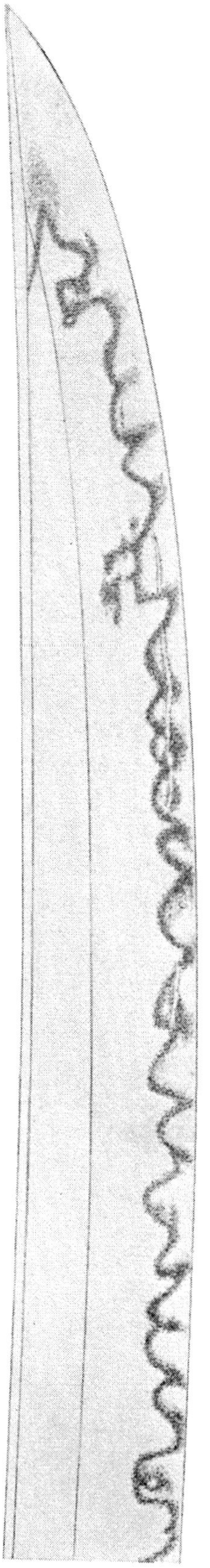

脇指　刃長一尺二寸二分　反二分五厘

この元を乱に、先に及んで直刃に淬く刃彩は、室町末期の著名備前長船鍛冶によって創始されて以来、これが期せずして当時武将の好みに適合しこの斬新にして異色ある刃彩は著しい発達を遂げるに到った。

この脇指は一鑑識家の需に応えてのものであろうが、中期青江さながらの逆丁子乱で、まことに堂に入った正行の古作写しの逸品である。

また、地鉄肌も従来と大いに異なり流れ柾多く、澄んだ地に白気映り風のものを現わして、努力の跡がまざまざと窺われる。

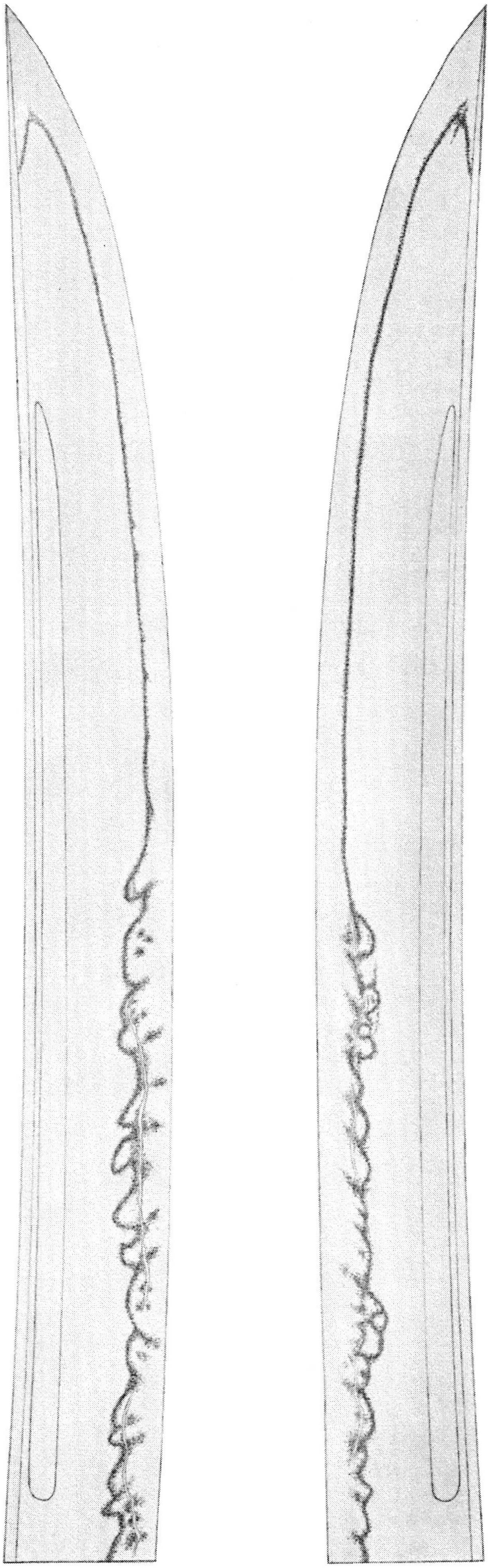

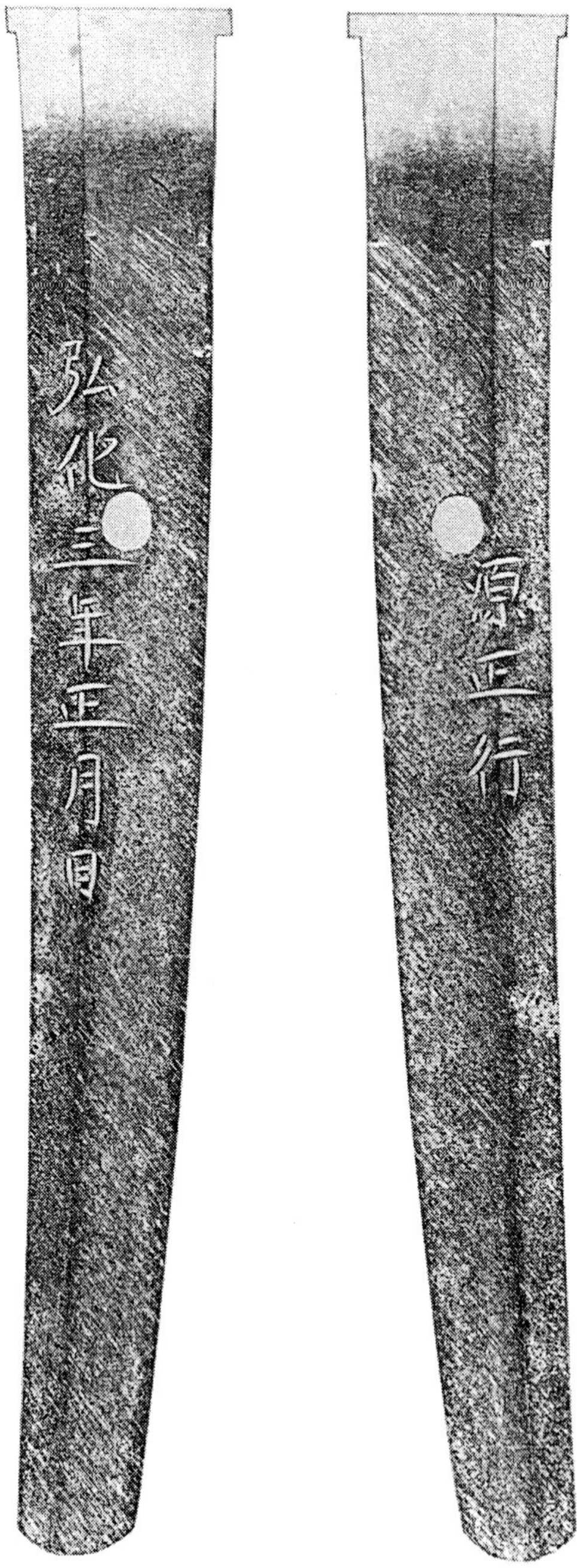

刀　刃長二尺二寸九分　反七分

この正行刀は神津伯絶讃の名品で、その著「新刀鍛冶綱領」に所載され、今に光彩を放っている。

昭和十年代のこと、栄久会の入札が芝新橋の日本美術倶楽部で行われた。まだ清麿も今日ほど話題にのぼらなかった頃のお話です。ところが彼には不思議な人気があって、この正行刀が入札に出ると会場は湧きに湧いて、当日の人気はこの一刀に集中された。しかし清麿は藤代義雄のお家芸であるから、当然彼によって漁夫の利を占められるものと見られたが、行手に村山寛治が立ちはだかって、両者の激しい鍔ぜり合となった。開札は、両者同一値なので、止むなく抽せんによって雌雄を決することとなったが、惜しくも藤代の敗退となった。かかる稀代の名刀を発見しながら、それを逸した彼の無念さはいかばかりであったろう。

弘化三年前後の正行は、備前の名刀といわれる一文字、光忠、あるいは守家等を窺ったかと思われるような、大房丁子や蛙子を交えた丁子乱に、更に金筋、砂流しを添えた絢爛豪華な刃文のものを多く造っている。

この刀は正行銘時代の傑作という程度のものでなく、清麿銘中にも、これに同列出来るものは数少ないと思われる。古名刀を母胎に待望の山浦派樹立に邁進する。とまれこれは彼の最高峰作品である。

正行の初《うぶ》の大小は実に少いものである。

いつの頃からか知れないが、揃いのこの大小は二分されて別々に所蔵されている。このことは何としても惜しまれる。もとの揃いの大小に復する日の一日も早いことを祈って止まない。

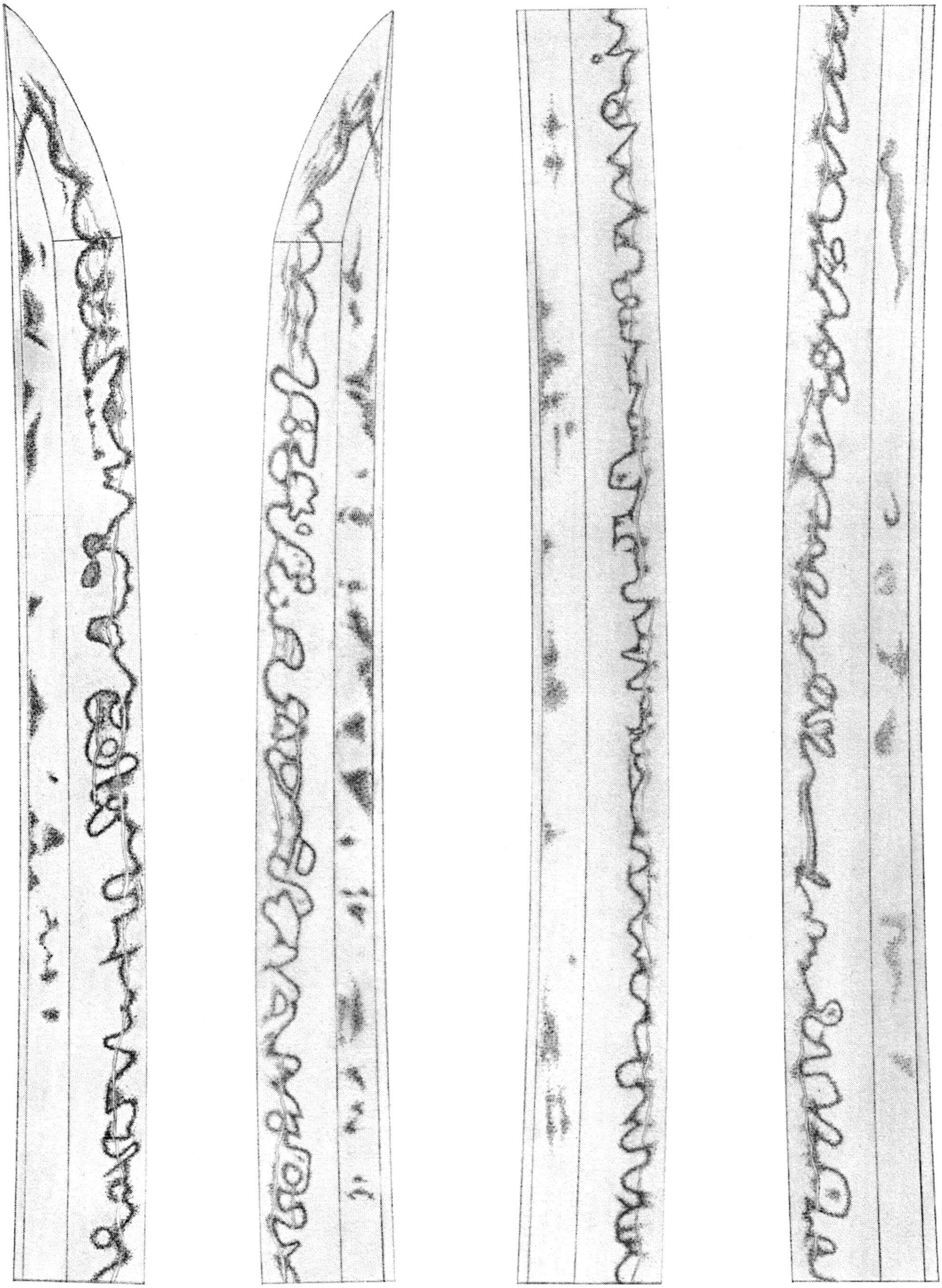

故山本忠夫氏はもと日本美術刀剣保存協会静岡支部長であり同地区の刀剣界が今日の隆盛をもたらした事は氏の並々ならぬ御功績によるもので、静岡県下同好者の信望を一身に蒐められていた人格者である。この脇指は生前同氏御自慢のものであった。弘化二、三年辺りの正行独自の作風で、小模様の重花丁子乱に金筋が盛んに働いている。刃縁は驚く程明るく冴え、地鉄の明るい点など、いささかの非の打ちどころのない傑出したもので、流石と思われる。

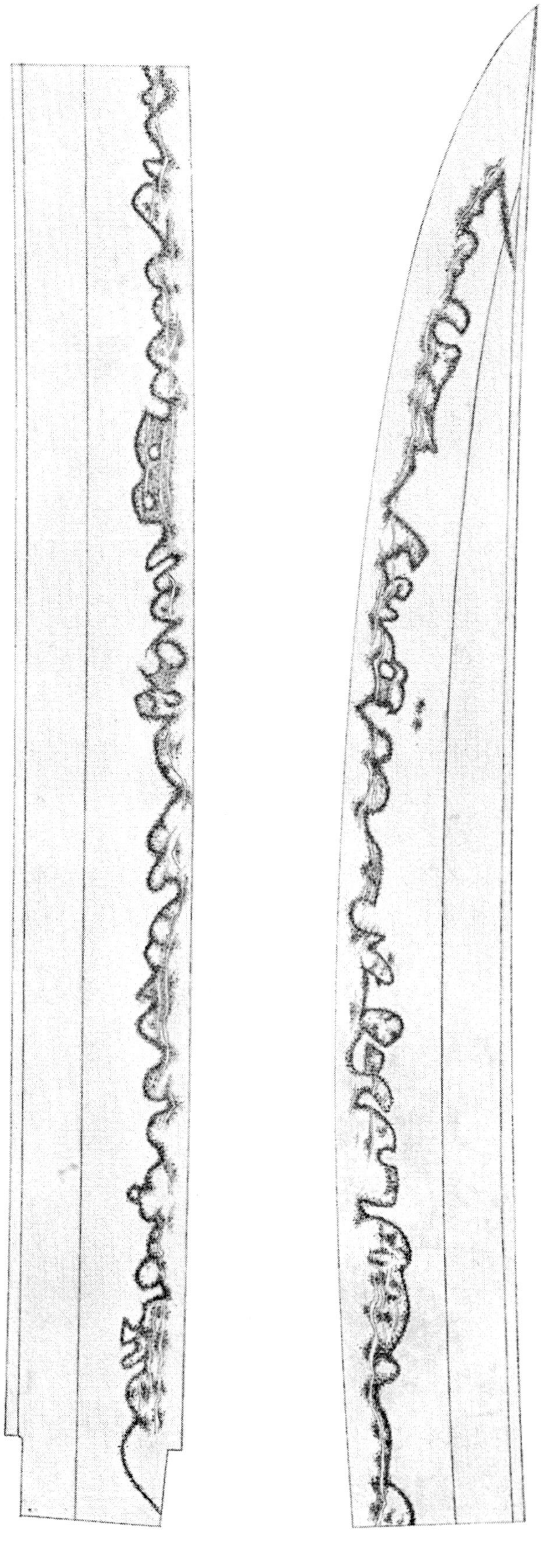

刀　刃長二尺三寸五分　反六分

刀剣博物館長、文学博士本間順治先生は近世刀剣界にその比を見ない大権威者。今更喋々の弁は烏滸の沙汰である。

かつて此の刀は東京日本橋高島屋の「名宝展」に出品され、古今の名刀中に伍して、いささかの遜色なく、珠玉の如く燦たる異彩を放っていた。流石江戸期掉尾の巨擘清麿だとその偉に感銘させられた。

本間先生推賞の清麿中の逸品にて、先生著「名刀図譜」に所載されている。

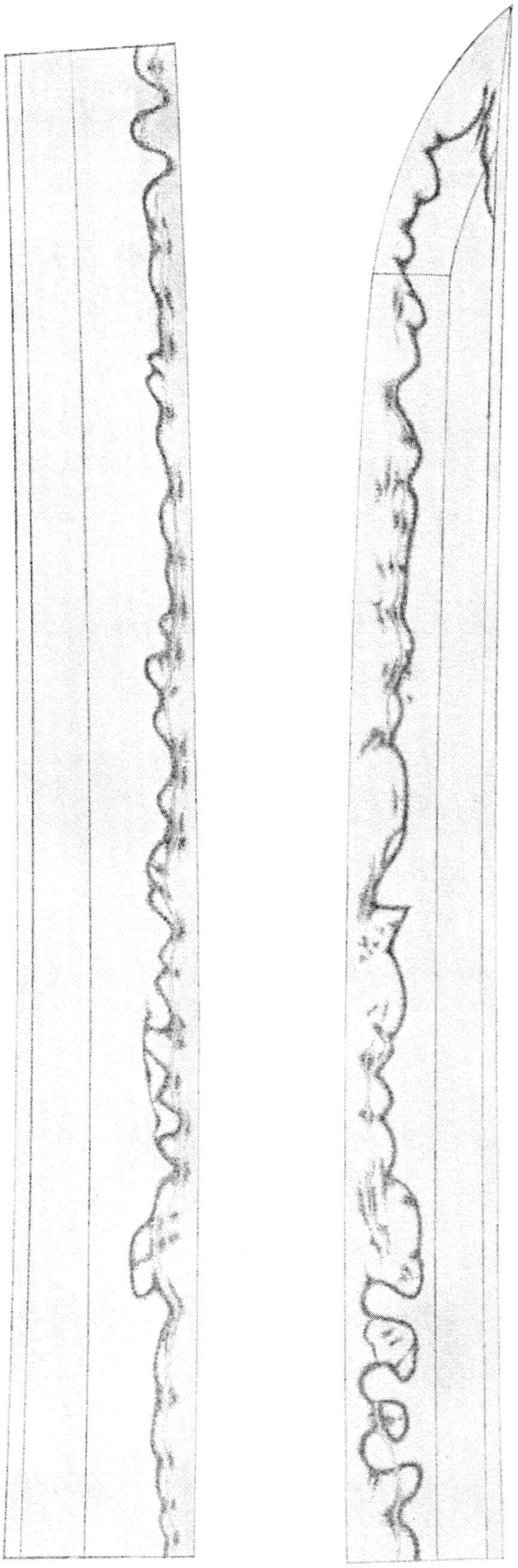

源正行　弘化三年二月日　信秀磨上銘の刀を、斎藤一郎氏は、真田家の菩提寺であり、信秀建立の清麿の墓のある高野山真田坊蓮華定院に持参、隆俊院主の鞘書を頂く。

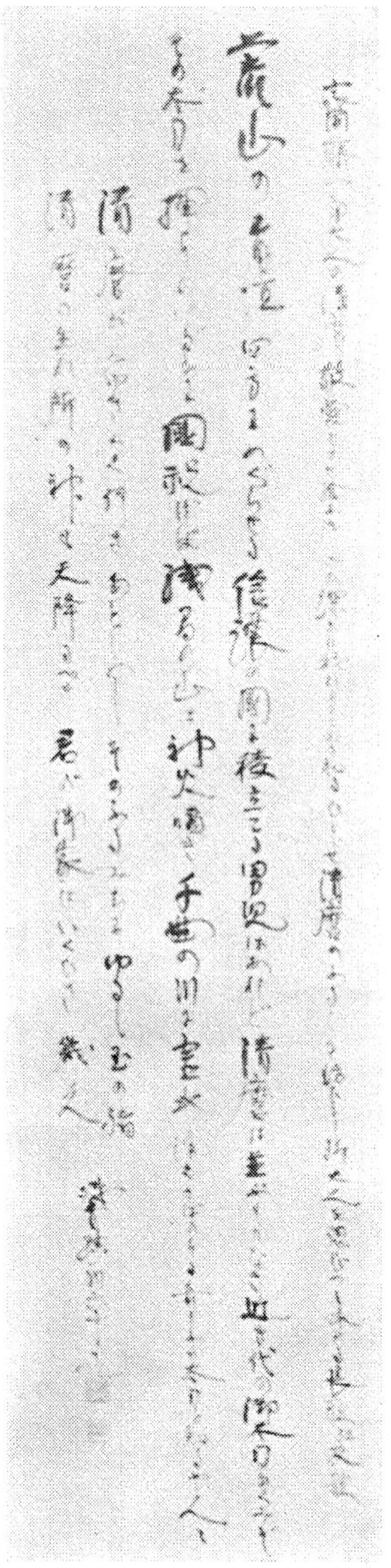

内田疎天翁は斎藤氏の清麿熱愛の情に感激、この賛歌の一幅と「真清居」を贈る。

刀　刃長二尺四寸九分　反三分

「清麿」と改銘直前の作。正行もこの辺りになると巧みで、この絢爛豪華な刃彩を焼いていささかの破綻も示さない。流石と感銘させられる。生《うぶ》の時は刃長三尺にも及んだと思われる堂々太刀姿であったものを、茎に刻まれている慶応四年正月（九月八日明治と改元）に所有者の希望によって門生の信秀が磨上ている。

この刀によって信秀が「源正行、年号」を切った場合は斯くの如くなるものとの貴い参考資料となった。この慎重な磨上、銘振りから考えると信秀は厳として清麿の代作、代銘に応じなかったものと思われる。

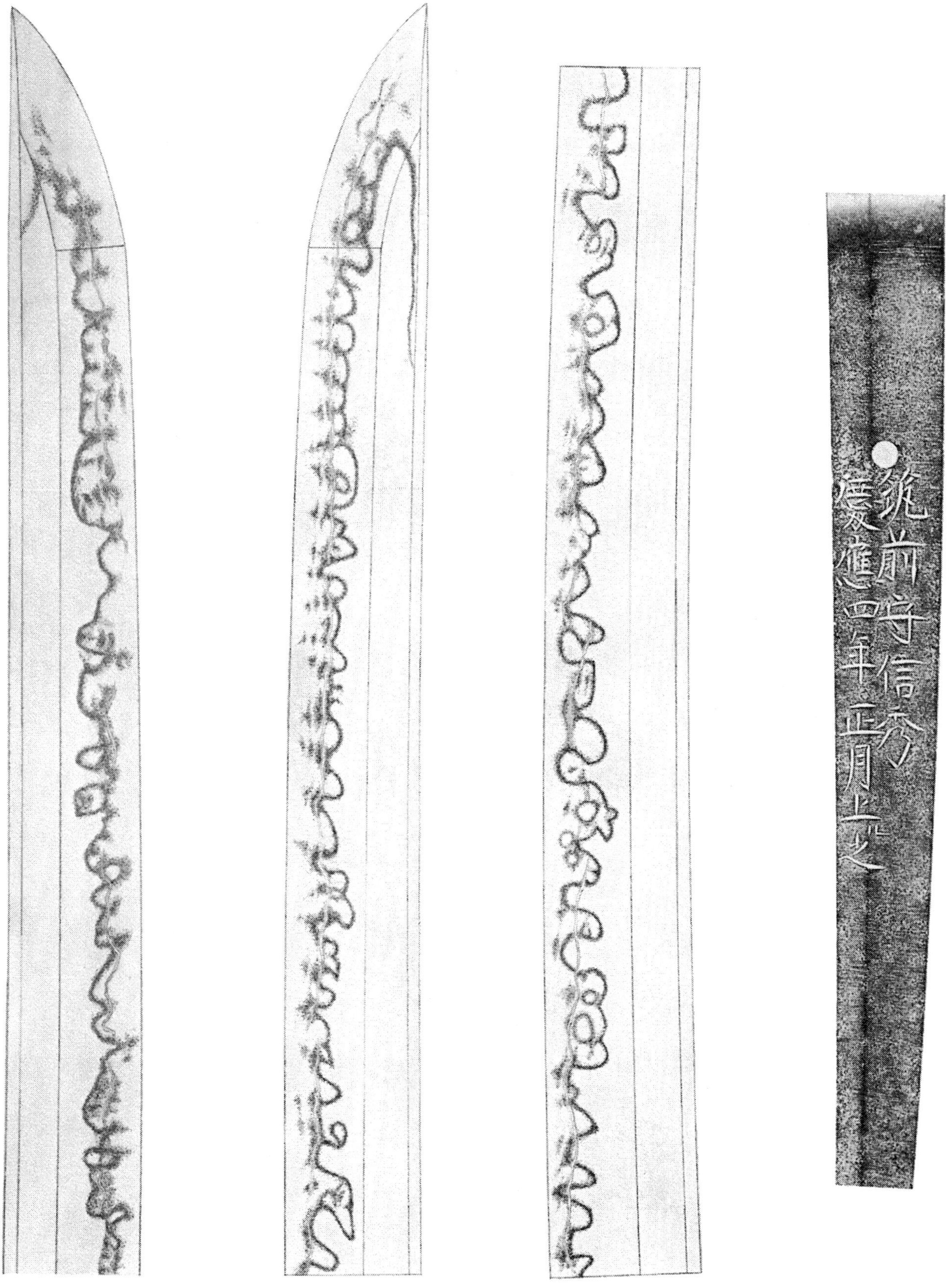
筑前守信秀
慶應四年正月

脇指　刃長一尺六寸七分　反三分

弘化三年八月日裏銘のものは沢山正真があるが、弘化三年二月日に限って、どうしたものか、刀、脇指、短刀共に贋作が実に多い。

弘化三年二月日年紀のもので、正真はこの脇指と前頁に所載の源正行弘化三年二月日とある、生ぶの時は三尺前後もあったと思われる刀と二口である。

この刀は、慶応四年正月（明治元年）に筑前守信秀が現在の寸法二尺五寸に磨上たもので、このため正行自身の銘は当然無くなっている。

これに代った信秀の磨上銘が、異った意味で貴さを示している。

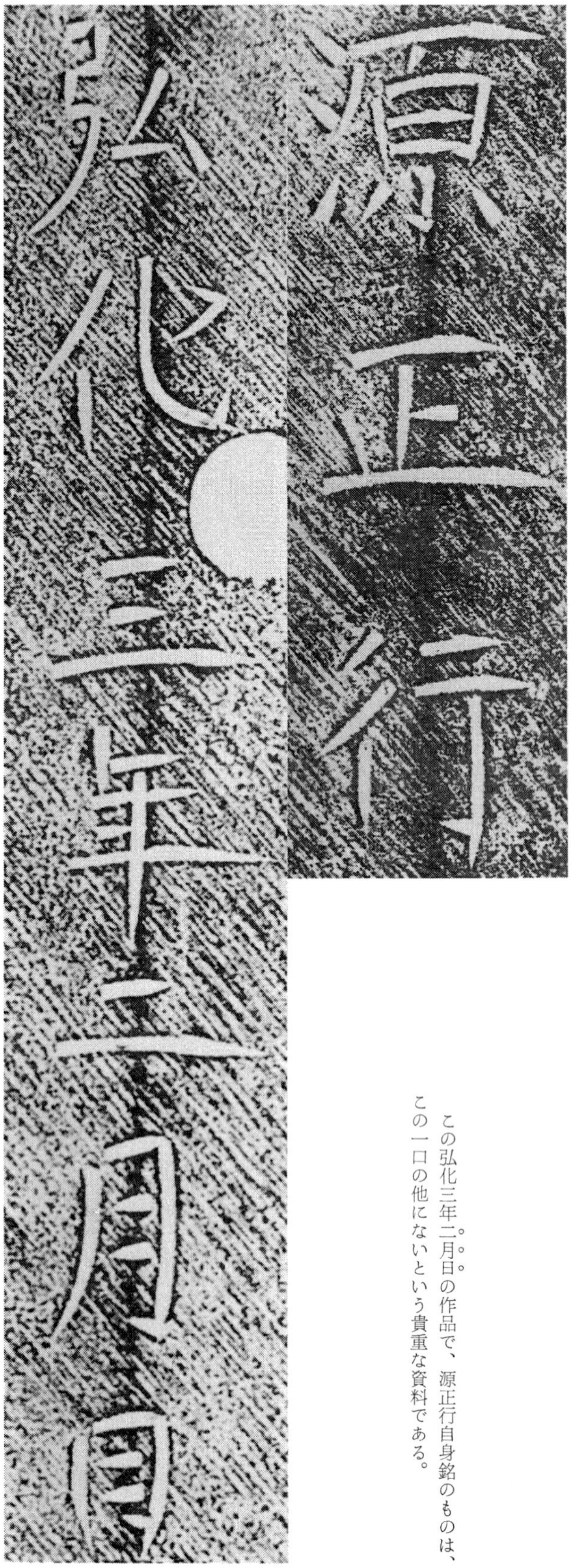

この弘化三年二月日の作品で、源正行自身銘のものは、この一口の他にないという貴重な資料である。

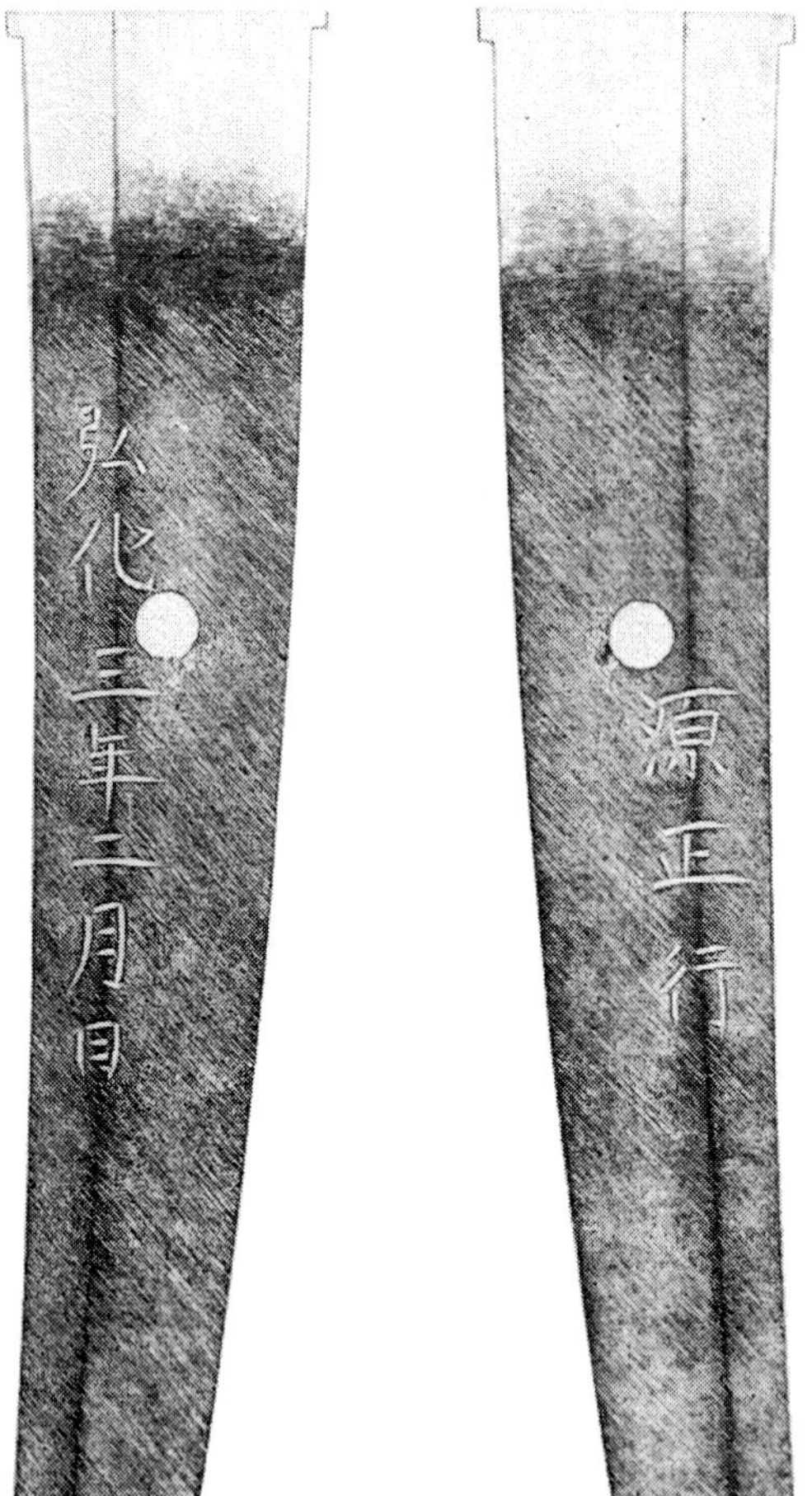

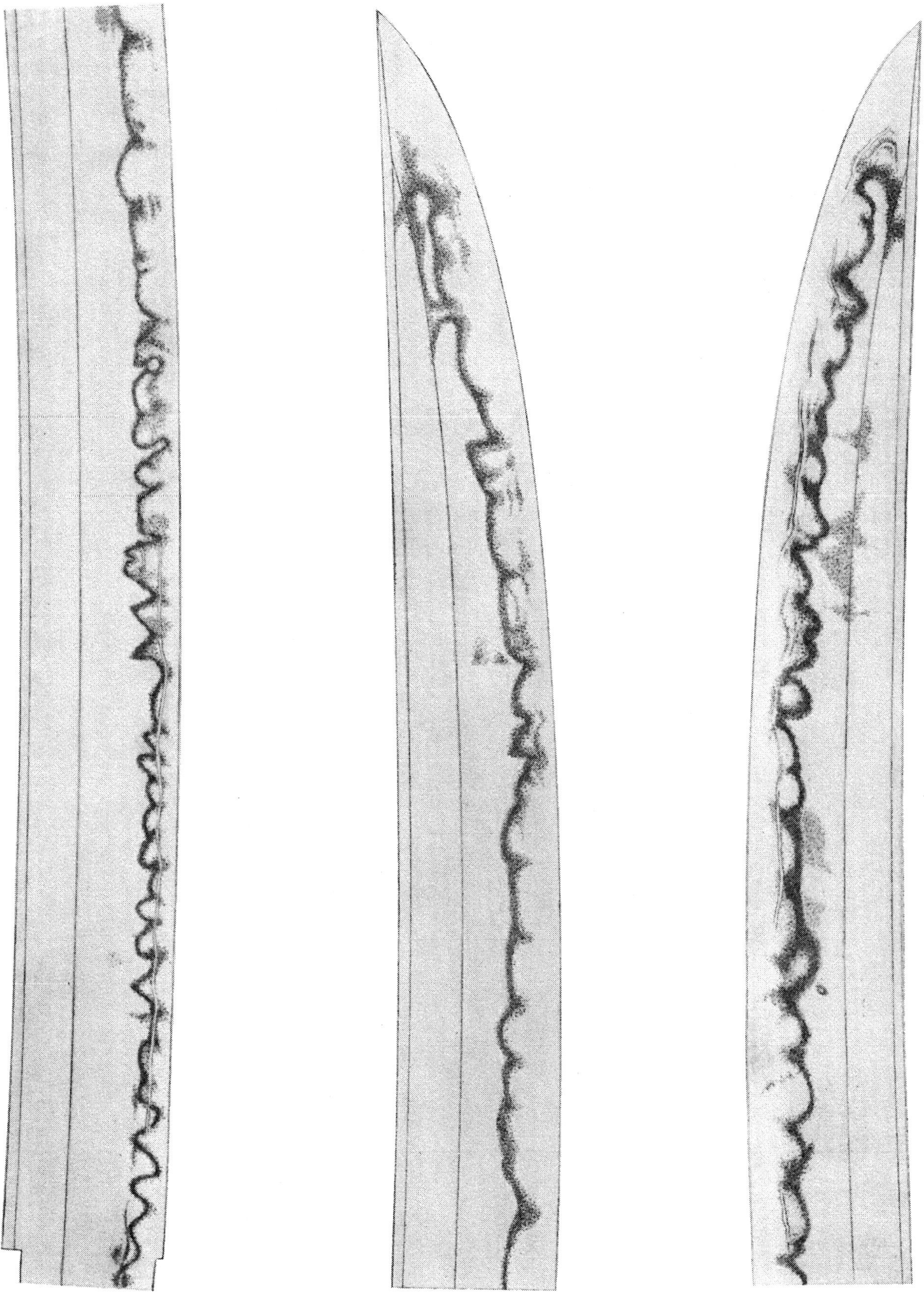

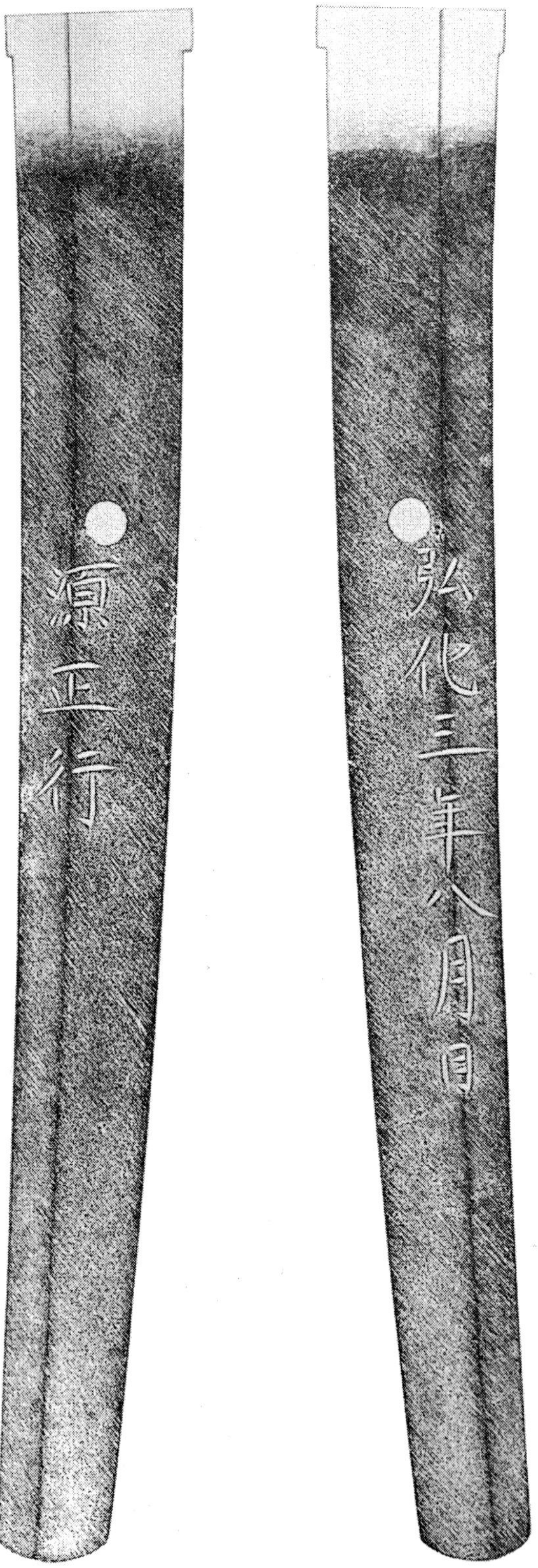

ご維新の際、主命で西郷隆盛と会見して、江戸の無血開城をとりきめ、戦火から救った勝海舟の邸は赤坂氷川町二十八にあった。後に栗原彦三郎が、この邸の住人となり昭和六年頃、頭山満、斉藤実、松井石根、奈良武次、有馬良橘、鈴木荘六、内田良平、徳富猪一郎、中山博道等財界の名士、陸、海将官のご賛同で邸内に「日本刀鍛錬伝習所」を建て笠間繁継刀工を鍛刀の指導に当らせた。入門第一号は吉原国家、石井昭房（今野昭宗は昭和十四年鍛錬伝習所長となる）石井、今野両人によって研鑽された鍛刀法は栗原派の基礎となり若き門生にと受け継がれた。宮入昭平は技倆を認められて国の重要無形文化財となった。若林昭寿、幡野昭信、近藤昭国（日本美術刀剣保存協会の新作日本刀展にて冶金の研究と鍛刀技倆で無鑑査、薫山賞受賞の天田昭次）と栗原一門には優れた刀工が多い。

次いで大日本刀匠協会を設立して、文部省後援にて府立上野美術館で毎年「日本刀展覧会」を開催して、新作刀はもとより研磨、白鞘、拵等刀剣のあらゆる部門にわたって、その技を競い合ったので、技倆は著しく向上した。

新作刀が「帝展」に出品されたことがある。当時、人々の耳目を驚かせた重大ニュースで、人切り庖丁位に思っていた人々はこれが美術品か、絵画、彫刻などの芸術家は、かかるものと同席は、まっ平ご免だと言ったかどうか、イヤハヤ煩いことである。とどのつまり衆寡敵せずで新作刀の「帝展」出品はこの回限りでとり止めとなった。しかし、愛刀家にとっては溜飲のさがる思いの一事でした。

今日の刀剣ブームは、これまで生命にかけて刀を護ってくれた先祖の愛刀精神が、ようやく認識され、世の喝采を受けるようになったもので、今後とも刀剣界の発展に皆様のご協力を期して止まない。

栗原彦三郎は大の愛刀家で古名刀を沢山所蔵されていた。後には新刀に重点をおいて蒐められた。この正行刀は、清磨に改銘直前の正行三十四歳油の乗りきった時の作で、身幅のある長尺ものに、豪快な出来のものであるからで、嗜好にピッタリ、ご老体になられてからも、この正行刀は、ご自身でお手入れになり、心ゆくまで賞翫されている姿を、しばしば見受けた。（順不同、敬称略）

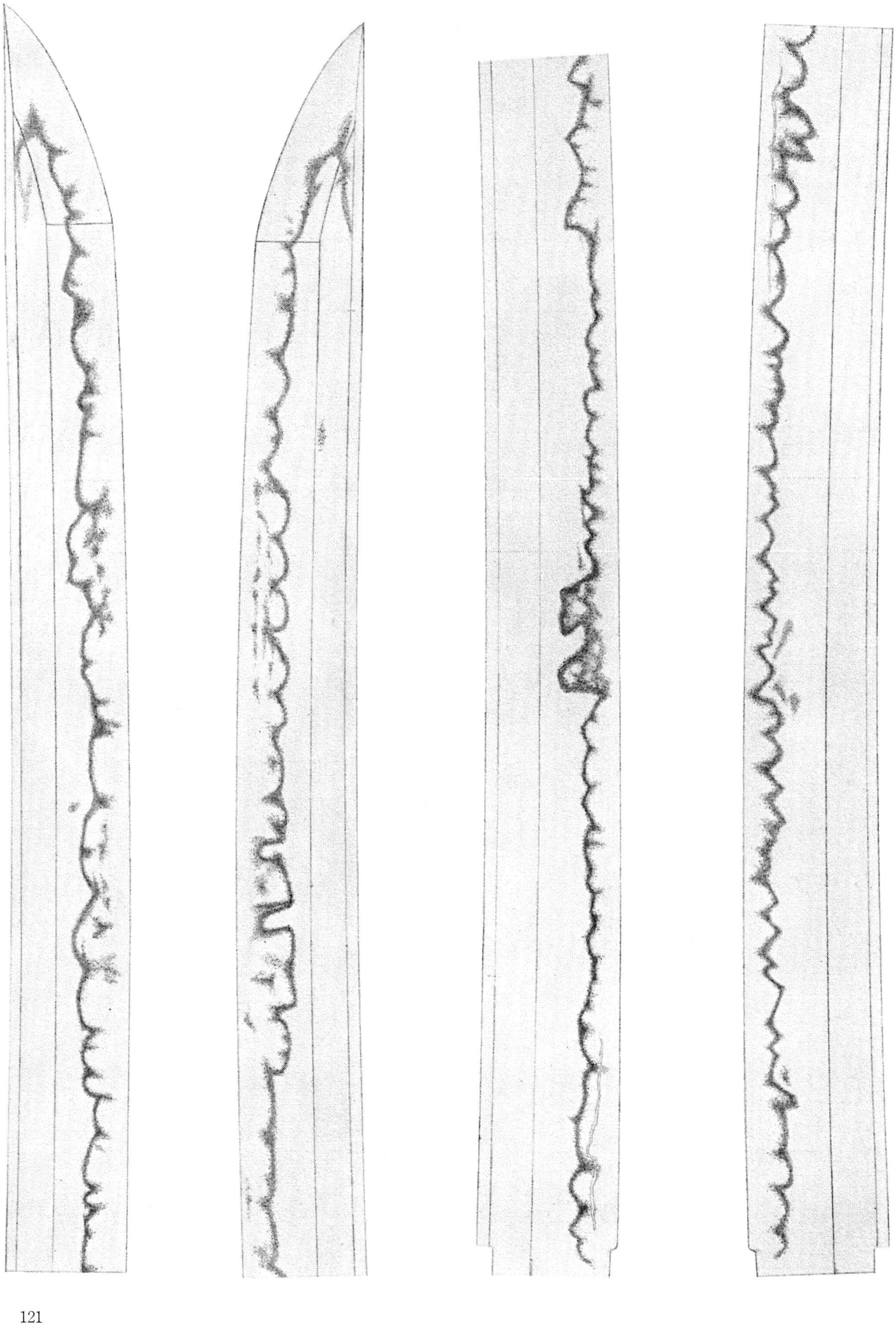

源清麿

刀　刃長二尺三寸六分　反六分

兄真雄と共に鍛淬の道に志して上田城下に河村三郎寿隆の門を叩いた当時の事、兄が常々「名刀なるものは、鋭利のみに非ず、自らその徳、その威の備りたるものにて、抜かねども鬼神も畏怯し、打ち振るわねども、強敵といえども、その威徳の前に伏するもの也。而るに文政の今では刀工衰微して、鍛刀を世渡りの便法と心得、精神なきもの多くして頼みにならず」と且つ語り、且つ嘆き古鍛刀法を研鑽して鎮護の要器を自らの手で造り之を佩く目的にて刀工を志したものであるという。

又の日、兄真雄とともに夜更るまで自家製鉄にちまみれになって苦闘する、疲れれば父に労われ、母、酒持ち出でて与うれば正行、「これは有難し〳〵」とこおどりして喜び兄弟にて酒を酌み交す情景など、更に快い鍛造の運びに思わず時の過るも忘れて斯道に専念し黎明に至って驚くなど、兄弟の心温まる情趣は随所に見られる。

信濃国小諸藩赤岩は天然の要害地にてその祖山浦常陸介信宗はここを居城としていた。後郷士となり父山浦治右衛門信風の代には城趾に居住した。兄弟はここで呱々の声を挙げる。この赤岩は高原にて延々六、七里の間は一望の裡にあり、遙か右には埴科の里なる往時、川中島合戦の導火線となった村上義清の居城であった葛尾山麓の岩鼻が望まれる。眼下には千曲川の奔流が曲折して走り、左には鶴ケ城、糠塚城、横根山を望み、背後には泰然とうずくまる浅間の巨峰に雲煙棚引き、四季に移り行く高原の眺めは、将に一幅の名画である。前面には布引観音にて有名な嶺岩寺が峨々たる山嶺に神韻な姿を現わしている。この雄大にして荘厳な信濃路の大自然の懐に生育された兄弟の魂が如何に純粋なものであったかは想像に難くない。正行がどんな感激を以て郷土の風物を礼賛したか。この熱烈な郷土愛は凝って、三尺にも満たぬ刀身に、この自然美を刃彩したいという意欲が年と共に熾烈なものとなっていった。しかし自然描写への憧れも、単なる外形美に止らず、自然を写してそれに超絶した精神の刀、即ち気韻の高い芸道の究極にまで到達せんものと志した。

時、弘化三年正行三十四歳の秋もたけなわの頃、兄真雄の鍛淬精神を心として、前人未踏の斬新なる山浦派の樹立をここに見た。即、絢爛豪華な光忠、守家、或いは一文字風の重花丁子乱に、更に金筋を加味したこの刃彩は生物の如く刀身に躍動し見るものをして思わず恍惚とさせられ無我の境地へ誘われる。ここに刀剣史上画時代的偉業を成し遂げた。銘もこれより源清麿と改める。世人「四谷正宗」と絶賛してこの偉大なる功績を賛えた。

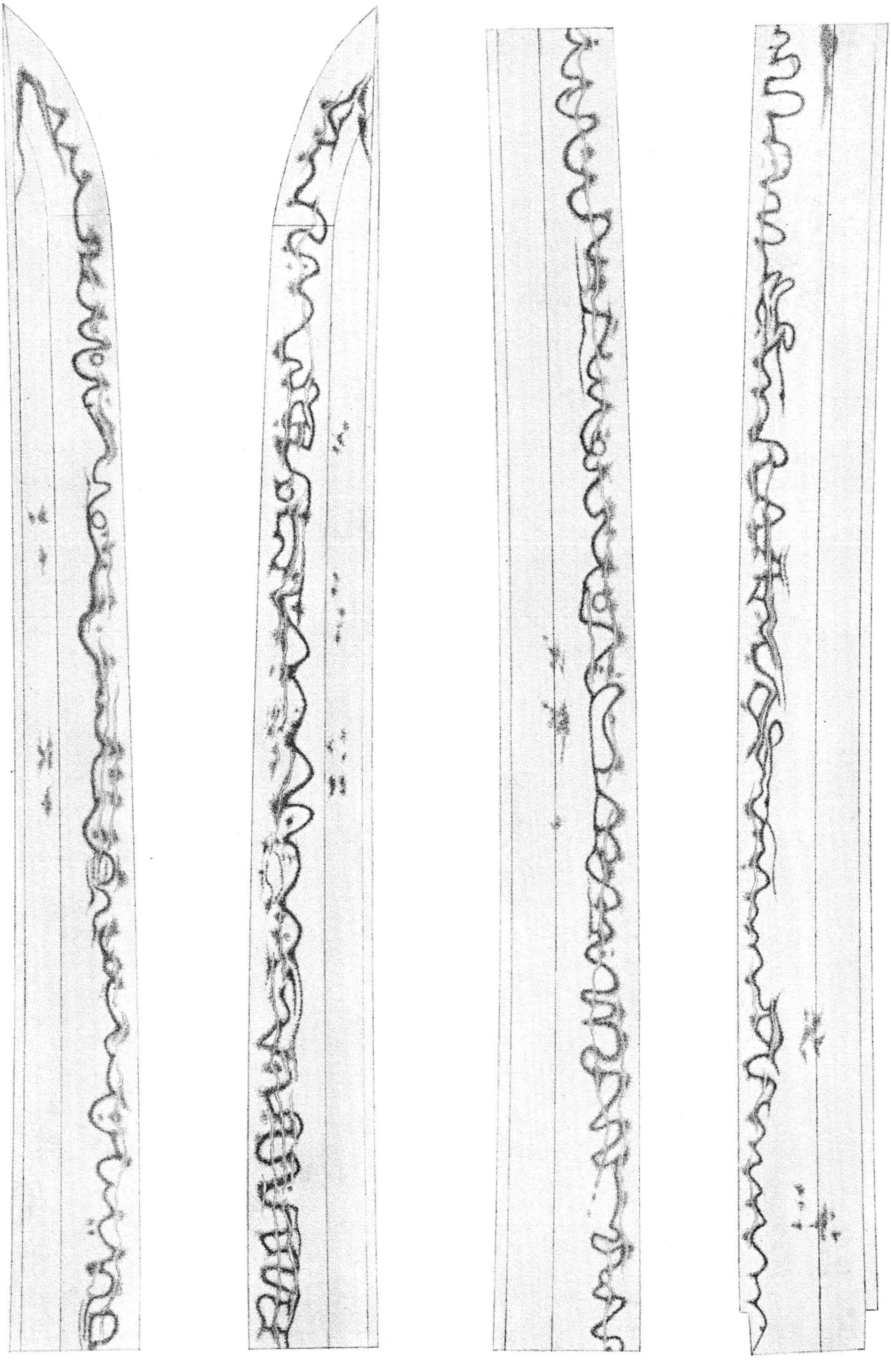

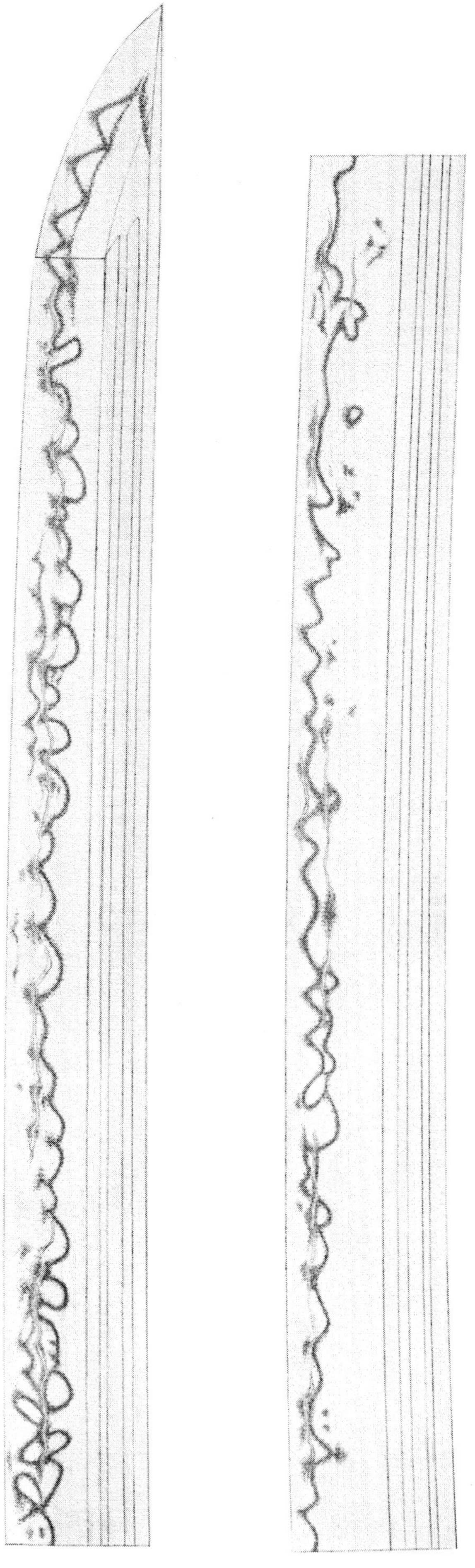

（重要美術品）

太刀銘　刃長二尺六寸四分　反六分五厘

窪田清音は文武練達の英士で、その著「剣法略記」はいまなお斯道の名著として愛読されている。和歌国学を橘千蔭に学んで能くし、刀剣関係の著書には「刃味記」「ねたば記」「撰刀記」「鍛記余論」などがある。これらの著書は武道家の立場から見た刀剣武用論ともいうべきもので、とりわけ「鍛刀余論」は清麿の造刀精神ないしはその倫理に言及している点から見て、まず清麿に読ませたい温情のあらわれから筆を採ったものと思われる。

この偉大なる後援者清音に、弘化三年の秋、清麿は斎戒して会心の名作を造り添銘に「為窪田清音君製」と切り、日頃の恩顧に酬いる一端にもと贈った。

小刀　弘化三年改銘直後の作二口。

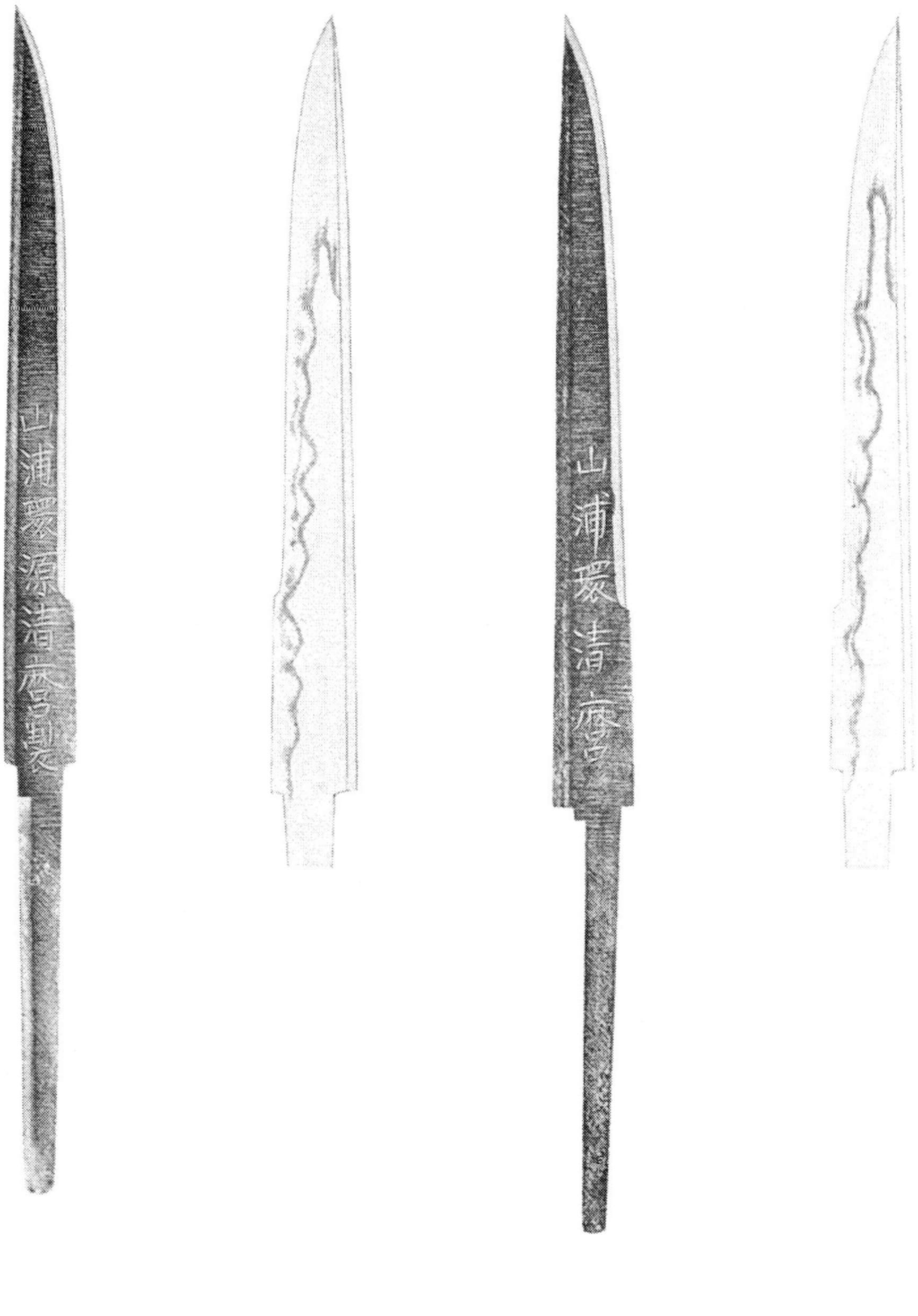

嘉永二年頃の作（拡大）

短刀　刃長九寸二分　反一分五厘

これはかつて山形の著名なる愛刀家鈴木清助翁旧蔵のものである。鈴木氏は一地方においてのみ名を馳せた御仁ではなく、東都方面にもよく知られた一流人で、また刀剣の鑑識も優れ、一隻眼として高名である。この短刀は同氏愛蔵のものだけにさすがとうなずける傑出品である。

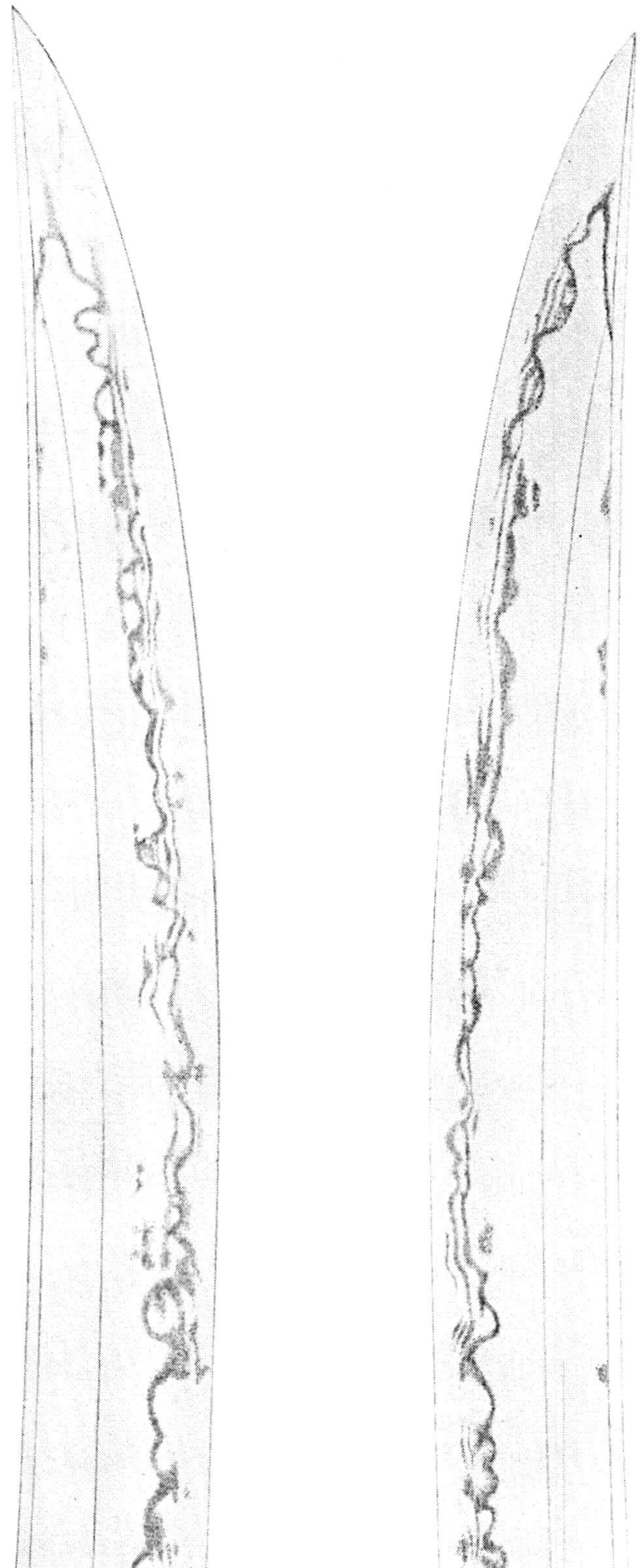

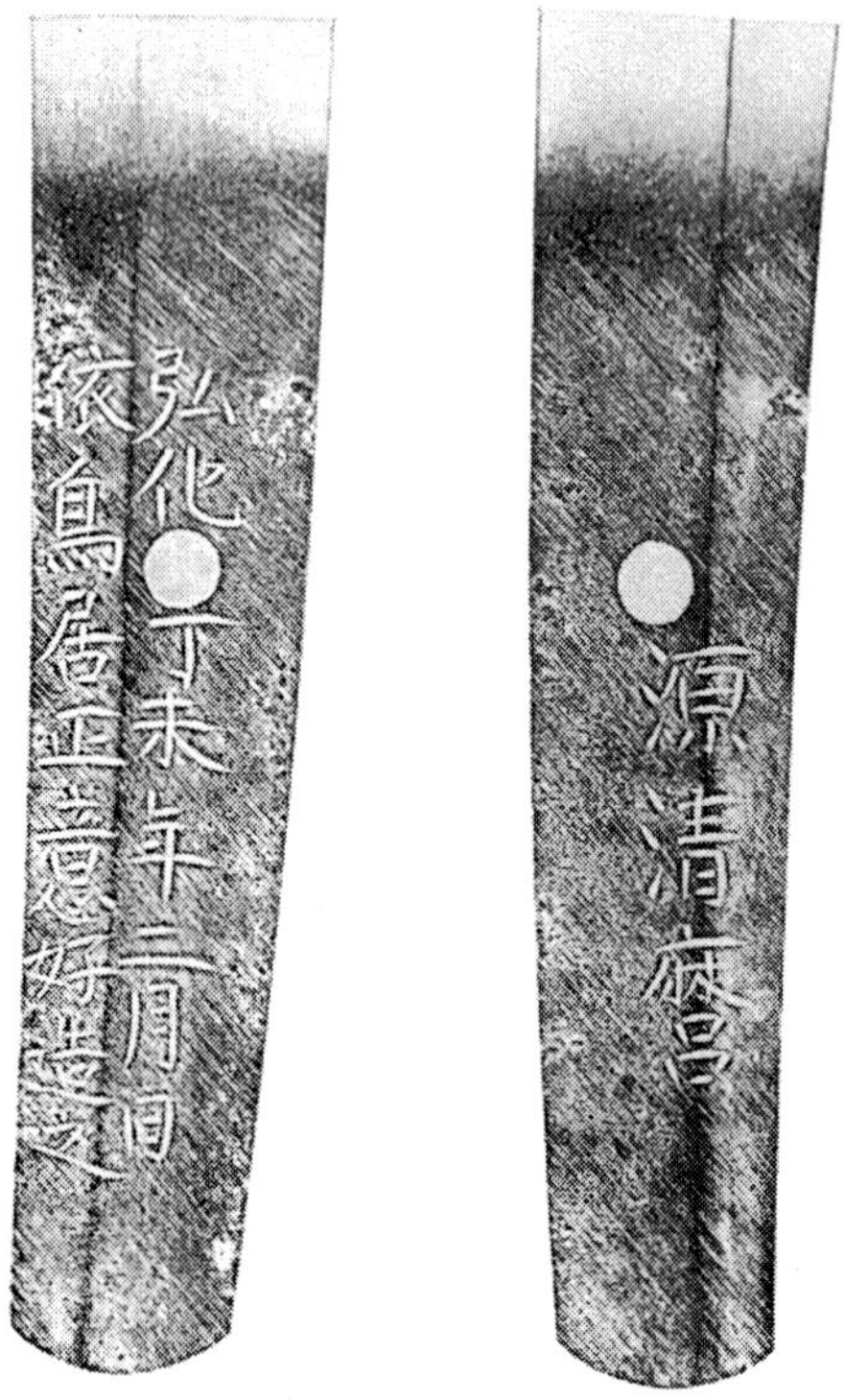

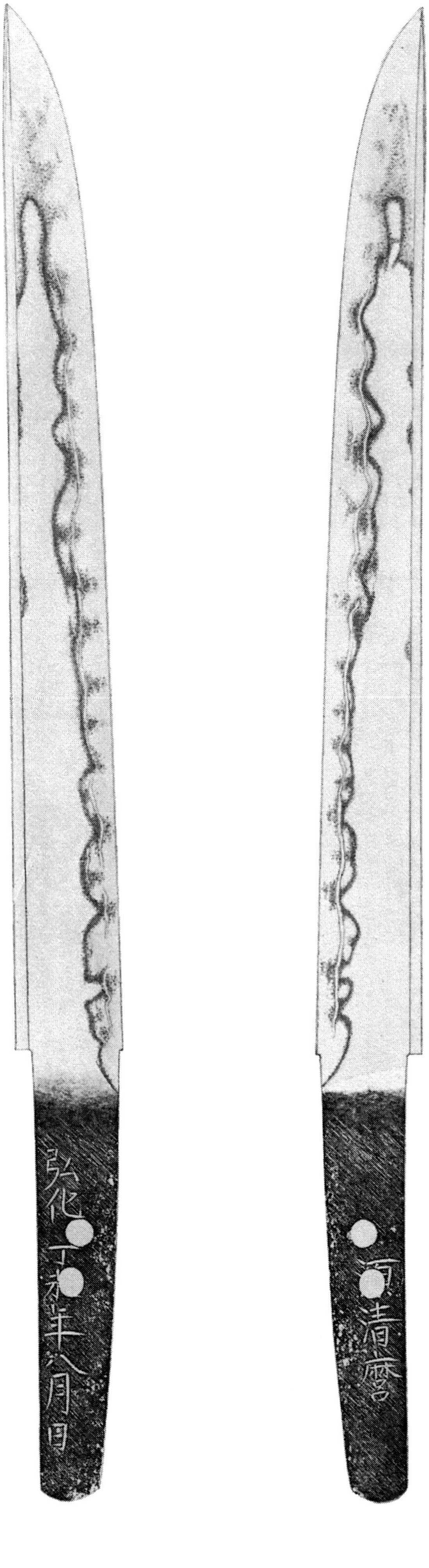

短刀　刃長七寸二分強　反三厘

「筑州左文字」に私淑しての清麿作品中出色の出来物で「大左」に肉迫する力量を示して遺憾なし。弘化丁未四年の作。

脇指　刃長一尺五寸六分　反三分

いわゆる「平づくり」と称するもので、この寸法まで延びると姿づくりに非常に困難をきたすものである。それを、棒樋も掻かないで、このようなスッキリした姿にまとめあげているあたり名人芸である。

弘化四丁未年ともなると、これまでの小模様の刃文から大互の目乱に変ろうとする年代である。地刃の境に小錵を一面に撒き散らし、それに金筋、砂流しを盛んに交えた、誠に覇気横溢の弘化四年会心の一作。豪華な拵付。

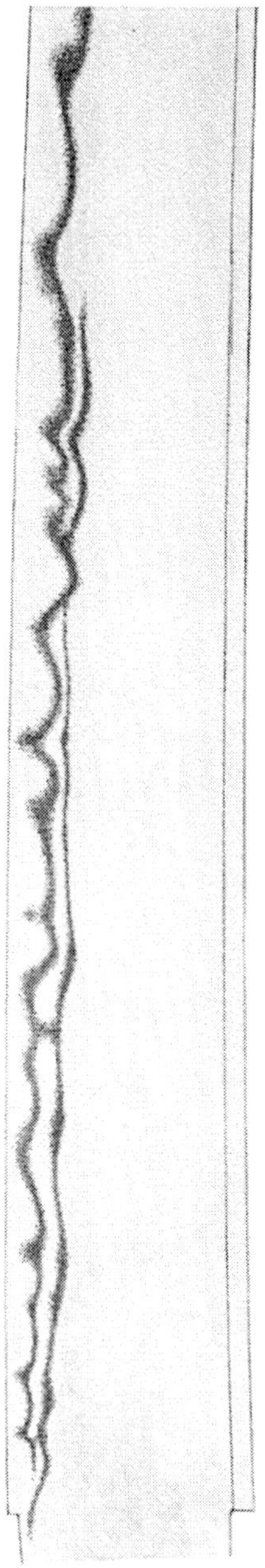

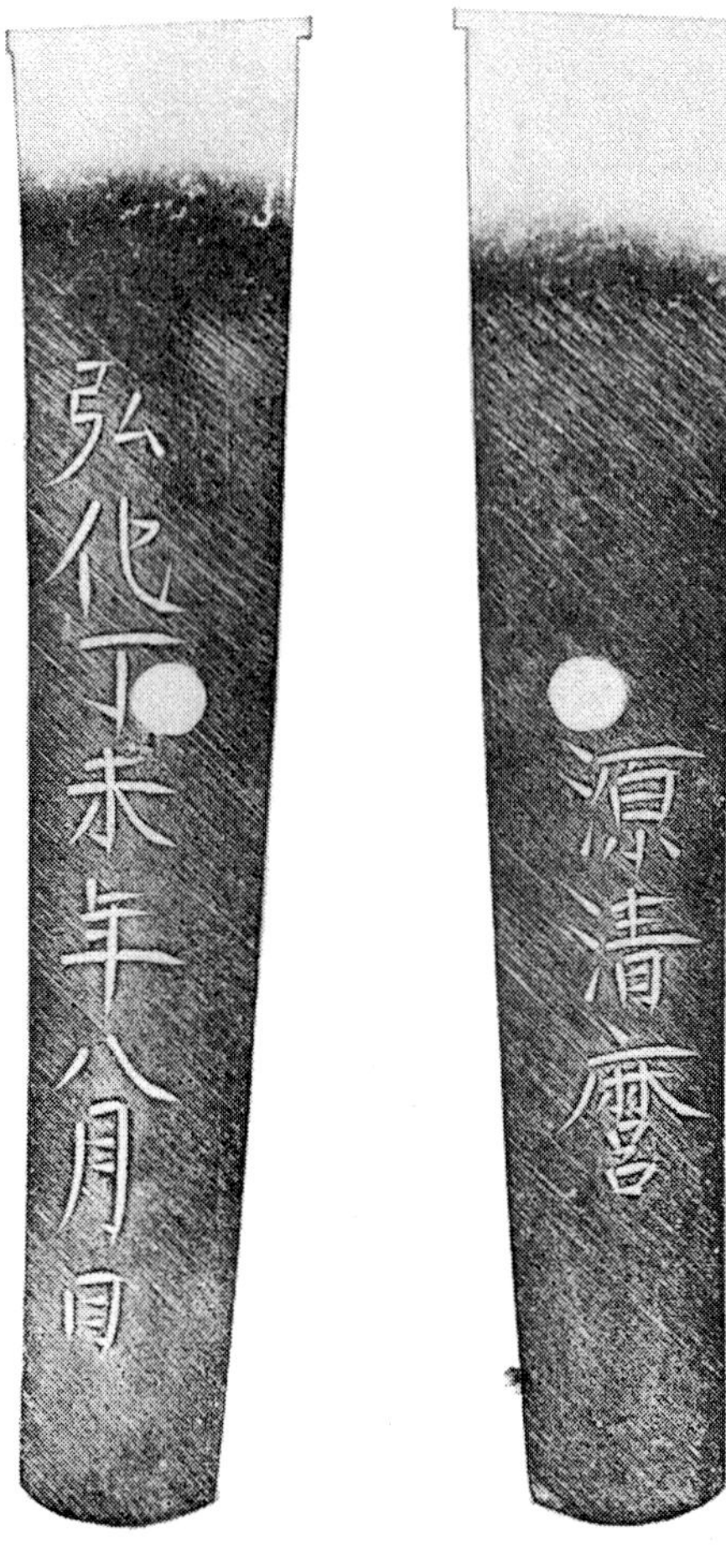

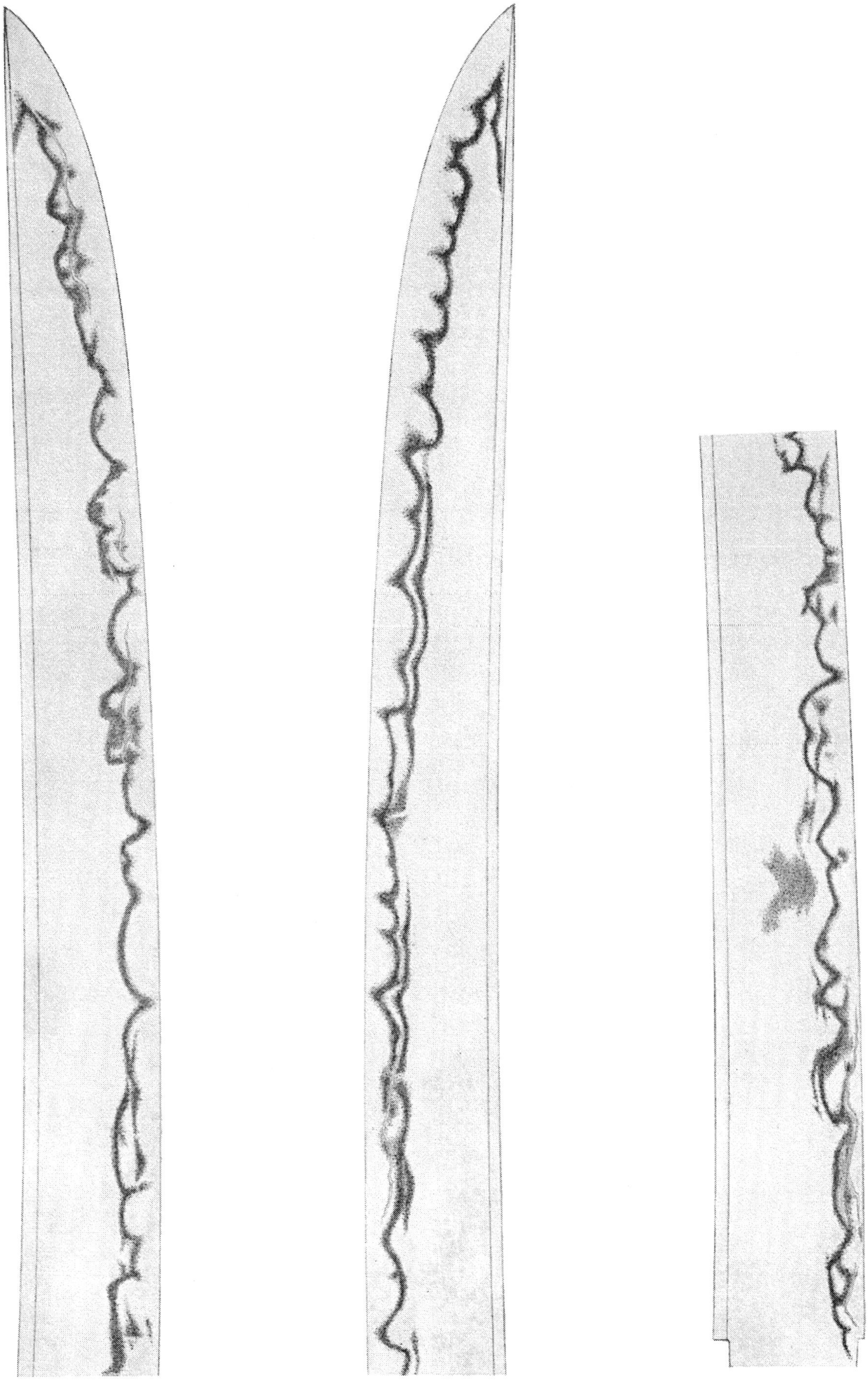

脇指　刃長一尺五寸　反三分
菖蒲型。二筋樋を表裏に入れた入念の作。
まことに絢爛華麗な出来栄えで、弘化丁未《ひのとひつじ》（四年）会心の一作。

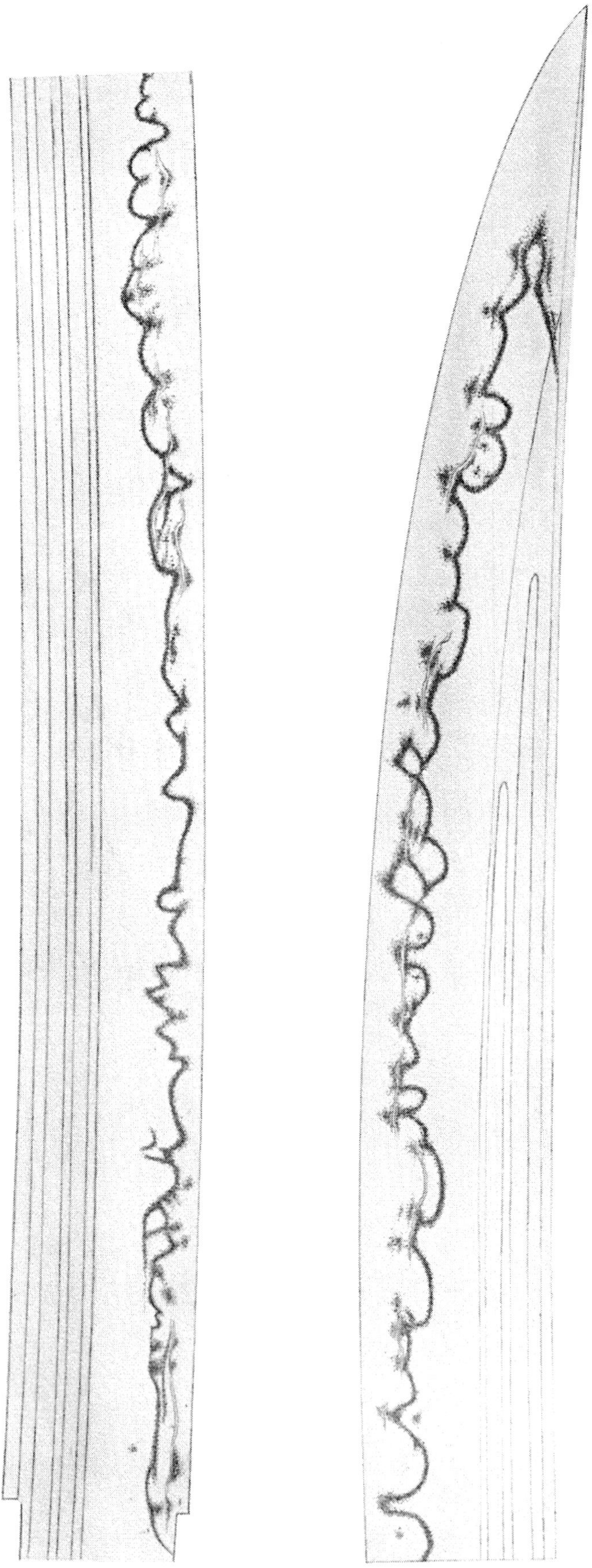

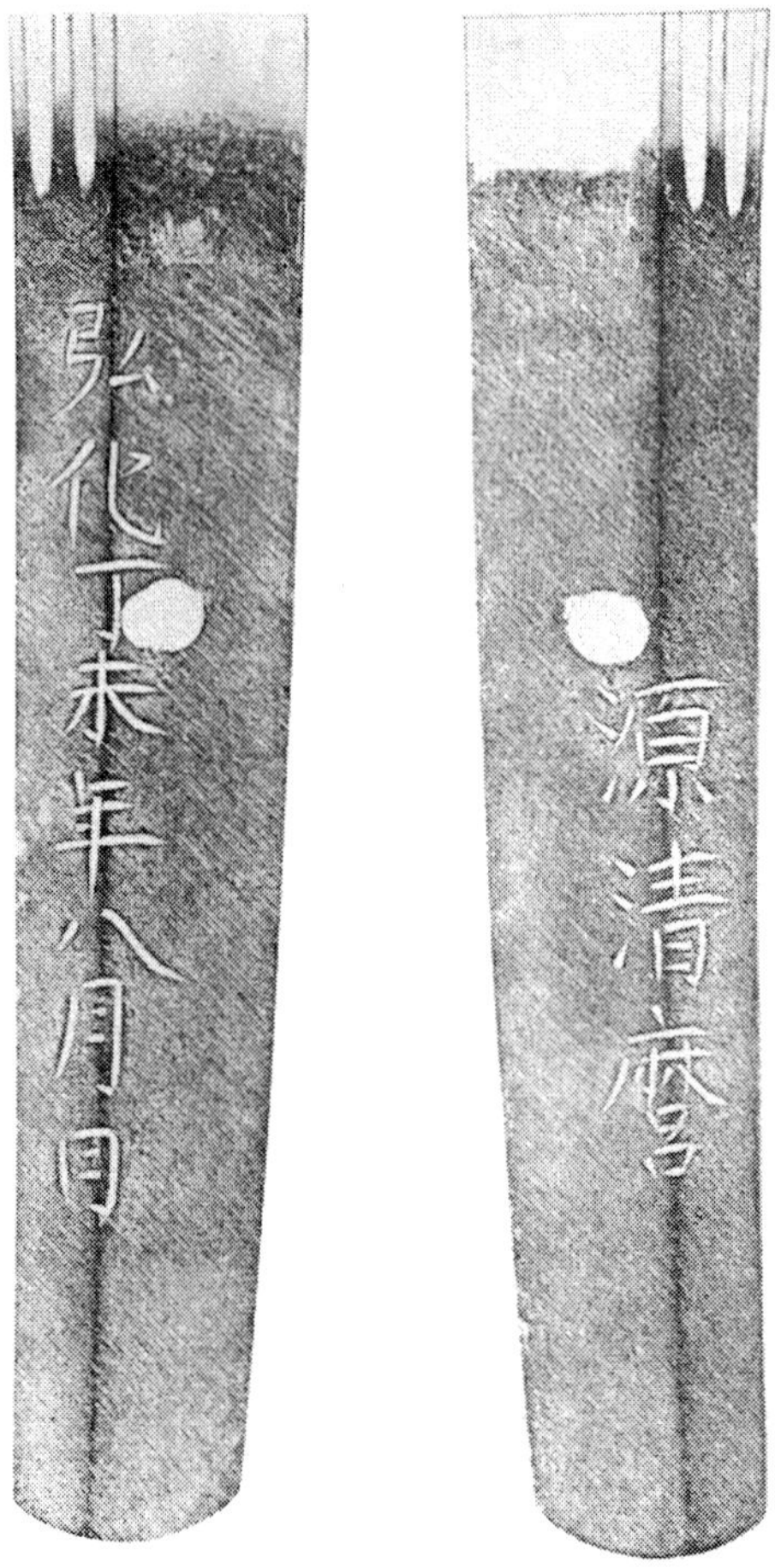

脇指　刃長一尺五寸七分　反三分二厘
会津地方には清麿の傑作があると往時から噂の高いものであった。これはその世評を裏切らぬ彼の最も得意とする豪快な傑作である。

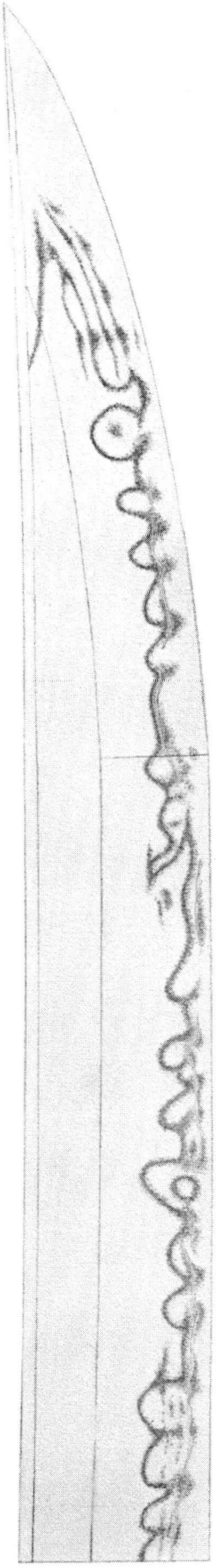

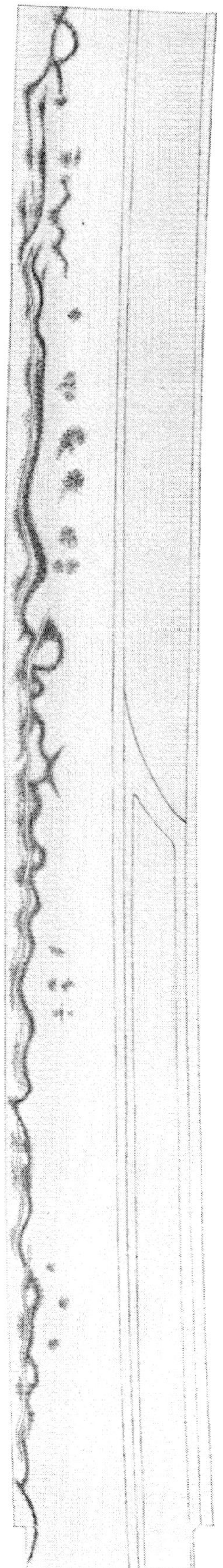

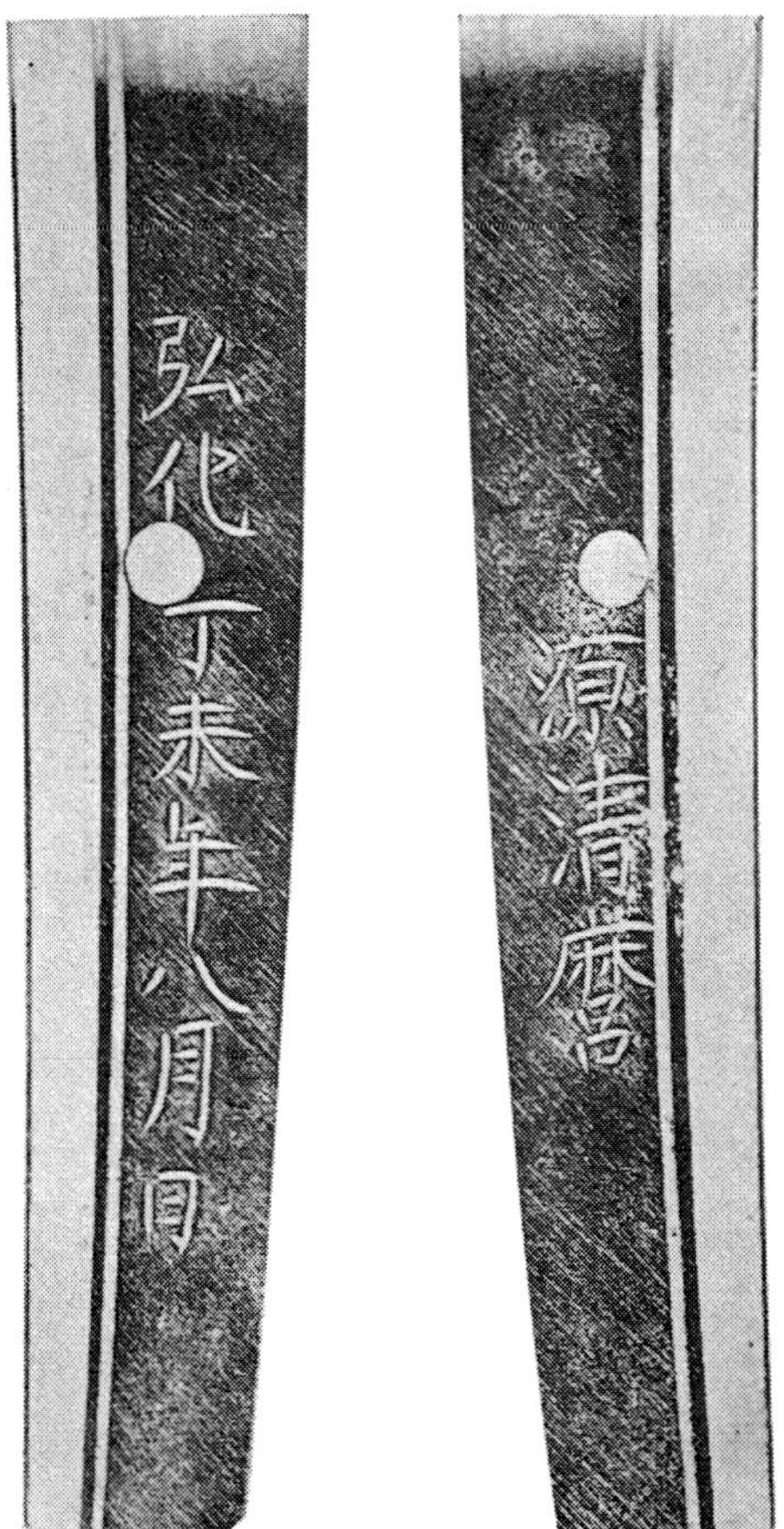

（重要美術品）

刀　刃長二尺三寸三分　反六分二厘

この刀、岩崎家の清麿と同様弘化四丁未年の作にて、すべての点において岩崎家の清麿と相伯仲した名品である。従って、今更喋々と蛇足をろうする要のない、清麿の代表的名作である。

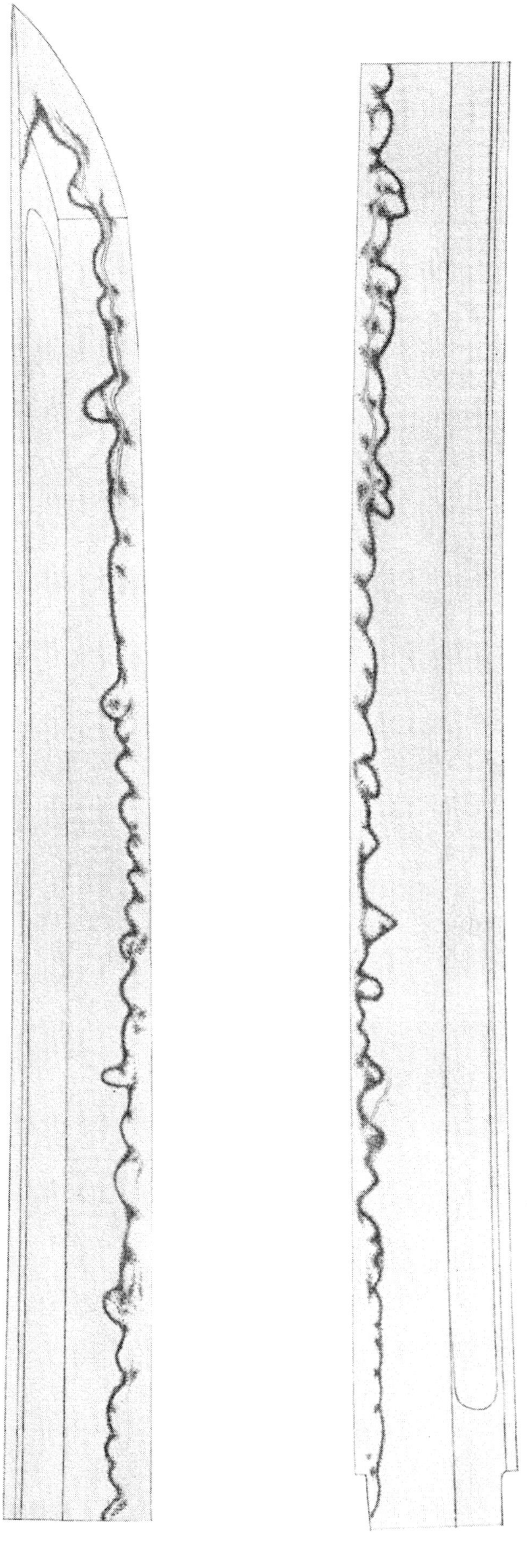

重要美術品

刀　刃長二尺三寸二分　反六分

薩摩は武張った国柄だけに伊集院子爵、調所男爵、永田男爵、籠手田氏などと錚々たる多数の名士が刀を愛好した。とりわけ黒田子爵はその雄なるものであった。

黒田清隆子爵は刀を収集されるに当って、切れ味に重点を置かれ兜、豚等を試されたので、多くの名刀を損われたものと惜しまれてならない。多数愛蔵された名刀の内に一入光彩を放つものに、華実兼備の清麿があった。水も溜らぬ刃味には驚嘆され、さすが『四谷正宗』と名を馳せた大業物だと至極ご満悦になられ、ことにこの刀を愛されたようである。没後、東都の著名な愛刀家赤星鉄馬家に入り、さらに岩崎家にと移って重要美術品に認定された。この刀は旧幕時代から清麿中の絶品と称えられ、この右に出るものはあるまいといわれてきた名刀である。

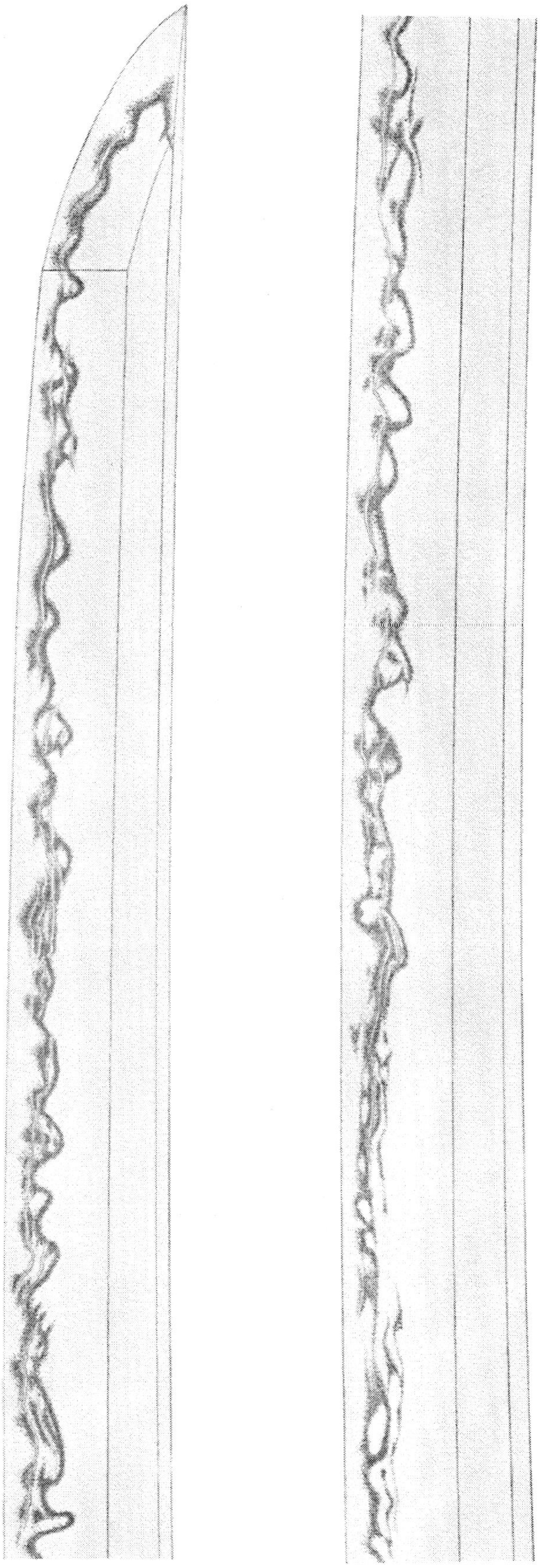

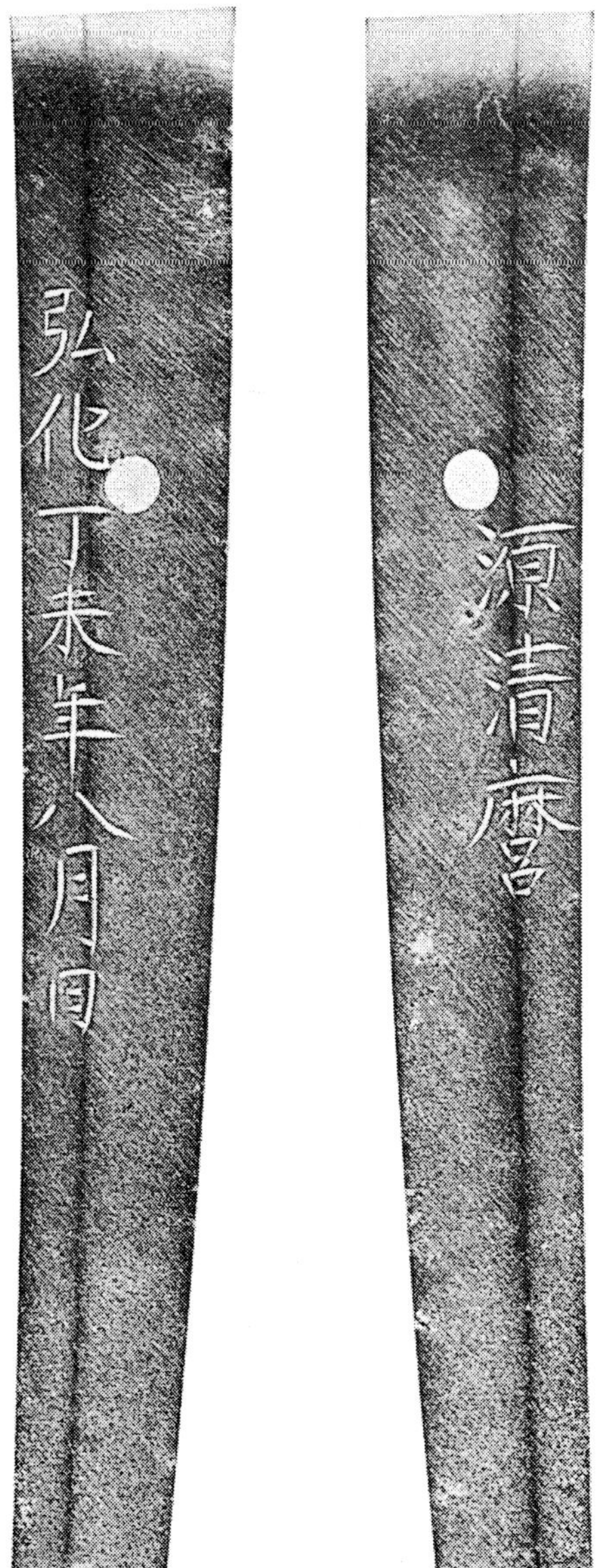

脇指　刃長一尺五寸八分　反四分

南北朝の雄筑州左安吉を思慕して、新しい時代風潮をもって粧った気韻のある作品。清麿ここに新分野を拓いた。

ちなみに、この幅と長さを有しながら、能く樋を省略して、最善美の姿に整えているあたり、さすがと驚嘆させられる。清麿弘化四丁未年の異色ある会心作。

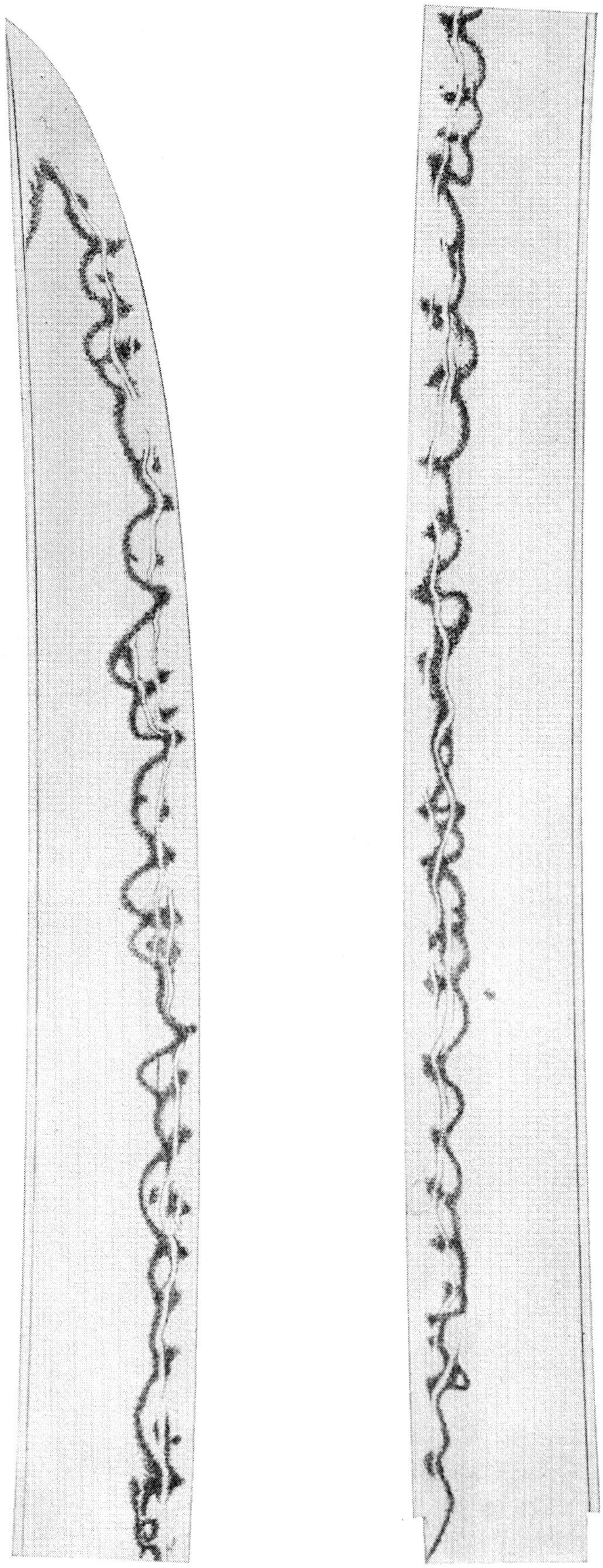

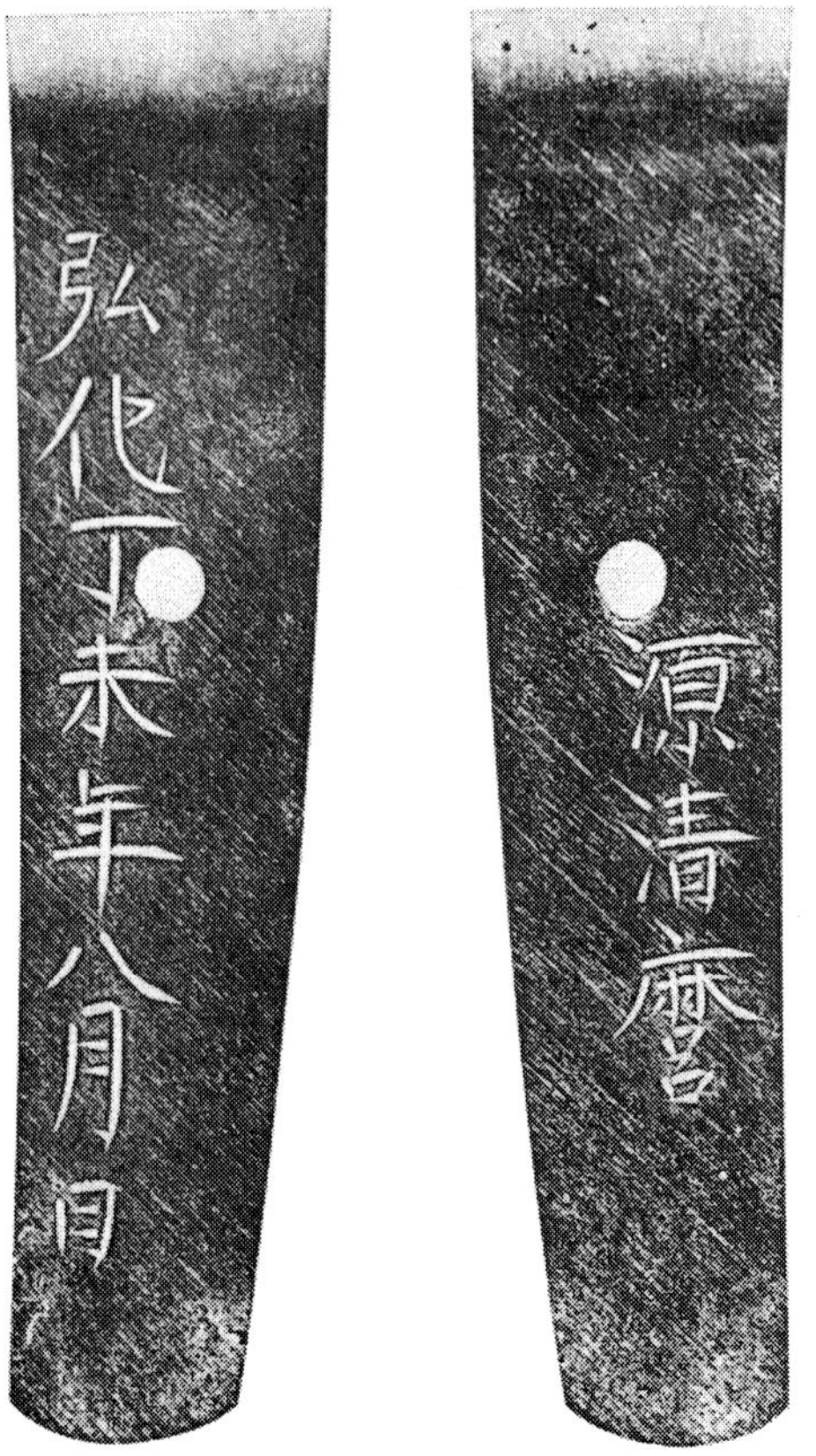

脇指　刃長一尺五寸七分　反三分五厘
樋口英司先生は信州きっての鑑識家、ことに清麿は先生の独壇場にて、これに関する造詣極めて深く数多くの名品を手懸けられた。昭和三十四年、源清麿嘉永元年八月日年紀の刀が、発見されている。それ以前は、嘉永元年年紀のものは、この脇指一振りのみで、極めて貴重なものであった。
　この嘉永元年三月日の脇指は、もと長野県美術刀剣保存協会支部長故佐藤嘉三郎氏の愛刀であった。

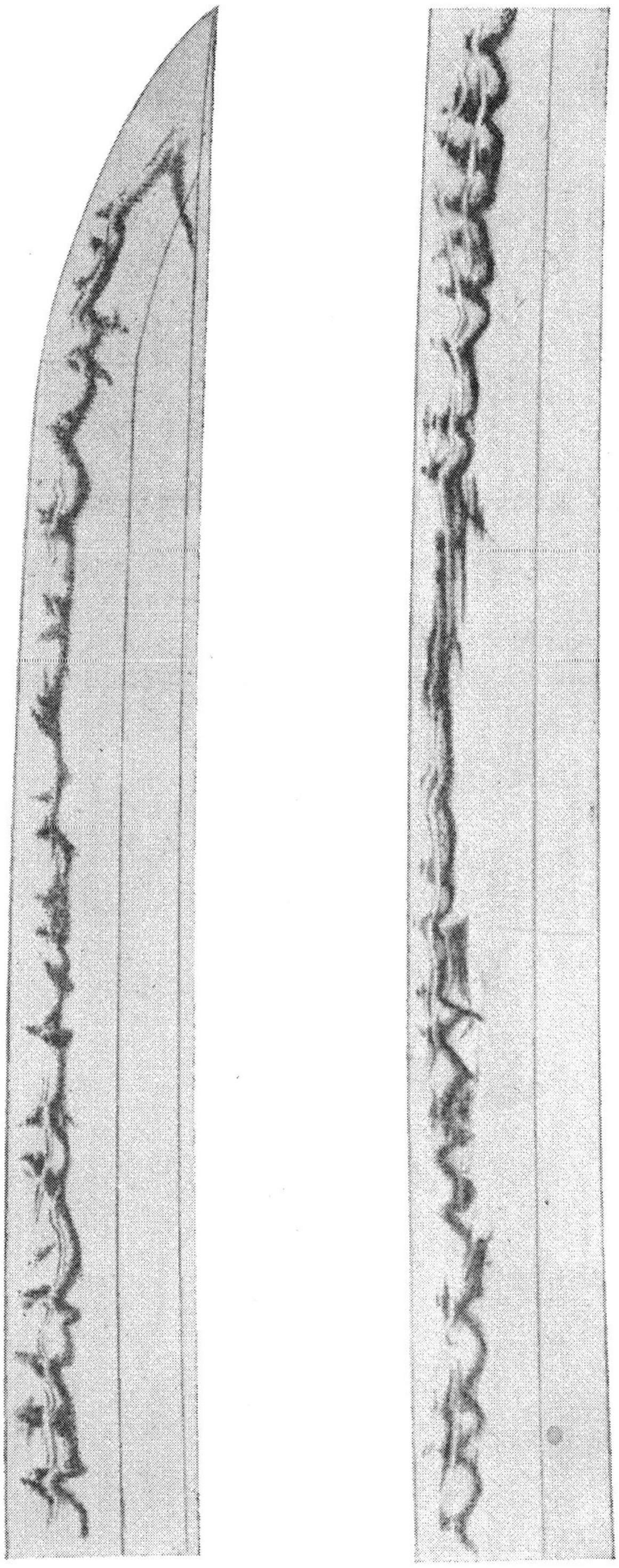

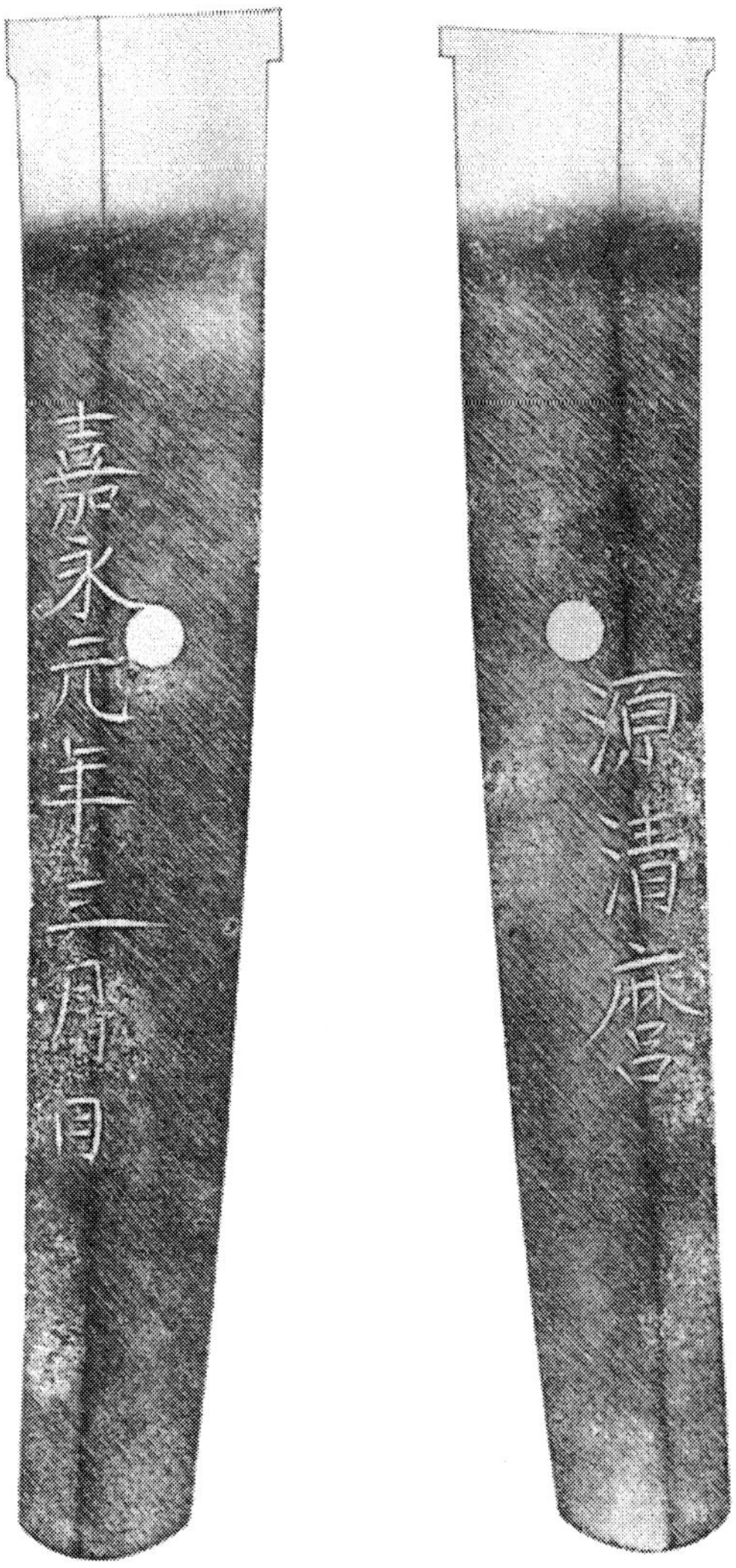

刀　刃長二尺二寸五分　反六分三厘

佐藤寒山先生が激賞して鞘書に曰く「清麿雖多不可有出此上者也嘉永元年々紀珍重々」と。

精美を極めた地鉄、雄渾にして荘重な刃彩は刀面に躍動している。清麿も思わず「これほど巧くできようとは」といいたげな、断然群を抜いた傑作。

これは「斎藤清麿」と号し、かつて斎藤一郎氏が愛惜をかざりしもので、全国愛刀家垂涎の名刀にて、清麿中首位と称せらる。

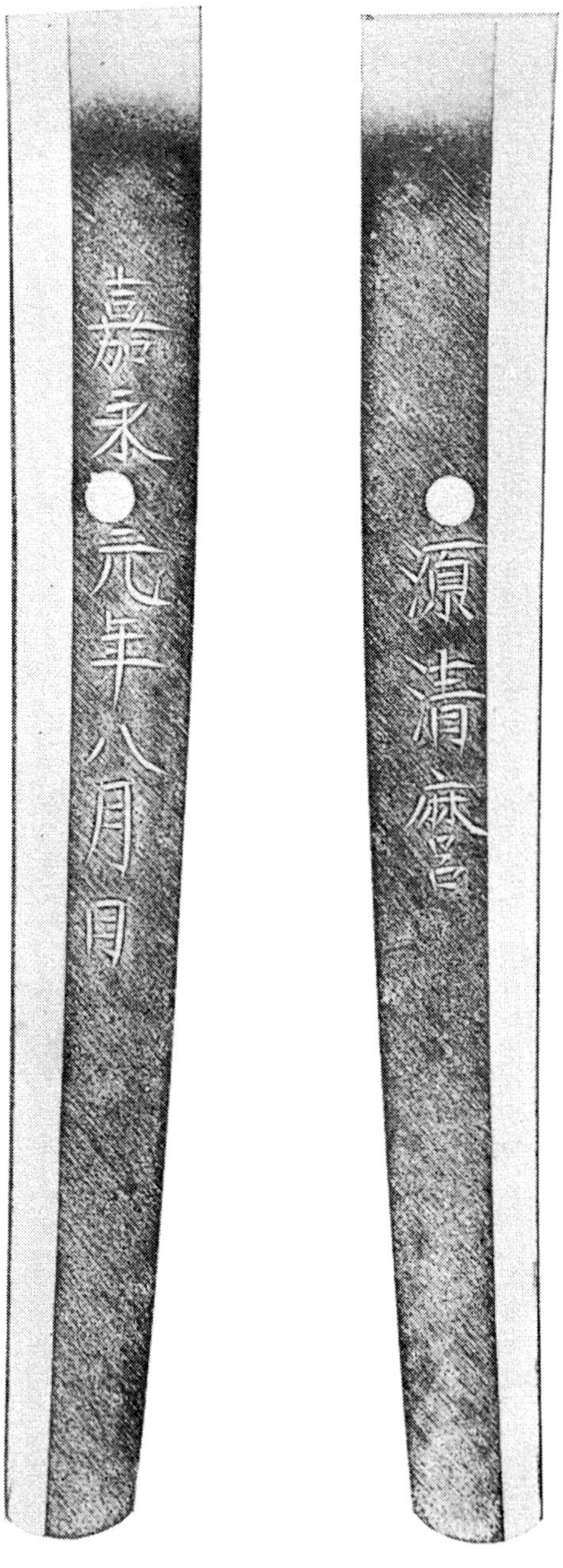

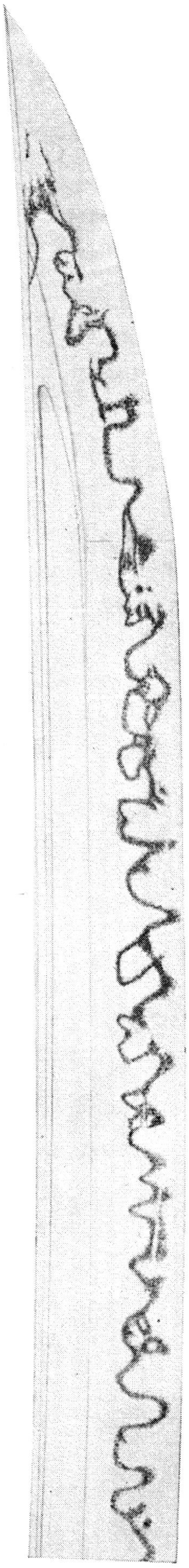
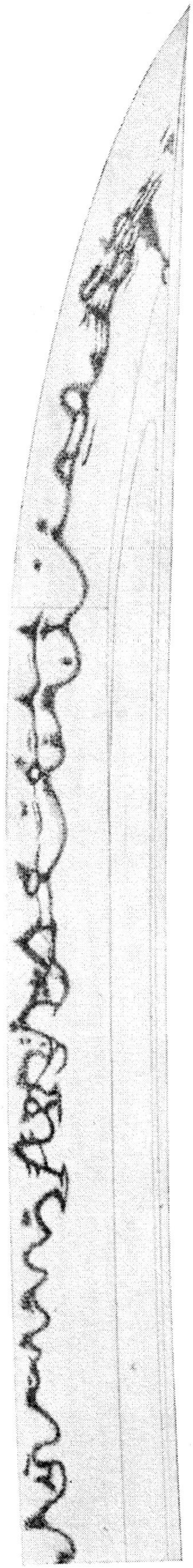
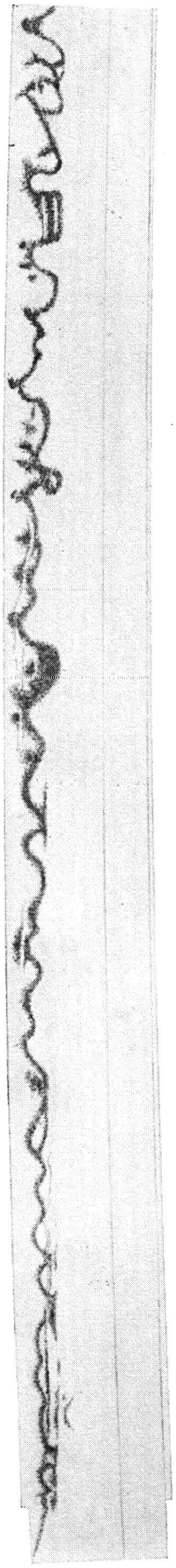

脇指　刃長一尺八寸六分　反三分
この脇指の拡大銘。美事な銘振りである。

古代人が山火事などの跡から、たまたま鉄鉱石が還元され、どろどろの塊となっているのを見て、鉄の熔解を知ったのではないかと思う。

最初の製鉄は風通しのよい野天で、薪と鉄鉱石を交互に積み重ねて燃やすという、極めて原始的なものから始まったと思われる。簡単な炉造りになり、後にわが国独特のタタラ吹製鉄法が行なわれるようになった。

これまで、この大鍛冶から小鍛冶は鉄を購って、多くの優れた刀剣を製作してきたが、室町期になるとこれまでのように刀に適応する良質の鉄がとれ難くなってきた。鉄造りの操作が非常に厄介であり、この労苦に耐えきれないで離散するものが多く出てきた、加えて採算はとれないとあって、この時期を境にして、衰微を辿り、やがて日本独自の鉄造りの秘法は廃絶するに至ったものと思われる。近ごろになってようやく、この優れた鉄に魅せられて「幻の鉄」と賛え、その究明に力を入れるようになってきた。

天文十二年八月に種子島へ漂着したポルトガル人アントニオ・ダモア等が、火縄銃を伝えたと「鉄砲記」にある。

わが国とポルトガルとの交通は室町末期といわれている。海外に雄飛、東洋貿易によって富強となったのはこのころで、「南蛮鉄」をわが国に輸入したのはオランダに先んじているのではないかと思われる。

慶長十四年、徳川家康から無条件の通商を許可する朱印状をあたえられたオランダは、ポルトガル、スペイン、イギリス、中国等を向うに回して貿易を競ったが、キリスト教の布教ぬきの通商が、徳川幕府に入れられ、寛永十六年以降の鎖国体制下で、日本において、貿易を独占した。

以南蛮鉄於駿州越前康継とこのあたりから初代康継は「以南蛮鉄」を切り始め、年紀の入ったものでは武州江戸に移り慶長十八年八月吉日一口、慶長十九年八月吉日五口で、この他に年紀入りのものを見かけない。ほとんどの作品に以南蛮鉄を入れ、作品は数多くある。これを見ると南蛮渡来のものが当時の人々に歓迎されたと見られる。これ以後「南蛮鉄」を売り物にした二、三流どころの刀工が多数出る。著名刀工には見受けられない「阿蘭陀鍛」と切るものも出てくる。

新刀期の多くの刀工が鍛錬刀に不適当な南蛮鉄を盛んに使用して省みないので、具眼者によって「応永以後に刀無し」と強いお叱りを蒙るようになった。

初代水心子正秀は刀鍛冶の腕前より「刀剣実用論」「剣工秘伝史」等多くの刀剣書を著し、この方で有名になる。初めは津田助広写しのような濤乱刃を盛んに焼くが、かかる華美な刀文は実用上危険なりとの批判が出る。後、古鍛法を唱えるが、実際は鍛えころされ、鉄性を失ったいわゆる盲目鉄で鍛刀している。この矛盾はどう解すればよいか。

山浦真雄、清麿兄弟は、本格の刀を造るには、己で製鉄する他ないと、鉄造りに邁進する。復古刀の実践は、この兄弟によって始められた。山浦派のものは自家製鉄という独特の鉄質であるから、たとえ贋作に出合った場合でも、山浦派の鉄を研究理解していれば真贋の区別は容易につくものと思われる。

この脇指は、地、刃の出来抜群で、清麿の作品中優位を競う一口である。かかる名品に接すると陶然としてくる。

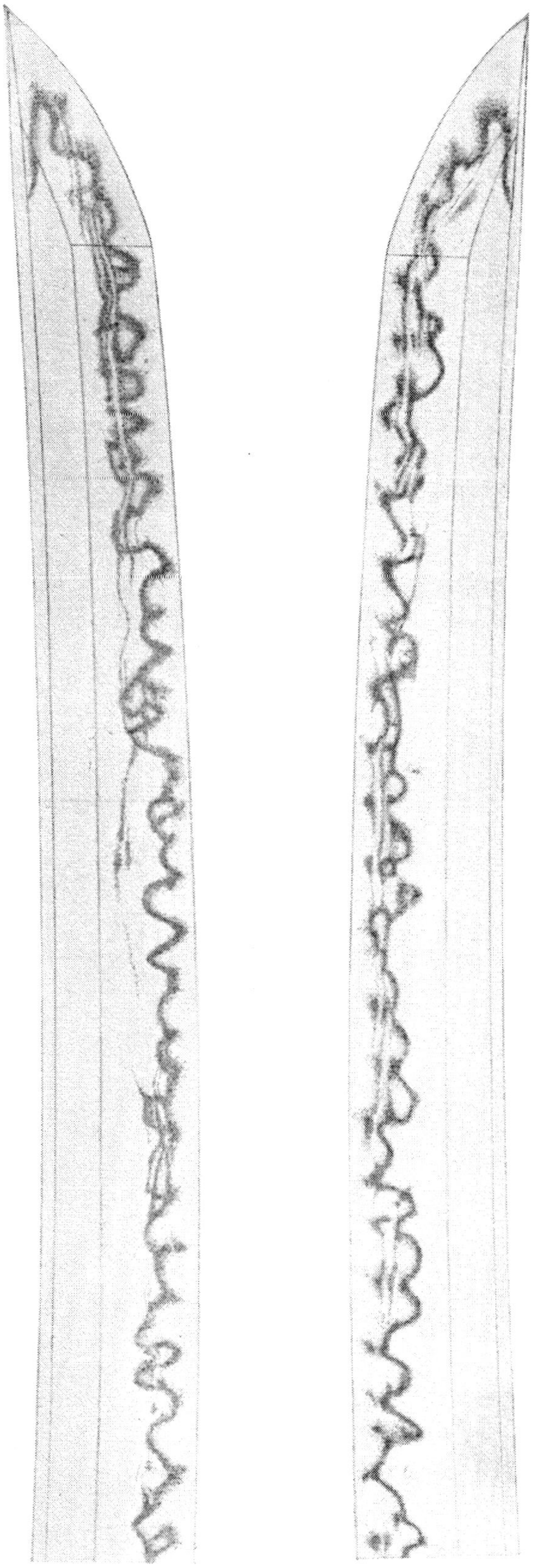

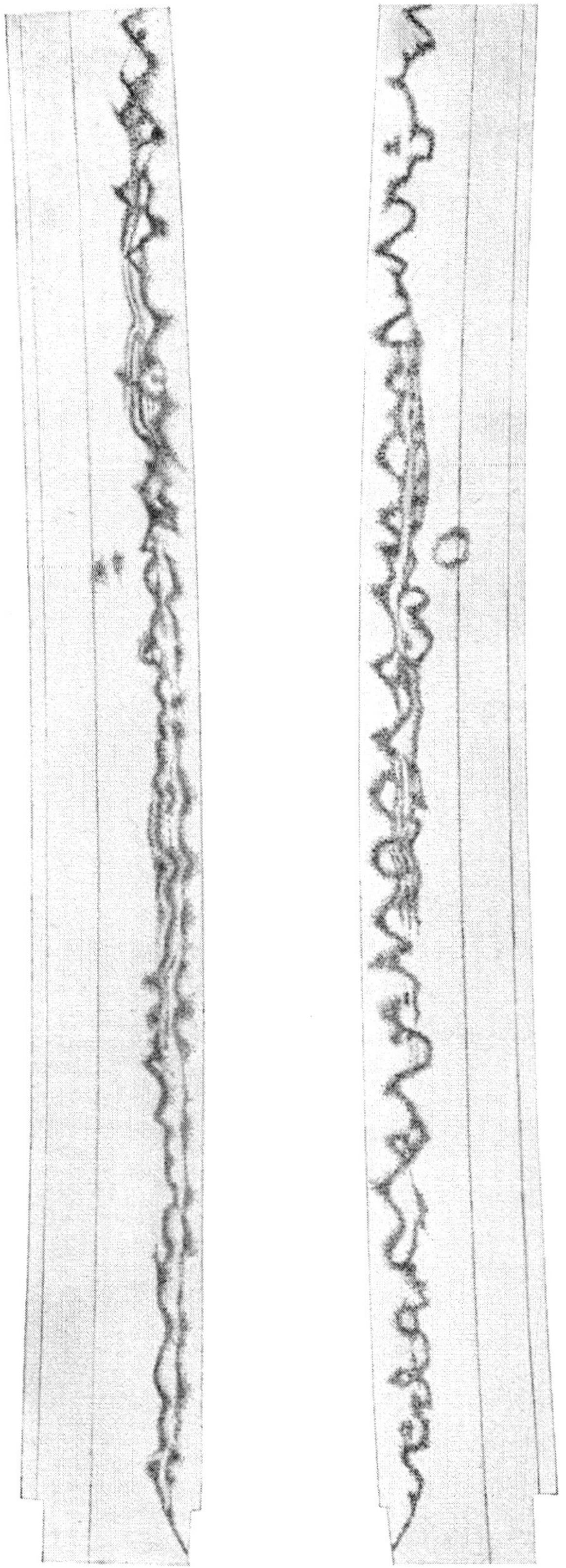

寸延短刀　刃長一尺八分　反一分五厘

刀姿は鵜首型とも異なり、長巻を縮小したような清麿独自の形像である。

　この年の作品は実に少ない、出来は平凡なものであるが、嘉永元年の作であることが貴重な存在である。

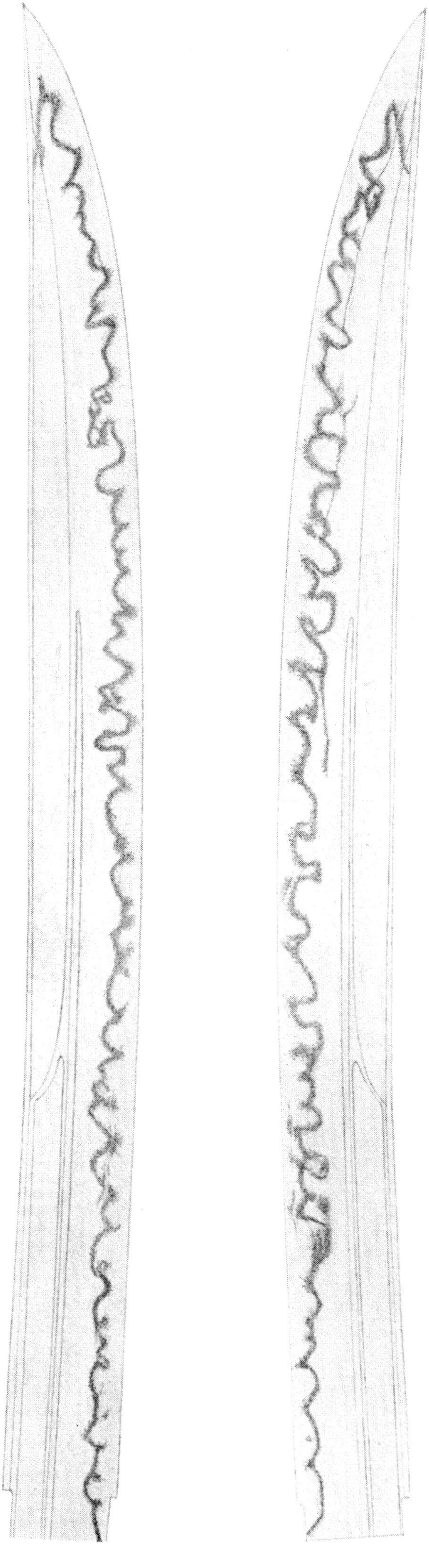

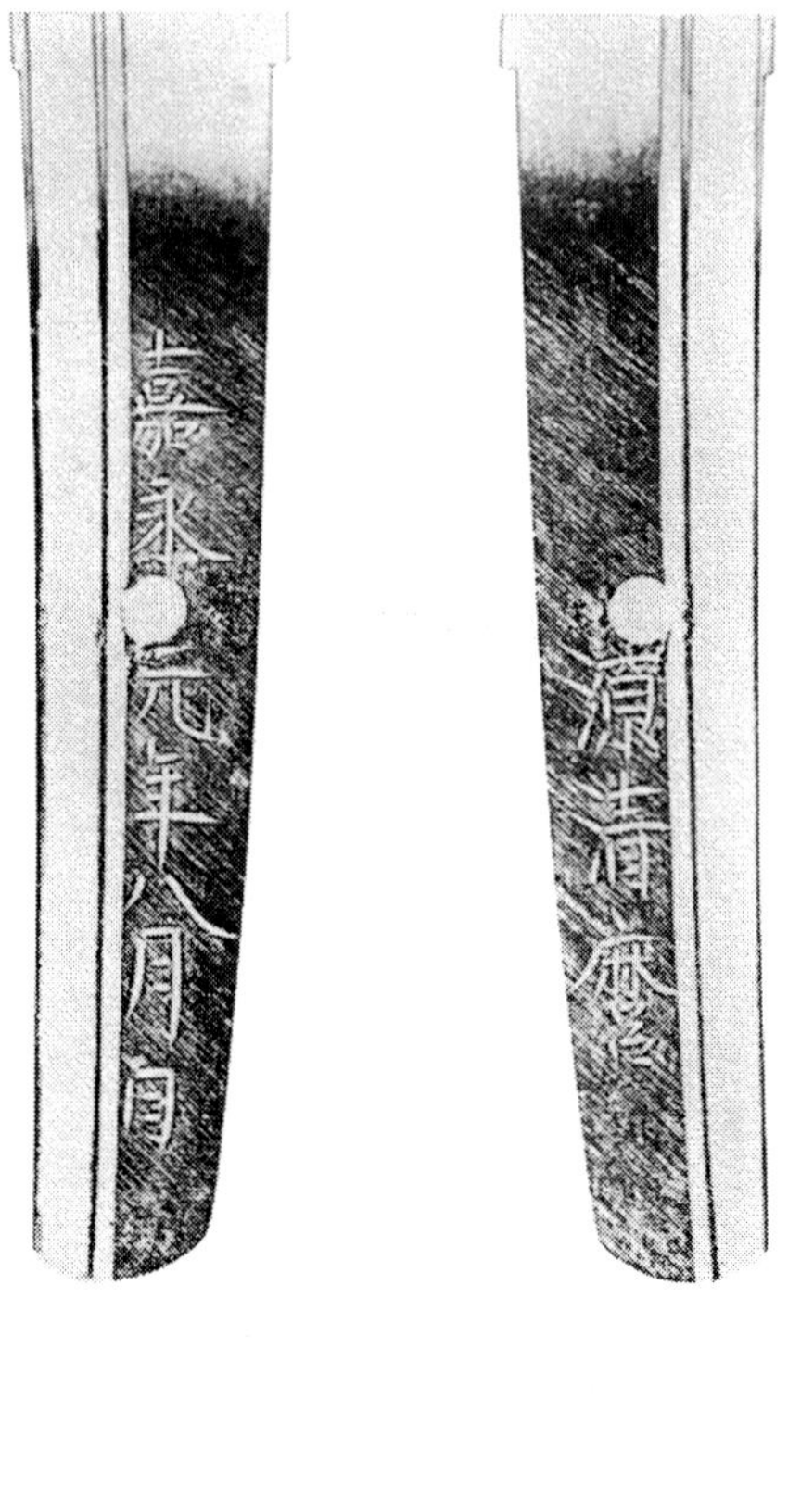

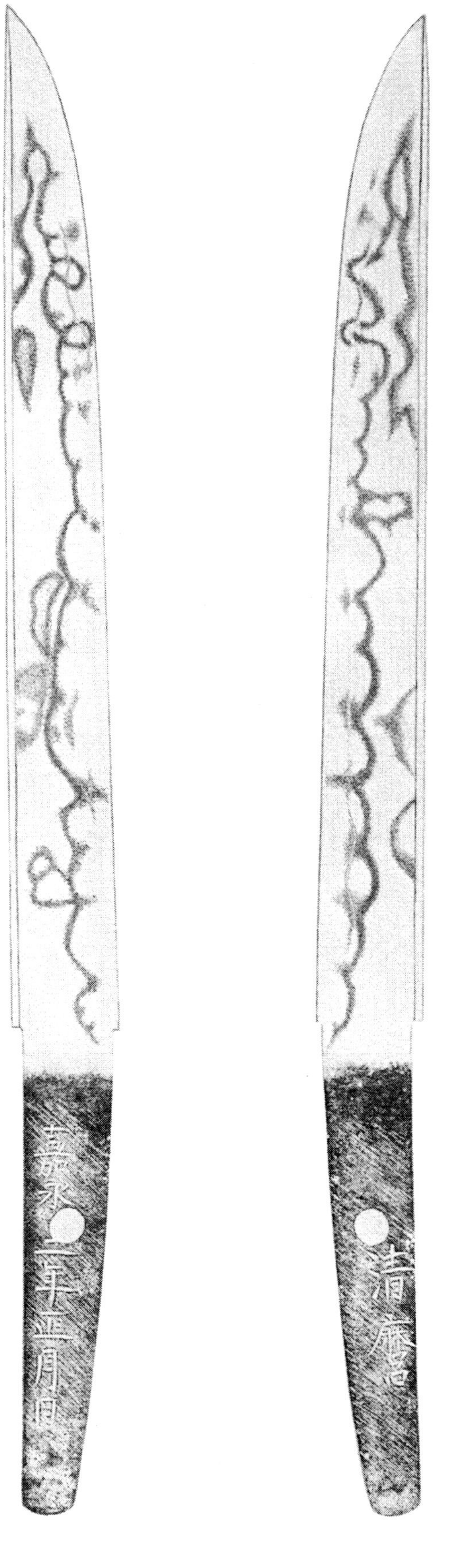

短刀　刃長六寸　反三厘

この皆焼風の刃彩は初めから意図したものに非ずして、偶然がもたらした意表の成果。清麿も千変万化する淬刃渡しの妙味には大悟する所が有ったと思われる。一歩誤らんか、九仞の功を一簣に虧く。真剣勝負の淬刃渡しの気魄の熾烈と荘厳さは、見る者をして衿を正さしめるであろう。将に、心霊を賭しての崇高な祈念の一瞬。この短刀は変幻の妙その極に達しながらも、いささかの破綻も示さない。ただただ名人芸には三嘆させられる。

鉄拵の脇指に付いている
小刀

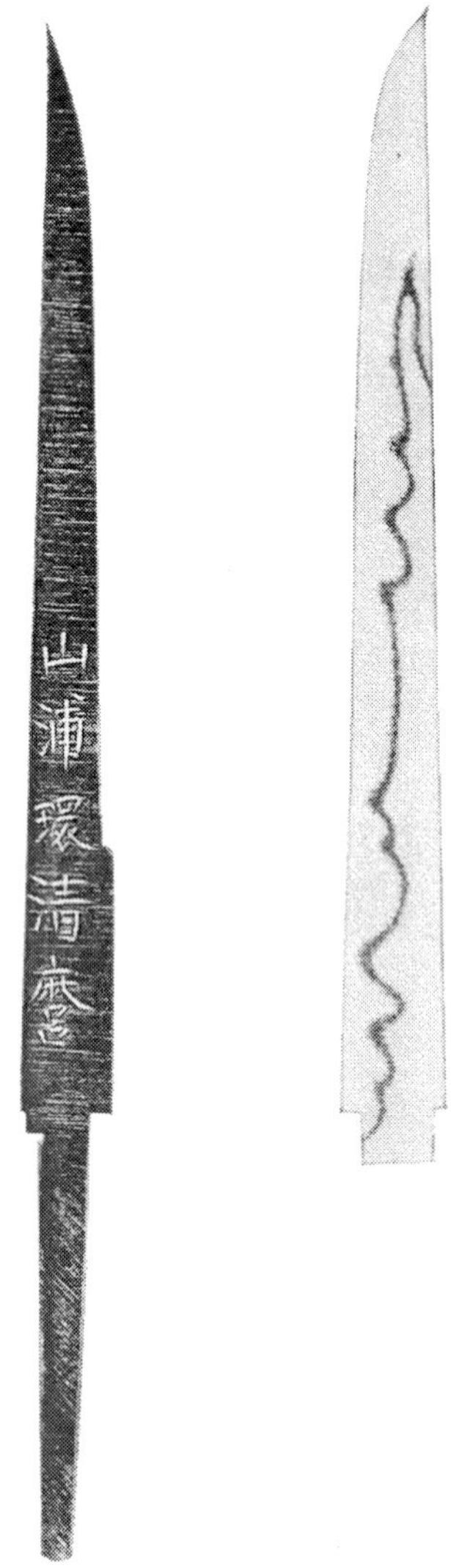

脇指　刃長一尺六寸二分　反四分

斎藤昌麿は享和十二年下総国（千葉）木更津の近郊小浜村に生誕した。江戸出府後、神田左衛門河岸の御用札差佐藤鉄之助の養子となり笹倉屋源助と称した。つとに国学を深く修め、祖国の進むべき道を悟り、開国を主張して闘った。安政五年八月尊攘派の志士つぎつぎ逮捕される昌麿も同志と共に小伝馬町の牢屋に投ぜられたが、昌麿の人格、学識は幕府要路者を動かし、諸侯によっての助命運動にまで発展した、これが功を奏して奇跡的に昌麿のみは死を免れた。「夢の浮橋」「昌麿歌集」の二著は昌麿の文宗を不朽ならしめた名著である。慶応二年二月六十五歳にて長逝した。

この国学者にして勤皇家斎藤昌麿が清麿に刀の鍛造を依頼したのが、その奇縁となって爾後、肝胆相照して無二の親友となった。

この脇指は、長巻を写したもので、その豪快な刀姿に、雄大な刃彩がまた変化の妙を尽して刀面狭しと飛躍している。刀姿と刃彩がまことによく調和して燦然たる美を添えている。けだし清麿会心の一振り。

因みに、斎藤家に伝わっている清麿の作品を見ると、勿論正行時代のものは無く、この脇指の嘉永二年二月日を遡る年紀のものは無い。刎頸の交りを結んだ昌麿の依頼なれば何を置いても直ちに造刀して応えるはずだ。これに依って考えると清麿改名の動機が、清音、昌麿に有ったとの説は再考すべきかと思う。

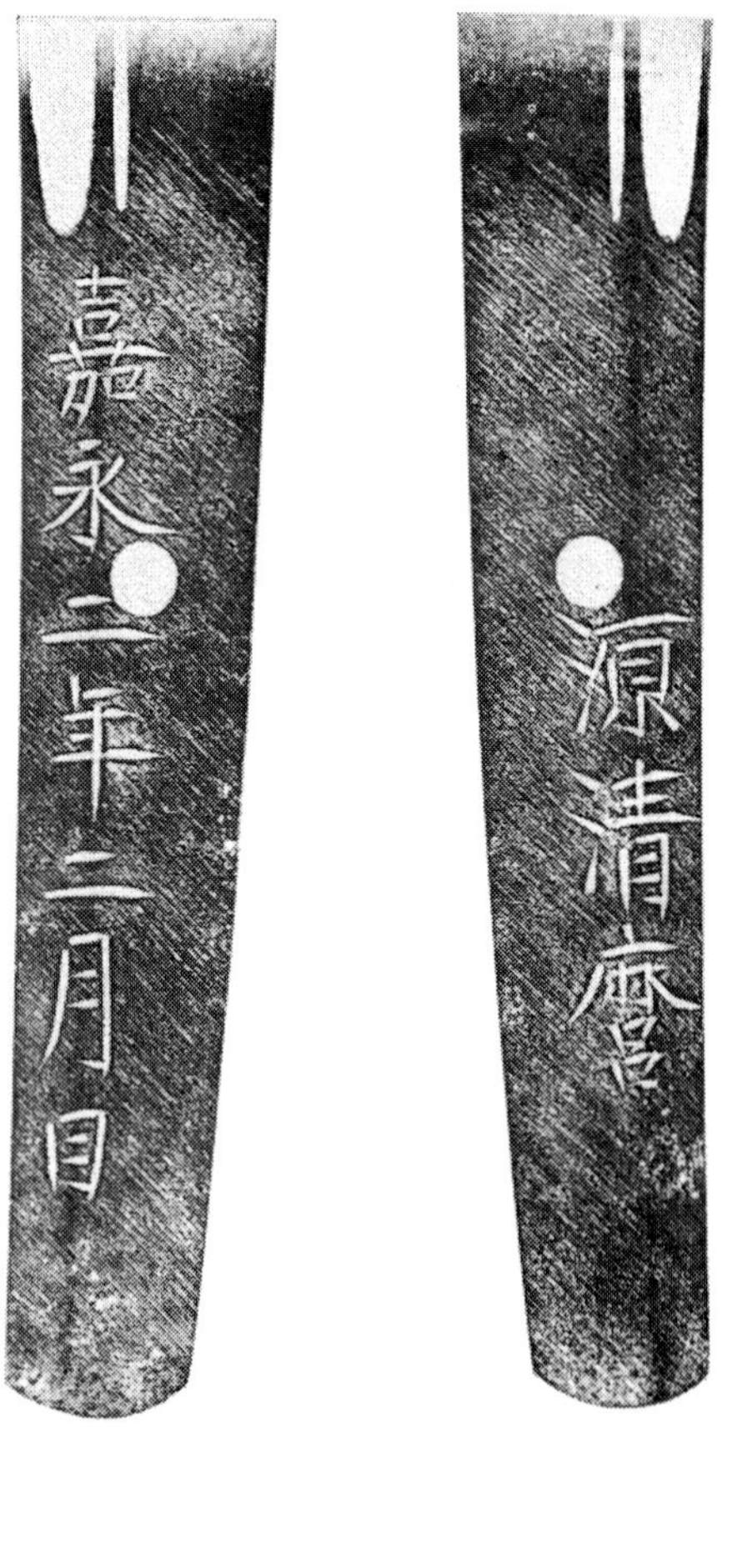

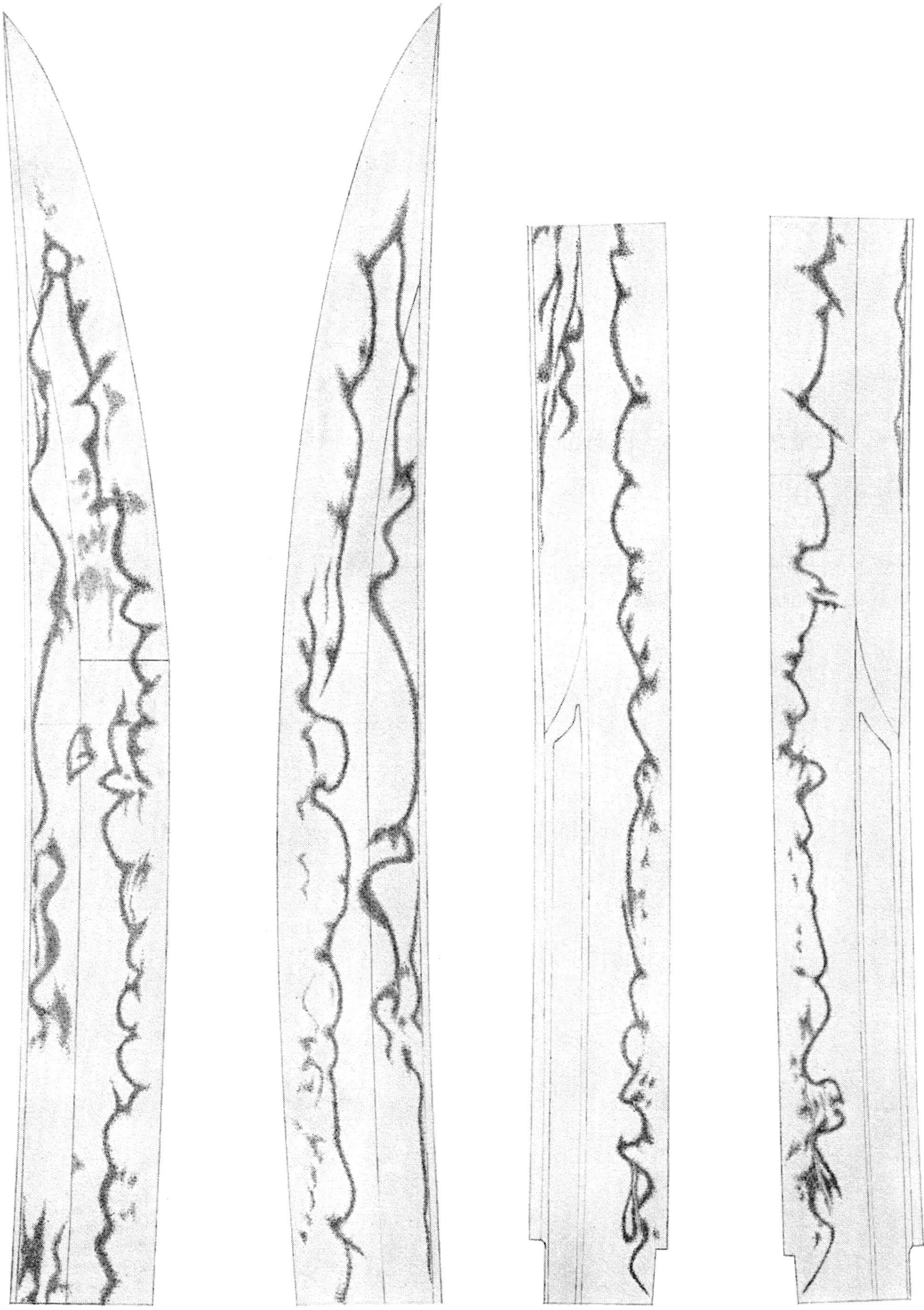

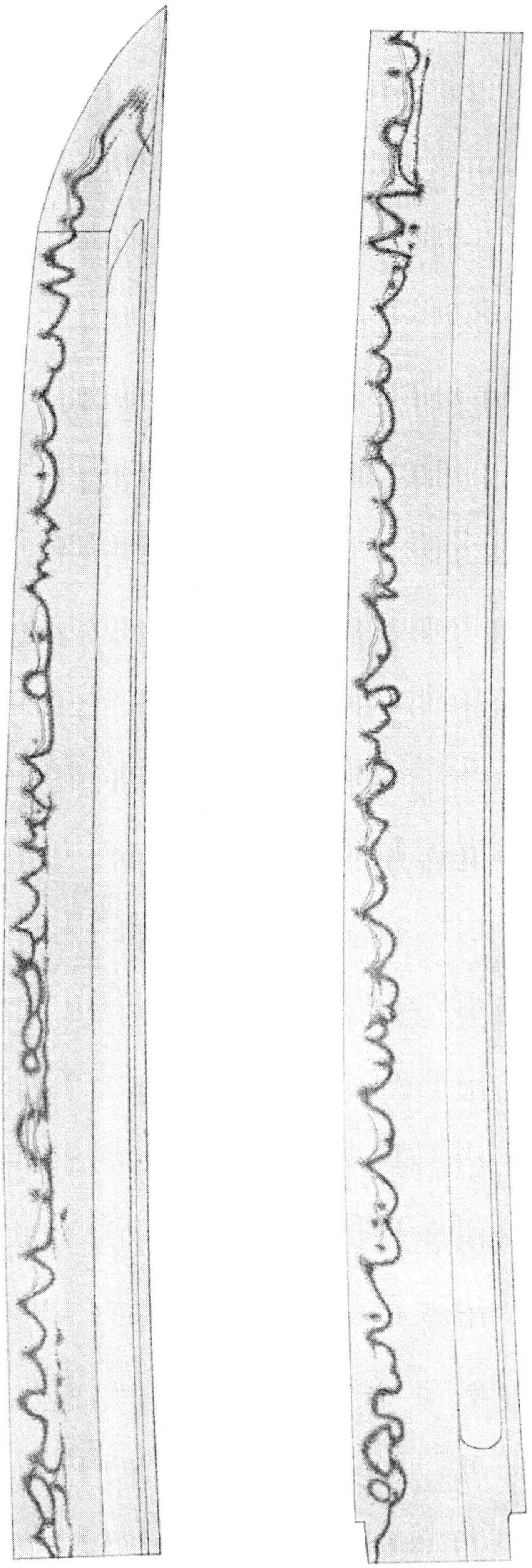

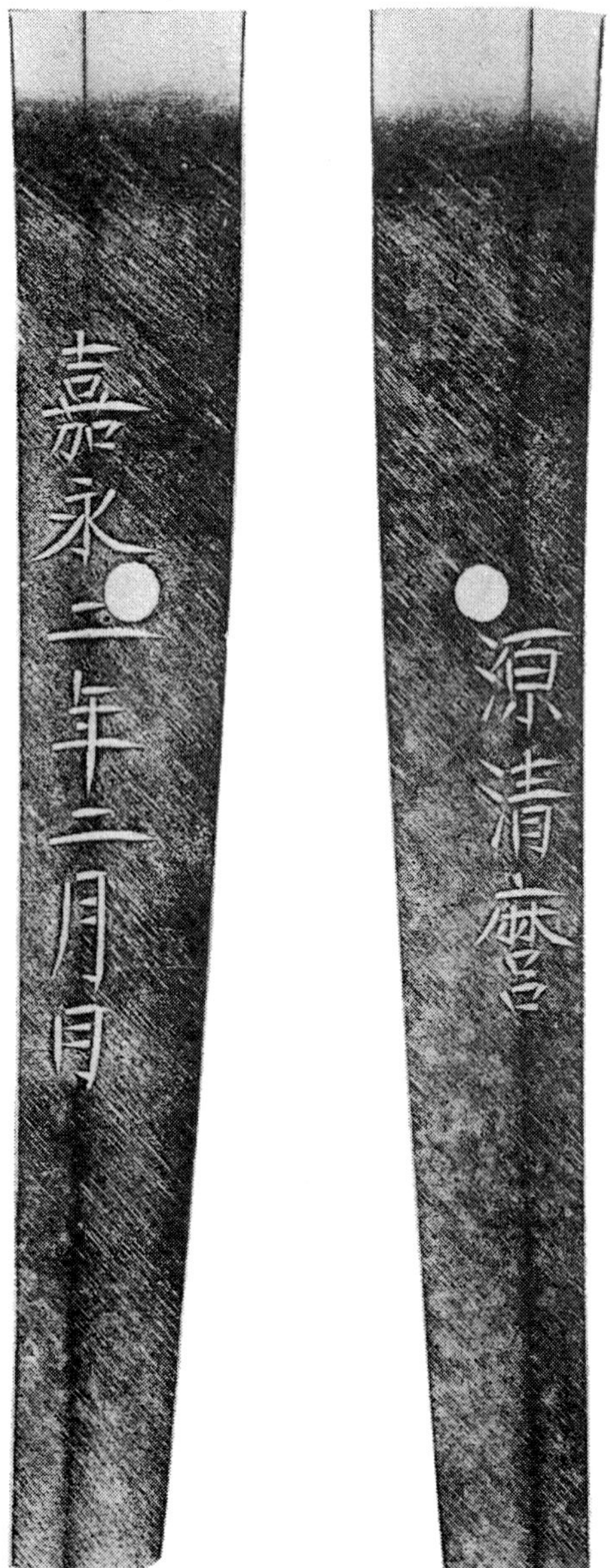

刀　二尺三寸五分　反六分

「清麿研究」に先鞭をつけ、その顕彰に力を注いだ、故藤代義雄先生の功績には計り難い偉大なものがある。かつて先生はこの刀を激賞して措かなかった。これに対する強き愛惜の情止み難くついに信濃路を訪ずれて、せめて押型だけでもと所望された程の名刀。真摯な清麿探究者の辿った微笑ましき一端を示して感無量。

脇指　刃長一尺七寸一分　反四分

一見、長曽弥興里入道虎徹を髣髴させる作風であるが、熟視すると地鉄は更に強く、刃縁も冴えて明るく、とうてい他工の追随を許さぬ清麿独特の豪快な一作である。

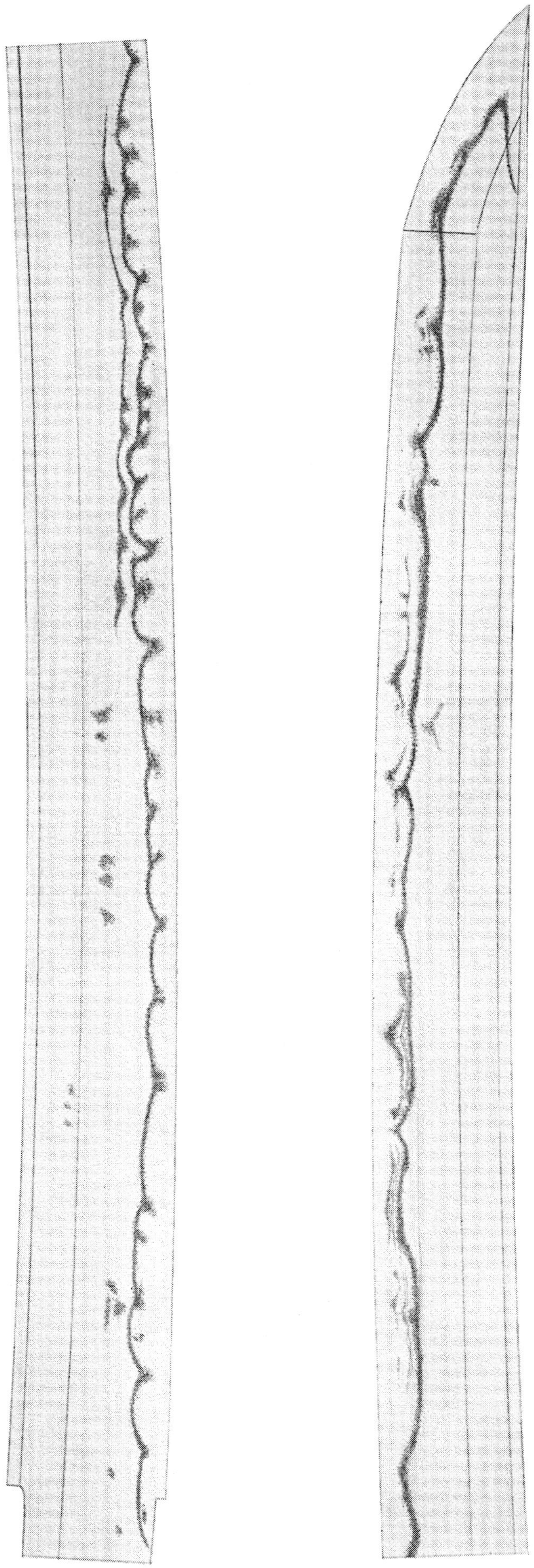

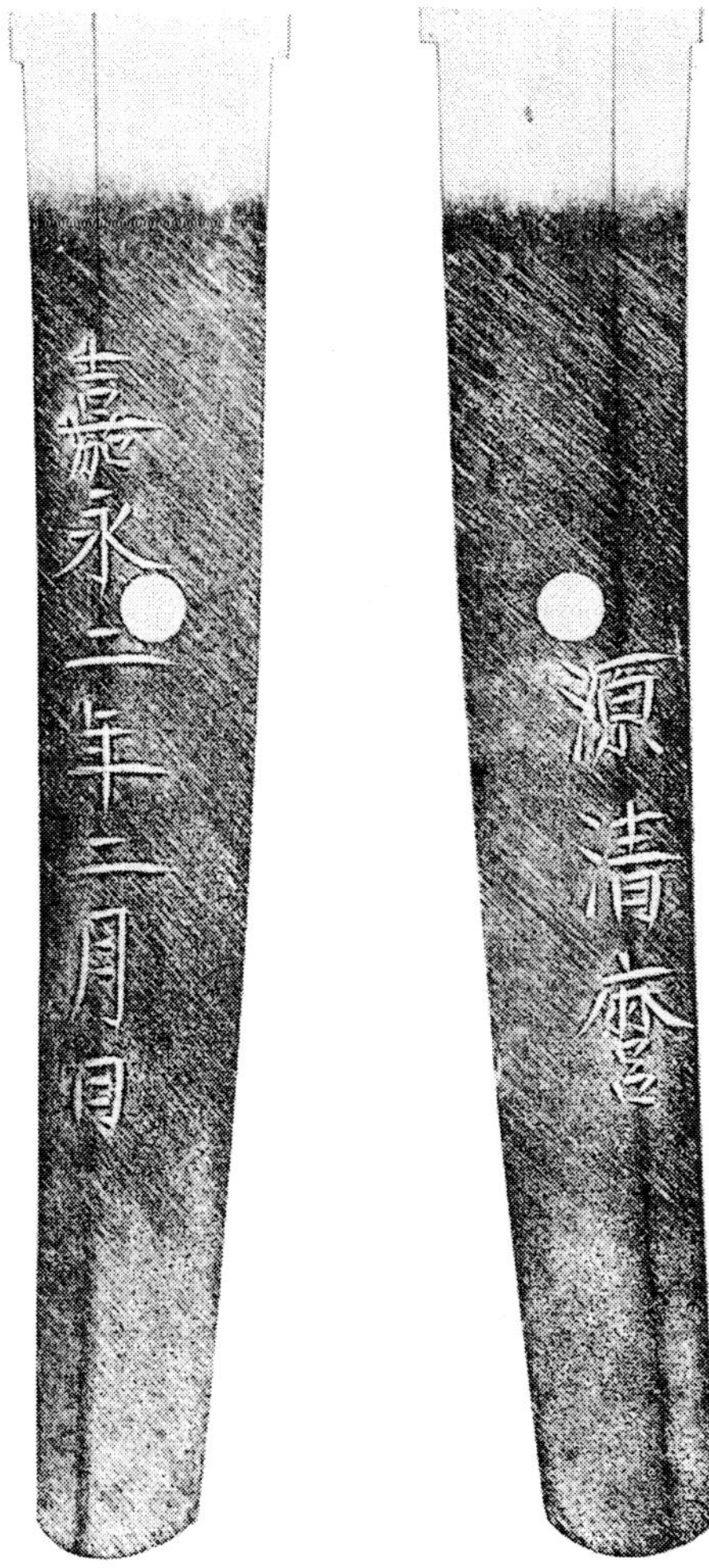

刀　刃長二尺三寸四分　反六分二厘

この刀、窪田清音の為に造った弘化(丙午《ひのえうま》)三年作の太刀と同調の作柄である。ことに刃縁の冴え切った点は特筆すべきもので、清麿の作品中出色の出来栄えのものでもある。なお困難な二筋樋を慎重に表、裏に掻いているあたり至極入念の作とも窺われ、姿の優美な点から見て、恐らく大身の注文に依るものと思われる。

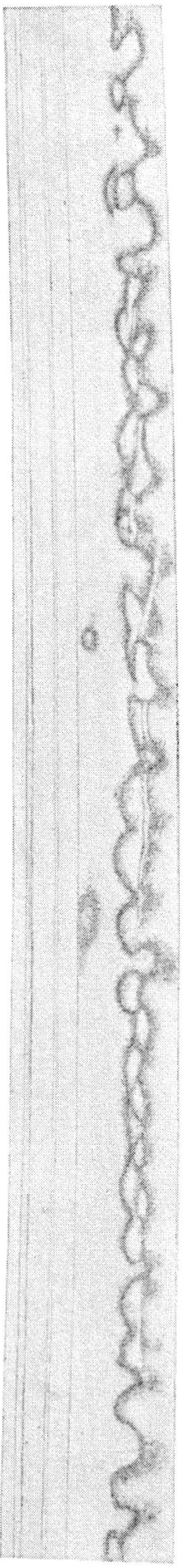

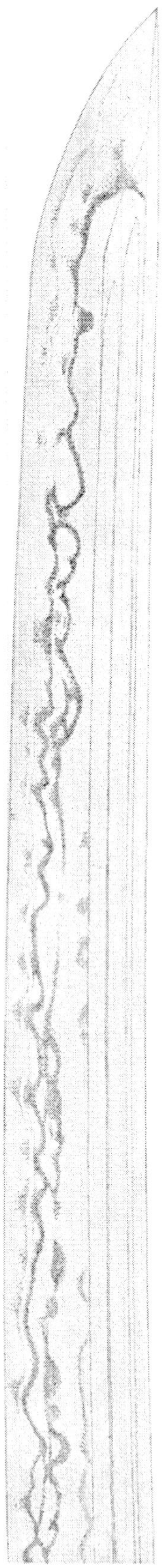

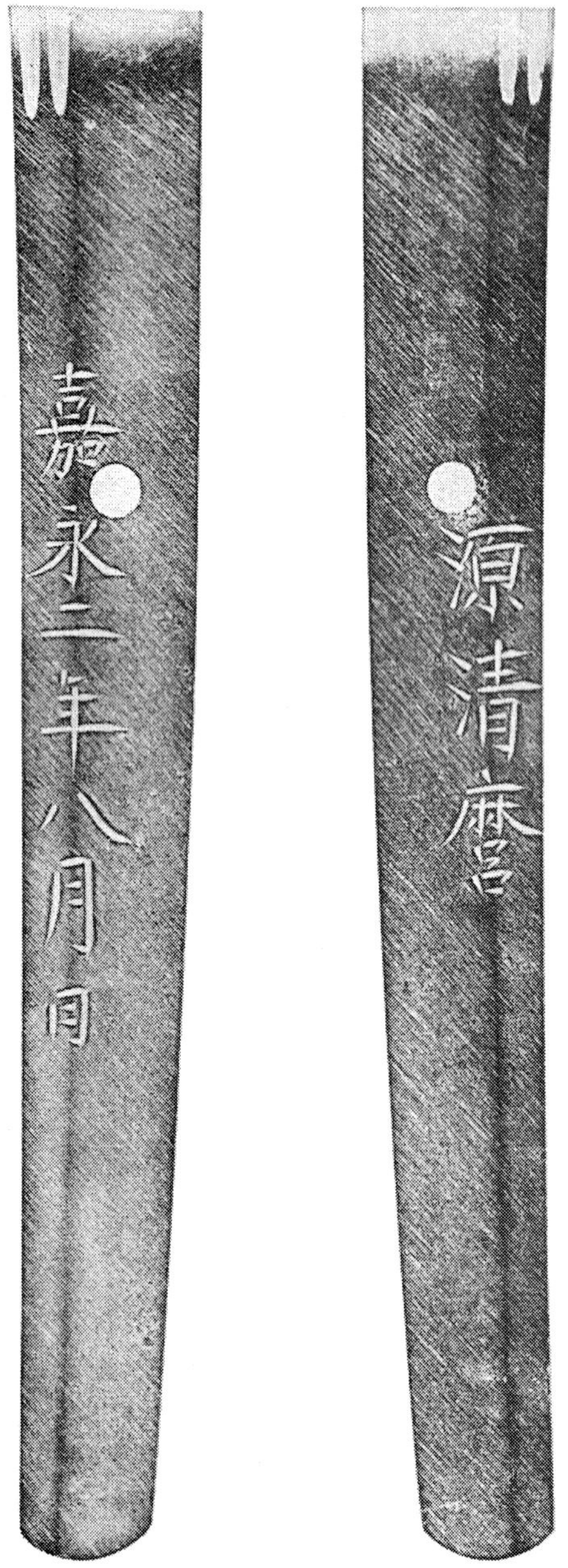

刀　刃長二尺三寸八分　反六分　重量二百三五匁

この刀は窪田清音が清麿に注文して作らせた希代の業物である。中条安之助は、この刀に魅せられ清音に譲渡を迫って止まなかった。清音も刎頚の友の懇望でもあり、その熱意に動かされ、ついに、その請に応じた。中条は高石の旗本で、また有名な剣の達人である。

山岡鉄太郎（号鉄舟）は剣、禅の哲理に悟入しついには無刀流を樹立、明治の剣聖と仰がれるに至った。この山岡鉄舟と親交のあった中条安之助と、この中条金之助（景昭）は別人と思われるので、記事を訂正した。

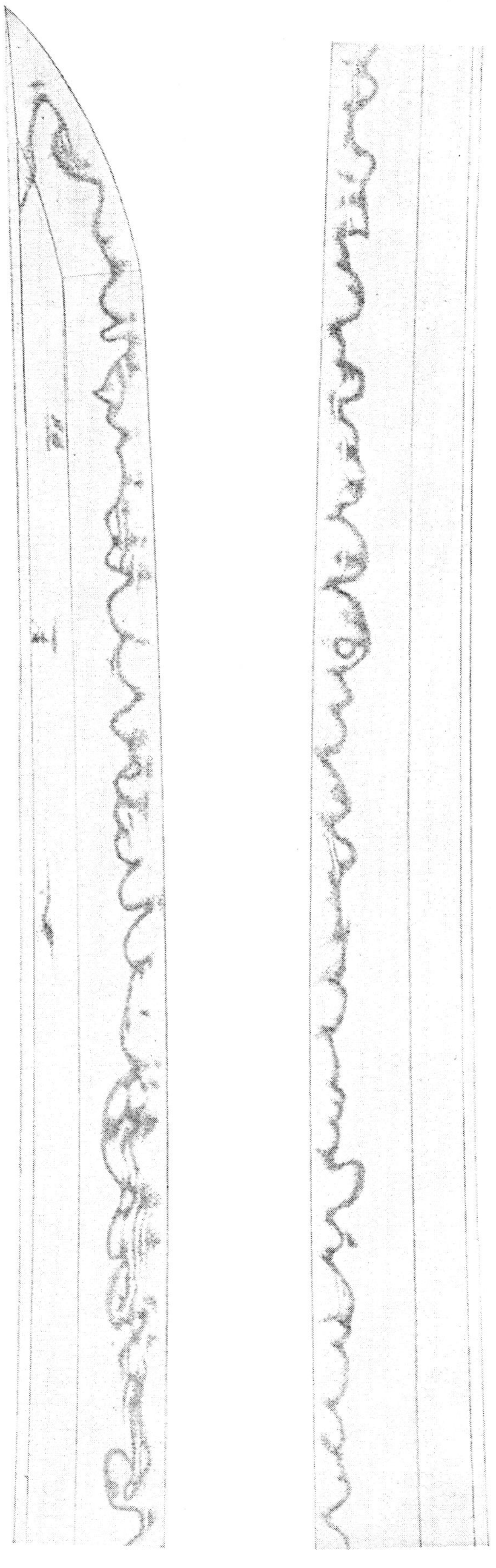

短刀　刃長八寸九分　反一分

これも「筑州左文字」に傾倒して造ったものである。刃文に到って清麿の企図した妙味に、僅かに至らない感はあるが、驚くべき刃縁の冴えと、地鉄の優れてよい点は、これを償って余りある。

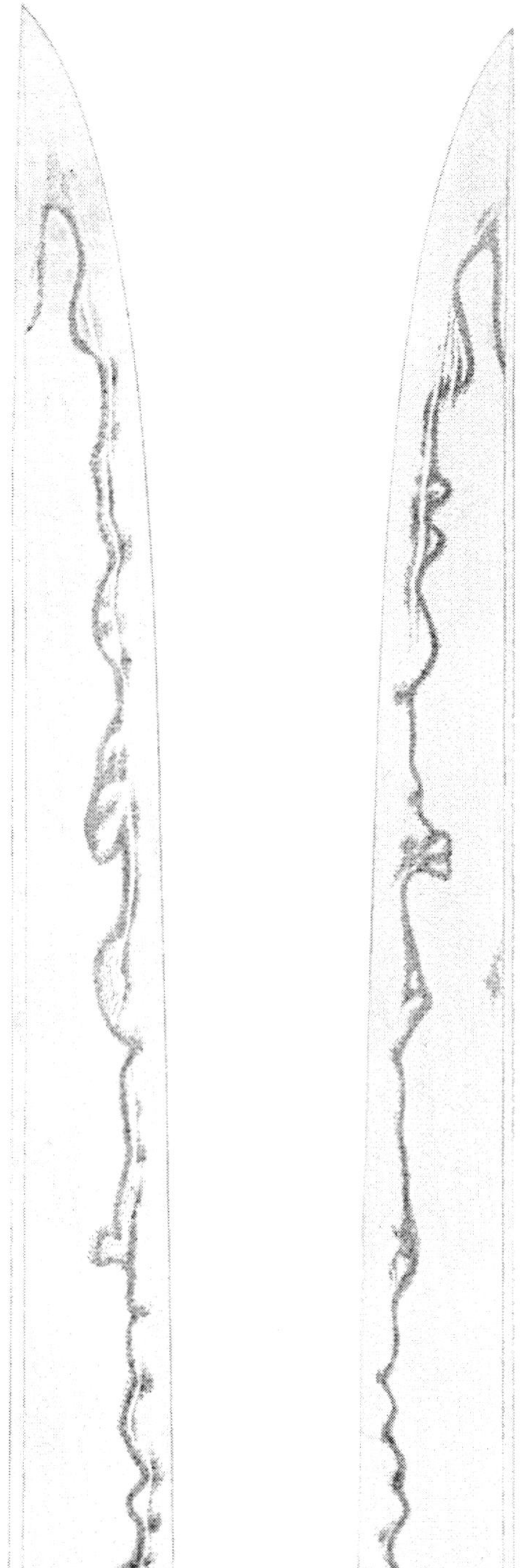

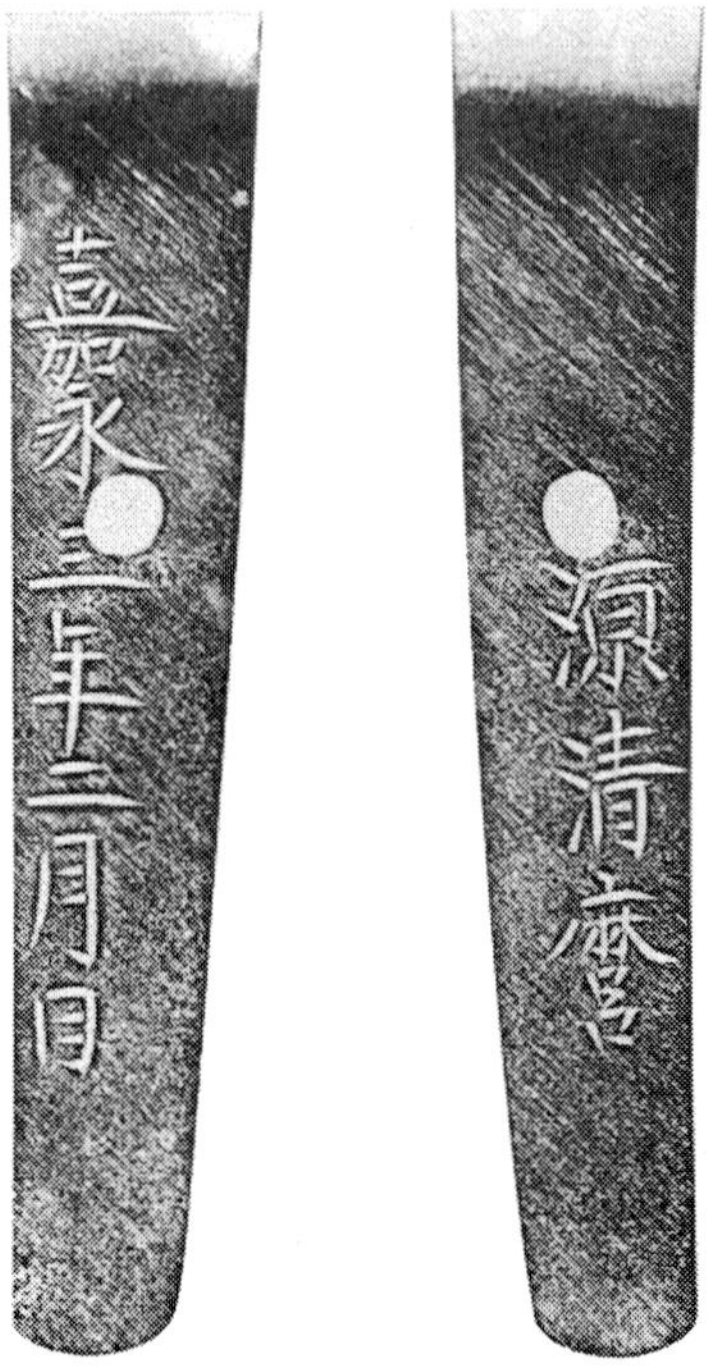

脇指　刃長一尺二寸三分　反二分

これも「筑州左文字」を窺っての作である。清麿の傑出した作品を余りにも数多く見慣れた眼には、幾分物淋しさを感じるが、他工の追随を許さぬ、名匠清麿の力量は充分窺えるものである。

短刀あるいは寸延もので、この位置の目釘穴は異例で、これは拵の関係によるものと思われる。

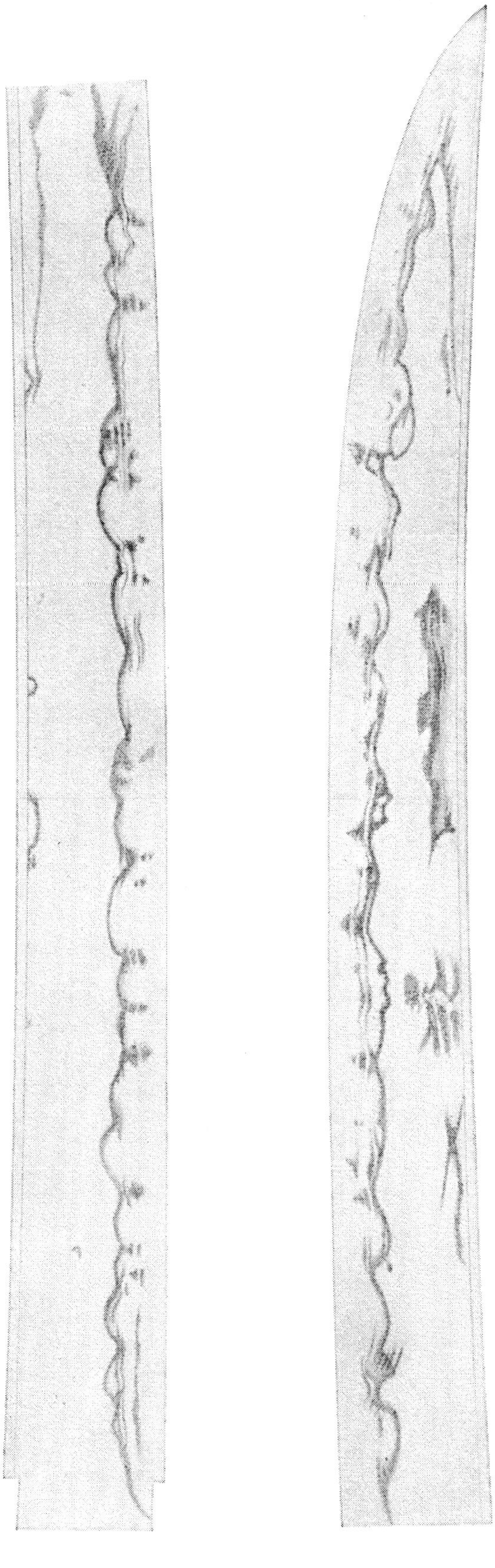

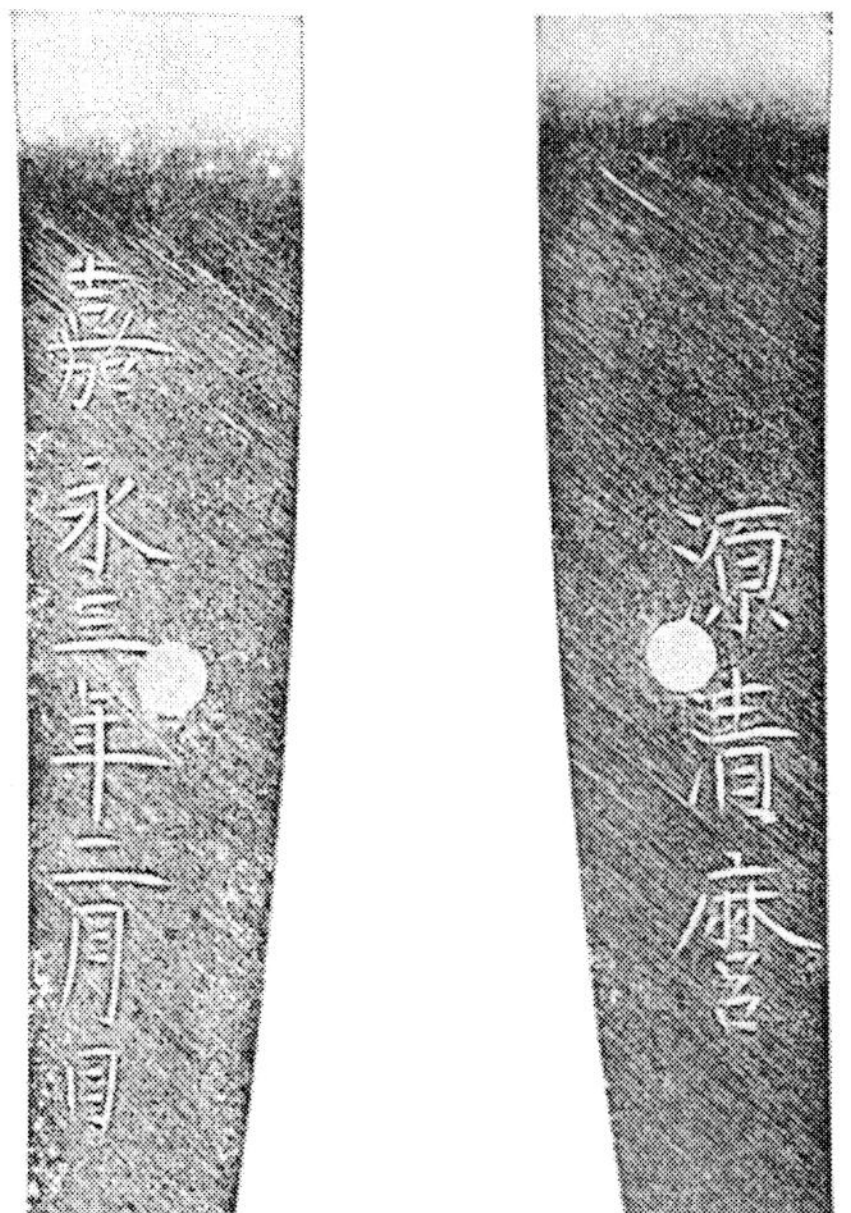

脇指　刃長一尺六寸九分　反四分

この脇指は近時山浦兄弟の新事蹟の発見に力を注ぎ独特の名文を以てその紹介に努めていられる辻本直男先生絶賛のもの。

その起伏して万化の妙を極むる音律的刃彩は刀面に生動するかと思わしめる。けだし清麿の真髄を発揮して遺憾のない名作。

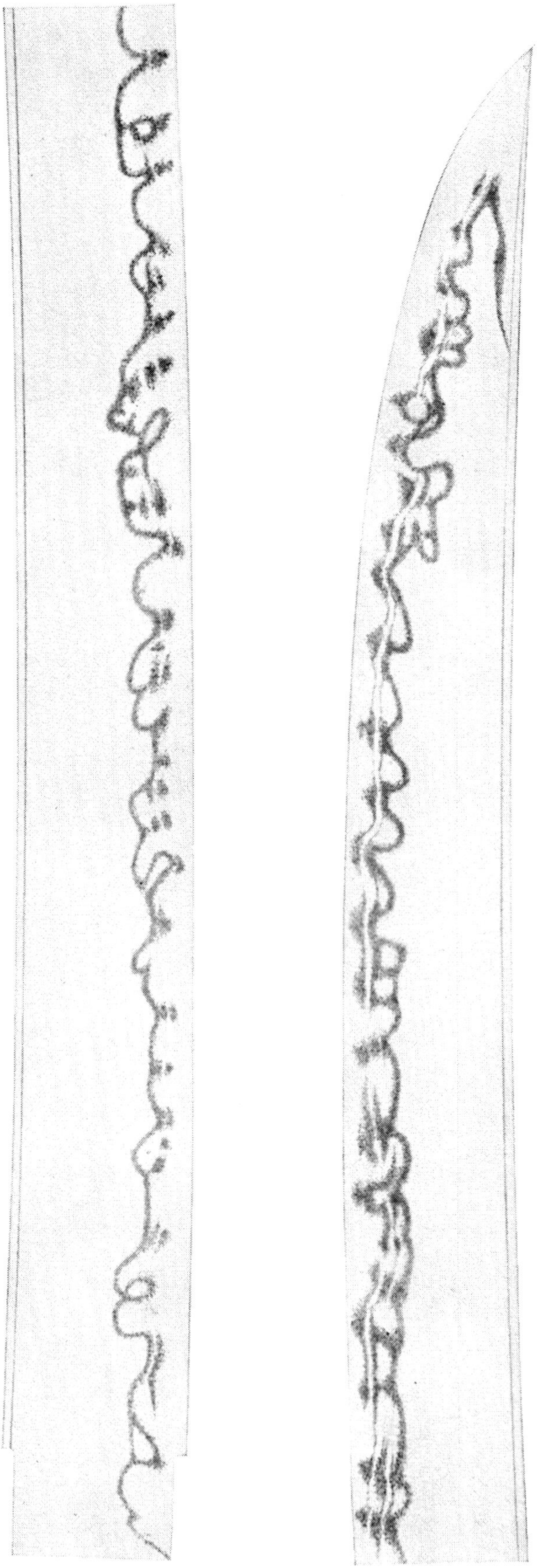

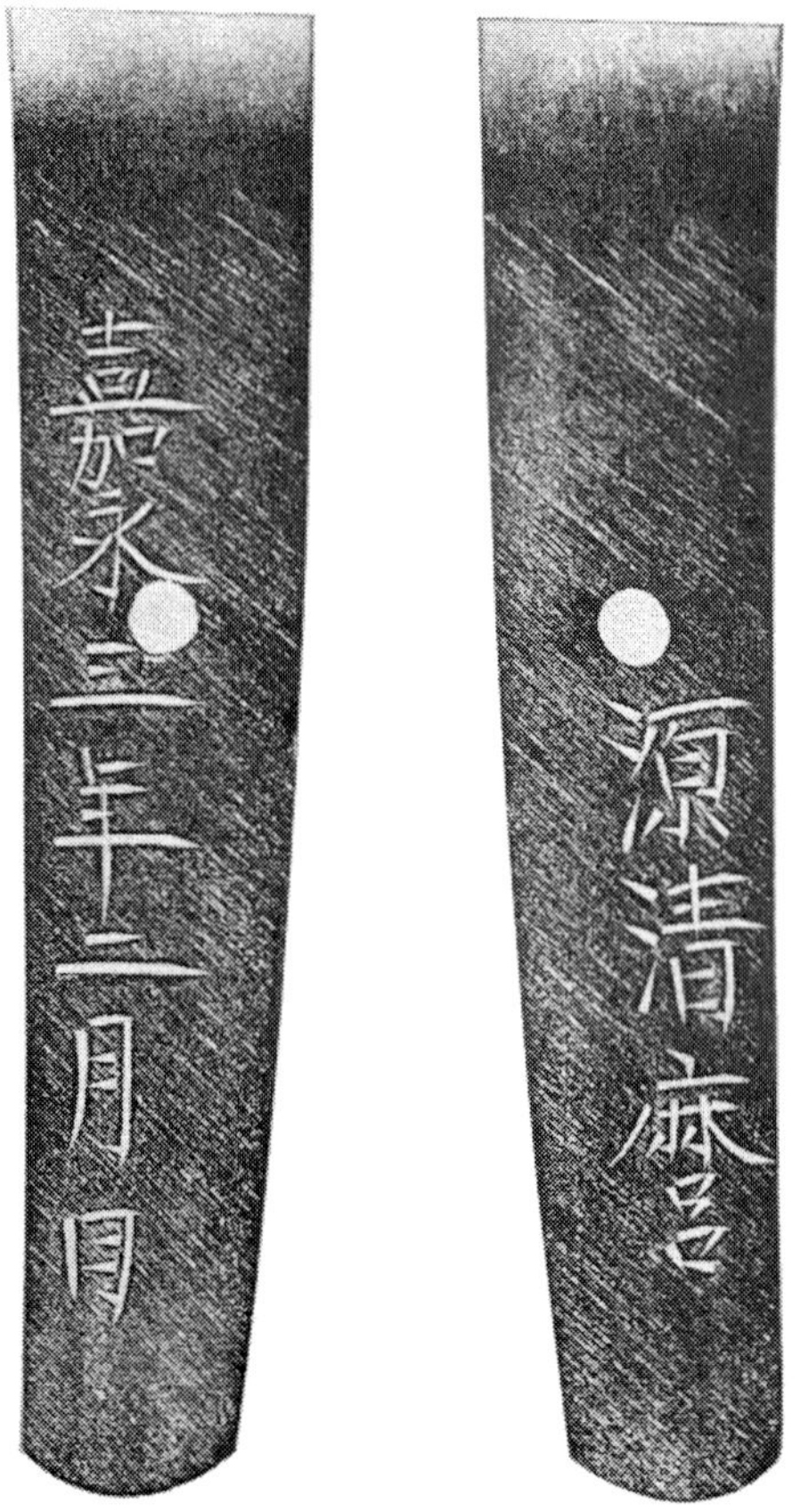

刀　刃長二尺三寸七分　反六分

嘉永に入って幾多の名作を発表して清麿の盛名いよいよ高いものがある。この刀には絢爛豪華さはないが、むしろ、このように技巧を求めずに、自ら品位高い作風こそ、真の名刀とも称えられるもので、清麿長足の躍進振りを示したもので鑑賞厚い。

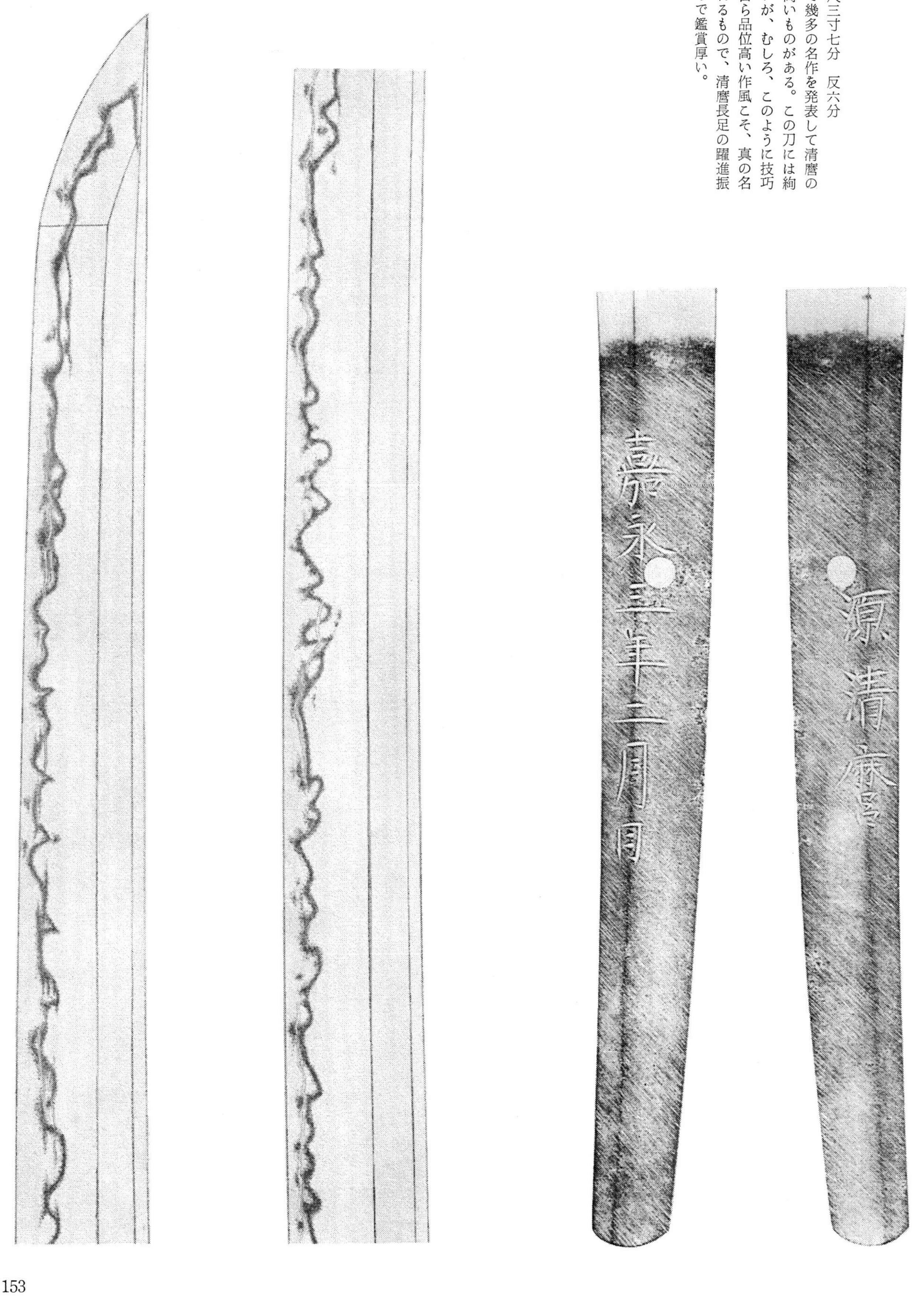

刀　刃長二尺五寸五分　反六分

林健吉氏の嘉永三年二月日の清麿刀と同調のもので、巧まざる技のうちに、自ら衷に蔵するこの真善美こそ刀芸の極致である。まことに滋味掬すべき嘉永三年作の逸品である。

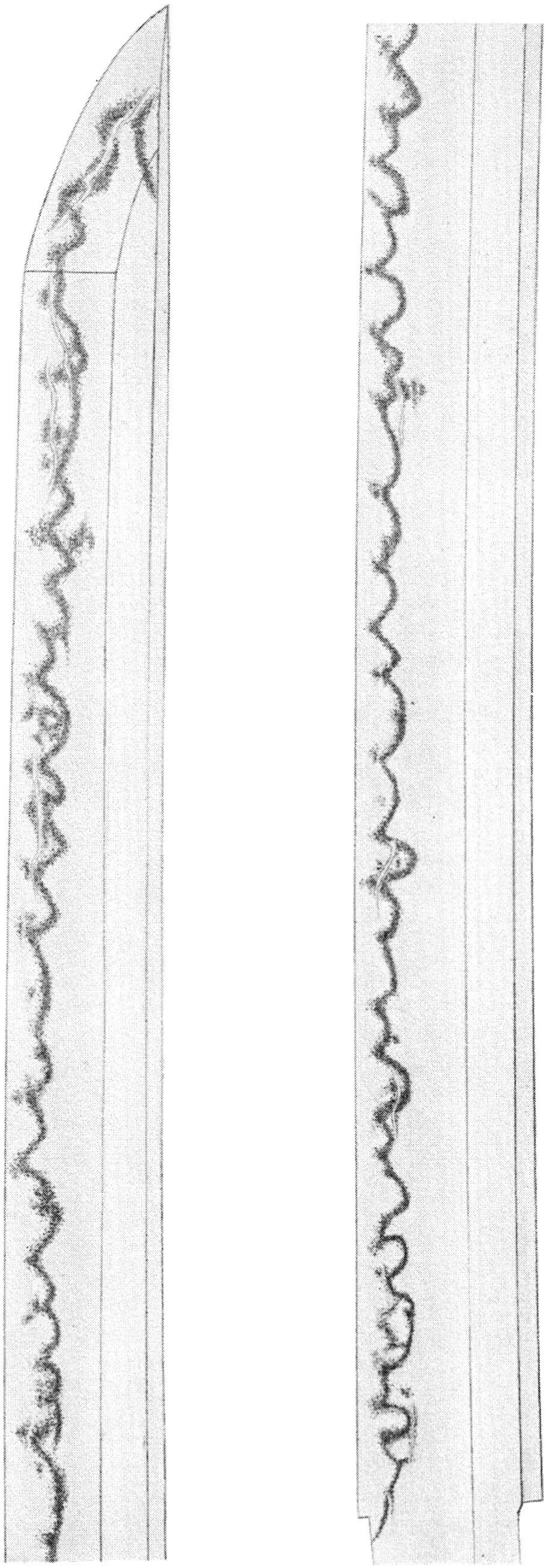

刀　刃長二尺九分　反五分

まことに絢爛華麗な出来栄えで、大互の目乱を焼いて、刃中に丁子足、葉《よう》を交錯させ、変転して極りない妙味を縦横に駆使して、観者を恍惚とさせる。嘉永三年清麿の優れた一作風を露呈した逸品。

清麿として、この刃長二尺九分という寸詰りのものは珍しく、なお「麿」の最後の一画の逆鏨は異例で、稀有に近いほど少ないものである。

寸延短刀　一尺三分　反一分

これまでの刀工が、鍛刀の基本を無視して、徒らに外形美のみに捕われて、生気を失ったものを造っている内にぁって、清麿は左文字の短刀に着眼した。その衷に持つ枯淡、優雅、荘重等の気韻高い諸要素が渾然と一致し、見る者に生々として迫る唯心的なものを感じさせる、この真善美こそ鍛刀の極致なりと思った。

清麿はここに、左文字の形に捕われることなく、端的に左文字の心をつかみ出し、これを基礎に、時代感覚を生かし、彼独自の新境地を示した。この短刀は左文字を窺って造ったものの内の白眉。

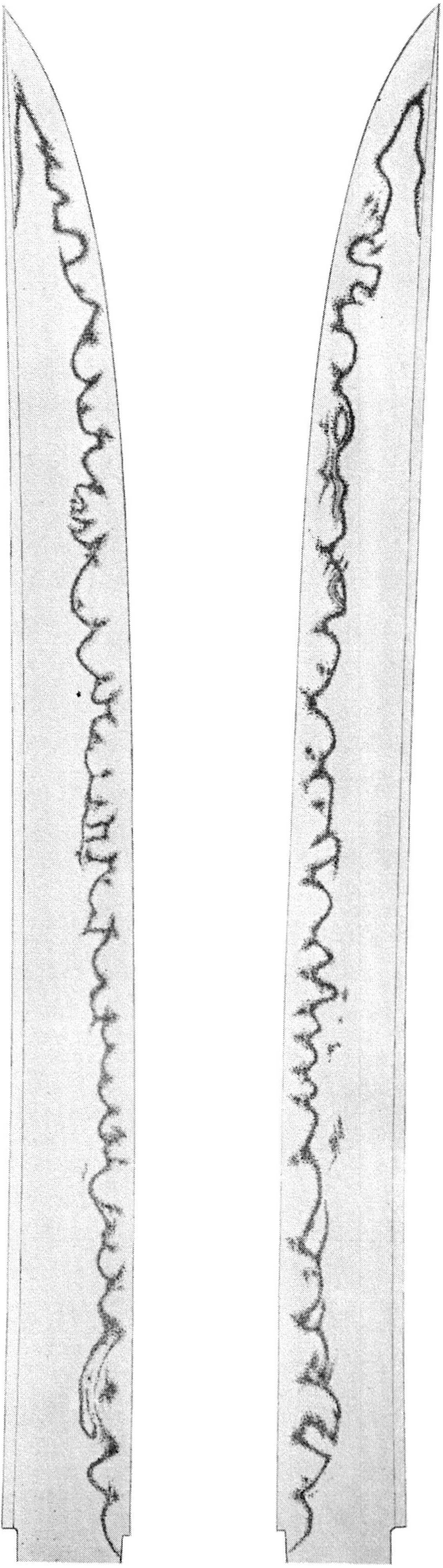

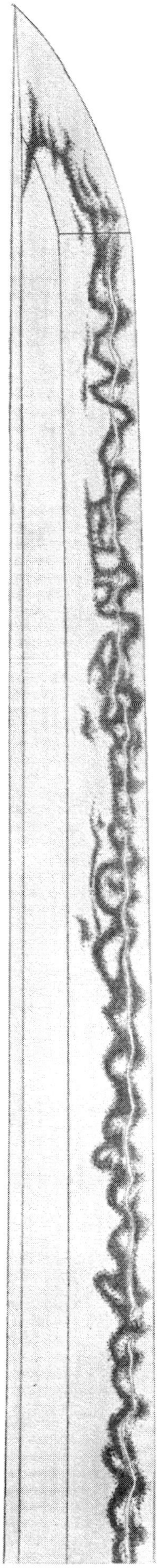

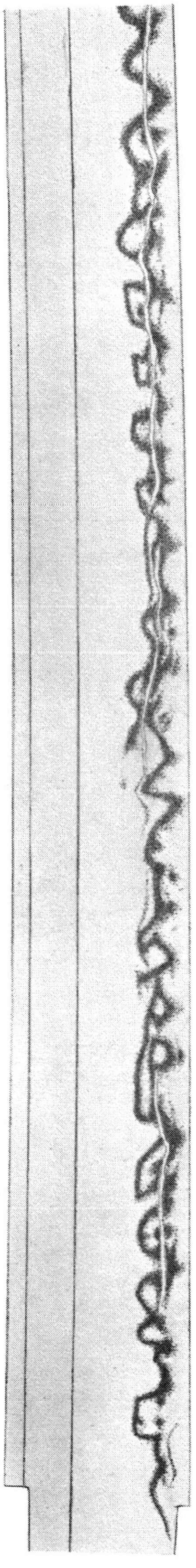

太刀　刃長二尺八寸七厘　反
六分五厘
　佩裏茎の「嘉永三年八月日為
山本重厚」が朽ち込み錆にて銘
文の鮮明を欠き、美観を失って
いる点が惜しまれる。
　刃長三尺にも及ぶこの大作に
絢爛豪華な刃文を焼いていささ
かの破綻も示さないあたり、そ
の名人芸には驚嘆させられる。
清麿が三十八歳の円熟期におけ
る会心の作。

薙刀　刃長一尺六寸二分　反四分

佐藤寒山先生が「天下無類」と双手を挙げて激賞の名品。まことに薙刀の典型にて、崇高なる気韻とその絢爛さは目を奪うものがある。作品に溢れる典雅と華麗との諧調には、よくここまで為し得たと三嘆久しくさせられる。

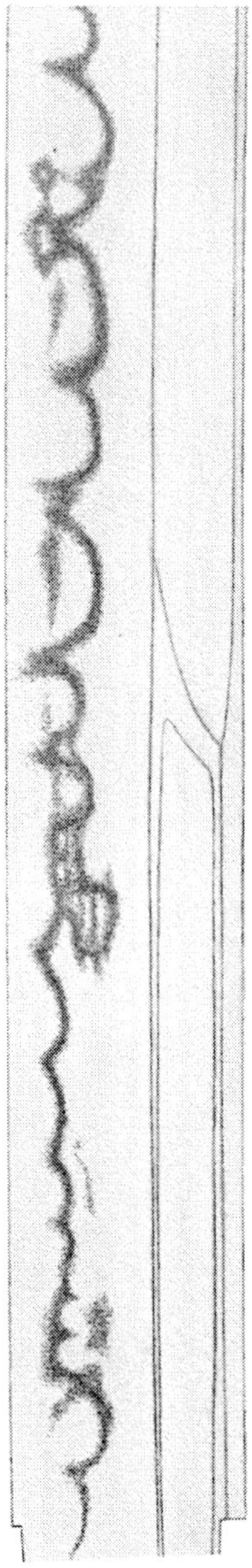

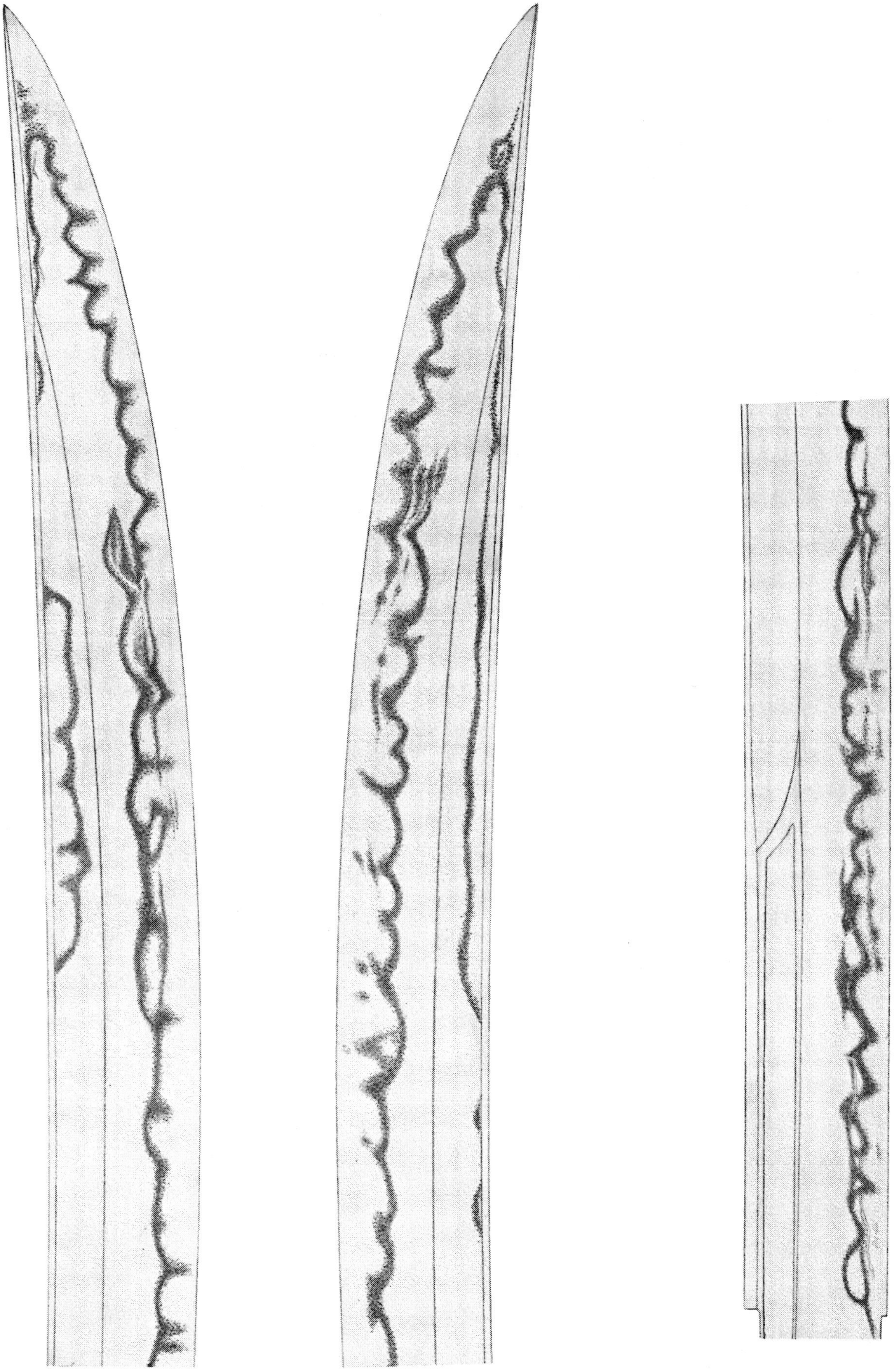

太刀　二尺七寸五分　反五分五厘

かつて、この太刀は清麿愛好家として全国にその名を馳せた斉藤一郎翁御自慢の一振り。この堂々たる太刀姿、それに相応しい豪華で清新な感覚をもった刃彩は渾然と一致して、観る者を三嘆せしめる清麿会心の作。

さらに「清麿、嘉永三年十二月吉日」の銘文は極めて貴重で、数日にして嘉永四年と改まる寸前の年号となっているが、事実は嘉永四年正月頃の作にて、「四」を忌みきらうの余り、遡った年号を切ったもののように解される。何れにしても、この太刀は従来不明なりし盲点「嘉永四年作」に照魔鏡の如き重要な存在となり「嘉永四年」の決定に欠く事の出来ない資料となった。

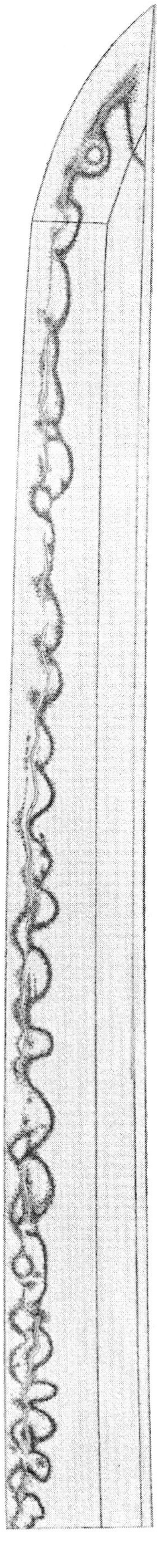

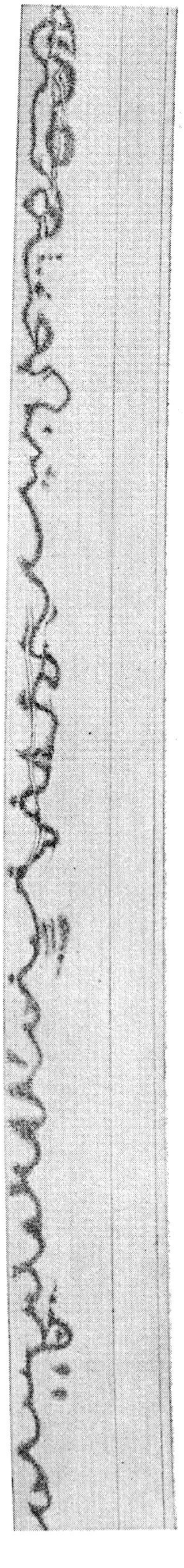

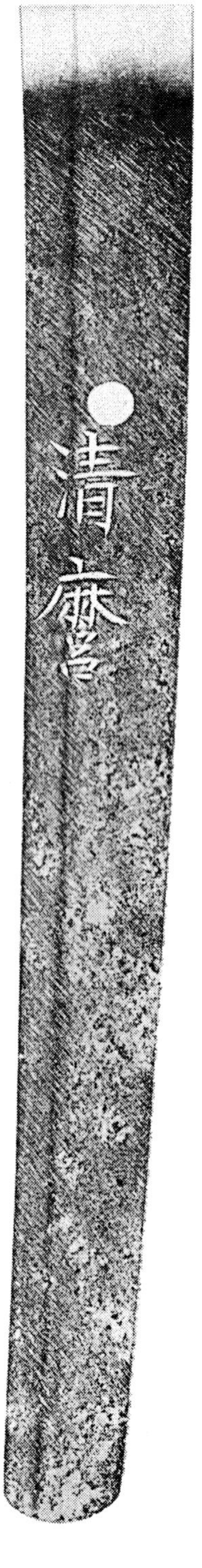

嘉永四年の作　銘文の種々

嘉永三年十二月吉日と嘉永五年二月の清麿銘とを比較研究して、その中間の作と見られる清麿銘のものを嘉永四年作と推定してここに載せることとした。この頃から鑢目の傾斜がゆるくなるのと、嘉永四年作はほとんど裏年号が無いのが特色のように見られる。

短刀　刃長七寸
嘉永四年頃の作では実に珍しいほど差表は金筋が盛んに動いているが、差裏には金筋が全然見受けられない。

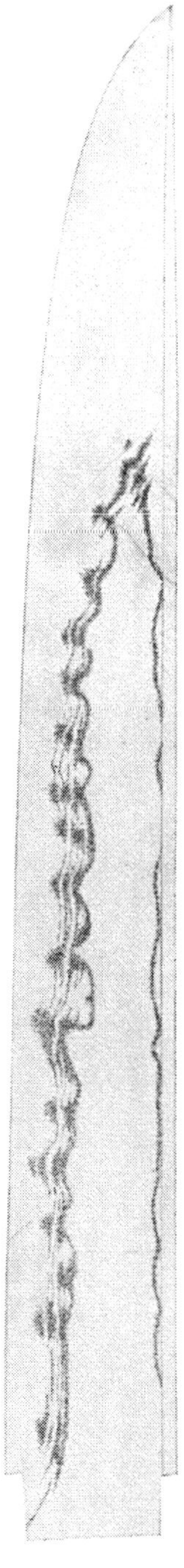

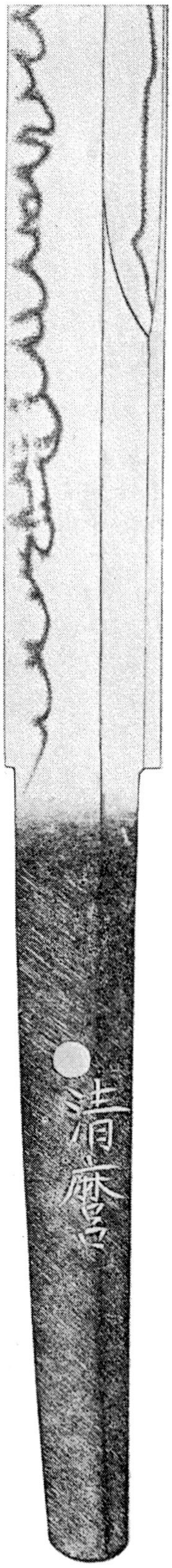

これまで嘉永四年は相当数の作品があるものと思われるが、四をいみきらい干支《えと》「辛亥」と切ったものも見当らないので半ば諦めていたところに、今回はからずも嘉永辛亥歳二月日と裏年紀入りの清麿二字銘の脇指が発見され、飛び上って喜んだものである。

今後は嘉永四年にもっとも近い嘉永三年十二月吉日、裏年紀の清麿二字銘の刀と、この嘉永四年の脇指の銘を重要な参考銘として嘉永四年作を明確にして行きたく思う。

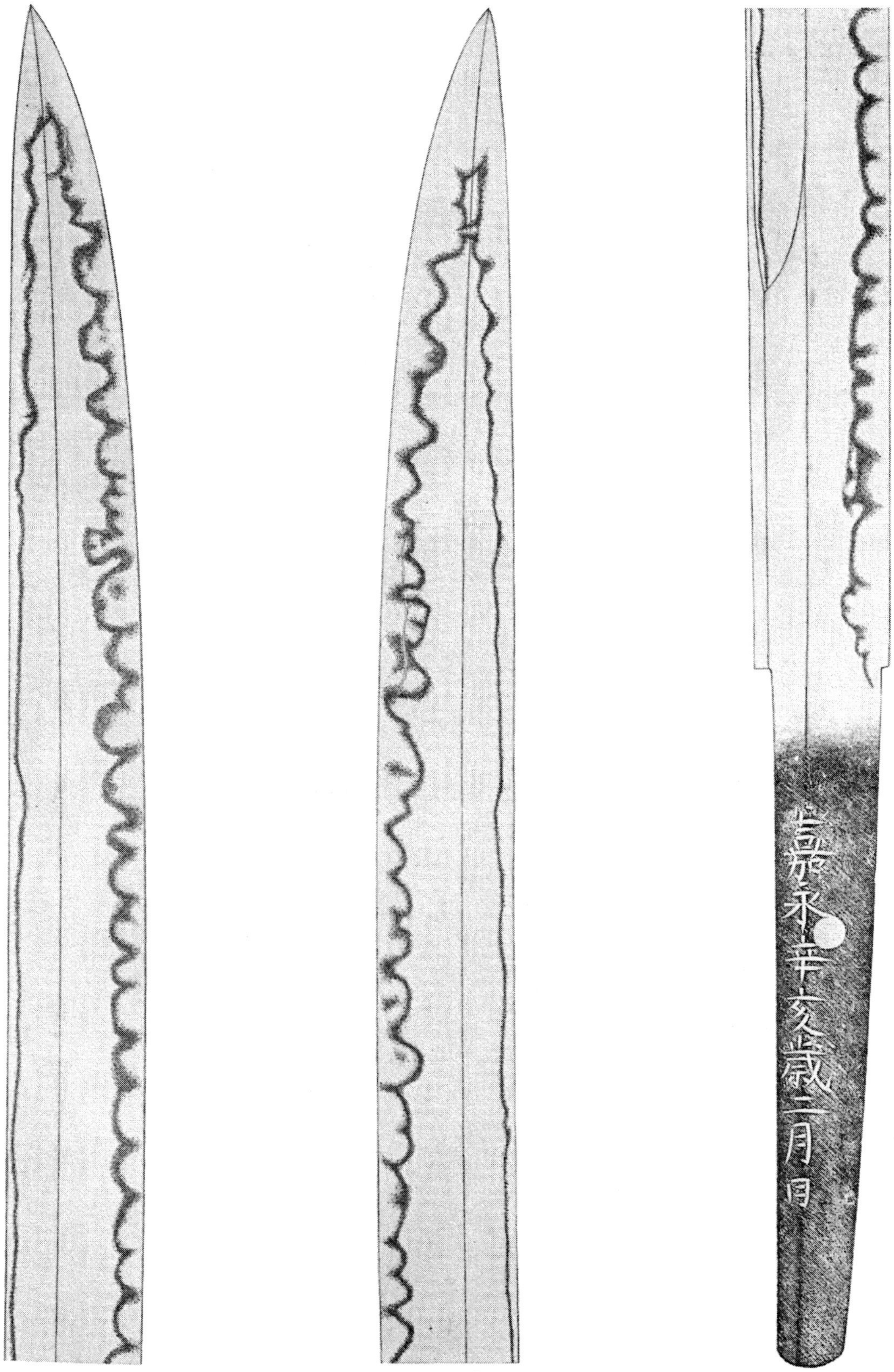
嘉永辛亥歳二月日

長巻　刃長二尺八寸五分　反四分五厘　茎長サ二尺四寸二分　目釘穴二個　重量五〇〇匁
至難な長巻をよくここまでに纒めあげたものだと、何時もながら清麿の巧みな姿造りには敬服させられる。これは長巻の典型。
この長巻は窪田清音の依頼によって、講武所戸田忠道のために造ったものである。戸田家世襲の名宝となり、当時の拵もそのまま完存されていて貴重なものである。
刃彩は、この豪快な姿に相応しい大模様な刃取りに小乱、足とを交錯させ変幻の妙を尽して、観る者を恍惚とさせる、嘉永四年清麿会心の一作。

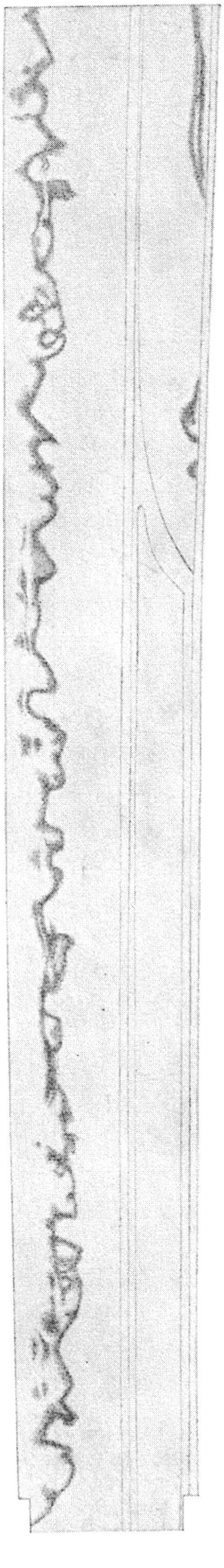

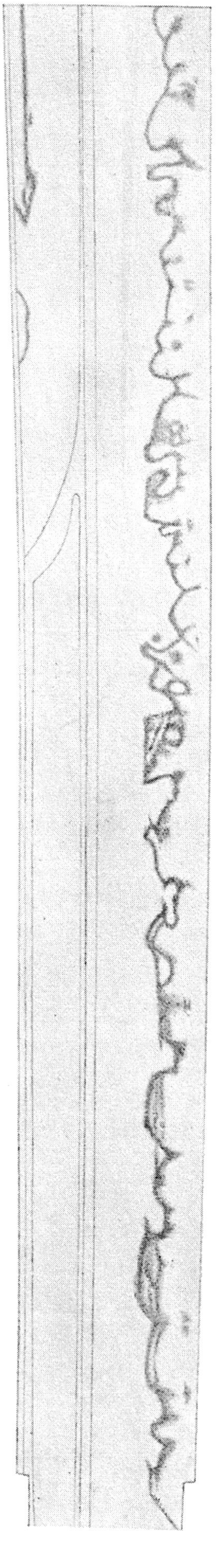

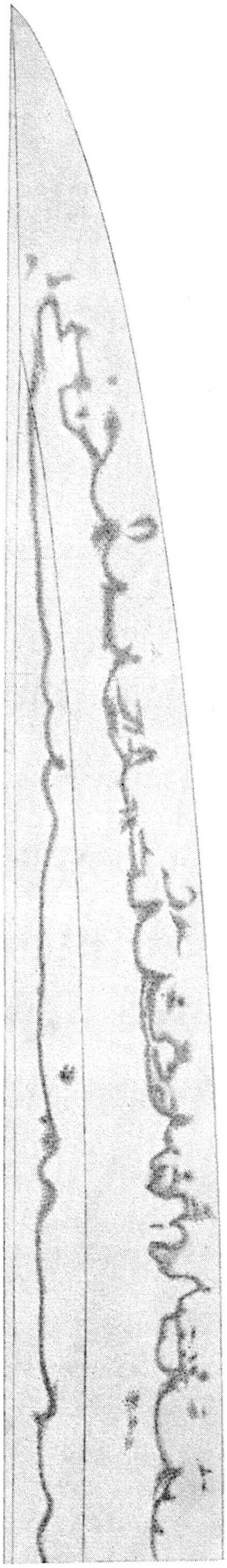

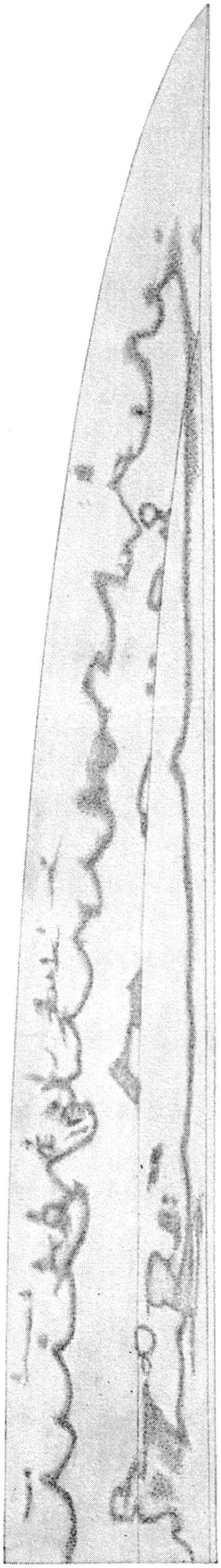

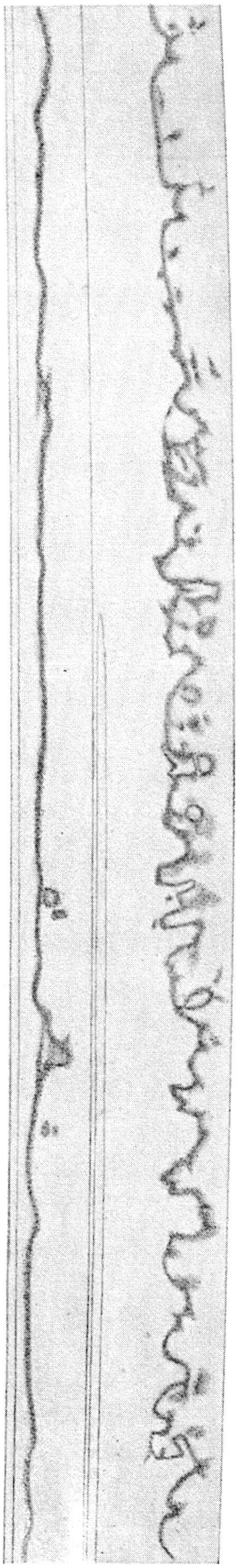

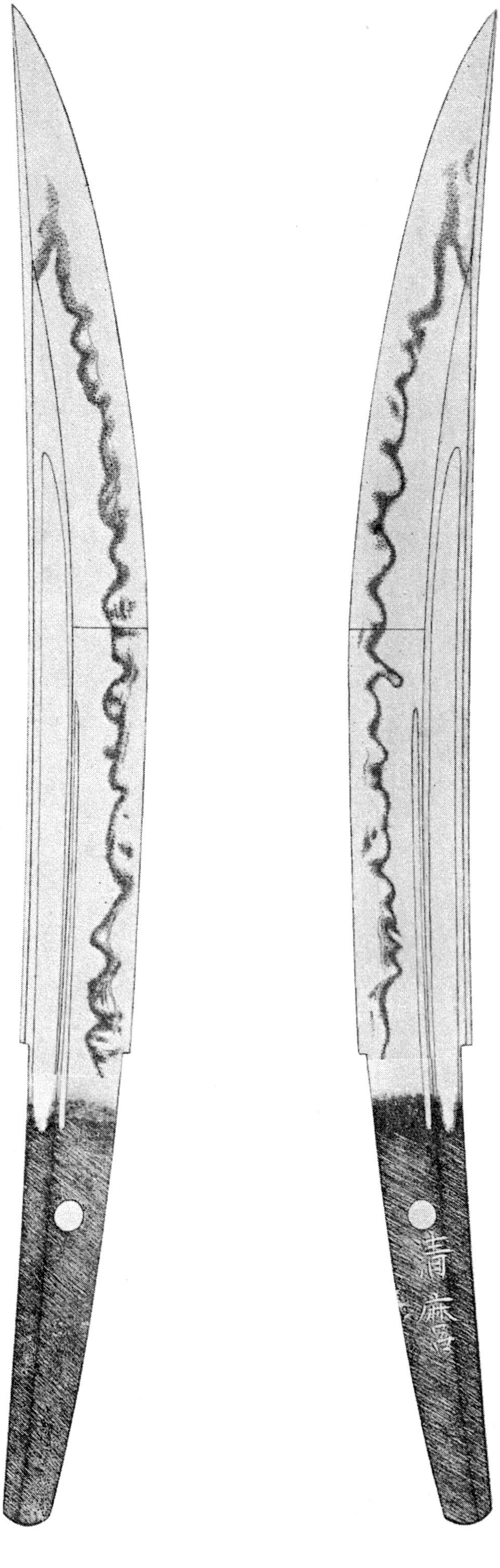

短刀（おそらく）　刃長七寸　反一分

嘉永の初めと思われる頃から、勤皇家斎藤昌麿と意気投合して刎頸の交りを結んだ。清麿はその深奥な感化を受けたものと思われる。

この「おそらく」の型は古来最も至難のものであり範とされるものが見当らない、それが清麿によって古今に絶した「おそらく」の典型ともいうべきものが創造された。名人芸の極致である。自今、この「おそらく」の出現によって幾多の模造が作られるものと思われる。これまた地刃の出来抜群のもので天下第一等の貴品である。昌麿は感動して、これに飄逸な鉈豆拵（法橋胡民造印）を付けて愛用した。なお、この作は嘉永四年（推定）の作である。

刀　刃長二尺二寸九分　反五分五厘

嘉永三年までは鑢目《ヤスリメ》が大筋違であったものが、嘉永四年になると突然のように傾斜のゆるい鑢目にと変った点が一特徴と見られる。この頃から太刀銘で年号を省略したもの、清麿と二字銘に切るものなどを往々見受けるようになる。

このように種々と変転する跡を追って、研究を深め、実体究明の資料としたいと思う。

この刀清麿の作品中でも稀有に近いと思われるほど、身幅の豊かな豪快極まるものである。刃彩もこれに適応した大互の目乱を焼き、間然とする所のない調和美を露呈している。さらに、驚くべき地鉄の優秀さが力強く、光彩を放って観者を魅了せずには置かない。嘉永四年作の逸品。

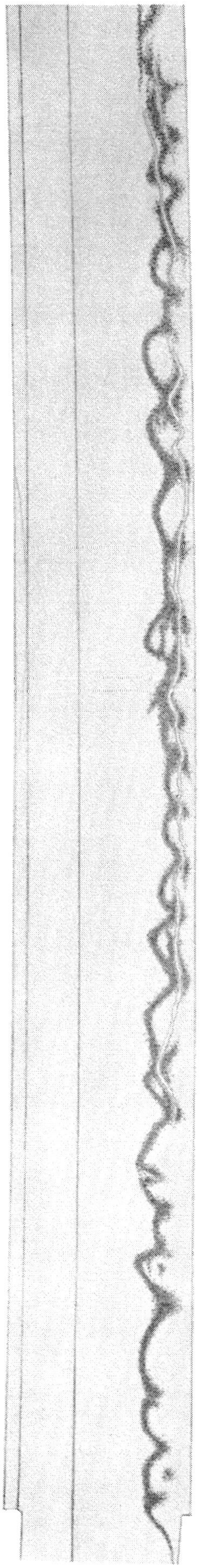

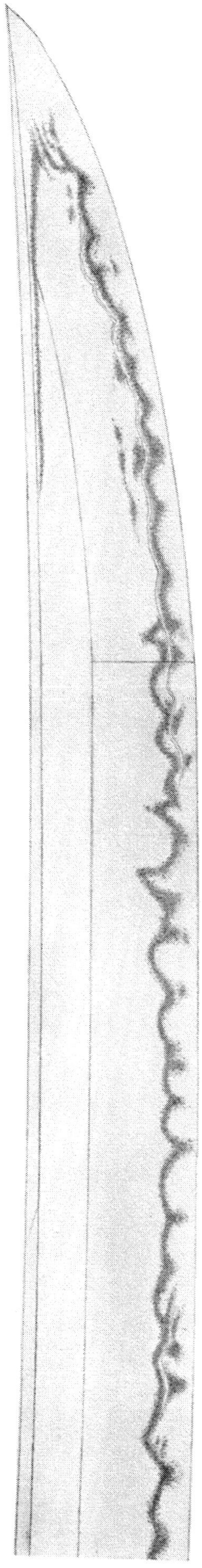

元来刀剣は合戦の都度喪失し、また軽い損傷のものでも研磨に因って次第に健全さを失いついには消耗し去る運命のものである。然るに鎌倉、吉野朝期あたりのものが、幾度かの激戦に耐えて、地、刃は研ぎ疲れて緩み痛ましい姿にこそなっているが、なおかつ形態をとどめている事が貴重なものと考えられていた頃だから、その取り扱いはすこぶる鄭重で、全く古刀様々と有難い御時勢であった。

江戸時代の刀剣鑑定の権威はなんと言っても本阿弥光徳から光忠位までのものである。申すまでもなく当時刀剣は武士の表道具として欠く事の出来ない必需品であったから、それの研究と鑑賞を最も必要とする、武士階級によって刀剣社会は空前の活況を呈してよい状態のもとにありながら、悲しい事に現今と異なり研究の対象となる名刀に接する機会が少なかったので、一般には刀剣の鑑識眼は低く、この為にいかがわしい業者にやすやすと乗ぜられていたものと察せられる。この事は今に名望家に伝来している幾多の刀剣がこの間の事情を詳しく物語っている。

時は明治となり故今村長賀翁、その高弟故神津伯先生等によって刀剣の実物による近代的研究が盛んとなり著しい躍進を示すこととなった。つい一時代前までは、古刀で有名作家のものとなると偶像化され研べりして鑑賞に価する何ものも残されていないものでも、賞翫を恣にしていたが、審美眼の向上は、かかるものではもう満足出来なくなり、健全な美術品への憧れにと移り変り、かつて旧幕時代には蔑まれ顧みられる事の少なかった不遇な新刀がクローズアップされ世の賞讃を博する事となった。これは実力を有するものが当然受ける栄誉にしても、研究の進歩による結果であることも見逃し得ない。

この短刀は清麿が左文字に私淑して造った内の白眉で、神津先生はこれを痛く愛され最後まで手離そうとされなかった一事によって見ても如何に名品であるかがよく知られる。

もともと本阿弥家取り巻きの御贔屓筋は古刀の愛好者が多く、光遜氏もその例に洩れぬので新刀には冷淡、あるいは不得手というように思われ勝ちであった。流石御曹子光博氏は現代の御仁だけに、この清麿の短刀にぞっこん惚れ込み辞を低くして懇望の末に漸く入手された。これは伝統の本阿弥家では異例の一事であろう。

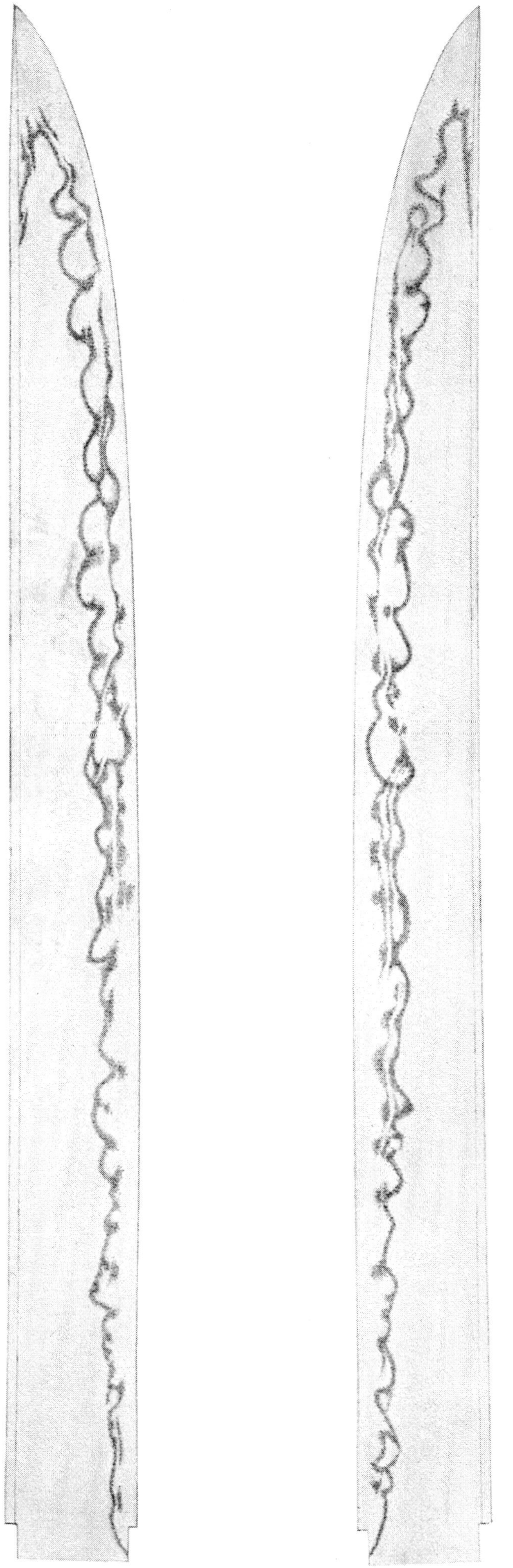

寸延短刀　刃長一尺四分　反五厘

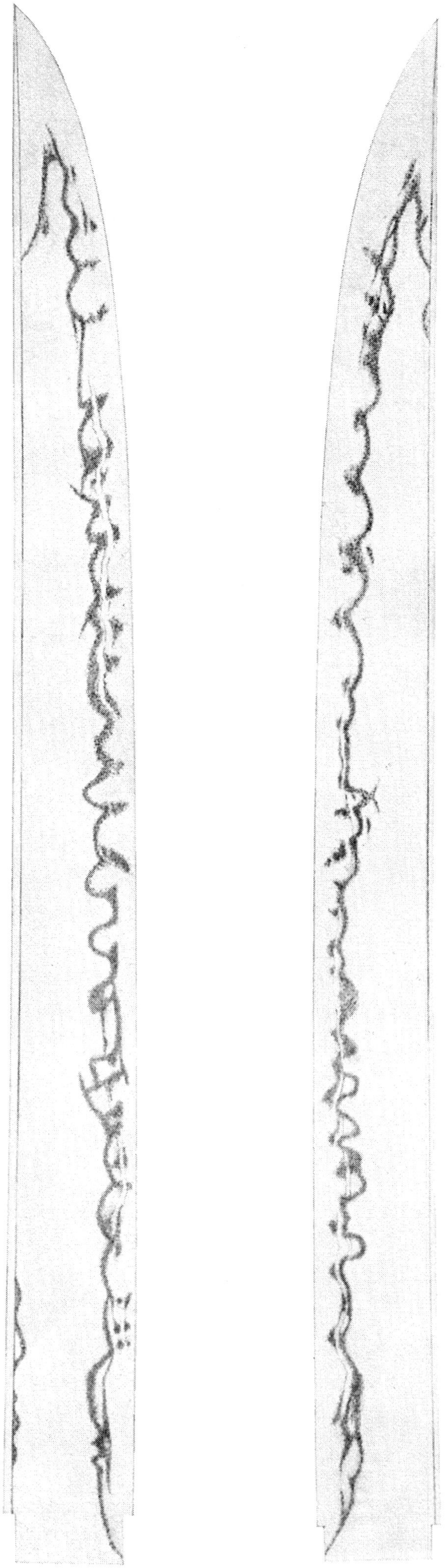

寸延短刀　刃長一尺五分　反五厘

これまた、神建雄三郎所持の短刀と同調のもので、筑州左の風格があるが清麿はよく変化させて斬新な彼独自のものとしている。即ち「古木から忽然として咲き出でた不思議な桜花の華麗さ」である。汲めども尽きぬ醍醐味を掬されたい。さらにこの短刀は新身の如き健全さで鑑賞が厚い。

短刀　刃長九寸　反一分

昭和十五年十一月二十四日芝新橋の東京美術倶楽部に於て「真雄・清麿展」が開催された。出陳されたものは逸品揃いで、その数八十口もあった。観覧者は専門家に山浦派を愛好する熱心な方が多く極めて有益な催であった。その内にこの短刀も含まれていて、小倉佐吉翁のご所蔵と思った。数々の名品に余程感銘したものか、当時の印象は今に新たである。

終戦後、郷里に引退された小倉邸を訪れた時、この短刀を拝見して、懐しくもあり、浅からぬ縁しに驚きました。

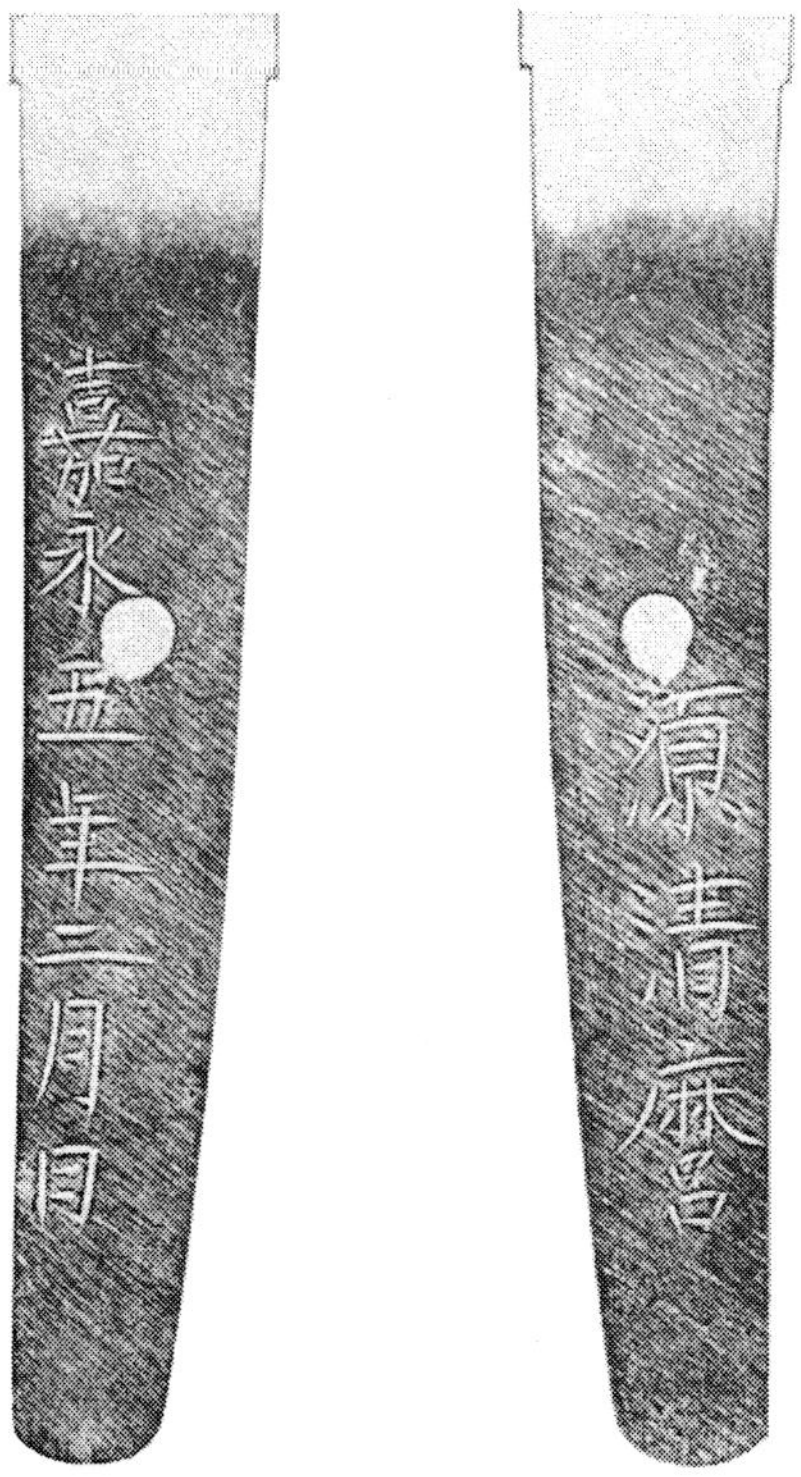

脇指　刃長一尺寸分　反三分

清麿も嘉永五年ともなると健康が勝れないせいか、短刀三口だけで、長尺ものは鍛造出来ぬ程体力の衰えが感じられる。刀は現在まで見られない。

脇指も無いものと思われていたところへ、最近になって発見されたのが、この脇指で、珍しいものだけにこんな喜びはない。

戦後の刀狩りの頃か、土中に長く埋められた。そのためか、ご覧のような痘痕のような痕跡が茎に残って惜しまれる。

刀身にも同様な朽込錆があったが、流石に真鍛の清麿である。随分研減したが地鉄にいささかの疲も出ず、刃も頗る健全そのものである強靱な鍛法は驚嘆に値する。

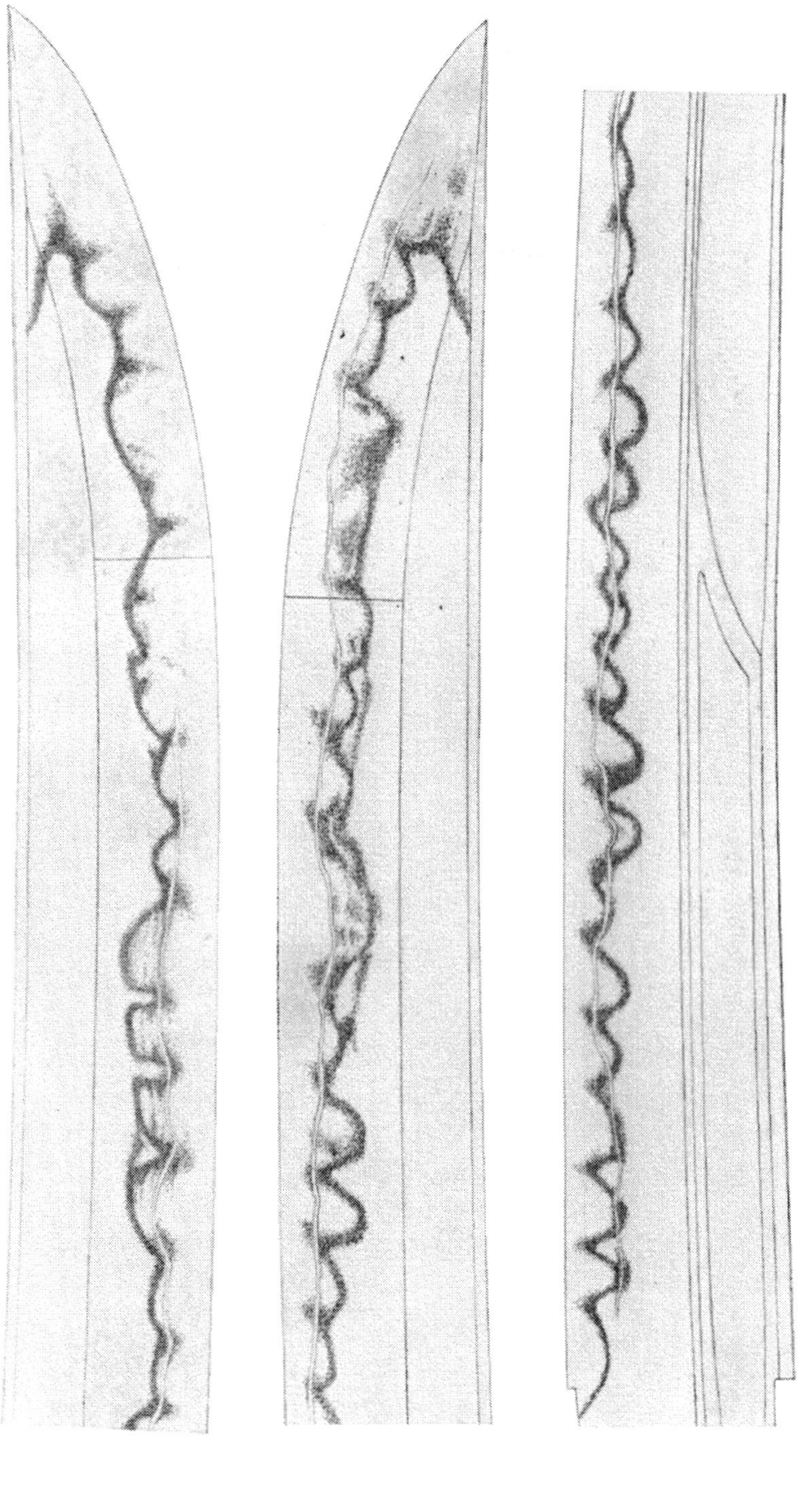

刀　刃長二尺四寸一分　反五厘

藤井学氏の「嘉永六年」の年号入りが現われたので、これによって銘文、刀身の出来が同調の、この刀を同年作と決定するのは極めて平易な事となった。

この頃から鉄質が極めて強靱となってきて自然刃文も焼き上り、厚い地沸が盛んにつき、鎬地に飛焼交り、鋩子《ボウシ》の返りを長々と焼きさげている。銘文も清麿と二字に切り、年号を省いたものが多くなり、鑢目も筋違の傾斜が非常にゆるやかとなっている点など、幾多の変遷が見られる。

この刀、嘉永六年を契機として一転する覇気横溢の作風を遺憾なく発揮した傑作の一つである。

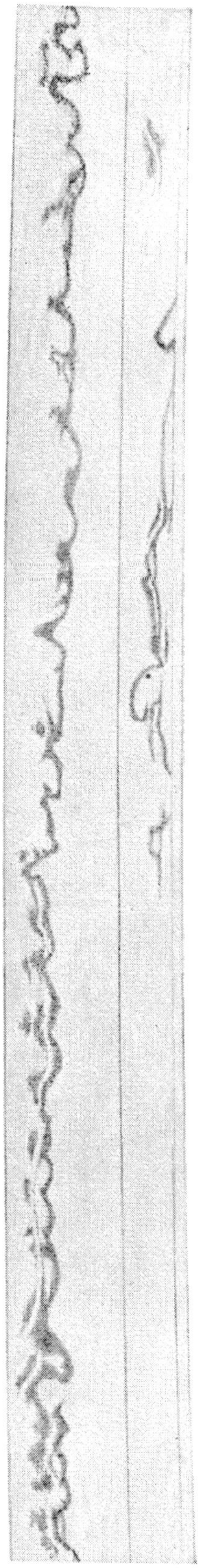

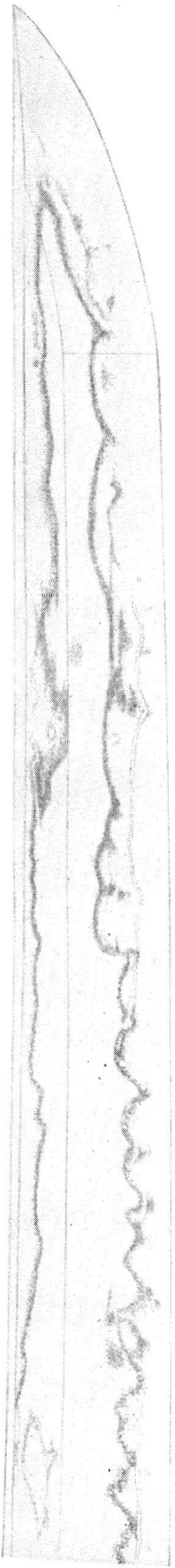

太刀　刃長二尺六寸三分　反六分

源清麿は長曽祢興里入道虎徹と共に江戸期の双璧と賛えられ、それぞれ偉大な業績を鍛刀界に残した二大巨匠である。

刀槍によって功名をかち取る時代が一応終局を見せた承応頃となると、兵器の需要は激減して、もはや、甲冑師では成り立たなくなり、虎徹は齢五十にして江州長曽祢村より出府して刀工となり、その絶倫の切れ味は世に喧伝され、大業物の名をほしいままにして寛文前後の頃に名声天下を風靡した。

巷説。新撰組隊長近藤勇の帯刀が長曽祢虎徹であった一事は、講談、浪曲等に潤色され「近藤と虎徹」の名はあまねく人口に膾炙されるに至り、さらに彼等の人気を煽り沸騰せしめるに至ったのも、一に与って寄席の侮り難い力に負うところが大きい。

明治初年、湯島天神下に住んでいた一古老が当時を懐古して語るところによると、近藤勇の帯びていた虎徹の刀は意外にも、湯島の一奸商と銘切り師が結託して、清麿刀の銘を削り取って、虎徹の銘に切り替えて近藤に渡したとの事である。さこそ、近藤勇に縦横の活躍なさしめ、抜群の偉功を立てさせるに至ったのも、この刀の威力に負う所が少なくない、刀が清麿とあっては、当然過ぎる事だとうなずける。これは、一篇の街談としてみだらに捨て難いものがある。

刀の構成＝虎徹はほとんど平易な甲伏鍛であるのに対して、清麿はよく本格の鍛法たる本三枚、四方詰鍛と「刀」構成上、最善の方法ともなれば、如何なる至難事といえども意に介せず、これを克服して鍛刀の本質を衝いているあたり流石である。

刀の本質＝刀は優れた鉄を巧みに処理して一閃鏨をも断つ鋭い刃味と、屈折にもよく堪える強靭な利器の基礎を造り、さらに、焼き入れによって「鋭利」と「美」の二要素を、この要器に渾然と融合せしめて、高度の文化的価値まで昂揚せしめたものである。それ故にわれわれは、この鉄の文化財に永劫の美を称え、限りなき愛着を感じる。

嘉永五年秋。清麿は絶えざる研鑽によって、一段と凛として張りの有る優秀な鉄鉱を得た。しかし、かかる感度の高い敏感な鉄ともなると、鍛錬を了え、最後の仕上となる焼刃渡しに際し注意深く行なっても、刃彩は固く締まって焼刃は鎬筋近くまで上昇し、焼頭は黒く嫌な光を発し、地鉄には荒錵がしきりに付き、平、鎬地といわず焼が飛び散って、美観に乏しいものとなる。刃文に千変万化の妙味を表現しようと構想を練った苦心の置土の甲斐もなく、惨憺たる失敗を幾度となく繰り返した。流石の清麿も、微妙な焼入には困憊の色濃いものが見られた。この境地こそ芸に打ち込む者の等しく辿る峻厳であり、この試練に堪えて精進するところに自ら芸道の奥秘の扉も開けて、古今に絶した名人芸の域に到達出来るものと思われる。

嘉永六年秋に至り、清麿は、深刻な辛苦を重ねて、ようやく秘訣を悟り、ここに会心の一作成る。

嘉永六年の年紀は、ことに重要で従来ないものとされていたが、その刀の出現によって、ここに明確となりこれほど喜ばしい事はない。

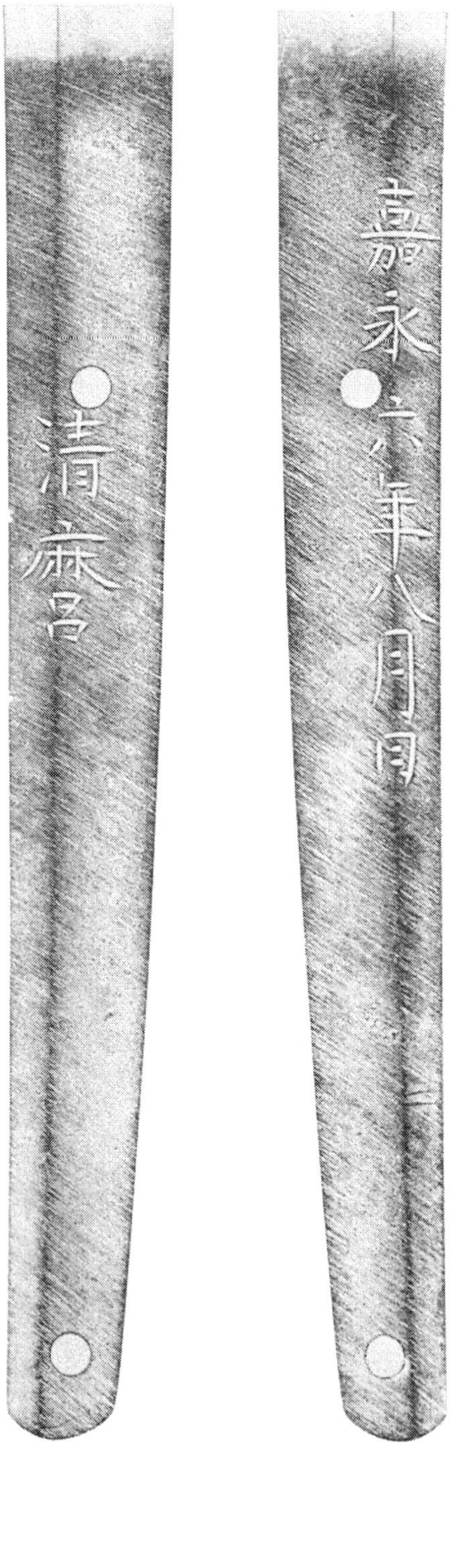

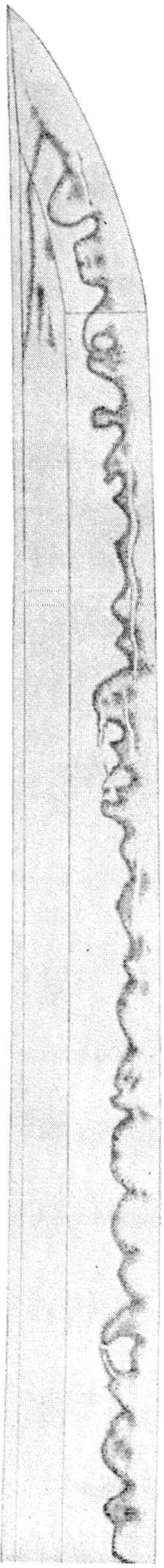
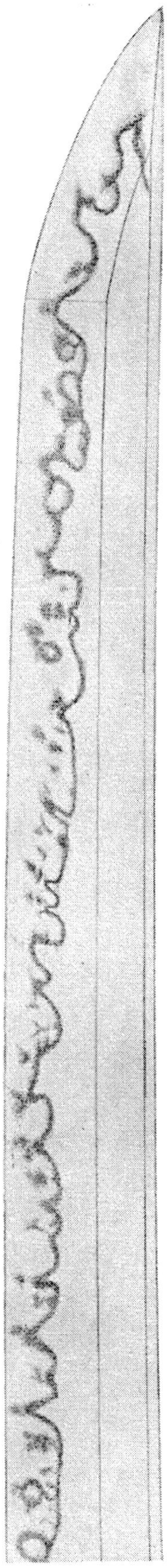
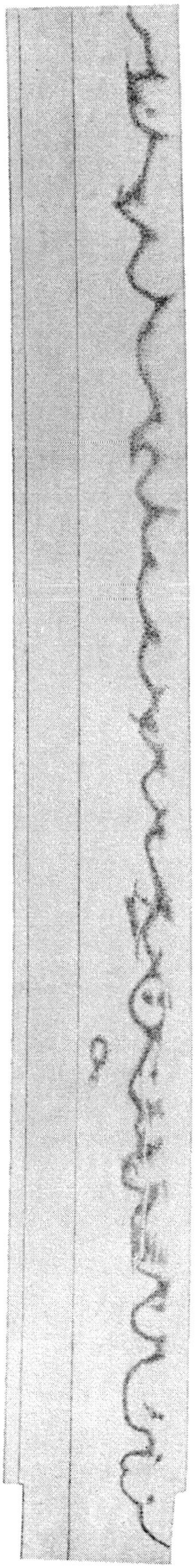
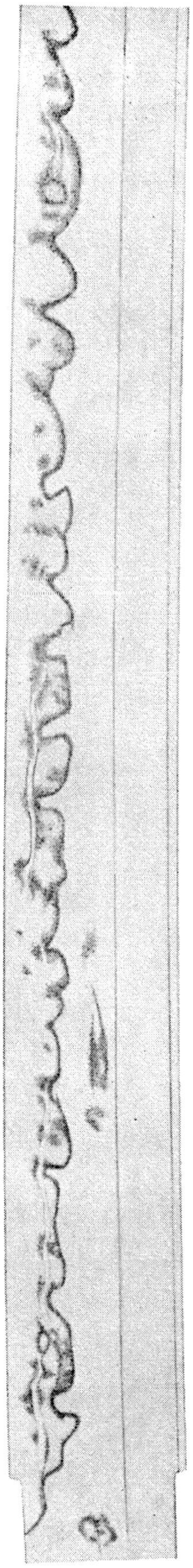

菖蒲型　刃長七寸六分　反無し

この短刀は清麿と二字銘で年号こそ省略されているが勿論嘉永六年の作である。

「筑州左文字」の影響を清麿ほどその作品（ことに短刀）に反映させている鍛冶はない。この点から考えても、如何に清麿が「左文字」に私淑し傾倒していたかが窺い知られる。

この短刀は「左文字」に匹敵する力量を示した傑作で、清麿の「左文字」を窺っての作品中王座に位するものと見られる。

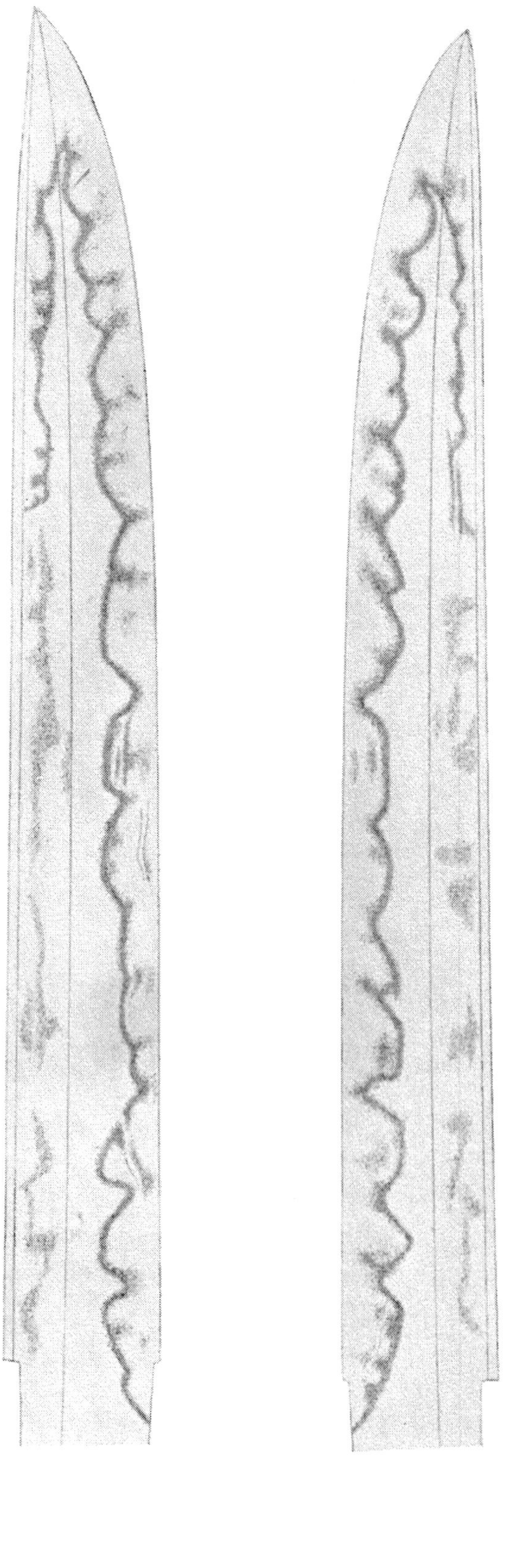

寸延短刀　刃長一尺五分　反一分

清麿は古今の名刀に親しみ、彼独自の体に変化させている。この短刀は筑州左の風趣があるが、単なる模作にあらざる点は実にここにあり、清麿の異色ある名短刀。嘉永六年頃の作（推定）神建雄三郎は宇都宮の藩士といわれている。

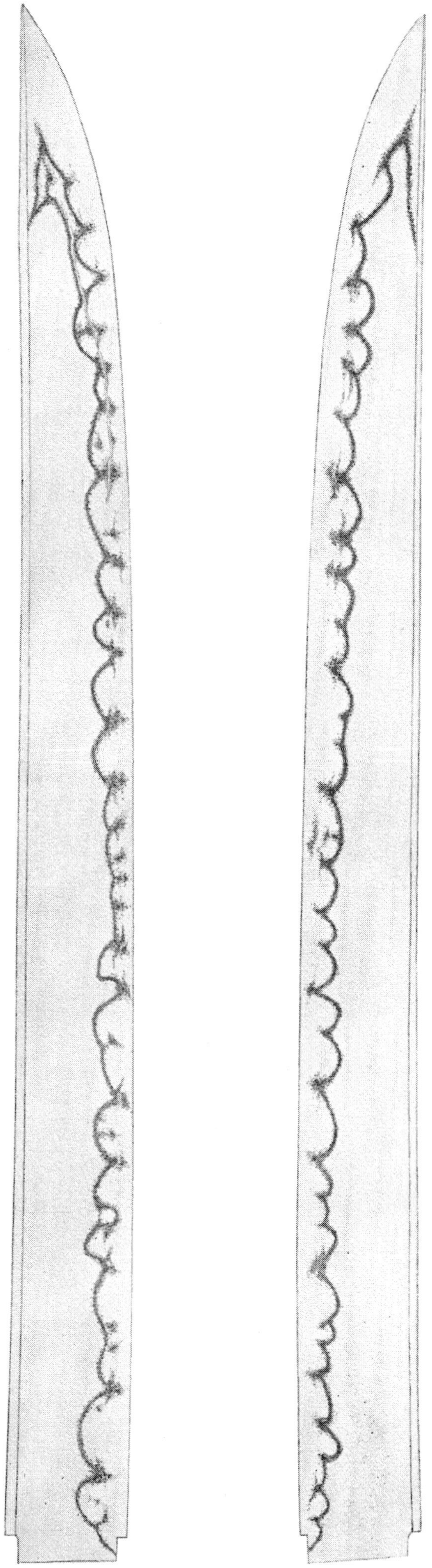

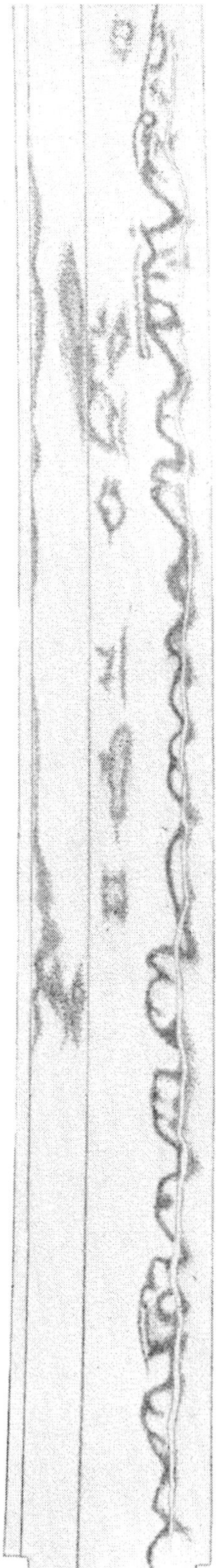

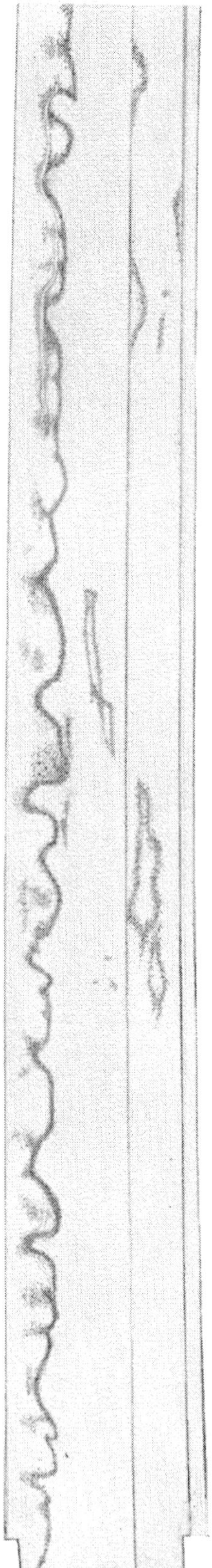

源清麿は長曽祢興里虎徹と共に、江戸期の双璧と賛えられ、山浦派の統領として、名声一世を風靡し、天保、弘化、嘉永の鍛刀界に君臨して宛ら王者の如き観を呈した。ここに嘉永六年清麿が四十一歳に至って、その鍛淬上に一大転機を画した、即ち従来の地鉄を遙かに凌ぐ強靭無比の鍛法を把握して、地鉄は精美の極に達し、刃縁の冴えには敬歎させられるものがある。一閃甏を断つ名刀の礎を造ったが、惜しむらくは従来の変幻極りなき流動的刃彩に至らず、刃中の妙味に乏しき感がある。流石の清麿も淬刃渡しの至難さに困憊の色が見られる。不世出の名工にして創めて到達し得る境地、古今に絶した名刀の出現も今や睫眉の間に迫っている。清麿によって芸道の極致の扉が開かれる時は？

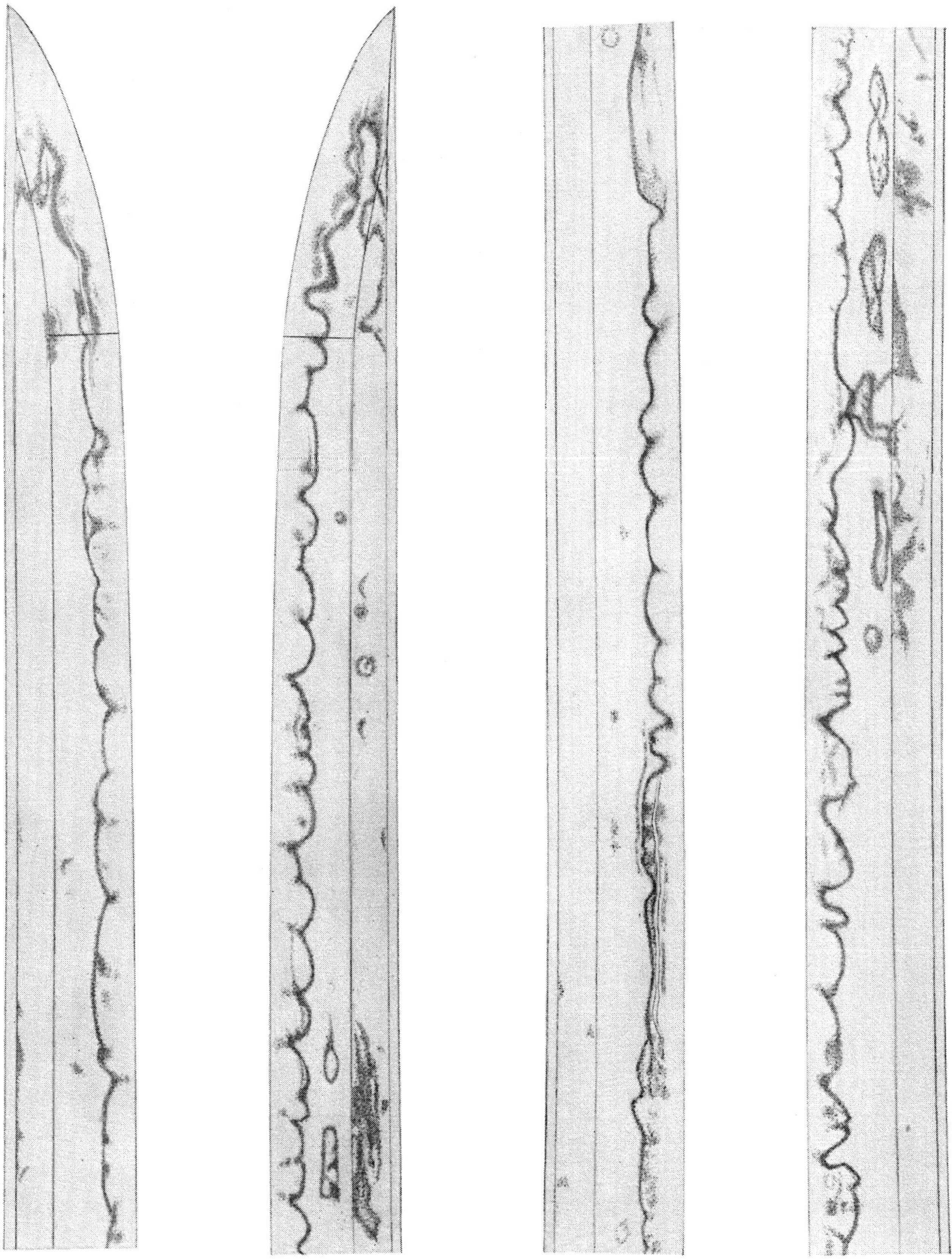

太刀銘　刃長二尺五寸　反五分
安政三年十月廿三日於千住太々土壇払切手山田源蔵の試銘は固山備前介宗次の刻銘である。

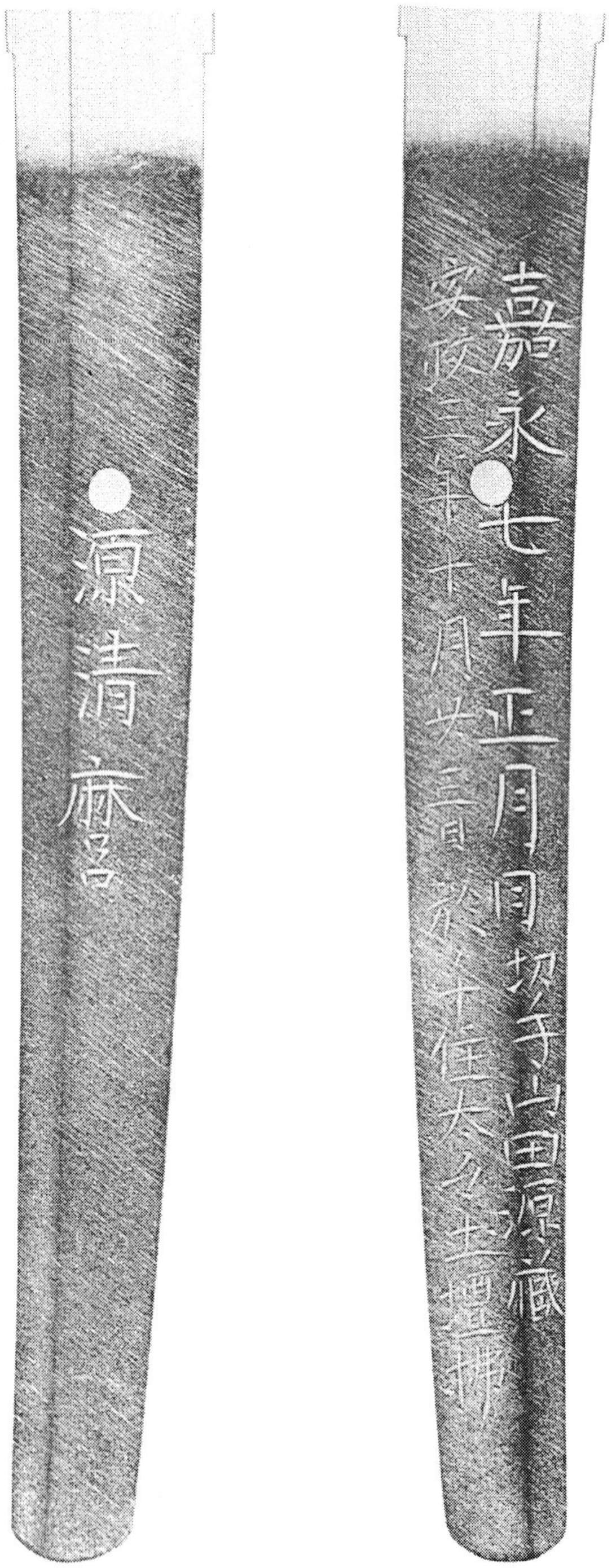

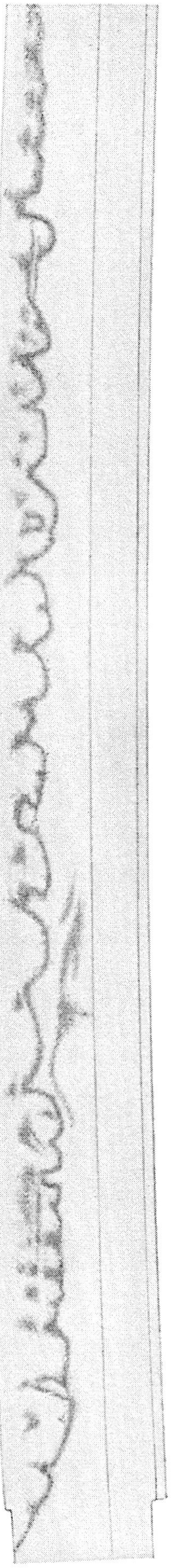

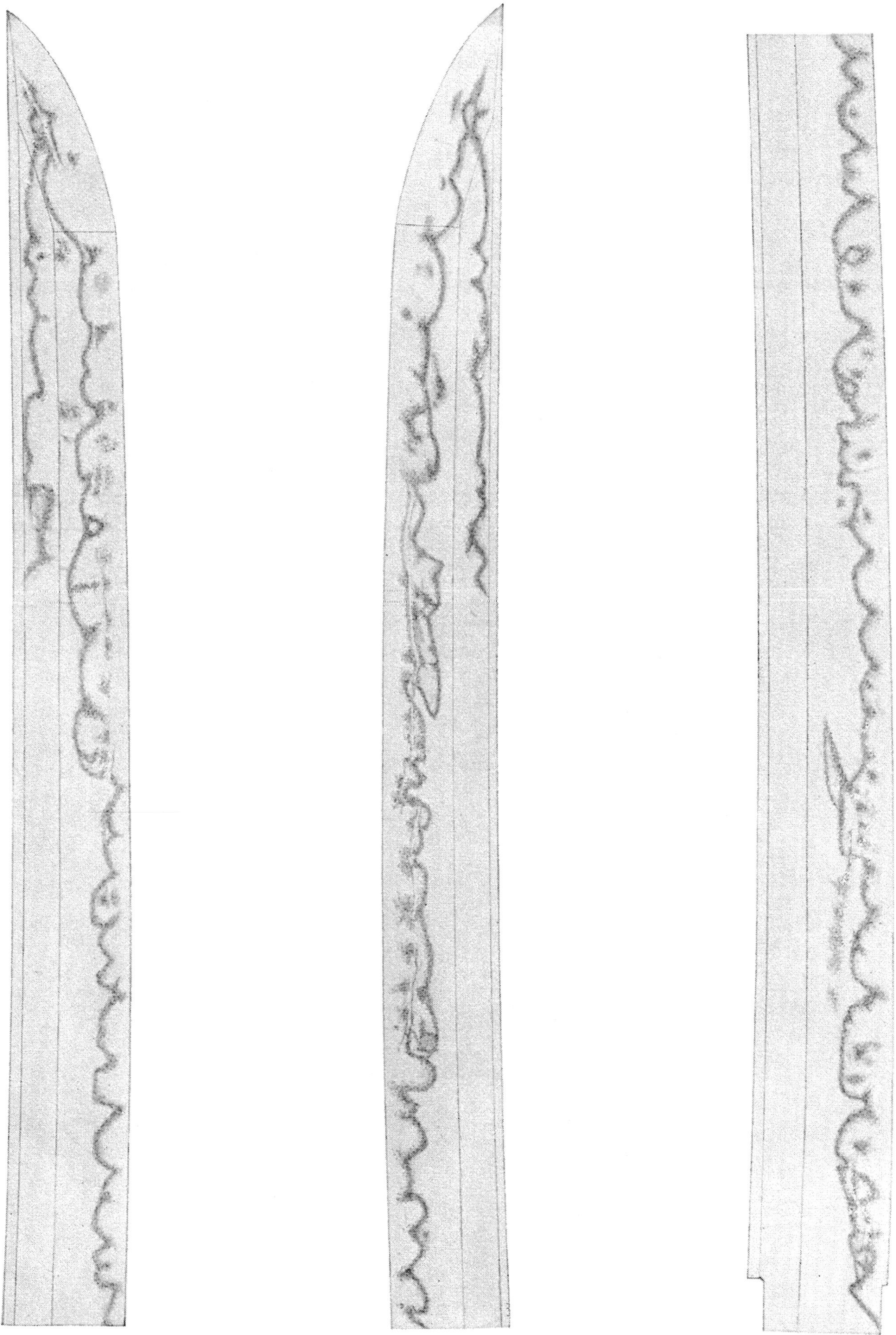

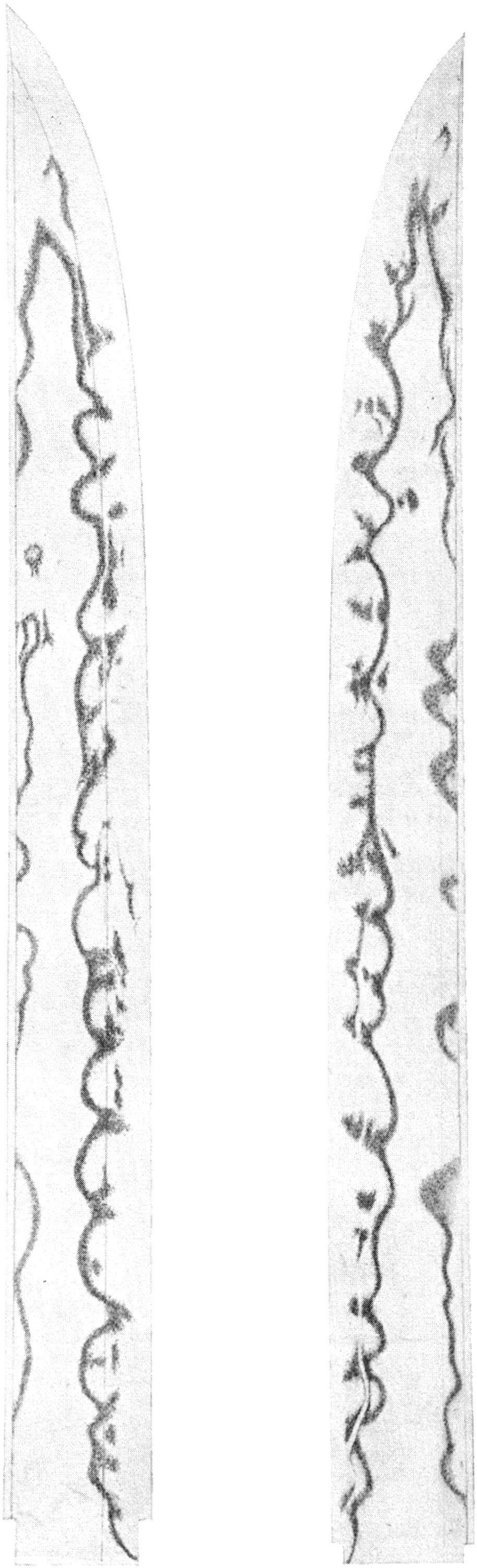

短刀（片切り型）　刃長九寸九分　反一分

嘉永七年（推定）　清麿有終の美を飾った同作中屈指の傑作品。ちなみに、嘉永六、七の両年作は、鑢目が従前の大筋違を「筋違」に、刃紋は「大模様」へと、地鉄は潤美に、匂口は一入強く冴えている点、著しい特徴となっている。

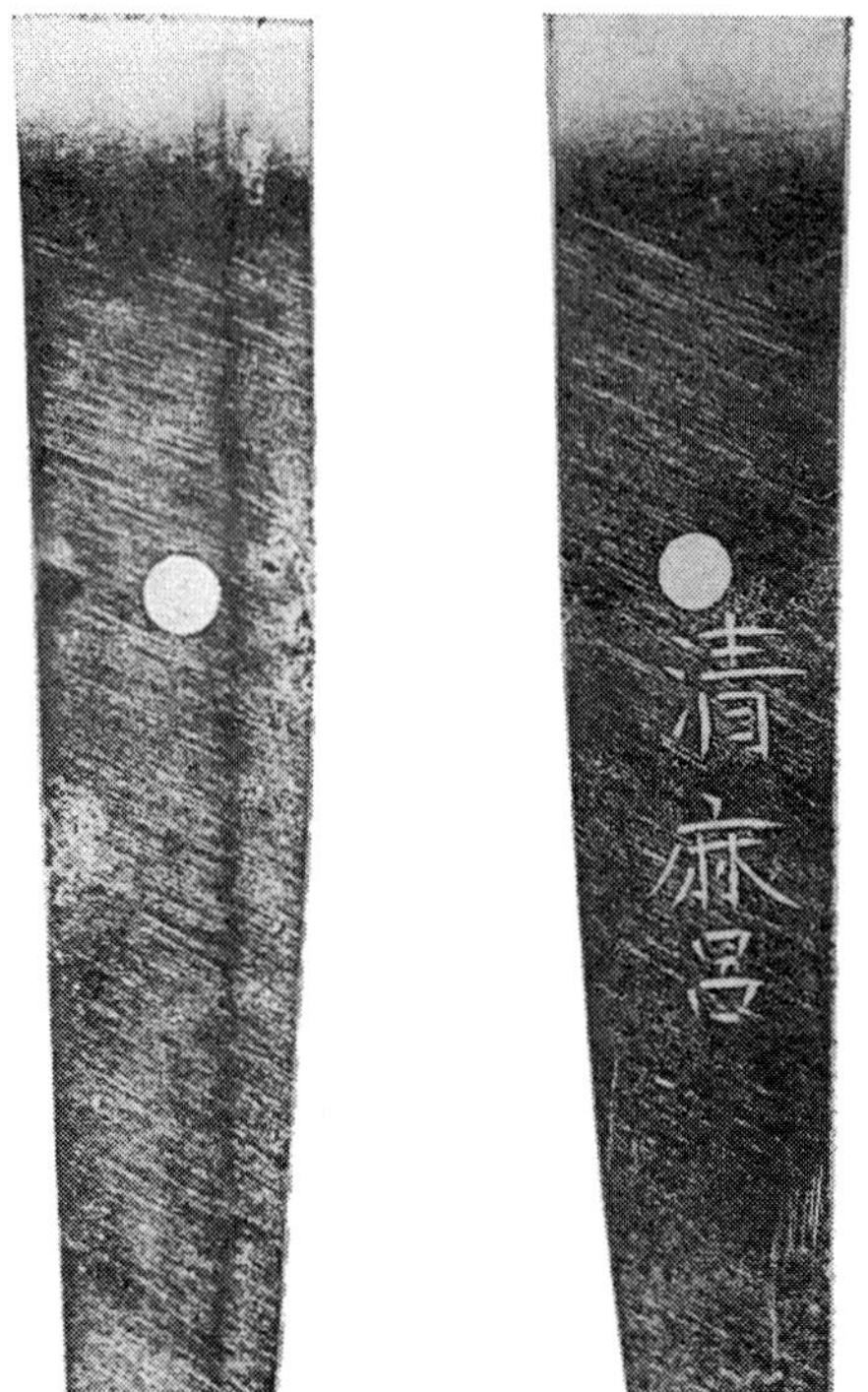

刀　刃長二尺三寸六分　反七分

嘉永七年十一月十四日、四谷南伊賀町稲荷小路の自宅において清麿四十二歳を一期に自刃して果てた。古今に絶した鍛刀の深奥に触れ、至上至高の芸道の完成も目睫の間にあった事とて、彼の謎の死は惜しみてもなお余りあり、刀剣史上これほどの痛恨事はあるまい。山浦派の大旗幟を樹立して一世を風靡したが、清麿終焉と共に…………。

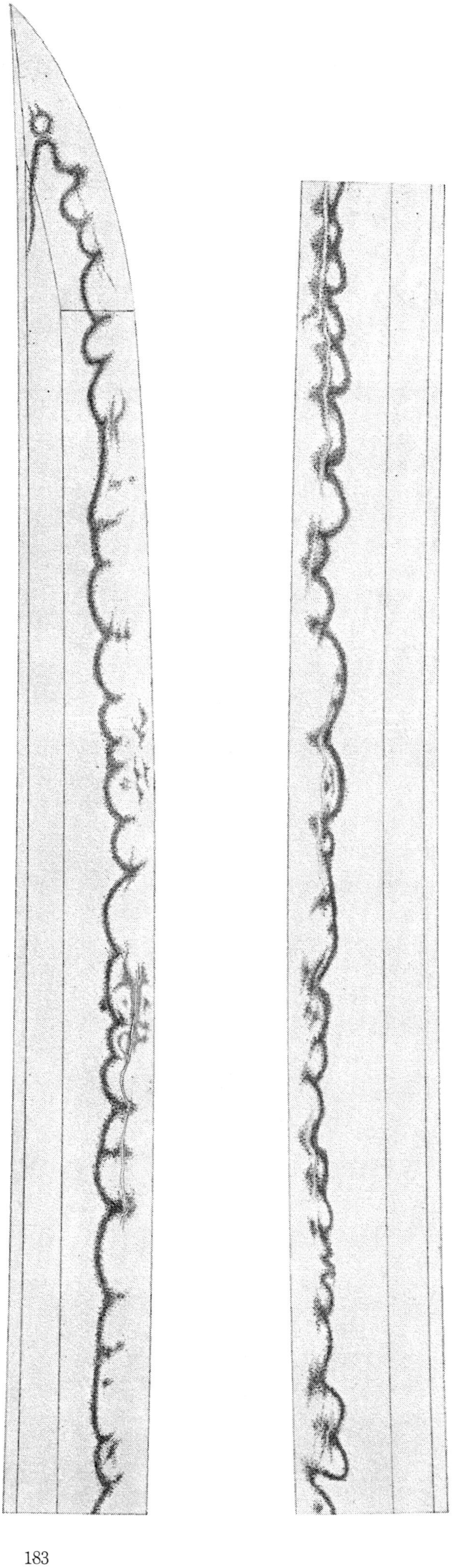

脇指　刃長一尺九寸七分　反四分

寸法から申せば長脇指となって、股旅物臭くて、しっくり来ない。これは、れっきとした武士《もののふ》のお道具であるから、小太刀と申上げたが、相応しい。

地鉄もよく、刃中の出来は、また抜群である。

ことに、樋は見事で、この重ねの薄い（鎬は高いが）ものに、よく掻けたものだと驚嘆させられる。姿づくり、樋掻きの技法は鮮烈である。

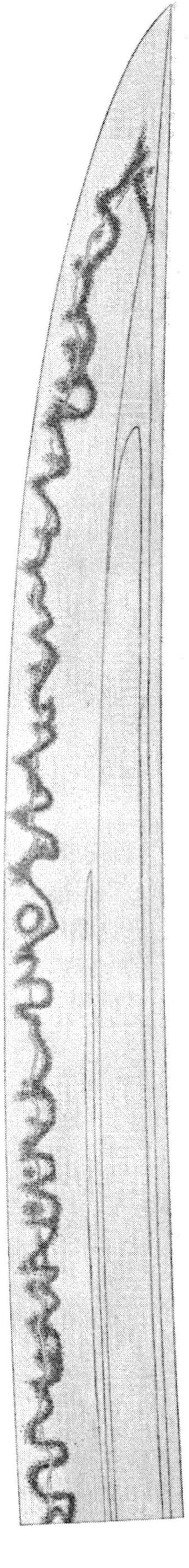

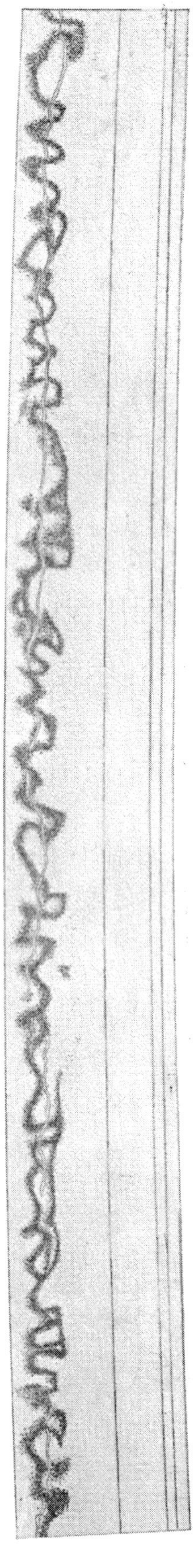

山浦真雄は文化元年八月二十八日信濃国佐久郡赤岩（長野県小県郡滋野村）に八代の治右衛門昌友の長子として生れた。その弟が有名な清麿で文化十年三月に生れている。

　武田勝頼は、信玄の第三子で、父の没後跡を継いで甲斐国主《やまなしけん》となった。性勇猛であったが、惜しいことに思慮に乏しかったので人望がなかった。天正三年五月長篠の戦で織田信長、徳川家康の両軍に新兵器の鉄砲の奇襲にあって武田勢は一たまりもなく惨敗を喫した。それ以来、勢いっとに振わず天正十年再び織田、徳川両軍の攻撃に会って壊滅し去り勝頼は天目山の麓で自刃した。山浦常陸介信宗は武田家の一武将であったので、難をこの赤岩に避けて土着し後に郷士となったと言われている。山浦邸は赤岩の台地上にあって南は峨々たる布引山嶺岩寺ケ城を仰ぎ、脚下は千曲川の激流が吼え、東は大石沢によって小諸方面からの攻撃を阻む天然の要害となっていて、西と北とは石畳を巡らしてあって、その構えを見ると古は砦であったことが容易に想像出来る。山浦家は信元（元和頃）の代から小諸藩に属して赤岩の名主役を勤めるようになり、これが真雄の代にと引継がれた（兼虎手記の家譜、意訳による）。明暦三年五月の自火で山浦家の古い記録、系図等は悉く焼失したので詳細は知り難い。

　山浦真雄は文化十二年十二歳の時から小諸藩剣道師範、諏訪清廉に就いて学び、二十五歳の時には出府して諏訪氏の師である中西忠兵衛の直門となっている。嫡子兼虎も弘化元年二十歳の時出府して直心影流の島田虎之助に就いて剣の道に励んでいる。清麿もまた、剣の使い手であったと思われる事は彼の作は何れも重心がよく使い易く造られている点から推量しても想像出来る。文政三年真雄十七歳の時に、天領の称津村と、小諸藩領の赤岩との間にある原野の所属争いが起ったので、真雄は父の代理で、村の大名主清水七郎右衛門に伴われて訴訟の為に江戸に赴いた。

　真雄にとって、この累代の村治の責にある名主職の身で鍛刀に打込んでいることは甚だ苦痛であるので、御役儀御免を願い出て心おきなく刀工の道に専念しようとしている。この「口上書」の控には「辰六月」（天保三年壬辰）真雄二十九歳の時に差出しているが、彼は既に、その前年の天保二年一月に江戸において鵜首型の短刀（富山節氏蔵）の遺作があるので、この間の事情を明瞭にしている。江戸においては水心子正秀と交渉があったと、その日記に記されている。天保四年一旦帰国、天保八年に再び出府して同十年に帰国し、その十二月には小諸藩主牧野遠江守の佩刀製作の御用を仰付けられている。弘化二年三月父昌友が逝去した。同年十月出府して本所の小諸藩主の下屋敷に翌年の十二月まで滞在して帰国している。同四年の十二月には「京畿、中国地方へ修業に出たい」という願書を名主の由右衛門に差出している。これは天保十五年八月（十二月三日弘化と改元）清麿が長門の帰途、小諸に兄を訪れた時の話に刺激されたものと思われる。嘉永元年↑↓嘉永三年は銘を「源正雄」と切る。

　嘉永元年四月松平伊賀守から佩刀と長巻五十振りの御用仰付けられ、上田の鍛冶町に居を転じた。

　山浦真雄は嘉永六癸丑年二月十六日上田から松代に出向き翌十七日藩の御武具奉行高野車之助を訪れ、同時に同役の金児忠兵衛や小野喜平太とも会って、彼の持参した自作の刀を御勝手方真田志摩殿へ差上げる事に決まった。その刀で試をしてはとの話も出たが「是は激しい銑出来であるから荒試には適しない」という高野の説に「それでは金児の許にて新たに鍛刀させたらよかろう」と相談はここに一決した。そこで真雄は二月二十五日から翌月二十三日までに二振り造った。

　鍛刀に先立って金児は銑物と匂出来のものとでは、何れが得意かとの問に真雄は「銑は匂より華美であるので自分も稀には造っているが、未だ堂に入っていない、度々試して見た結果では、匂に小銑を含んでいるものに勝るものはないと思う、それ故、ここ四、五年というものは匂物のみに専念して造っている、武用専一からすれば古今を通じて自分の作品の上に出るものはないと思う」と大変な自負に聞えるが、次頁の荒試の成績表を見ればかならずしも誇大でないことが認められるであろう。

山浦真雄作刀

刀剣刃味並に折れ口試之次第

附・大慶直胤、多々良弘一、朝日喜一

時・嘉永六癸丑年三月二十四日　信州松代城下　於金子忠兵衛宅

目附役　宮下兵馬、同　宮下民馬、同　一場茂右衛門、同　宮島嘉蔵、
同　斎藤千三郎、鉄砲組物頭成沢勘左衛門　他十二人立会。

○一イ、竹入巻藁八分切れ（大慶直胤作　刃長二尺三寸八分銚出来）　嘉兵衛
（以下巻藁と有るは、青竹を心に入れ俵二枚にて巻いたもの）
ロ、鍛鉄厚八厘　幅五分　鎺元七、八寸の辺りより直胤刀折れる。　斎藤増吉
○二イ、巻藁見事に切れる　（大慶直胤作二尺三寸匂出来の刀）　嘉兵衛
ロ、巻藁八分切れ　寄合切り
ハ、鉄砂入り陣笠切り　寄合切り
ニ、鉄胴切り　二太刀目に刃切れ刃こぼれ　車之助
ホ、鉄　厚八厘巾三寸　刃切れ　〃
ヘ、兜切り　反伏さり刀身伸びる　忠兵衛
ト、鉄敷で棟打、平、表裏を四打にて折れる　車之助
○三　巻藁　五分切れ　二太刀にて大いに曲る　嘉兵衛
（長巻、大慶直胤作、刃長二尺七寸五分）
○四　巻藁　四、五分切れ　〃
（大慶直胤作　二尺二寸三分）
○五　巻藁　五、六分切れ、五太刀目にて折れる　〃
○六イ、巻藁　八分切れ　忠兵衛
ロ、砂入り陣笠　寄合切り
ハ、鍛鉄　一太刀にて鎺元五、六寸の辺より折れる　〃
（多々良弘一作　小銚出来　刃長二尺三寸）
○七、朝日喜市作　刃長二尺五分は巻藁切り十八太刀目に折れる。他に
無銘刀参振りは一太刀にて曲り、九太刀目に折れている。
○山浦真雄作　刃長二尺一寸五分重量二百三匁銚出来の試し
巻藁一太刀　九分切れ刃味宜ろし　嘉兵衛
同十太刀　何れも八分切　寄合切り
竹入藁六太刀　七、八分切れ　刃附直して切る　〃
古鉄厚さ一分、巾七分　一太刀にて美事に切れる　刃切れ入る　車之助
鹿の角　六太刀　増喜他五人一太刀宛切る
竹入藁二太刀（刃こぼれの儘にて六分切れ）　車之助
鉄砂入渋粘張陣笠　厚三分五厘二太刀　忠兵衛
古鉄具足胴　二太刀　車之助
四分一　鍔厚一分三厘　一太刀　〃
同　二太刀　車之助、忠兵衛
己之作鍛鉄　一太刀　車之助
兜一太刀（曲りを打直した上で切る）　忠兵衛
鉄の杖にて棟より充分に七打す　持ち手、車之助
同　平表と裏を充分に六打す　打ち手、旗之助
鉄敷にて棟打　六つ　車之助
鉄敷にて棟打七つ平表を三つ反し打にて二つに折れる　〃

当日据物の品目は古鉄、古鉄具足胴、鉄砂入渋粘陣笠、鹿角、四分一鍔、兜等で、これでは、刀の切れ味の試しなどという生易しいものではなく、これ等の固ものに、三十四回も刀を体当りさせて、その耐久力を試験し、更に鉄杖と鉄敷とで棟打と平打（表と裏を交互に）を三十一打も加え真っ二つに折れるまで繰り返すのである。荒だめしの烈しさには目を覆わしめるものがあった。

大慶直胤の刀はほとんど四、五太刀目に折れているのに対して真雄の刀は抜群の成績で誉め称えられたが、この日真雄は不首尾の場合には割腹の覚悟で下に白装束をまとっていたと言われている。武将の血を引く者とは言え、死を賭して自己の作品の責を負わんとする辺り流石に恐れ入った心構である。

種別	銘・年号	刃長	年齢
脇指	天然子完利二十七歳造之 文政十三年四月日	一尺四寸	27
短刀	信濃国天然子寿昌 於江府造之 天保二年辛卯孟春	五寸二分	28
短刀	天然子寿昌 天保三壬辰仲夏	五寸八分	29
短刀	天然子寿昌 天保癸巳仲秋		30
脇指	天然子寿昌 天保乙未歳二月日		32
刀	天然子寿昌 天保十三年二月日	二尺四寸八分	39
刀	天然子寿昌 天保癸卯歳二月日	二尺四寸九分	40
刀	於信・小諸藩山本清廉邸同国住天然子寿昌作之 天保十五甲庚二月日	二尺四寸五分	41
刀	天保十五年八月日 信濃国寿昌	二尺五寸五分	41
刀	信濃国寿昌 於小諸藩弘化二年二月作之（長野県 県宝）	二尺五寸二分	42
刀	弘化四丁未春二月上浣応同国上田藩河合直義君之需 信濃国小諸住山浦寿昌作之（長野県 県宝）	三尺一寸九分	44
刀	嘉永元年八月源正雄造之 応犬飼義衡需	二尺二寸一分五厘	45
脇指	正雄 嘉永元年十一月日	一尺四寸七分五厘	45
刀	嘉永二年於信州上田造之 山浦昇源正雄	二尺三寸八分	46
刀	青木安栄剣 嘉永二年二月於信州上田 山浦昇源正雄作之	二尺四寸九分五厘	
脇指	源正雄 年紀ナシ	一尺四寸七分	
脇指	嘉永三年二月十九日 山浦昇源正雄造 藤本綱葛蔵	六寸三分	47
脇指	於高桑氏邸山浦昇正雄造 高桑一寿蔵 伝《ェ》長《ク》子孫《ニ》不許《サズ》他《ニ》譲《ルヲ》	一尺四寸九分	
脇指	源正雄 嘉永三年八月日	一尺三寸九分五厘	
脇指	源正雄	一尺五寸五分	
短刀	正雄 嘉永三年八月	八寸三分	
刀	嘉永四年八月 信州住真雄	二尺二寸二分	48
薙刀	信濃国真雄	二尺五寸	
短刀	真雄 嘉永五年六月日	六寸四分	49
刀	信州住真雄 嘉永五年壬子歳十二月日	二尺二寸一分	
脇指	真雄 安政二年正月日	一尺四寸二分	52
刀	安政二歳乙卯八月 山浦真雄	二尺五寸五厘	
刀	山浦真雄 安政二年八月日	一尺四寸九分五厘	
脇指	山浦真雄 安政三年八月	一尺一寸五分五厘	53

種別	銘・年号	刃長	年齢
短刀	真雄 安政巳八月日	六寸五厘	54
脇指	山浦真雄 安政五年八月日	一尺四寸七分	55
短刀	山浦真雄 安政五年二月日	九寸九分	
短刀	真雄 安政六年十日吉日	九寸一分	56
刀	山浦真雄 安政七年二月日	二尺三寸	57
脇指	千秋万歳 山浦真雄（万延元年か）	一尺五寸八分	57
脇指	山浦真雄 万延二年二月日	一尺八寸三分	58
薙刀	信濃国真雄（万延二年）	二尺五寸	
刀	山浦真雄	二尺四寸五分	
短刀	真雄 文久元年	九寸	58
脇指	応柳泉恩田君需 文久二年真雄造	一尺三寸	59
薙刀	松代真雄造 文久二年八月日	一尺八寸	
脇指	千秋万歳 山浦真雄（万延元年か）	一尺五寸八分	
薙刀	松代真雄造 文久二年八月日		59
筑紫薙刀	真雄	二尺六厘	
刀	信濃国遊射軒真雄 文久三年八月日造	二尺六寸四分	60
脇指	遊射軒真雄 文久歳甲子（元治元年）孟春甲子日造	一尺七寸一分	61
刀	信濃国遊雲斎真雄花押 元治二歳乙丑春三月造・時年六十二		62
脇指	造信陽士真雄・時年六十三 慶応二年八月日		63
刀	遊雲斎真雄 慶応二二年春一月日	二尺四寸七分	65
短刀	遊雲斎真雄・慶応戊辰時年六十五歳 松代騎士小世心隠剣	六寸七分	
短刀	遊雲斎寿長 明治元戊辰九月	九寸八分	65
刀	遊雲斎寿長 明治二年時年六十有六	二尺一寸八分五厘	66
	六十七叟寿長 明治三庚午春	六寸五分	67
短刀	寿長 明治三庚午春		
脇指	源朝臣寿長 明治辛未年六十八	一尺九寸七分	68
短刀	寿長 六十九歳時	五寸五分	69
小刀	七十翁寿長		70

老の寝さめ

老の身の寝さめがちなるをいかにせん、独ともし火にむかひて、つくづくおもひ侍るに、我が好刀工《コノム》の道たるや、其うつわの利害得失はさらなり、刃味の深趣位の高下に至る迄も、同じ手して作り出けるだに、おなじさまには出来ぬものなるを、人の手して造りたらんは、いふもかひなき事になん有ける。さて其同じからぬがなかにつきて、もろもろの名工たちの、短なる所を知りてこれを捨、其長なる処をとりて身に帰せしめ、しかしてのち能《ヨク》衆妙の門に悟入したらましかば、げに天の下の良工名作とも仰がれぬべしとぞおもふ。こゝにいにしへより有とし有ける世の名剣どもの上につきて考るに、剣てふものゝよしあしをあげつろはんには、あながち利鈍のうへのみにあらず、おのづから其徳其威備はりぬれば、ぬかねども鬼神おそれ、ふるはねども強敵も伏しぬべからめるをこそ、たからともいふ也けれ、さればかしこかれど大御剣を奉始《ハシメタテマツリ》わが日のもとにしては、国の守世の守ともなりぬべきもの此剣の外やはある。かくもとふとき剣なれば、そを作らん人は常に先我が志を高く清らかにして、心にかゝる事なく澄《スミ》て、仁義信勇自然と備《ソナヘル》を肝要と心かくべき事ぞかし。扨剣作らんとおもふ時は、先《マズ》平素練磨し置たる精神をもはら槌《ツチ》に凝《コラ》し、我身玉の如く、大空も快く晴わが神《シン》静にして鬼神頭の上に在が如く、左右に現るゝが如くなる時を得て、殺人刀より活人刀を作得て、国の守代の守ともなれかしと打立るときは、いかなる鬼神強敵といふとも、などかおそれざらんや。

さるを近頃の人々はかゝる筋の心得たらんもの甚稀也けり。そはわが道の本意ならぬのみにあらず、さる人の作りたらんもの帯びなす人さへに花なかるべし。

おのれわかかりし時撃剣の技をたしなみて、年の十三斗《バカリ》の頃より、しきりに太刀を得まほしうおもひ、是ぞ能きと見る器得《ウル》毎に利鈍を試み用法を考え、佩て軽重をはかり、長短得失に至迄も坐臥進退につけつつ、ためしもて二百余刀に及べり、されど一ふりだにも心に叶《カナフ》ものあらざりけり。こゝに水心子正秀といへる人は、其頃の名誉也ければ、その許《モト》にたづね行て造刀の事を頼みけるに、快くうけ引侍りて寒き程の霜の刃をば作りだしてたびけり。おのれうれしくおもひて例の如く試みつるに、心ゆかねば今一手際と望ける程に、正秀大に腹たてゝいふ《言》よふ《お》、われ積年鍛する所千余刀に及びぬれど、みづからためして出しつる器再びなどいはれし事おぼへなし、そもけしからぬ人哉などゝ散々にのゝしれり、おのれいひけるはいやとよ、わが望むところは人と異《コトナリ》。先《マズ》肝要とする所は姿也。身に帯する時はたとふに、かのけものらが角のおのづからなるが如く、剣と身と相わすれ、嶮岨をわたり遠路をゆくとも、腰つかれず勇気たゆまぬをこそよしとはすれ、又反り浅きは佩ひ心よからず祓《ハラフ》に不便也。切味にぶうして、堅物にかゝりてはのるぞかし、戦争にはともすれば平打の難あり、かかる得失利害を含給へて、先生の業して打立(て)る時は金気充実して、とかぬ程より身潤を生じ試みずして疑なき刀の出来るものならんとぞおもふ。されば新刀鍛冶数百家有といへどもたくらぶべき物なき名刀也とおもふが故に望《ノゾム》なりといふ。正秀此事を聞て怨気色を直し、御身壮年に似合(わ)ぬおもしろき事いふ人なり。さらば打進らせんずるものを、手伝して給へとて、相鎚させて三七日程に、またなき程にぞ作り出しける。其時此正秀をしも師とも頼み此道の、技折してほしうはおもひつれどやみぬ。今其折の事おもひ出るにつけ、近頃我が自得しつる古伝の鍛法も、かの正秀にあひてものいへし程よりぞ、淵原しつるもおほかんめり。それよりあまたの年月を経て後、おのれ二十六といふ年刀剣の高下勝劣を倩《ツラツラ》考るに、刀工世々に衰へて鎮護の要器たる事を旨として鍛する刀工甚稀也けり。文政の今に及んでいよいよ衰へ、皆世渡りの業と成行、人目を惑す業而已《ノミ》長じ、自然と真実を失ひ、精神なき物おおく是ぞ世の守と、信ずべきつるぎ見へざれば、是も天気のなす事とはおもひながらも、頼みなき事におもひ、おのれ古伝の鍛法をさぐり、自づから造りて佩刀となさん事をおもひ立て、河村三郎寿隆といへる人に逢て始て、此道に入立侍りたりける。此人は諸国修業しぬれば慶長このかたの事は、衆工の妙所を自得し、花やかなる事はおさおさ、いにしへ人も及ぬ程ながら、いにしへの法則には心得薄きかたなれば、真の妙趣におゐては、いかが有とおもう所も多かりける。おのれ此人のもとに通へつる事二とせ斗《バカリ》にして後は、家にありてあまねく古今の鍛法をさぐりて、打試みける事とはなしぬ。昼は諸用の多ければ夜毎に弟也ける、清麿と二人して精を砕きて数多のつるぎ作立て侍るほどに、またの夜さり更たけてのち、いかに吹くともかねのわかざる事有けり。その程は父の諱信風いまそかりつる時なれば、傍より見給ひて、各よ気の疲れたらんと給《ノタマ》ひけるを、かげにて母聞給ひ、もとより常ならぬ事には気がかり有る性なれば、酒持出てたび給ひけり。兄弟ほつするすじなれば、清麿是は有難し有難しと、こおどりしてよろこび父母にも進《マイ》らせ、おのれらものみて、時うつりとりかゝり吹立侍りぬ。かねのわく事始には似ず、いかにも快く錬《ワ》きぬるを面白くおもい、夜のあくるも知らず鍛侍りけり。此事を考るに始めわかざりしは、夜半極陰の時なればなり、のちの錬きよろしきは明《アケ》近き頃にして純陽の故なんめり。かくいろいろにおもひを凝しぬ。そも我家居所といふは信濃なる小県郡赤岩といふ処にて、先祖山浦常陸介信宗が城地を、その儘住所にし侍りつる事なれば、切岸高《タカウ》して千曲川の激流を眼下に見下し、左に鶴ガ城、糖塚城、横根山といふ高山を見さけ、辰の方に袴腰城、巳の方に布引山嶺岩寺ガ城峨々として風景あり。かの葛尾の麓なる岩鼻を右に望みて、前後六七里斗が間眼中に歴々たる風景也。一とせ夏の夜の事にし有けるに蛍の光きらきらとりて、千曲の河つら一面に飛かふを見て、天地の気のはたらきてふ事を風《フ》とおもひより侍りて、おのが息と脈とをとりて考つるに、よろづの事すべてあめつちのわざならぬはあらじとおぼひぬれば、此天地に則をとりて、わが天性の理気を本として、我精神よりねりいでたらんには、天人妙合の場に悟入せざらん事やはあるとおもひとりては、中々夢にもわするる事なく、四十余の年月を此道に親炙しつれば、今はかつかつ世にも知られ、我が作の贋物を造る者、処々にある程の身とはなりぬれど、おもふ心の半にも、わが業のいたりがたきをいかにせん、あはれあはれ斯《カク》老ぬる迄、とし頃赤き心もていかで国の為人の為とのみおもひ入てし誠をば、天津神、国都神のしろしめし給ひて、我玉の緒の世々つづきたらん程、ただの一ふり也とも天人妙合五行互具、稀代のわざもの作り得せしめ、此道の幸（ち）にあづからしめたび給ひねなと、おもふも老のくり事ながら、くりかへしくりかへしねぎおもひまつるになん有ける。あなやさし、年は明治四といふ秋の夜の長きをかこちわび

六十とせ八の翁　**遊雲斎寿長**しるす

短刀（鶴首型）　刃長五寸二分

真雄は天保二年正月「御武運長久」と自筆の石灯籠を赤岩の自邸に建立すると間もなく出府している。

この短刀は天保二年春真雄二十八歳の時の作であり彼の江戸打を確証付ける唯一のもので「於江府造之」の添銘は誠に貴重な資料である。

これより少しく逆る頃であろう、彼は自己の佩刀を求めて当時江戸で高名な水心子正秀を訪れて一刀を注文したが意に満たぬのでさらに「一振り」をと所望したが、これとて前回同様のもので徒らに失望を重ねるのみであった。

ここにおいて、当時はまだ一介の素人鍛冶であった頃の真雄によって水心子はその心胆を寒からしめられた。この時の有名な鍛刀問答に就ては「老の寝さめ」および、「源清磨論」を参照されたい。

天保初期の赤岩時代の銘は左図「寿」のようになる

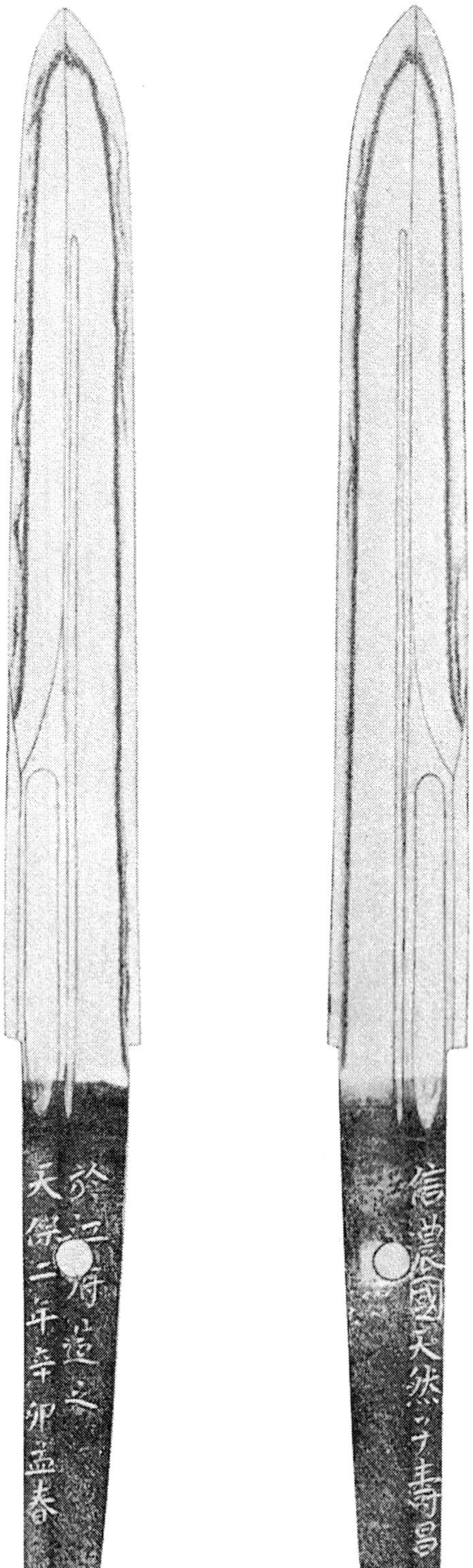

小刀

小諸打、花押は珍しい。

小諸時代の銘は下図「寿」のようになる。

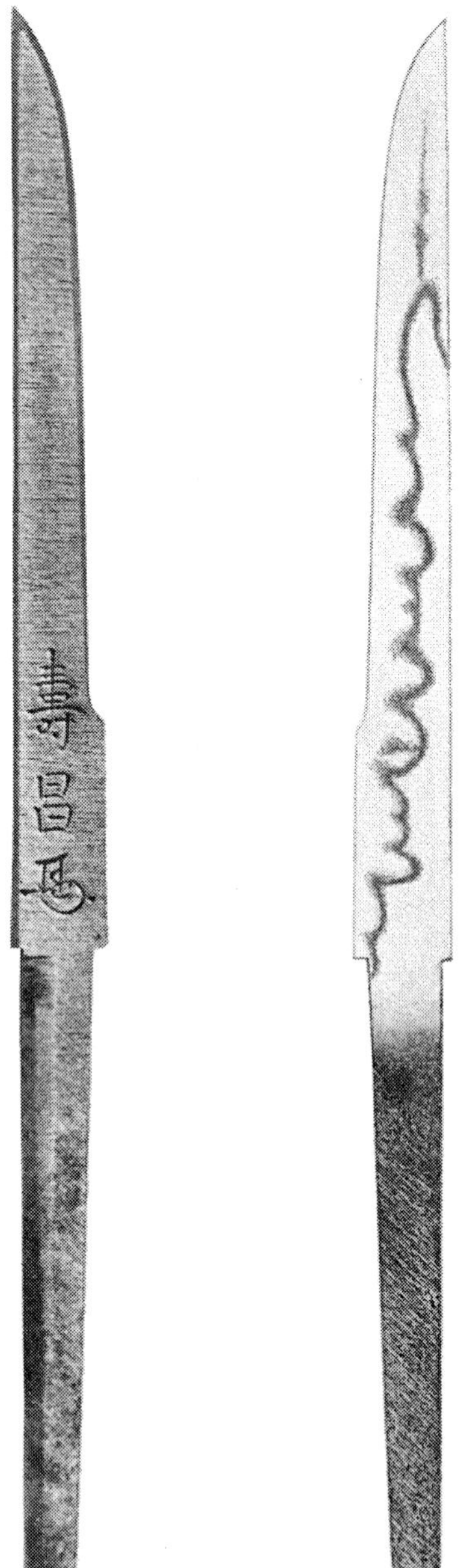

刀（太刀銘）　二尺五寸二分　反八分

山浦真雄は八世、治右衛門昌友（信風）の嫡子として文政元年に生れた。幼名駒次、完利といい昇は通称である。

刀匠を志した動機、彼の刀界に寄与した偉功は後述する。その銘に就いて見ると、完利と切ったのは文政十三年（天保元年）のみにて、天保二年から弘化末年まで寿昌銘を続け、嘉永元年（小諸より上田鍛冶町に移る）源正雄と改名。同三年八月頃まで同銘に切る。嘉永四年八月頃より真雄と銘し、明治元年九月より寿長と改める。

天保十年真雄三十六歳の時小諸藩主から佩刀製作の命を受け、生地赤岩から小諸に移り藩工となる。この刀も小諸打なので「寿」の銘が同様の特徴を出す。

この刀は小諸在住当時の作で、真雄中屈指の傑作であり、清麿を髣髴せしめるものがある。この刀は長野県　県宝に指定されている。

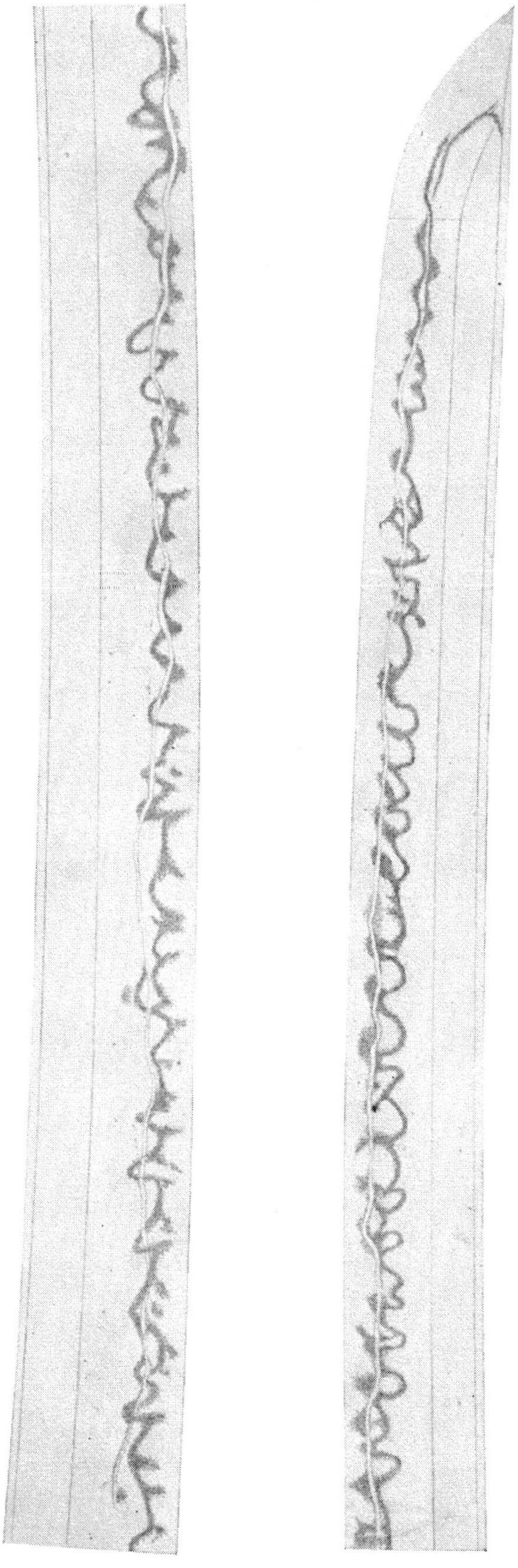

太刀銘　刃長二尺三寸八分　反七分四厘　重量二百八十匁

嘉永元年の初めに近畿中国地方の研究旅行から小諸に帰った真雄は、その四月には松平伊賀守から佩刀と長巻五十振りの注文を受けたので、これを機会に松平家の居城のある上田鍛冶町に居を転じた。真雄の息子兼虎は、江戸四ツ谷の叔父清麿の許で修業していたが、嘉永二年の末には帰国して上田に赴いて父に協力することとなった。真雄父子の上田生活は嘉永六年まで続く、真雄は嘉永元年から、これまでの寿昌《としまさ》銘を「源正雄」と改めた。清麿門の鈴木正雄も「源正雄」と同銘に切っている。然し鈴木正雄は草書銘であり真雄は楷書に銘を切っているので両者の区別は容易につき実にはっきりしたものであるが、真雄はこの紛らわしさを避けようとしたのか正雄銘は嘉永元年から嘉永三年八月までの短い期間しか見受けられない。翌四年八月には真雄《まさを》と切っている。

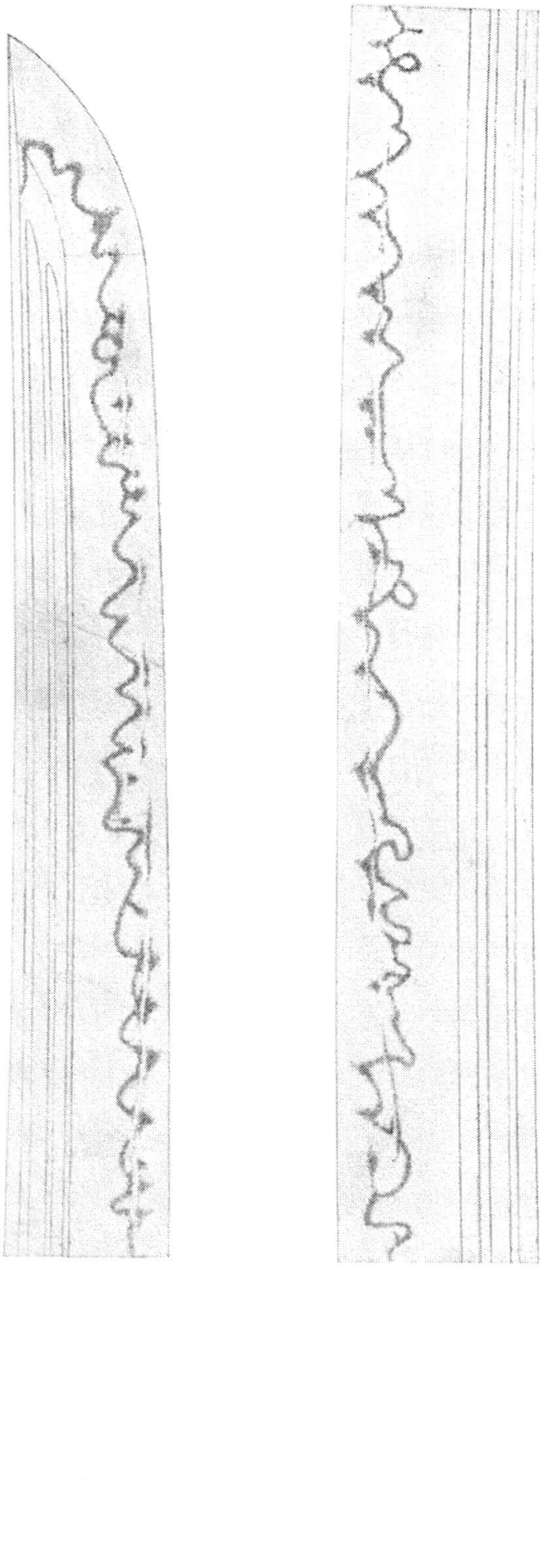

短刀　刃長八寸二分　反一分強

刀といえば直ちに正宗を連想し、名刀の代名詞のように賛えられ、これほど人々に親しまれて来た刀工は、古今にその比を見ない。

嘉永二年頃山浦真雄は信、上田藩松平家の一家老より名物「庖丁正宗」の模写を嘱された。

ここにおいて、彼は外面的な単なる写し物では製作上無意味なるものと考え、先ず正宗の核心に触れ、これを基礎にして、その研賛の跡をこの作品に芸術的に立証して、一別体の「庖丁正雄」と絶賛されるほどの格調の高いものを製作してこれに応えた。これは正雄の代表的力作である。

この、棒樋と二筋樋を交錯させた正雄独特の樋掻きのものには優れた作品が多く見られる。源、を省いて「正雄」と二字銘に切っている辺りに作者の意図がよく窺われる。嘉永三年の年号は正雄銘研究上重要な資料である。

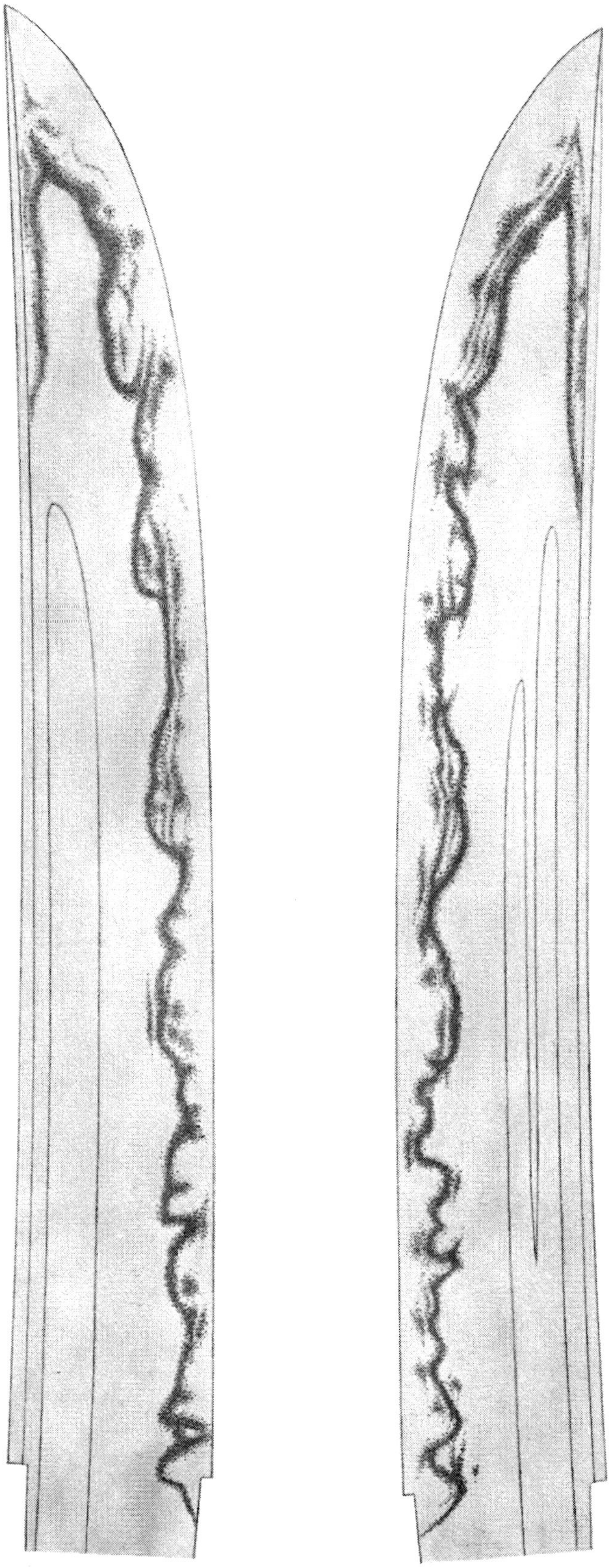

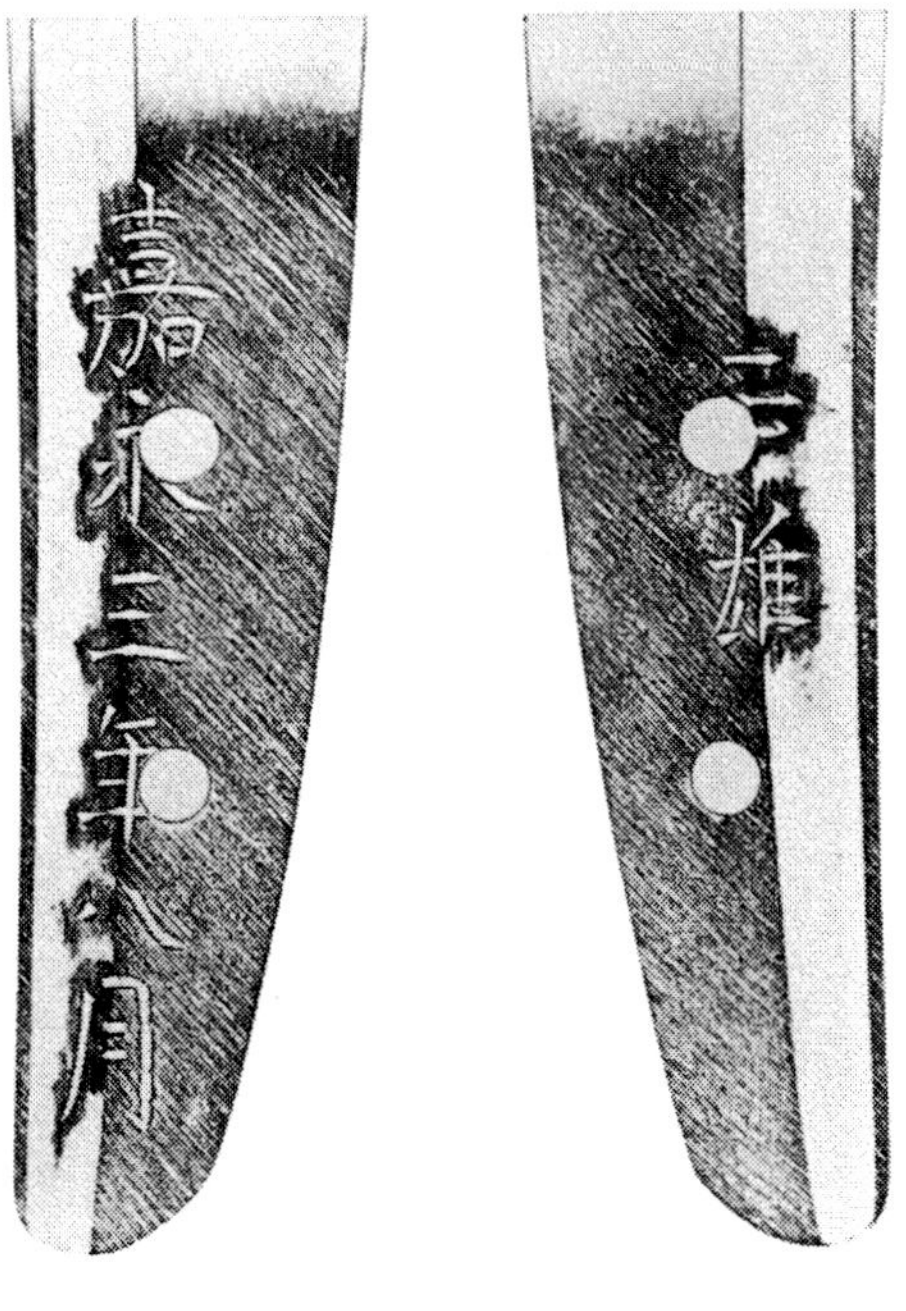

長巻　刃長二尺五寸　反四分

嘉永六年に山浦真雄、信州松代藩真田家より長巻一百振りの注文を受け、これより松代へ移住する。

これに先だち安永四年頃、林子平、長崎に赴いて、蘭人と交わるに及んで、西洋諸国の富強、その燦然たる文化を窺い知って、将来、必ずわれに国難の襲い来るものと思い、憂慮の余り「海国兵談」を著して「江戸日本橋よりオランダに水路は続いて境なし」と喝破して国防の急務を力説した。

果して、嘉永六年六月ペリー提督は艦隊を率いて日本の玄関、浦賀に投錨し、通商貿易を強要して来た。その堂々と威容を誇るくろがねの戦艦、精巧なる兵器、粛然たる兵制を目の当りに見た幕府は愕然として狼狽、国民また国難の迫れるのを痛感した。

徳川三百年にわたって鎖国を国是として来た幕府も、ようやく国防の必須を悟り、おそまきながら諸藩公に計って、慌しく品川湾に砲台を築き、オランダより軍艦、兵器を購入して、頻りに海防に備えた。この為、真田家も多大な出費を見たので、財政を切り詰める事となり、先に、注文した長巻は五十振りに減らされた。

この長巻は藩士に貸与の目的で製作したいわゆるお倉ものとは異なり、柘植嘉兵衛に長巻の指導を受けた著名な一藩士の注文で特に入念に造った真雄の傑作である。嘉永五年頃の作。

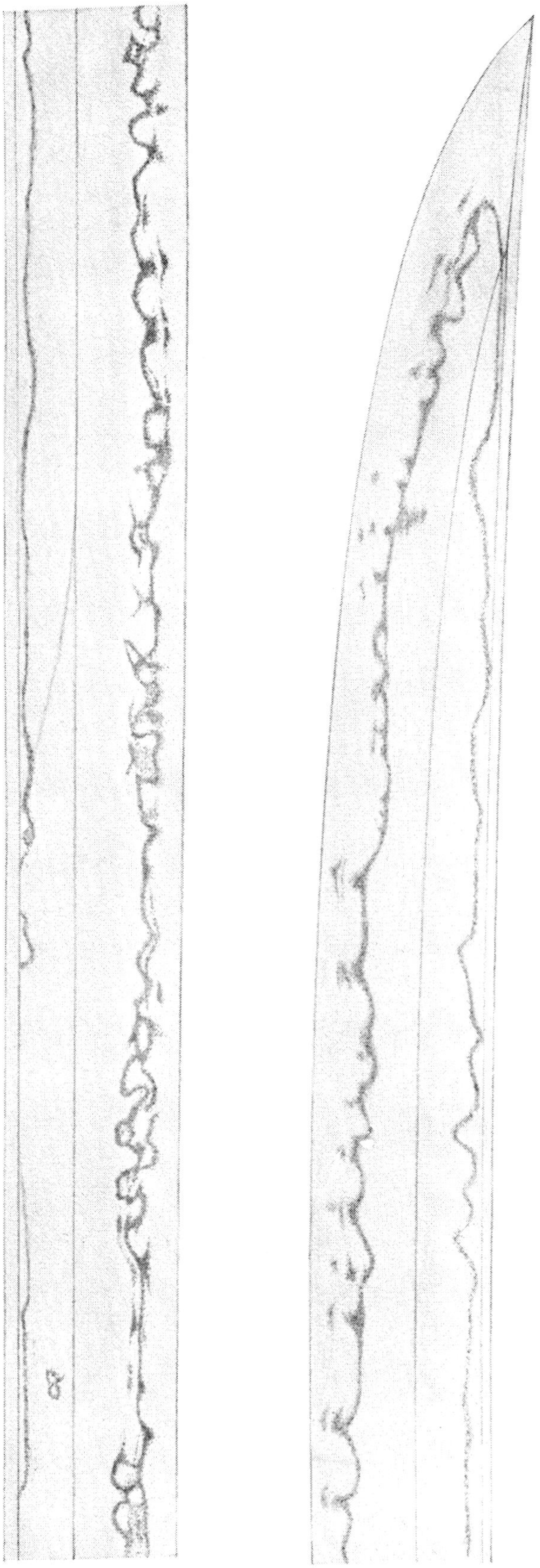

嘉永六年六月アメリカ艦隊司令長官ペリーが軍艦四隻を率いて浦賀に来航、幕府に国書を渡し、回答は明年延期を認めて去った。安政元年一月再びペリー来航、日米和親条約を締結調印、下田、箱館の二港が開かれた。

安政元年三月二十八日吉田松陰、下田で米艦に密航を企て捕えられる。同年四月松陰の密航に関し佐久間象山逮捕される。親交の象山逮捕は真雄にとって憂うべき事である。

安政五年九月、雲浜等多数の尊攘派の志士が京都、江戸にて逮捕される。同六年十月には橋本左内、頼三樹三郎処刑される。万延元年三月三日には水戸、薩摩浪士、井伊直弼を桜田門外に暗殺と、内外の状勢は急に慌しくなってくる。

この短刀は安政四年八月の作である。やはり「四」を忌み憚ってか干支《えと》の「丁巳」を当てている。

この短刀は刃渡り六寸一分という小品ものであるが、真雄入念の作にして、出来抜群である。

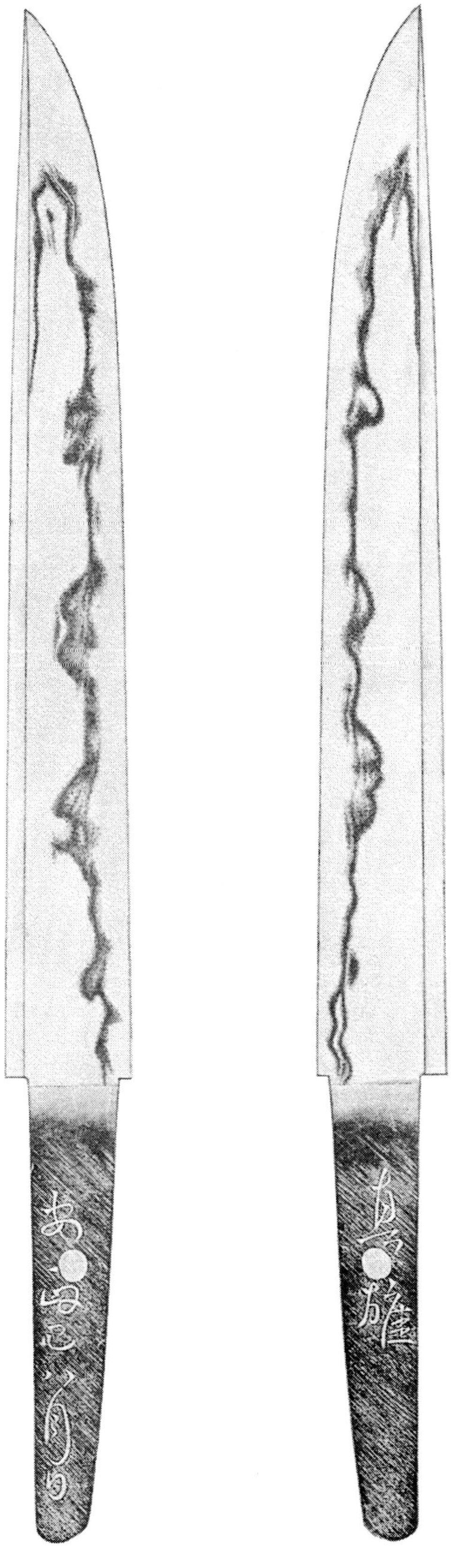

刀　刃長二尺三寸　反五分

真雄はその日記に「予は本冶工に非ず」とも又「武臣として何ぞ武用にうとき物を造らざらん哉」といい、いわゆる本業の刀鍛冶でないことと、彼の造る刀は素晴らしい業物であったことは嘉永六年二月松代での荒試が何より立証している。

「予が鍛えたる刀佩く人、心に一点の疑なく如何なる強敵鬼神たりとも此太刀を以て降伏すべしと一決する刀を造り天に供へ聊国恩を報ぜんと志すのみ、人の見聞くに不拘」と真雄は日記に述べている。

嘉永六年から安政四年頃までは、沸ものは作らないで、匂出来 の も の に専念している「匂物で武用一偏のものなら、古今を通じて、予が上にいづるものあるまい」と凄い自負である。この刀は彼の自負を裏書するに足る大業物。

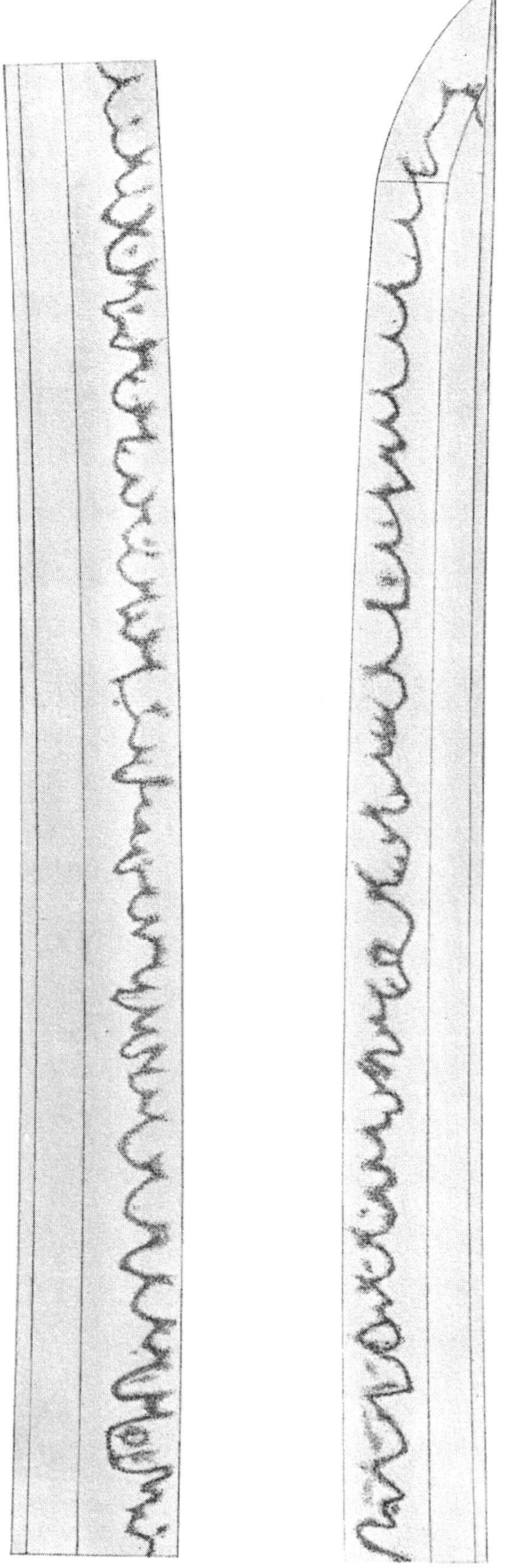

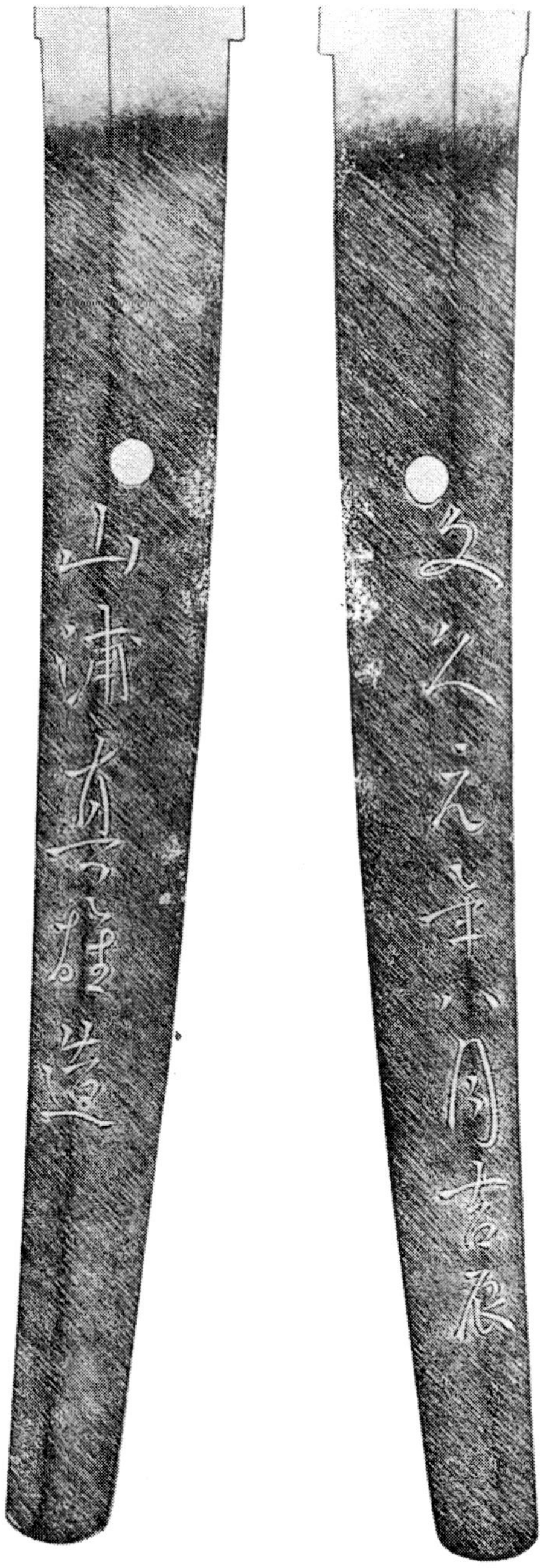

真雄の銘文は激しく変遷している。銘文も（真）楷書、行書、草書と書体を種々に変えるので、これは茎押形を参照して頂きたい。

嘉永元年八月から同三年八月までは、源正雄造之、正雄、山浦昇源正雄作之（楷書銘で「正」一字だけ行書に切るもの有り）

嘉永四年八月から同五年十二月までは、信州住真雄と切り、真雄二字もある。

安政二年正月から文久元年まではほとんど山浦真雄と切り、稀に真雄二字銘もある。

文久二年八月から松代真雄造と切り。

文久三年癸亥仲夏から文久甲子（元治元年）孟春までは遊射軒真雄と切る。

慶応二年から同三年まで遊雲斎真雄と切るものが多い。

明治元年九月から同六年まで

遊雲斎寿長、源朝臣寿長、明治二年時年六十有六。明治三庚午春六十七叟寿長。

とこの頃のものには年齢を入れたものを多く見受ける。

この刀は、真雄と嫡子兼虎との合作にて、銘はそれぞれ自身で切っている。豪壮で真雄傑作の一口である。刃長二尺五寸四分　反六分

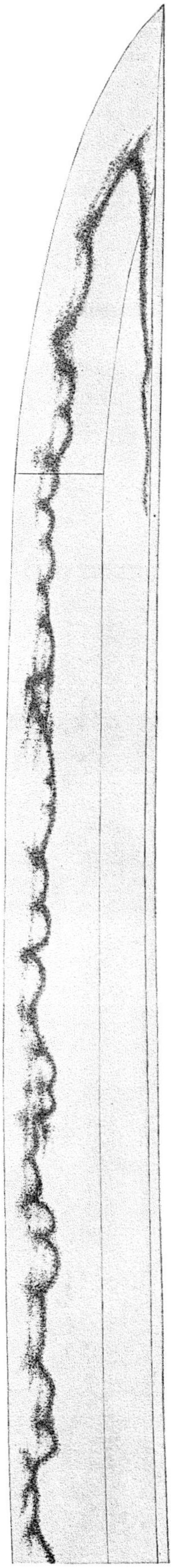

刀　刃長二尺四寸　反五分

天然子と号し、天性の理気を本として、天人妙合の境地に悟入せんとした真雄は冥想的哲人であった。彼の作刀は武用一偏からすれば古今に類のない大業物であったものと思われるが、名刀と嘆美するにはいささか物足りなさがあり、弟清麿の作には遠く及ばないものがある。真雄は刀造りの腕前より理論に一日の長が見られる。

ところが、この刀は、いつもの真雄の作と異なり材質の鉄が非常に優れているので、地刃の出来が清麿に迫る素晴らしいものである。いつも、この調子で製作していれば、もっと真雄も名声を高めたものと惜しまれる。安政七年頃の作。松代拵が付属している。

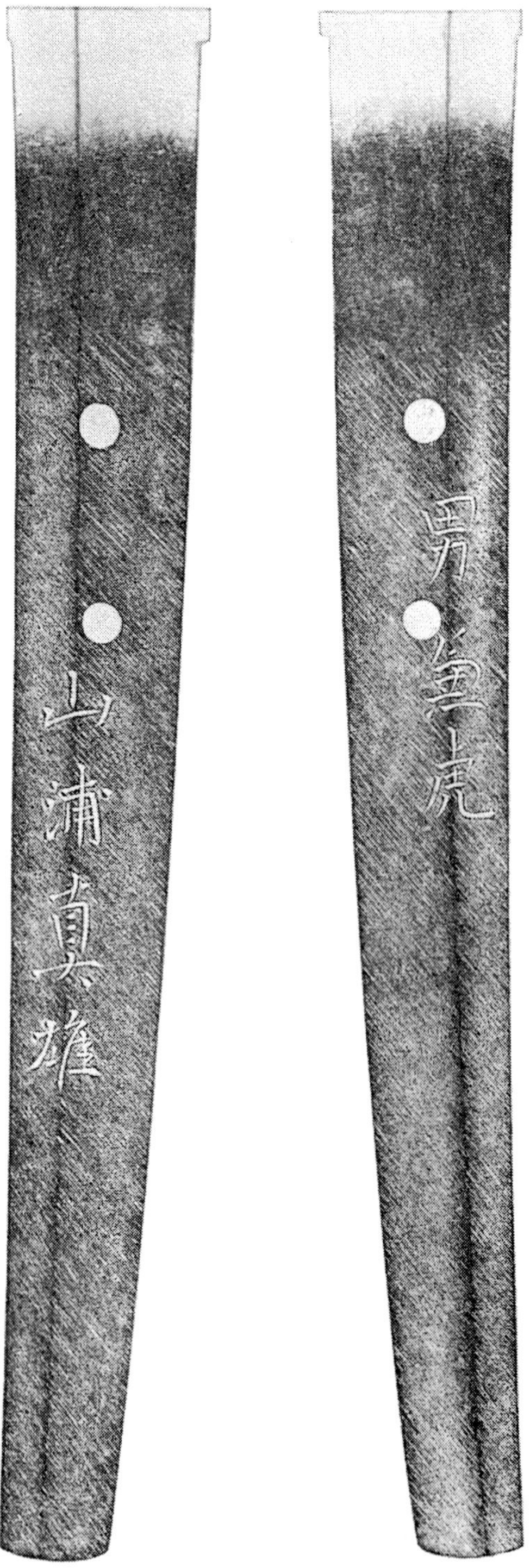

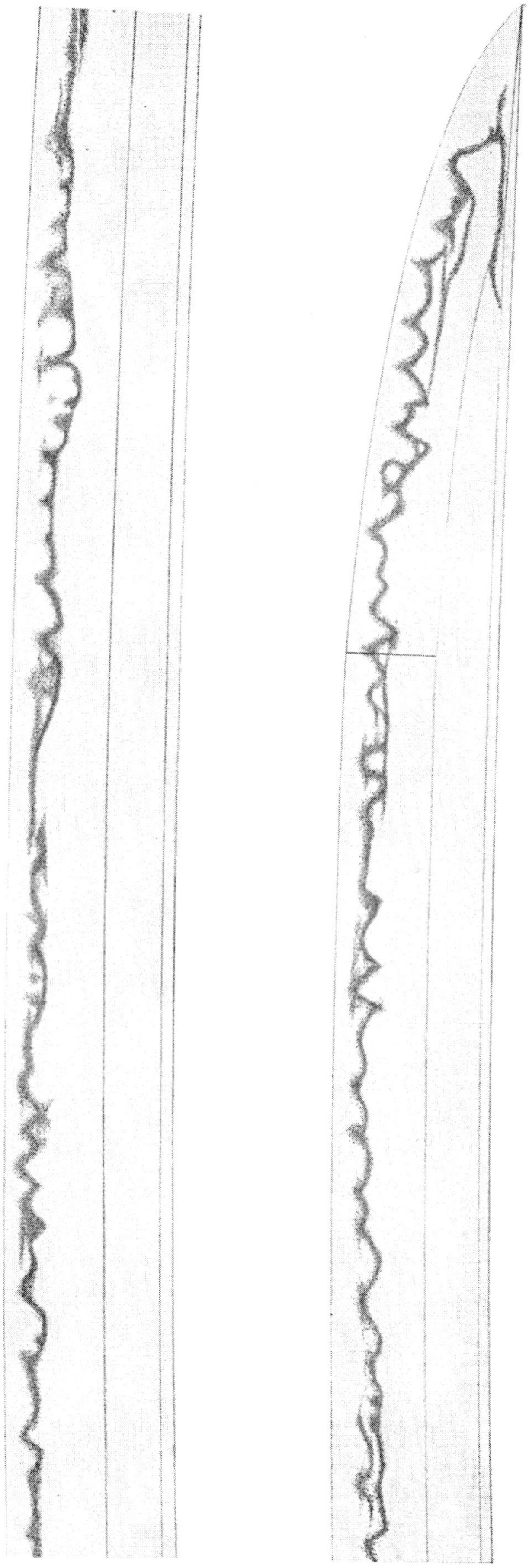

脇指　刃長一尺六寸六分　反四分
真雄は種々な号を切っている「遊雲斎」は安政から明治（戊辰）元年までの寿長銘に変る直前まで見受けられるようである。これも父子の合作で各々自身銘でことに兼虎の花押は珍しいものである。この作安政二年と年紀は切ってないが同年作と思う。

刀　「天然子」と切ったものは初期の寿昌銘時代のものには珍しくないほどあるが、真雄となってからは、この一振りのみと思われるほど珍しいものである。年紀は入ってないが安政三年頃の作と思う。

信濃国真雄
年紀はないが文久元年の作と思われる。

小柄の小刀
文久二年八月の年紀入りは有難い。

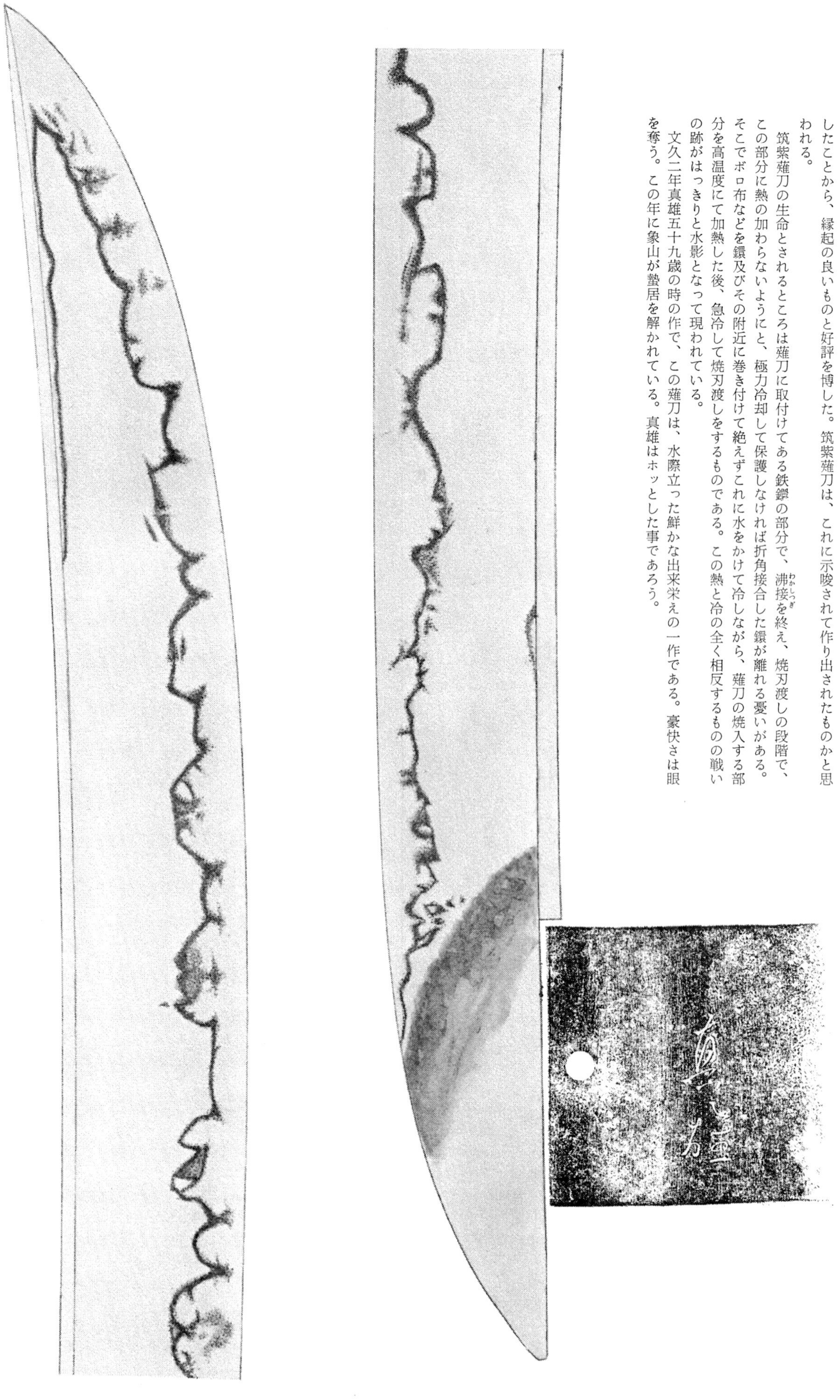

刃長　二尺六厘　反六分

菊池槍は合戦の時に折れた刀の先を急場凌ぎに竹や樫の長柄に取付て使用したものが、幸に合戦に大勝したことから、縁起の良いものと好評を博した。筑紫薙刀は、これに示唆されて作り出されたものかと思われる。

筑紫薙刀の生命とされるところは薙刀に取付けてある鉄鐶の部分で、沸接《わかしつぎ》を終え、焼刃渡しの段階で、この部分に熱の加わらないようにと、極力冷却して保護しなければ折角接合した鐶が離れる憂いがある。そこでボロ布などを鐶及びその附近に巻き付けて絶えずこれに水をかけて冷しながら、薙刀の焼入する部分を高温度にて加熱した後、急冷して焼刃渡しをするものである。この熱と冷の全く相反するものの戦いの跡がはっきりと水影となって現われている。

文久二年真雄五十九歳の時の作で、この薙刀は、水際立った鮮かな出来栄えの一作である。豪快さは眼を奪う。この年に象山が蟄居を解かれている。真雄はホッとした事であろう。

短刀　刃長九寸八分　反一分

佐久間象山は松代の生まれで蘭学、砲術の権威であり、つとに海防の急務を主張した幕末の進歩的思想家である。真田幸教に仕えて重く用いられた。この象山が真雄の人格にすっかり惚れこんで、真雄に**剣盧**の額を贈り、それには「為山浦先生」と書いている。これを見ると如何に象山が彼に敬意を表していたかが窺われる。

この短刀は裏年号が示すように明治元年戊辰九月に、これまでの真雄をここで改めて**寿長**《としなが》と銘をかえている。

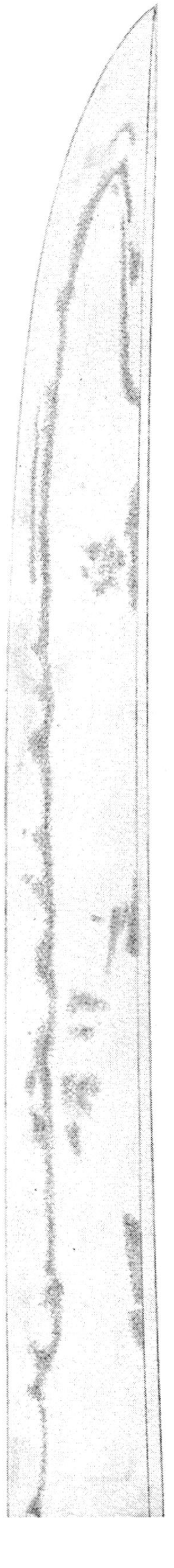

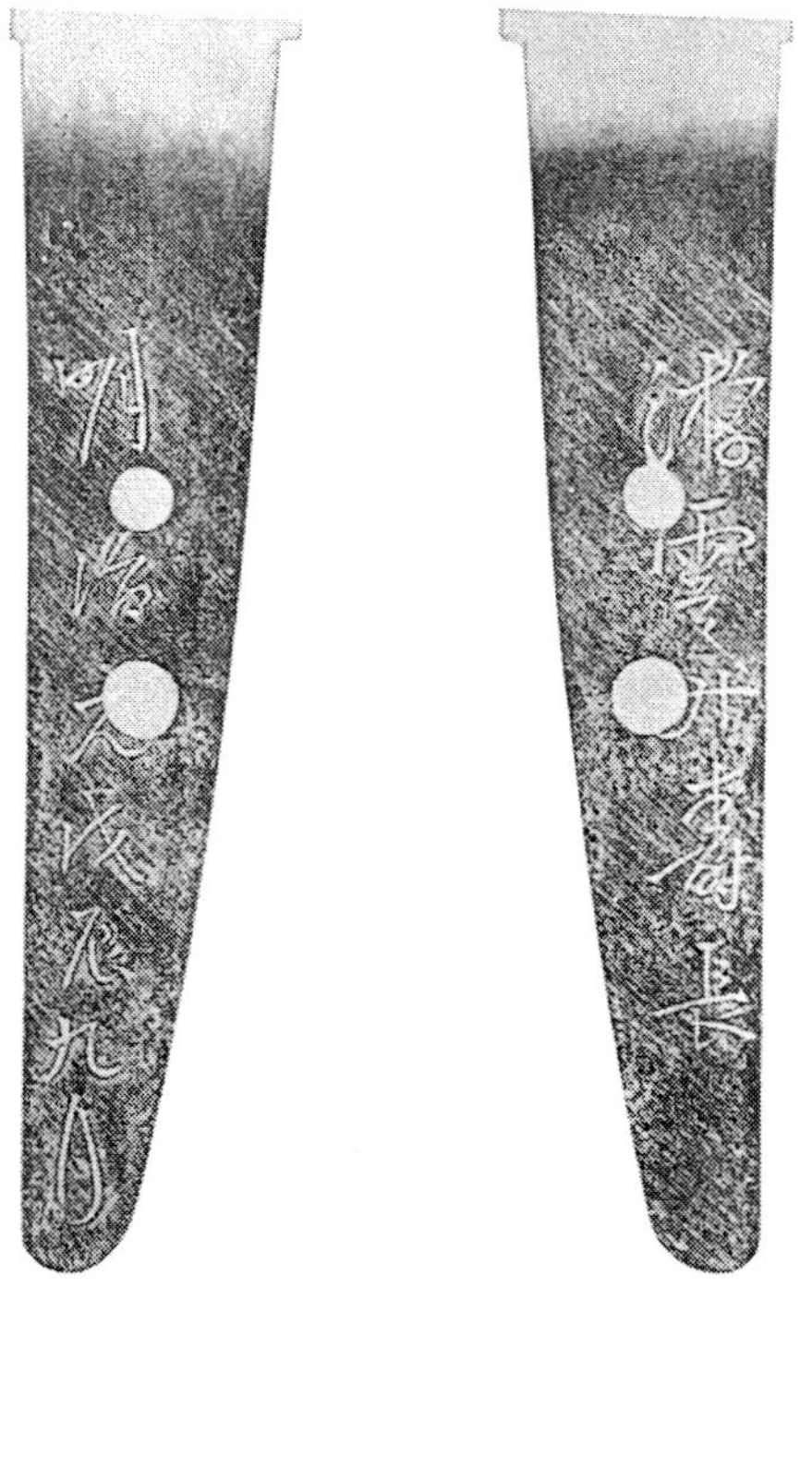

茂来山

南佐久郡の南部に標高1717.8mの偉容を誇る山。小海線の羽黒下から抜井川ぞいの十石峠街道を川久保―下川原―本郷―平川原第一号橋を渡って、霧久保沢の林道を沢に添って登る。途中湿地帯がある、沢を離れて尾根の横復を登ってゆくと、急に道はジグザグしたイバラの多い石のゴロゴロした登りとなるが、やがてブナの大木のある樹林帯に入る稜線まで登ると榎沢方面からのりっぱな道が見える。茂来山頂へは稜線を左に岩場をたどり三等三角点標石が置かれている山頂に達する。

兼虎はこの茂来山に鉄鉱石のあることを知らされた。この巨大な山のどこに鉄があるのかどこから手をつけてよいものか、宛も大海で真珠を探すようなもので、兼虎は途方にくれた。この山をわが庭のように知悉している杣《そま》人のいることに気付き、これに協力を頼んで願望の鉄鉱石を手にする事の出来た兼虎は幸運であった。この脇指は茂来山の滋鉄鉱で作った兼虎の第一作と思われる。

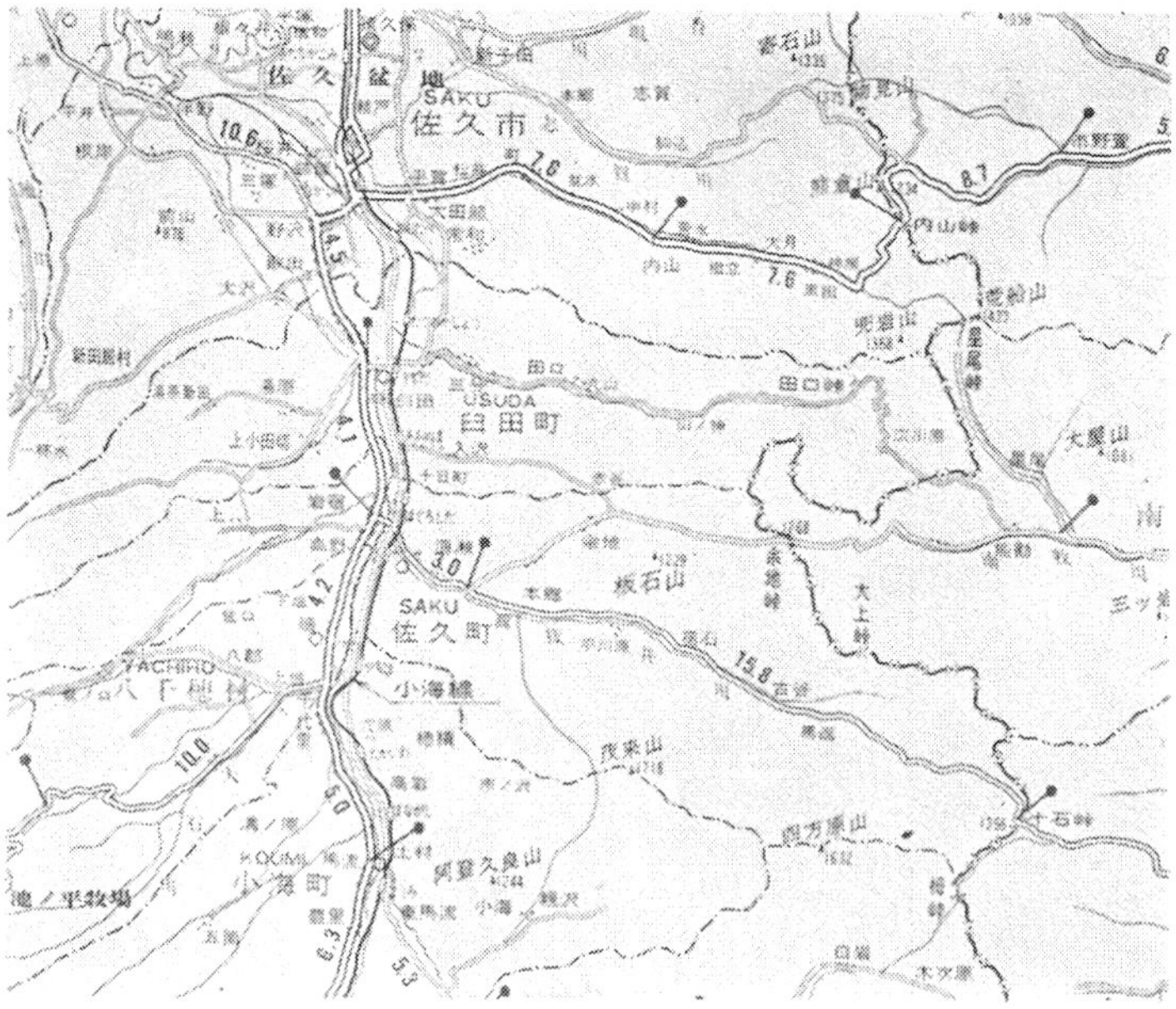

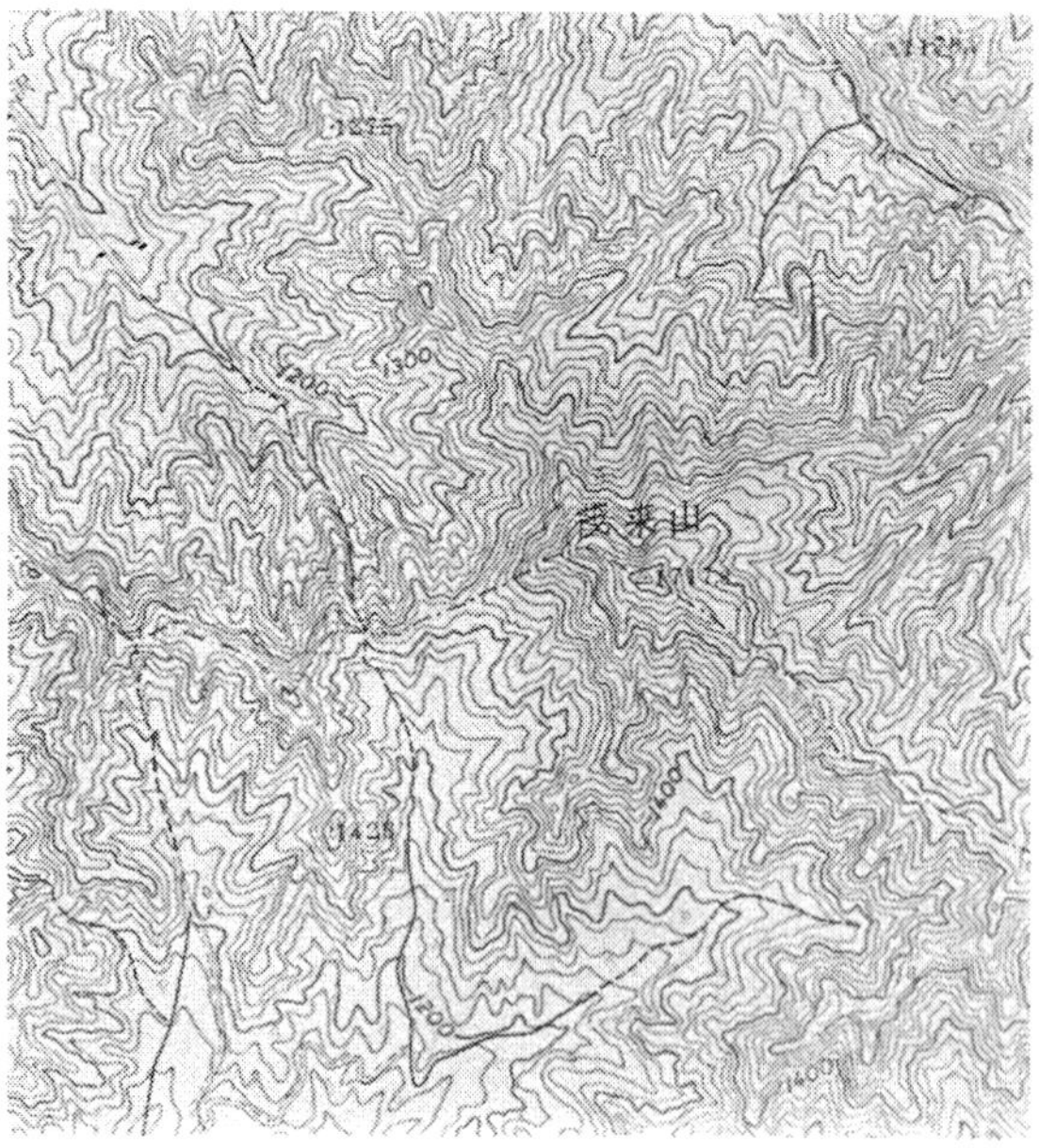

↑茂来山

明治四年十二月二十四日真雄六十八歳の時、家督を忰兼虎に譲って、松代から郷里赤岩に帰って、悠悠自適して、ここで往時に思いをめぐらしての回想録「老の寝さめ」の一節に

「いかに吹くとも鉄わかざる」とあるは

原料鉄の滲炭、脱炭とか、折返し鍛錬などのわかしと違って、真雄兄弟は、本格の刀造りには自己の手にて製鉄から始める以外に道はないものと思い、鉄造りに苦闘する兄弟の姿が描写されている場面は実に、この書の圧巻である。

嘉永二年正月から兼虎は約一ヵ年間江戸四ッ谷の叔父清麿の許で鍛刀修業する。同年暮には信州上田に帰って、父真雄の手伝をする。

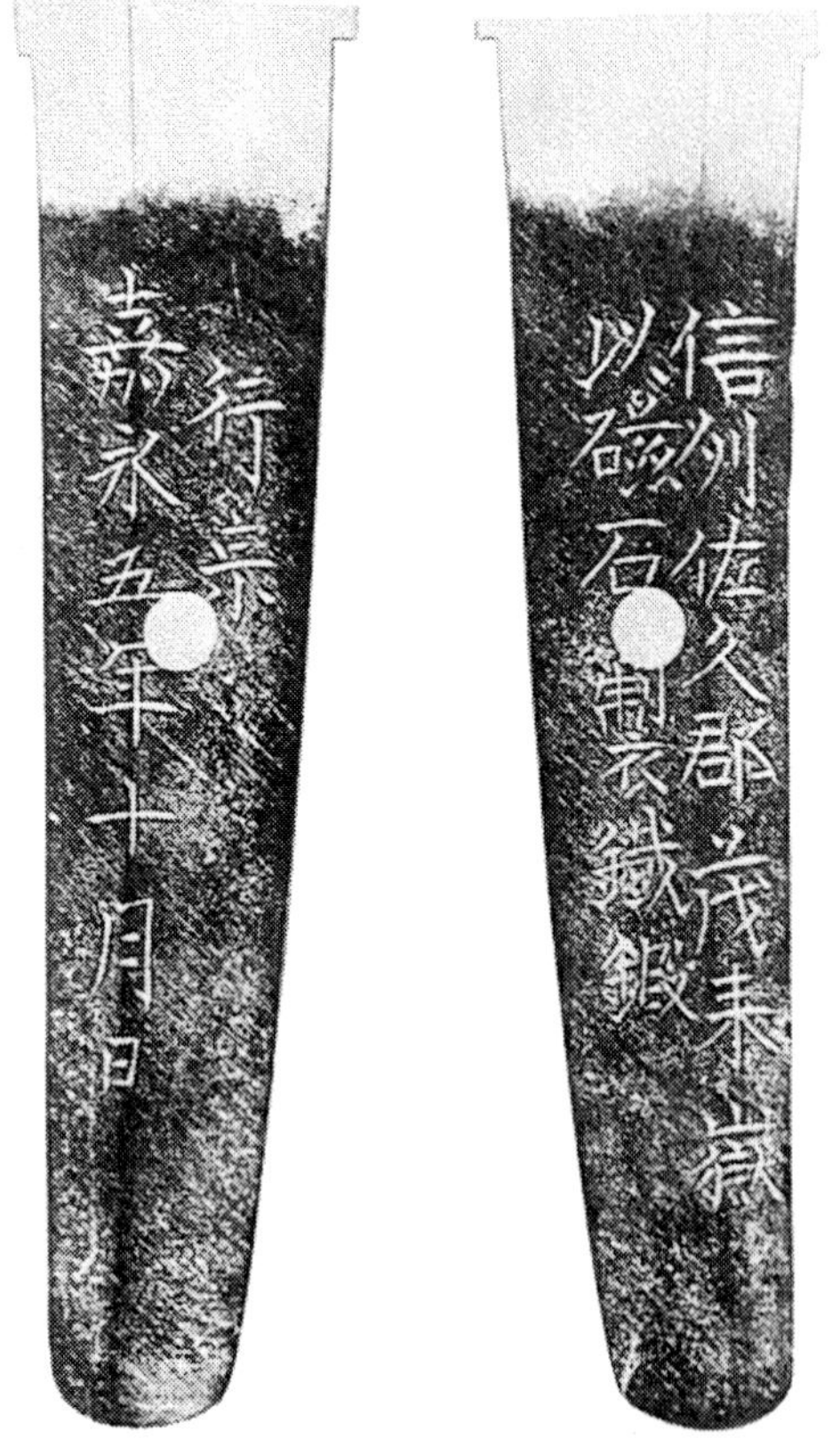

この脇指は嘉永五年十月兼虎二十八歳の時の作品である。

（信州佐久郡茂来山の磁鉄鉱を製鉄して鍛える）という意味のことが茎に刻まれている。兼虎もまた、父真雄、叔父清麿同様自家製鉄していた事が、この作品が立証している実に貴重な存在である。

銘は「行宗」と切られているが。同年五月妻ますと結婚の際に取交した誓約書に「隼太行宗」と署名血判したものがあるので、兼虎同人であることは明らかである。

刃長二尺三寸　反五分

昭和十六、七年頃のお話と思う。九段の藤代義雄氏の店に、亀山順次郎氏がこの刀を持参して義雄氏に鑑定をお願いしたところ、立ちどころに、この刀は清麿の作であるとの事に、当の亀山氏は飛び上るほど驚いた。最初は冗談かと思ったが、そうでもないので、余人ならいざ知らず、義雄先生のお言葉とも思われない、よくよく鑑て頂きたいと、押し問答を繰り返しての末、それでは茎を見る事となり、一見するなり、矢張りこの刀は清麿だ、第一奴らには（兼虎のこと）こんなよい姿のものは出来っこない。刃彩も清麿だ。これは清麿から無銘を貰って兼虎が銘を入れたものだ。義雄先生清麿説を力説して譲らなかったと亀山氏は当時を懐古され、目を細めて至極ご満悦の呈であった。

藤代氏に清麿同然と誉められたことが余程嬉しかったものか長々と語られた。

（文中、亀山氏の訛がはいっています。）

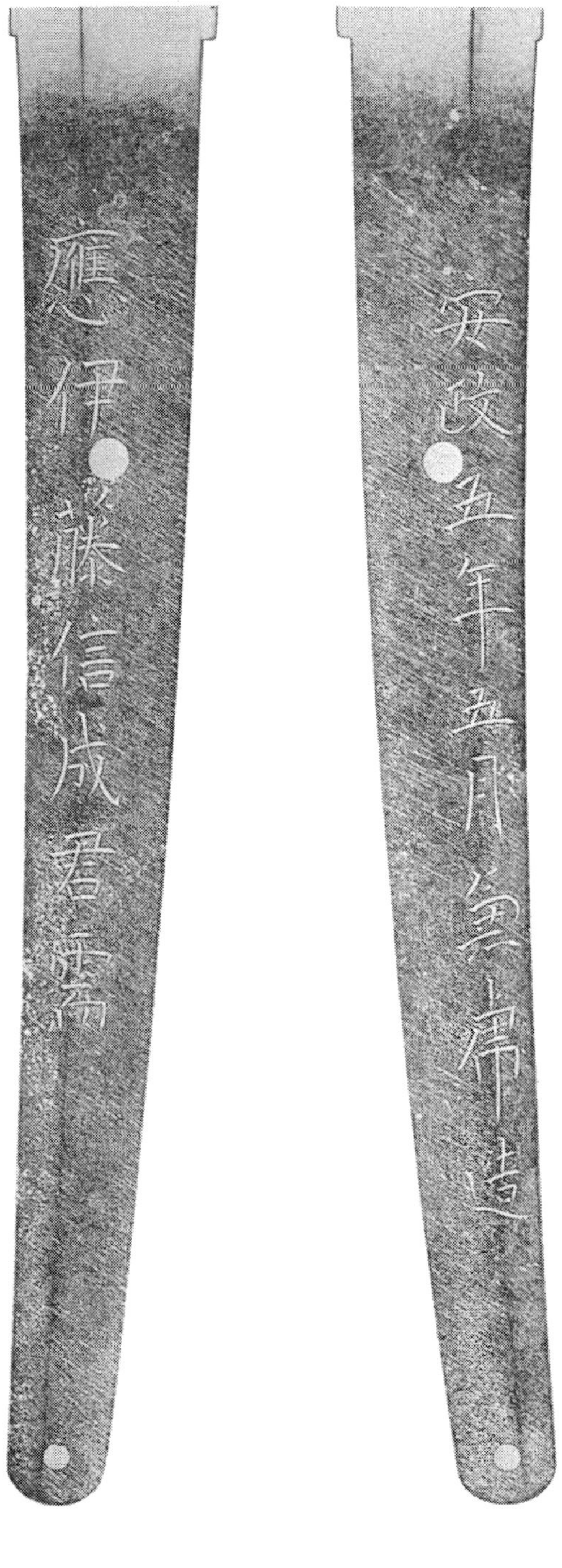

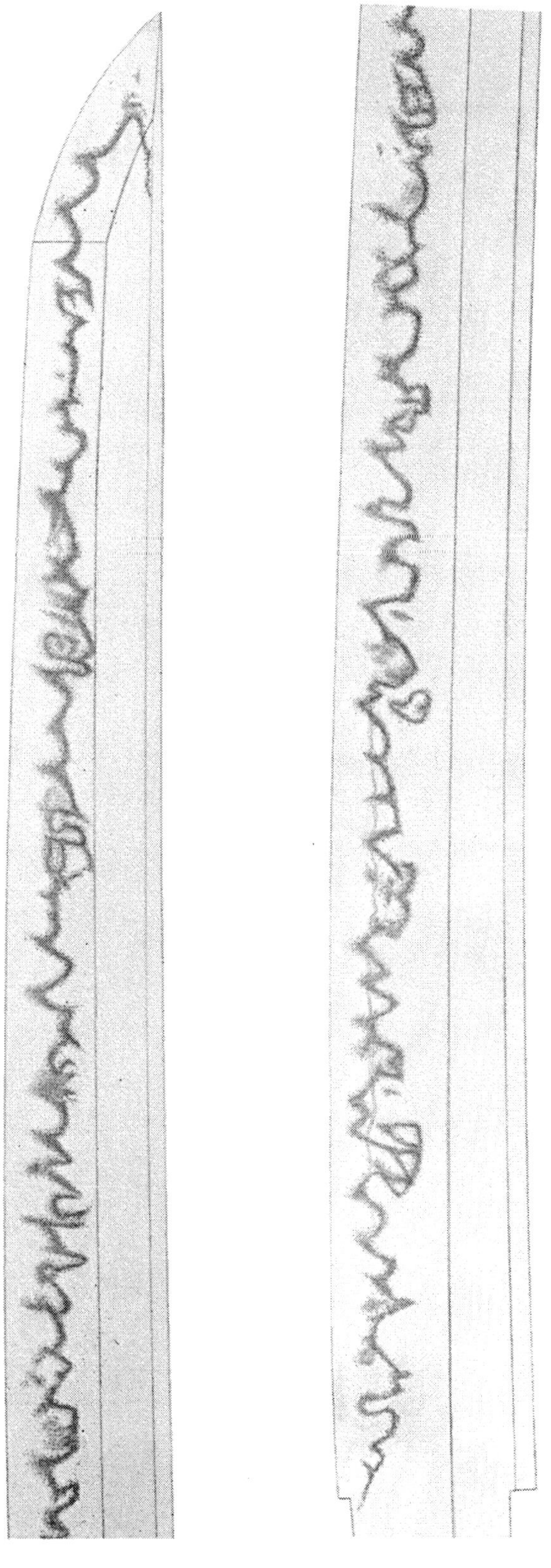

刀　刃長二尺五寸三分五厘
反七分

真雄は嘉永元年四月、松平伊賀守から佩刀と長巻五十振りの御用を仰付けられ、上田の鍛冶町に居を移した。当時叔父清麿の許で修業中の兼虎は嘉永二年十二月帰国し、直ちに上田に赴いて父を助けることとなった。

兼虎も安政六年正月には松代に移り父同様藩工となる。

明治四年兼虎四十七歳の時家督を相続し上田に移る。この刀は真田家伝来という。

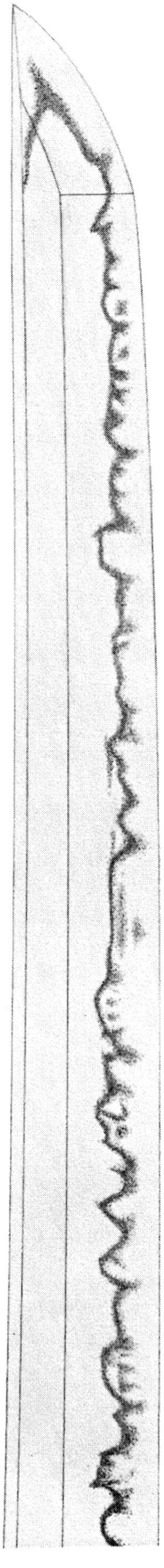

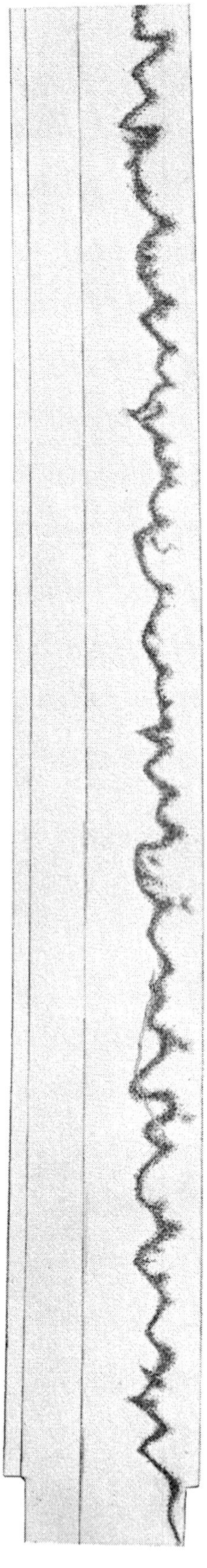

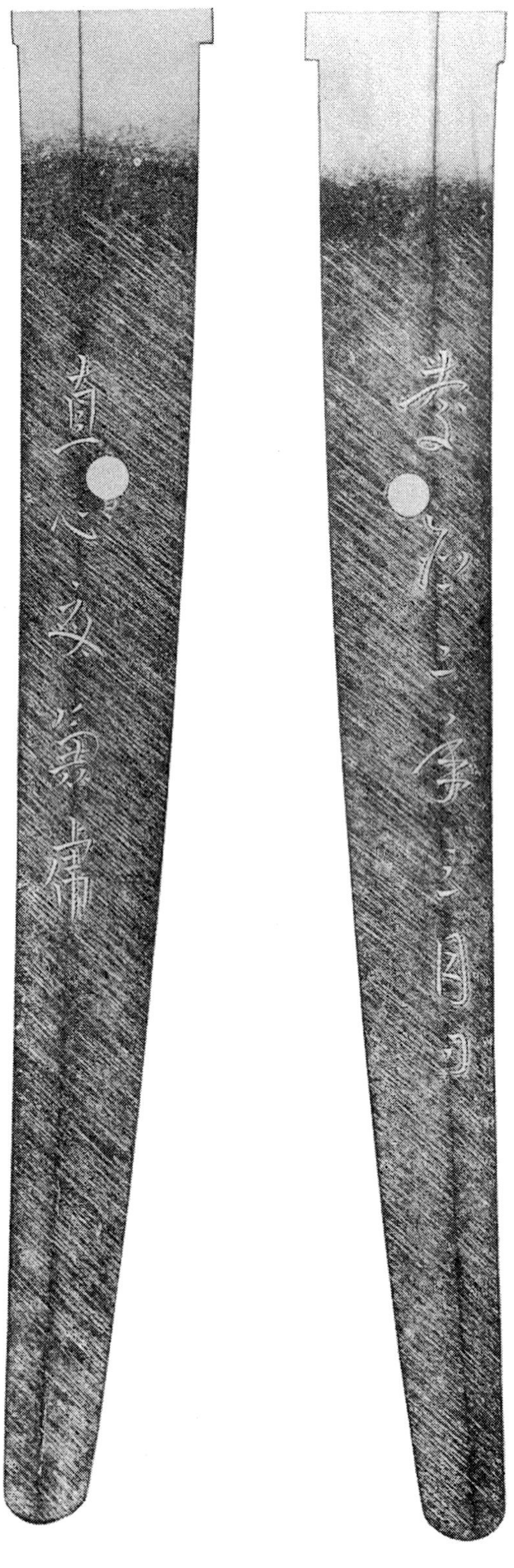

刀　刃長二尺二寸三分　反四分

兼虎は文政八乙酉九月四日、山浦真雄の嫡子として信濃国小県郡赤岩に呱々の声を挙げた。

天保十五年折り柄、長門の帰りを小諸に立ち寄り滞在、鍛刀中なりし叔父正行も九月に入って再び江戸に行く事となったので、兼虎は直心影流島田虎之助の門に入るべく叔父と共に小諸を立った。

兼虎は島田の門人となり数年剣技を磨いて錚々たる剣士となった。

弘化四年に至り、兼虎は翻然剣の道に生きる初志を放擲し、刀鍛冶となり、父の協力者たらんと決意して、四谷南伊賀町の清麿の許にて、峻厳な修業によく耐へ、研鑽に励んだ。

この刀は古作を彷彿たらしめる品位の高いもので、しかも山浦派の片鱗も窺われる兼虎の傑作。

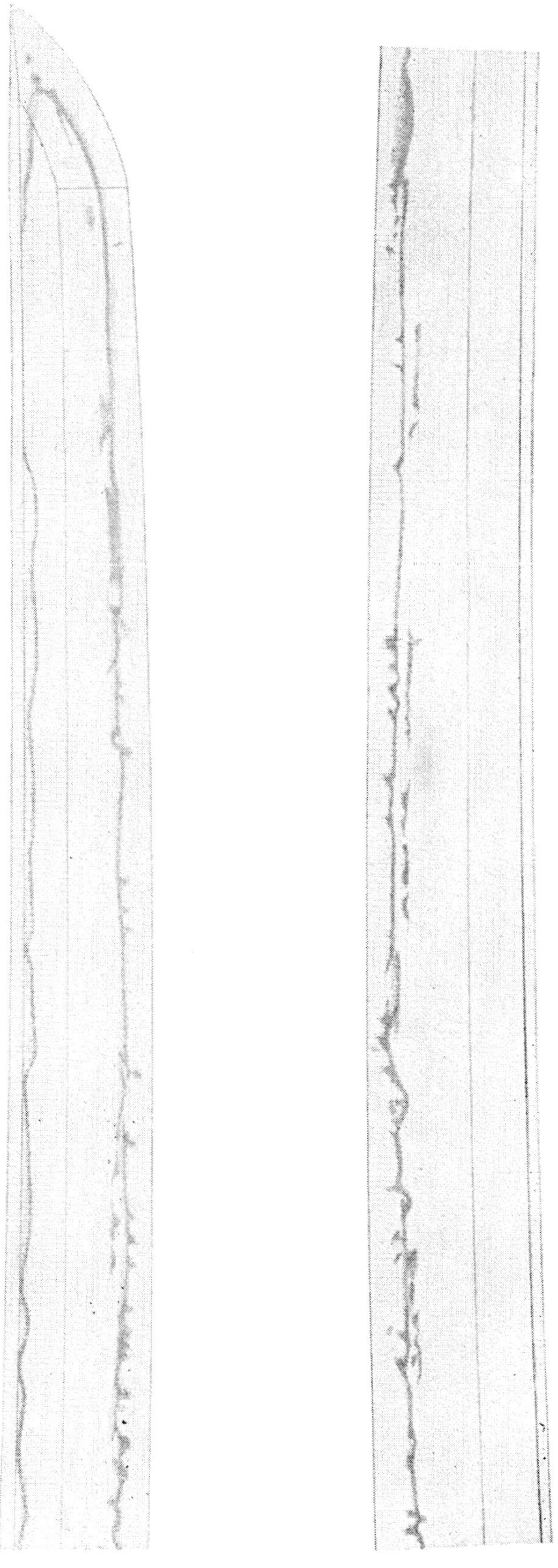

太刀銘　刃長二尺七寸九分　反七分

山浦真雄門。信濃国宗次と銘す。独立後松代城下竹山町に居住、鍛刀している。

文久四年は二月二十日に、元治と改元。この頃より作品が見られる。

「信濃国真雄」と宗次が代銘した作品がある。

真雄門下で他に著名なのは、晩年の弟子宮坂金七加賀守祐虎。同弟に義虎がある。

刀　刃長二尺二寸三分　反五分

慶応二年頃任官のため上洛したようである。同年八月の作品には京五条辺信濃国宗継造之と達筆な草書銘で次を継と改めているが、受領銘はまだ切っていない。

この慶応四年二月日この頃の作品から「筑前守」と受領銘を切っているようである。

この宗継も不遇な刀工で、鍛刀生活は短く精々五年間位かと思われ、お気の毒に堪えない。

明治と年号が改ると廃刀の兆が強く感じられたものか、この刀、引き取り手もなく、鍛冶研ぎのまま、ごく近年まで打ち捨てられていたという、噓のような実話がある。

鍛冶押のままで、今日まで残されていたことは、実に貴重な存在であるが、綺麗に研ぎ上げて保存したくなるのが人情、その後、この刀どうなったか。

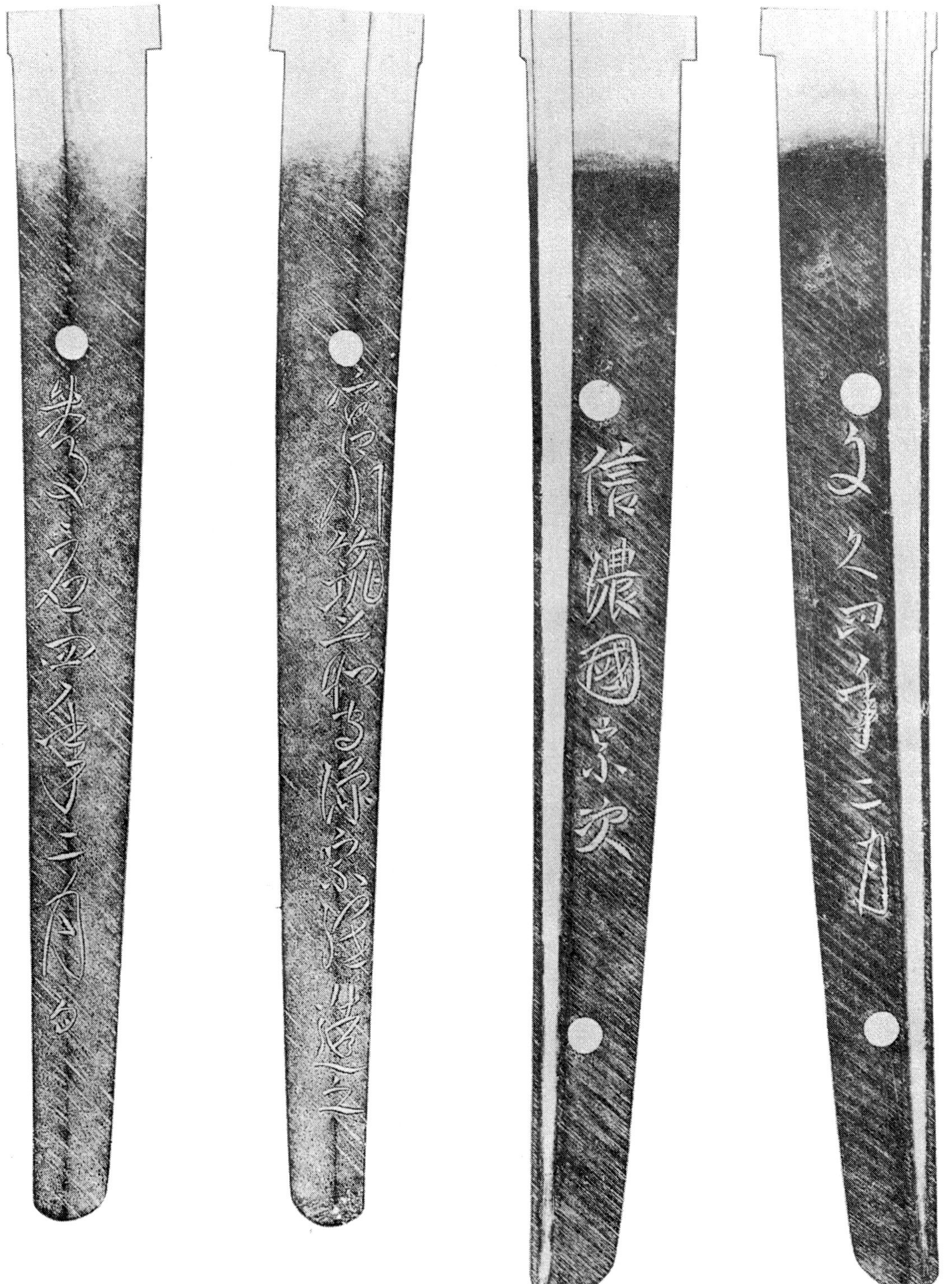

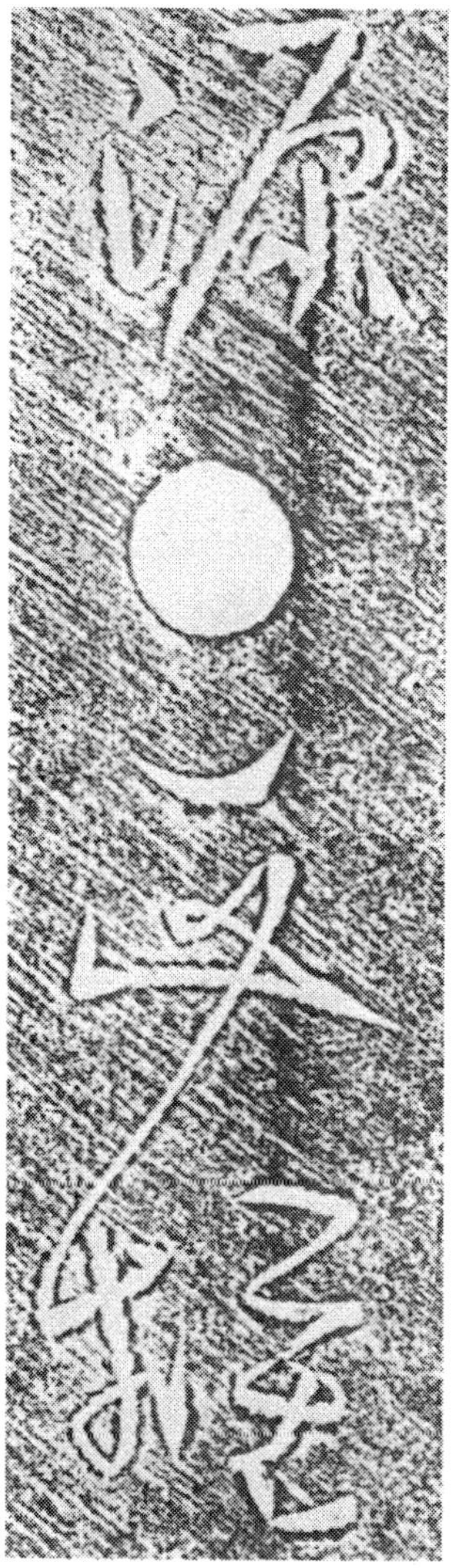

鈴木次郎源正雄は清麿がまだ正行と名乗っていた時代からの弟子と思われる。彼は年季を入れただけのことはあって、清麿門下中随一の腕前である。

嘉永六年独立して江戸下谷御徒町に住す、慶応元年八月日年紀の作品が最後とすれば、独立後、僅か十二年間で彼の鍛刀生涯は終った事となる。

生年も没年も不明。およそ、彼くらいの著名工で話題もなく、伝記の解らない刀鍛冶も少ない。

彼の作品の茎に刻まれた「於箱館以砂鉄」「以宇賀浦の砂鉄」「以知岸内砂鉄」によって、山浦兄弟及び一門同様、自家製鉄をやった事は解る。

彼は言葉少なく、生涯をひたすら、鍛刀にかけたもののようである。

源正雄副銘の臆測について

内田疎天

源正雄が所作刀の裏に「蝦夷能南海宇賀浦乃砂鉄を以て武蔵国江戸に於て造りむさし野と名付」とある。名付の以下は銘字が明らかに潰されている。何の為に潰したか、潰された銘文とその意味は、これに対する応答は、研究的にはとても困難だから、やむを得ず臆測を提供する。正雄時代の蝦夷は現今の北海道でその南海ともいうべき松前（福山）には、函館奉行職が置かれていた。宇賀浦は未考。さて正雄は勤王家でかつ具眼有情の士である。文学の素養もまた浅からず、その時代は北辺の警備急が頻りに叫ばれ、朝野の志士が相継いで蝦夷入りをした。以上を臆測の伏線として、徐ろに次の和歌一首に回頭する。

露置かぬ方もありけり夕立の
　空より広き武蔵野の原

有名な太田道灌の詠懐である。幕府の勢威はまだ全く地に堕ちないとはいえ、蝦夷辺防の現状はどうだ。皇国の安危にも関する程、事情が切迫しているのが分らぬか。実に歯痒い極みである。江戸の繁栄を見るにつけても、露置かぬ方もありけりと長歎せざるを得ない。今蝦夷南海の砂鉄を以て、この一刀を鍛造するに際し、そぞろにこの事が想起される。よってこの刀を「むさし野」と名づけ、いささか以てうつ懐を述ぶ……との意だとすれば「むさし野」と名付く以下の銘文は「露置かぬ方もあればなり」とあったのかとも解せられる。もしさようであったとすれば、その銘文が潰された理由も、その潰された時期も、ほぼ推察されるであろう。

刀　刃長二尺五寸　反五分

清麿門下中源正雄は、最も古く、腕利きの弟子である。嘉永六年ごろ独立したとすると、文久元年は独立後八年目となる。

この刀は清麿に伯仲するほどの傑作

短刀　刃長七寸四分　反三厘

万延二年二月十九日に文久元年と改元になる。従って、この作は改元前の製作と思われ、裏年紀に万延二年二月日とあるのは正しい。

「天津正雄」と号し、正雄傑作の一口。

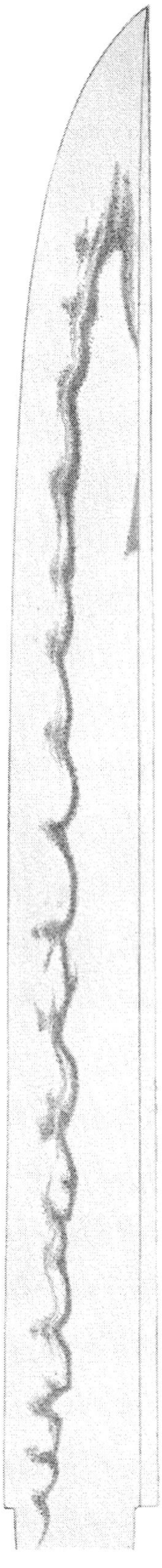

で、彼の代表作に推すにやぶさかでない。

つねに、かかる素晴らしい作品を製作していれば彼はさらに名を馳せたものと思われるが、凡作が多々あって惜しい極みである。

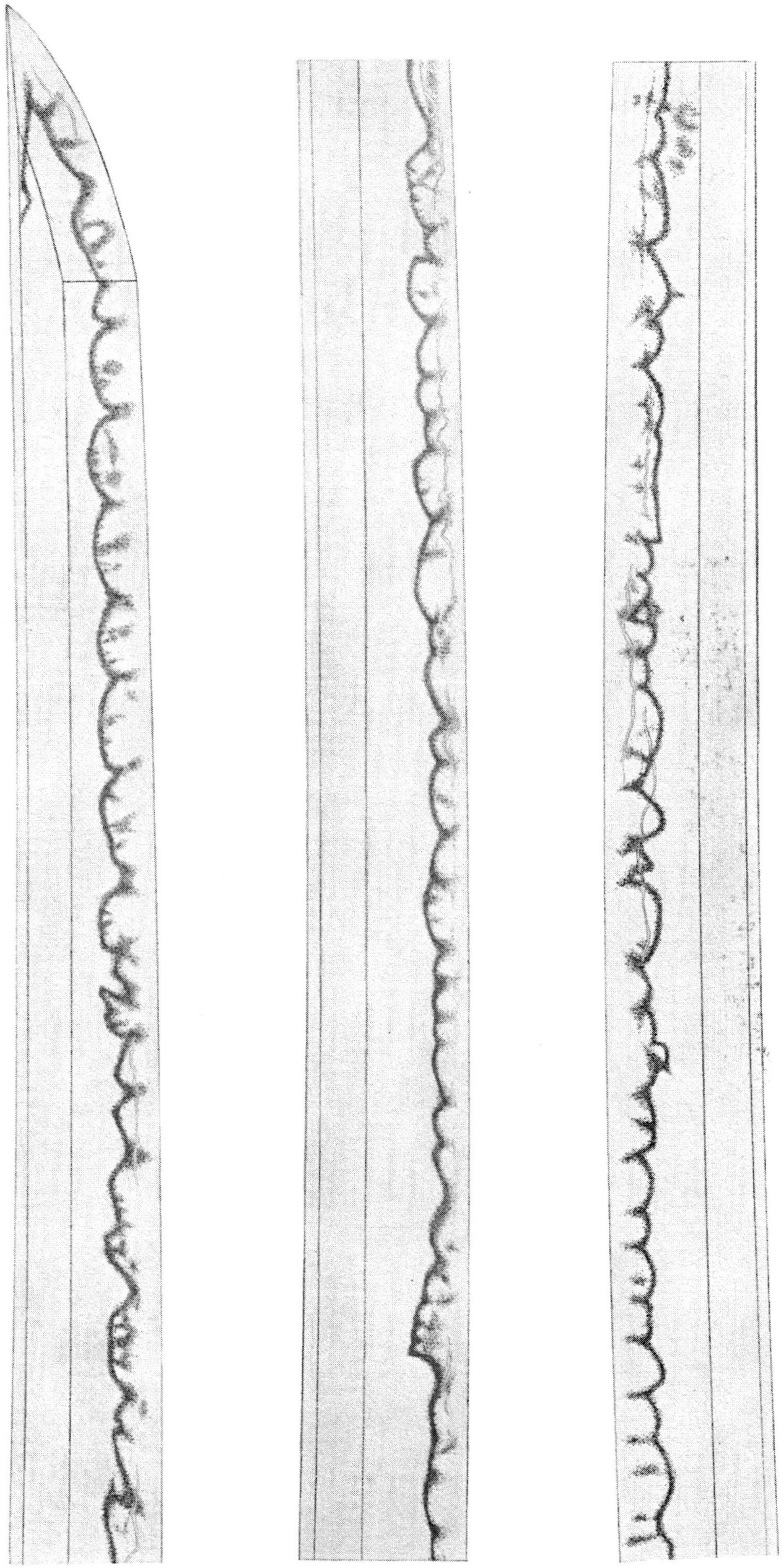

刀　長刃二尺四寸　反五分二厘

「源正雄、年号」ともに終始草書銘に切る。「正雄」と切るところから考えて「正行」時代からの門下生と思われる。嘉永六年独立して下谷御徒町に開業する。作風は地鉄板目、刃彩は互の目丁子乱、盛んに金筋を交え、師清麿に最も接近した名手。

安政六年ころ一時北海道の函館にても作る。後江戸に帰り慶応元年八月ごろまで作品が見られる。これは鈴木次郎と俗銘入りの源正雄会心の一振り。

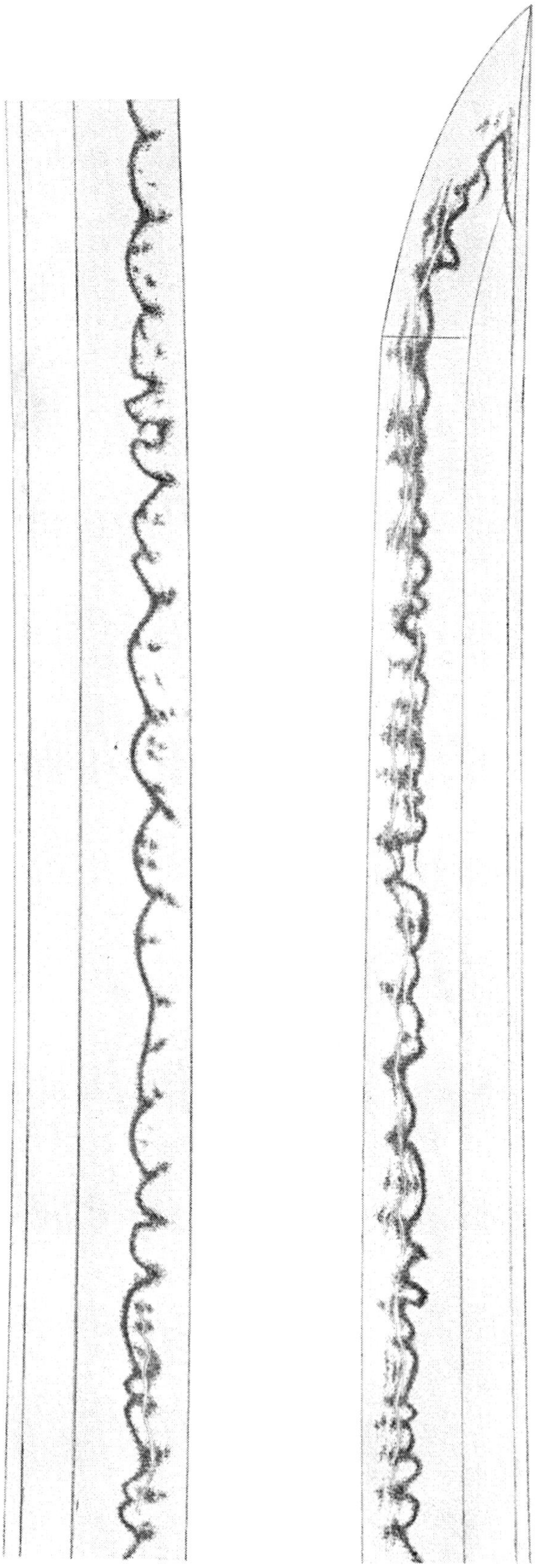

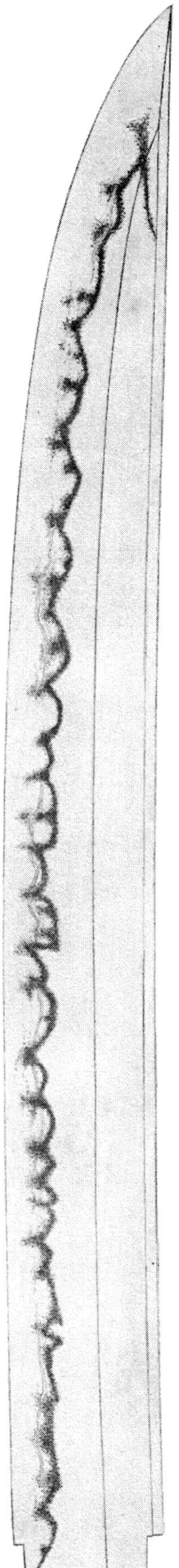

短刀　刃長九寸四分　反一分

文久二年一月老中安藤信行浪士に襲わる（坂下門外の変）。二月和宮と将軍家茂との婚儀が行なわれる。七月島田左近暗殺。八月島津久光の行列護衛の薩摩藩士イギリス人を斬る（生麦事件）。十二月高杉晋作等品川の英国公使館を襲撃。と風雲切迫のさ中にあって、さすがに武人のお道具造りの刀鍛冶だけあって、毅然たる正雄の風格が偲ばれる。正雄会心の一作。

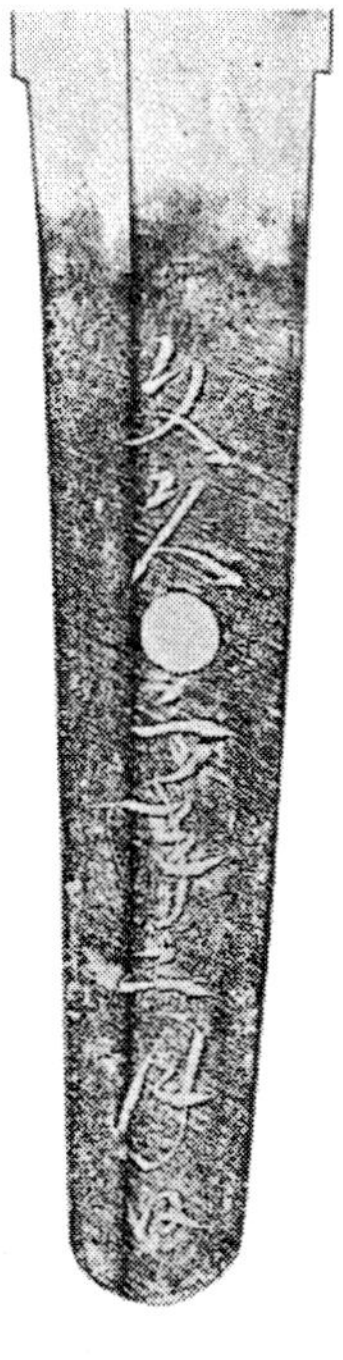

短刀　刃長五寸八分　無反

文久三（癸亥）年幕府は、上京中の浪士組清川八郎らを江戸に帰す。近藤勇ら京都残留、新撰組と称す。四月赤羽橋にて清川八郎暗殺さる。長州藩下関で米艦を、ついで仏・蘭艦を砲撃する。九月芹沢鴨暗殺と、実に血腥い事件が続出。

正雄の短刀中、最小で気のきいた逸品で田中正雄と号す。

短刀　刃長六寸七分五厘　無反

万延二年二月に始まり、元治元年八月に至る源正雄が四年間に製作した短刀の内より優品五口を選び収録した。

いずれも選り抜きの逸品だけに、優劣がつけがたく、その解説に当っても大いに戸惑うありさまで申訳ない。

その優品ぶりは図録によってとくと、堪能いただきたい。

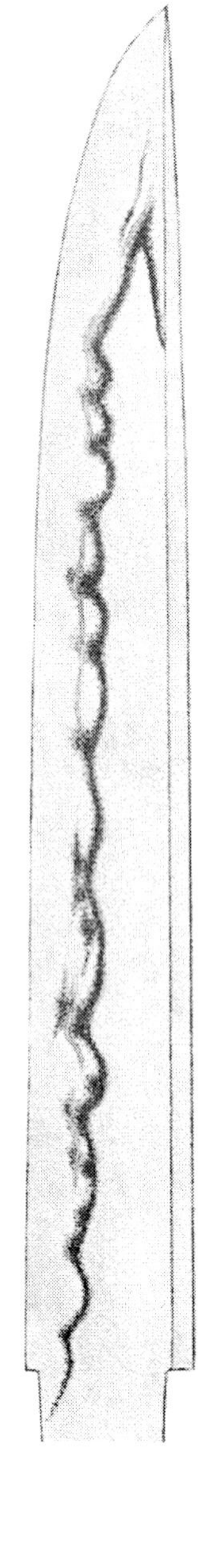

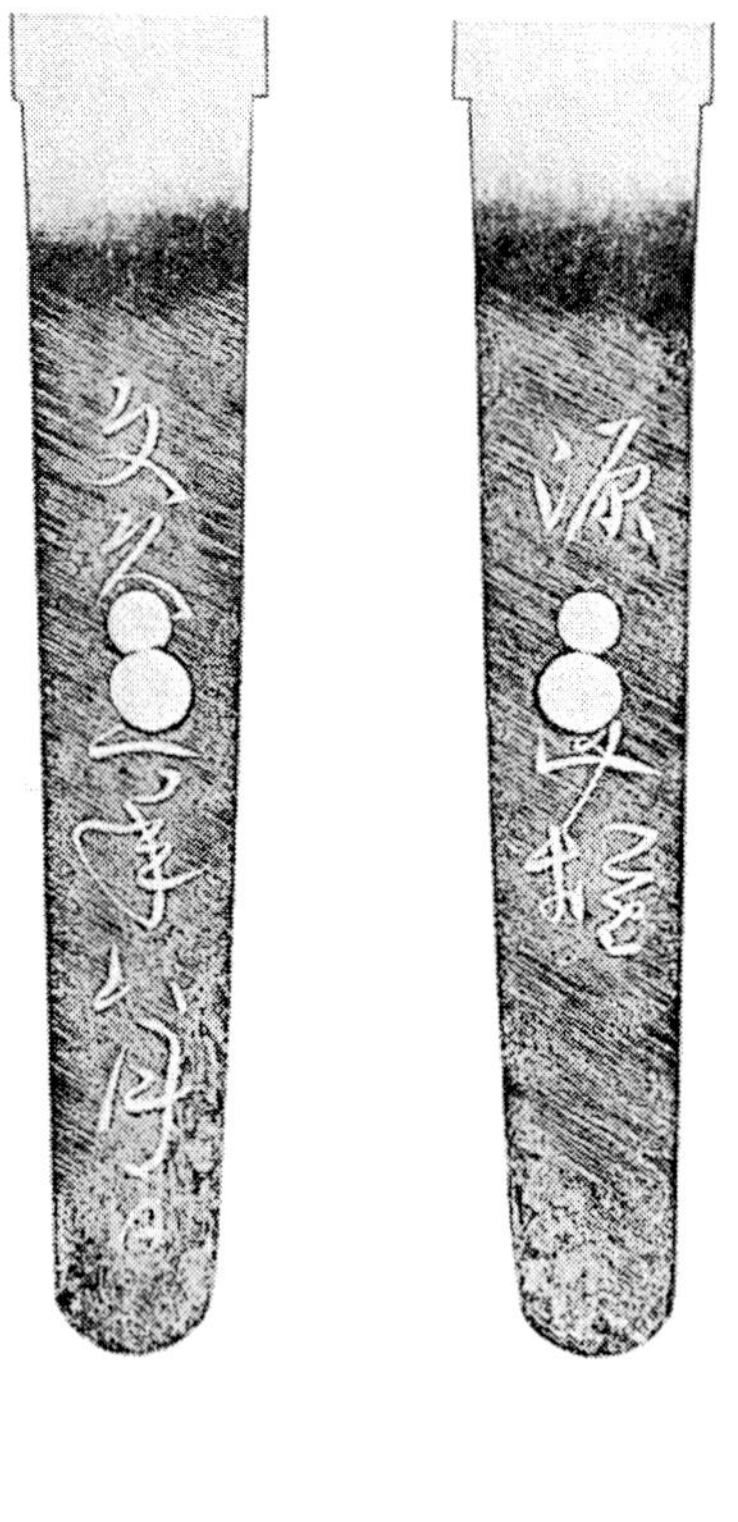

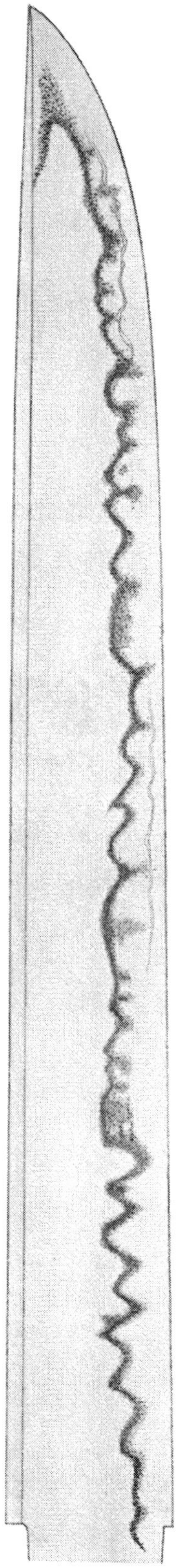

短刀　刃長八寸四分　無反

元治元甲子年三月武田耕雲斎ら挙兵（天狗党の乱）。七月佐久間象山暗殺。平野国臣ら京都六角の獄に殺さる。八月幕府、長州藩征討を諸公に命令（長州征伐）。四カ国艦隊下関攻撃。長州藩奇兵隊などの諸隊解散命令を出す。

源正雄の作品は嘉永六年に始まり、慶応元年八月で終わっているようであるから、彼の鍛刀生涯はわずか十二カ年という短いものとなる。

この短刀も前掲の数口の短刀に劣らぬ傑出したものである。

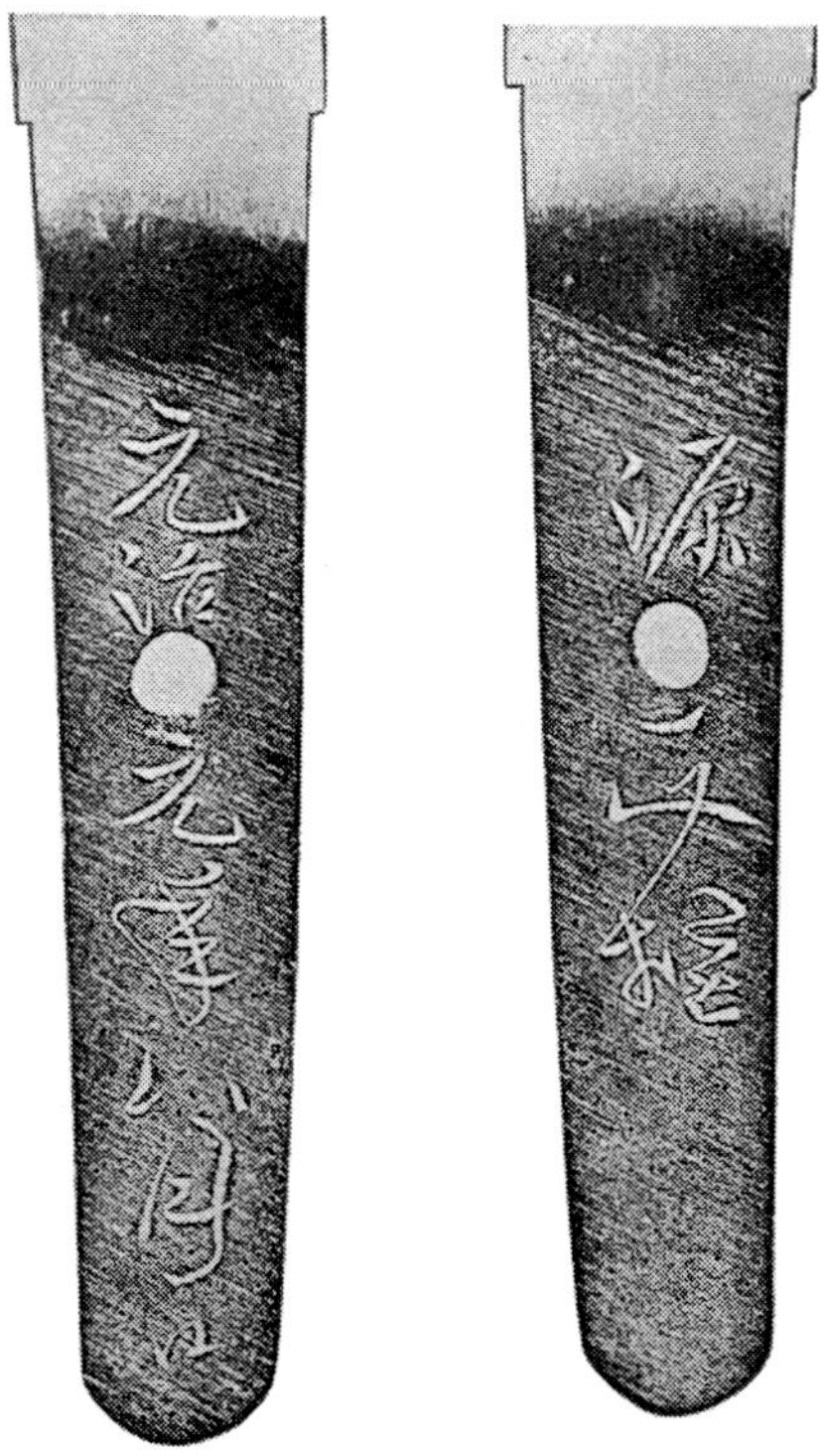

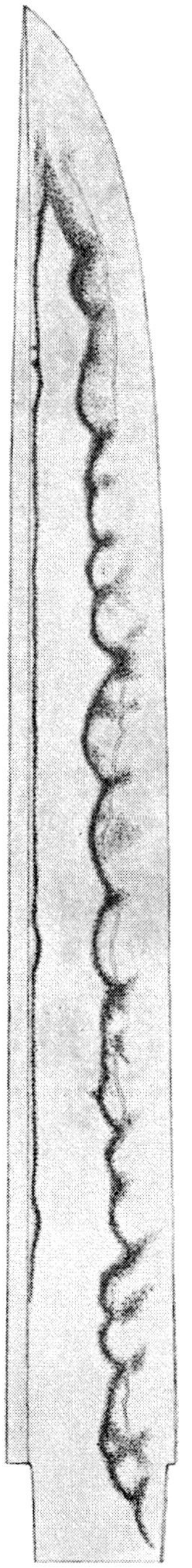

不動明王像　高さ　四二・三センチ
寄せ木造り
眼玉入り

煤をかぶってうす汚れているせいか、像は黒っぽく見える。腕環にわずかに金色残る。火焔光背に「稲葉昌常花押」と記されている。

内蔵の剣には奉納正行と刻されている。よさそうに見えるが即決はできない。今後の研究に待つ。

真田藩城下松代町の小さなお堂に安置されていた。

栗原信秀は文化十二年越後国（新潟県）西蒲原郡月潟村に生れた。月潟は信濃川の一支流で中之口川の西岸に位する一寒村である。往時から豪雨の都度中之口川が決壊して水を冠った田畑の作物は枯死、あるいは流失して、農民の窮状は実に惨憺たるものがあった。そこで、救済の一端として応永年間に角兵衛と称する者が立上って、村の子弟に獅子舞を指導して、農閑期を利用して諸国を巡り歩き合力を乞うた。やがて「越後獅子」はこの人々にとって生活上の大きな財源となって来た。これほどに月潟は疲弊した土地であった。

信秀は幼少の頃に支柱と頼む父を亡くした。若くして夫に先立たれた彼の母（池氏）は、健気にも一度は残された三男一女を独力にて立派に生育すると心に誓ったものの、生活苦にたえかね、途方に暮れた挙句、決意して、この月潟から信濃川を遡行して三里余の地点にある刃物王国を誇る三条四ノ丁の今井家に子供連れで再婚する事となった。信秀の不幸が始った。今井家も裕福でなかったので、信秀だけは近隣の鎌鍛冶小山小左衛門の許に内弟子にやられた。少年ながらかかる処に何時までも甘んじている彼でない。

文政十二年十五の時に大志を抱いて上洛、鏡の製作を世襲する一団即ち鏡作部《かがみつくりべ》について、刻苦精励すること十数年終に鏡造りの技法を学び取った。とりわけこの時体得した鏡工独特の彫刻が、後に大きく物を言って信秀の声価を高からしめる因となった。（従来信秀の彫刻は船田一琴或は加納夏雄に指導を仰いだもののように思い込まれていたが、この説は源川直茂氏の鏡がキー・ポイントとなり覆った。）信秀が文政十二年十五歳↑↓嘉永二年三十五歳までの在京二十年の間には鏡作部の伝統を墨守して造った作品が幾らか遺っているものと思われる。是非一見したいものと念願している。（天下一を名乗ることは鏡工と能面師だけに許されていたが、これは元和の末になって禁止令が出たと言われている）

例を鏡工の銘にとって見ると〇桐竹鏡、天下一、青家次・天正十六（国立博物館蔵）のように刻している。これによって南紀重国の有名な脇指の棟に刻されている「鏫物天下一池田権助義照」は鏡工であることが解り、鏡工が彫刻で刀に協力したものでは恐らく唯一の異例と思われるほど、如何にも珍らしい作品である。

嘉永三年信秀は三十五歳となった。いつまでも鏡に打込んでいては生計の維持が困難であるので心機一転し、この頃、漸く活況を見せ初めてきた刀に彼が得意とする彫刻を施すことによって美術的価値を一層高めることが出来るものと確信して、先ず鍛刀の指導を清麿に請うべく江戸四谷に赴いた。しかし、職を異にしても一芸に秀でたものであり、しかも、この年配となると、どうしても、短期の内に上達して、一日も早く独立しようとする焦りがある。それだから、中年者は嫌って誰も相手にしない。清麿は信秀の面倒をよく見たものと思う。斯くて嘉永三、四年の両年も過ぎ、嘉永五年四月に出羽国（山形県）庄内を立った清人が入門して来たので、これと入れ替ぐらいに信秀は師に弟子らしい努めを果さない内に清麿の許を辞し去り、自己の鍛刀場の準備に取りかかったものと思われる。

は名刀を造る道は基礎となる優れた鉄を得る以外にない。彫金によって刀を美化するなど、とんでもないことだという。

は御家芸の鏡作部伝承の彫金を自己の作刀に取り入れて、さらに美的価値を高めようとする。

このように師と弟子は見解を異にして論争した。この食い違いが因となって、両者の間はしっくりと行かなかったもののようである。清麿の死後十年も経った文久三年となると信秀は、師の「源」清麿に対して挑むように「平」信秀と刻銘して、カラカラと打ち笑っている辺りユーモアたっぷりである。

慶応元年になると信秀は筑前守を受領する為に再び上洛して、慶応三年の春頃まで大阪に住み盛んに鍛刀している。信秀は四谷時代のありし日の恩師のことが懐しまれてならない。自刃の際は独立直後のこととて意の如くならないままに残務整理は清人独りに任せて皆立去って行った当時の事が今更の様に悔まれてならない。己の今日の栄誉は実に恩師の薫陶による賜である。せめて、信州松代藩真田家の菩提寺である高野山蓮華定院の管理地に清麿の墓碑を独力にて建立し、なお更に位碑を同院に奉安して永代に亘って師の冥福を祈ろうとしたのである。この企には師弟の情の濃さが流露していて持つべきものは弟子だとの感深いものがある。

信州・松代藩真田家の菩提寺
連華定院の管理地に
栗原信秀が独力にて建立した清麿の墓碑。
所在地・和歌山県伊都《いと》郡の東部高野山の奥院に向う
一ノ橋と中ノ橋の中間の参道に面した右側にあって、
正面を奥院に向けて建立している。

安政元卯年十一月十四日寂の「卯」とあるは「寅」の誤り。

種別	銘文		刃長	年齢
刀	於浦賀 信秀	嘉永六年八月 日		39
刀	東叡山於御花畑 栗原信秀作	嘉永七寅年八月 日		40
長巻	栗原謙司信秀	安政二卯年二月 日	一尺七寸	41
刀	栗原謙司信秀	安政二年 五月 日	二尺一寸一分	
長巻	栗原謙司信秀	安政二年 八月 日	二尺三寸四分	
刀	栗原謙司信秀	安政三年 仲春	二尺三寸	42
刀	栗原謙司信秀	安政三年 六月 日	二尺一寸五厘	
刀	栗原謙司信秀 彫同作	安政四年六月 甲子	二尺二寸二分	43
刀	栗原謙司信秀	安政四年 三月 日	二尺六寸八分	
短刀	栗原謙司信秀	安政五年源造所持之	九寸八分	44
刀	栗原謙司信秀	安政五年 七月 日	二尺三寸五分	
刀	栗原謙司信秀 作	安政五年十一月吉日	二尺四寸五分	
刀	栗原謙司信秀 彫同作	安政六年 二月 日	二尺二寸九分	45
短刀	信秀	安政六年十二月 日	七寸一分	
刀	栗原謙司信秀	万延元年 八月 日	二尺五寸二分	46
刀	栗原謙司信秀	万延二年 二月 日	二尺二寸九分	47
刀	栗原謙司信秀	文久元年十二月 日	二尺三寸	
刀	栗原謙司信秀	文久二年 正月 日	二尺五寸	48
刀	栗原謙司信秀	文久二年 六月 日	二尺五寸三分	
脇指	栗原謙司信秀	文久二年 八月 日	一尺八分五厘	
刀	栗原謙司信秀 応松田秀俊需	文久二年 八月 日	二尺三寸七分	
刀	信秀	文久二年十二月 日	二尺三寸五分	
刀	平 信秀	文久三年 二月 日	二尺四寸九分	49
脇指	平 信秀	元治元年 五月 日	一尺三寸二分	50
刀	平 信秀	元治元年 五月 日	二尺六寸八分	
刀	栗原筑前守信秀 於大阪	慶応元年 五月 日	二尺五寸一分	51
刀	筑前守信秀 於大阪造之	慶応元年 十月 日	二尺二寸七分	

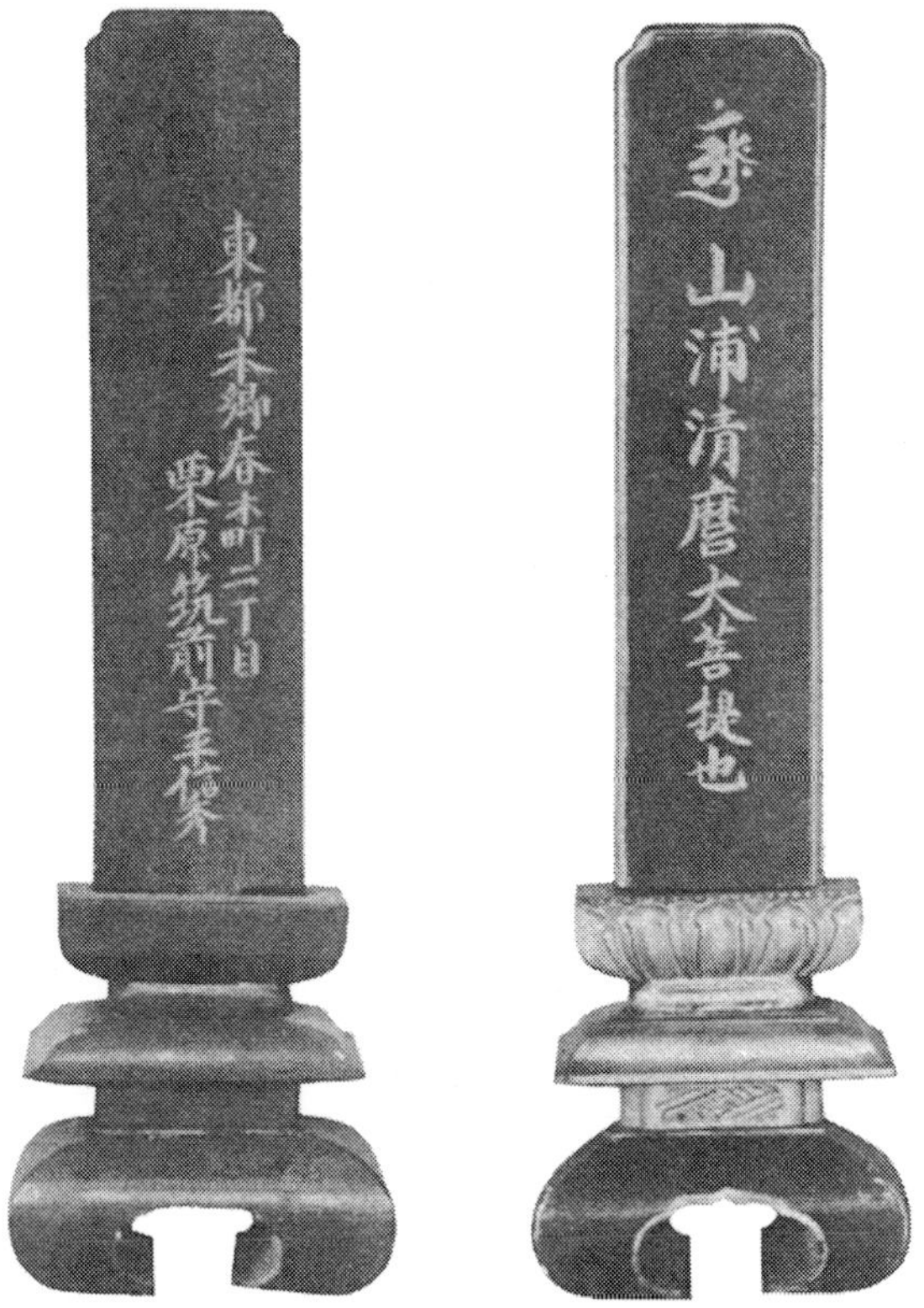

清麿の位碑（連華定院に永代奉安）

52	刀	筑前守信秀	慶応二年 六月 日	二尺四寸九分
	刀	筑前守信秀 依鈴木寿蔵好 於大阪	慶応二年十一月 日	二尺三寸八分
	刀	栗原信秀	慶応二年十一月 日	二尺三寸五分
	刀	筑前守信秀 於大阪	慶応二年十一月 日	二尺四寸二分
53	刀	筑前守栗原信秀 於大阪	慶応三年 正月 日	二尺三分
	刀	筑前守信秀 広東氏需造	慶応三年 八月 日	二尺一寸五分
	短刀	筑前守信秀	慶応三年 八月 日	七寸
	刀	栗原筑前守信秀	慶応三年 八月 日	二尺三寸三分
54	刀	筑前守信秀	慶応二二年五月 日	二尺三寸三分
	短刀	筑前守信秀	慶応二二年五月 日	八寸八分
	刀	栗原筑前守信秀 彫同作	慶応二二年五月 日	二尺三寸四分
55	刀	筑前守信秀	明治二年 二月 日	二尺一寸二分
	脇指	筑前守信秀 彫同作	明治二年 二月 日	一尺四寸
	刀	栗原筑前守平朝臣信秀彫同造	明治二年 八月 日	二尺三寸四分
	刀	栗原筑前守信秀	明治二年十二月 日	二尺一寸五分
56	刀	栗原筑前守平朝臣信秀応大石氏需	明治庚午四月	二尺二寸九分
	刀	栗原平朝臣信秀 彫同作	明治三年 八月 日	二尺一寸三分
	刀	栗原筑前守信秀	明治三年十二月 日	二尺一寸九分
	刀	栗原信秀	明治三年十二月 日	二尺二分
57	短刀	栗原信秀	明治四年 八月 日	七寸七分
	短刀	栗原信秀 嫡信寿 棟に	明治四年 八月 日	
58	直刀	模天国皇命依十八振 謹以残鉄平朝臣信秀	明治五年 三月 日	二尺八分
	刀	栗原謙司信秀	明治五年 七月 日	二尺三寸四分
59	直刀	模東大寺正倉院宝剣	明治六年十一月三十日信秀	二尺二寸六分
60	小烏型	栗原平朝臣信秀	明治七年 八月 日	二尺二分
61	刀	平朝臣信秀	明治八年 二月 日	二尺三分
62	刀	栗原筑前守平朝臣信秀	明治九年 八月 日	二尺七寸
63	短刀	平朝臣信秀	明治十年 八月 日	八寸
64	短刀	平朝臣信秀 於北越（明治十一年頃の作）		

越後一ノ宮

弥彦神社の宝鏡（明治十年製作）

鏡　工　**栗原信秀**・栗原信寿・今井信吉

門　人　米田秀一・米田秀次・宇佐美正永・笠原信一

弥彦神社御神鏡

明治二年信秀の名声は天庁に達して　畏くも御剣護作と直刀十八振護作の光栄に耀いている。
明治五年二月この時の残鉄を以て造ったものが越後の弥彦神社に奉納されている。

信秀の筑前守任官の勅命を伝えた文書の写

慶應[illegible]年[illegible]月二日　宣旨

平信秀

宜任筑前守

[illegible]豊房　奉

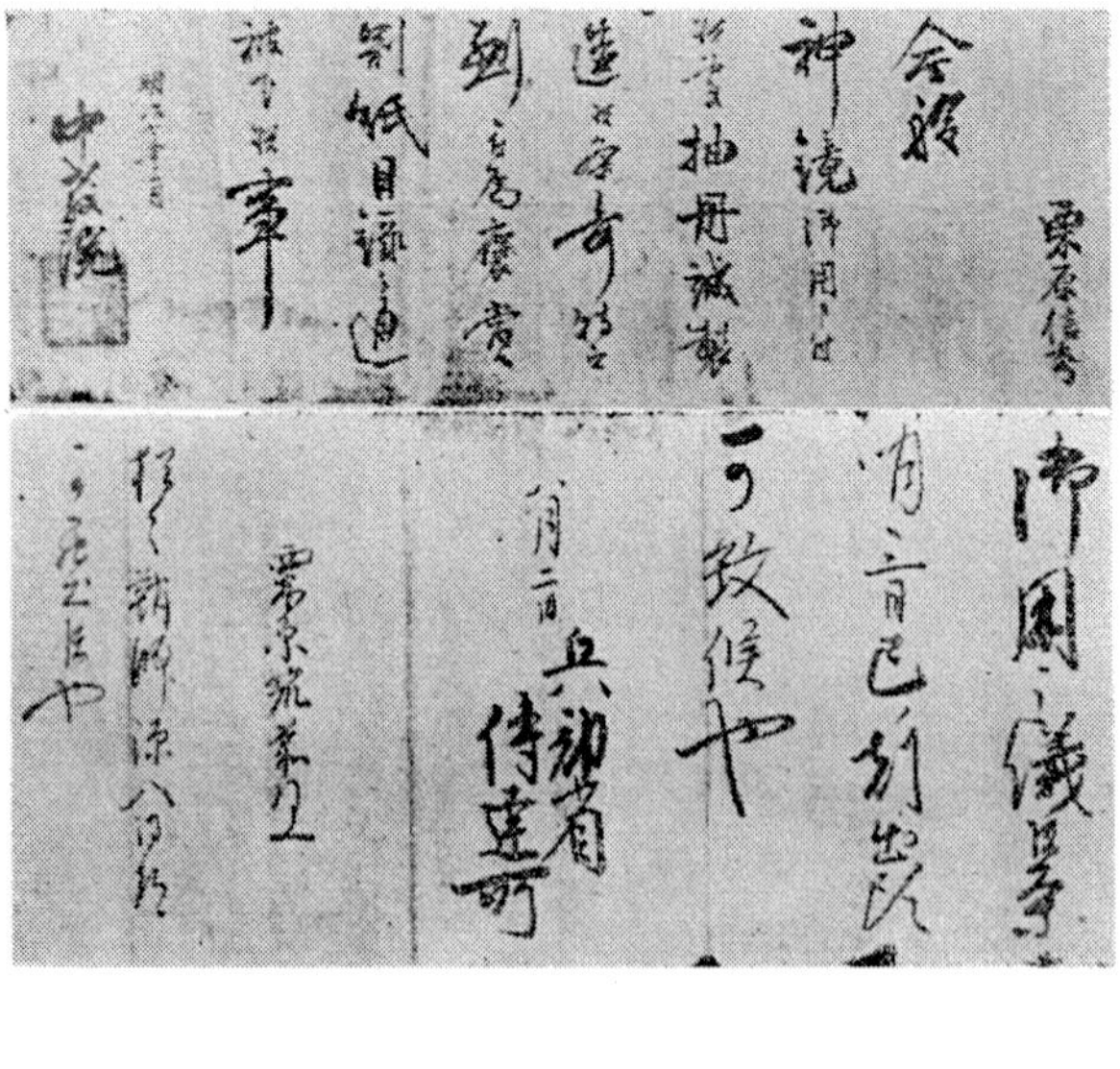

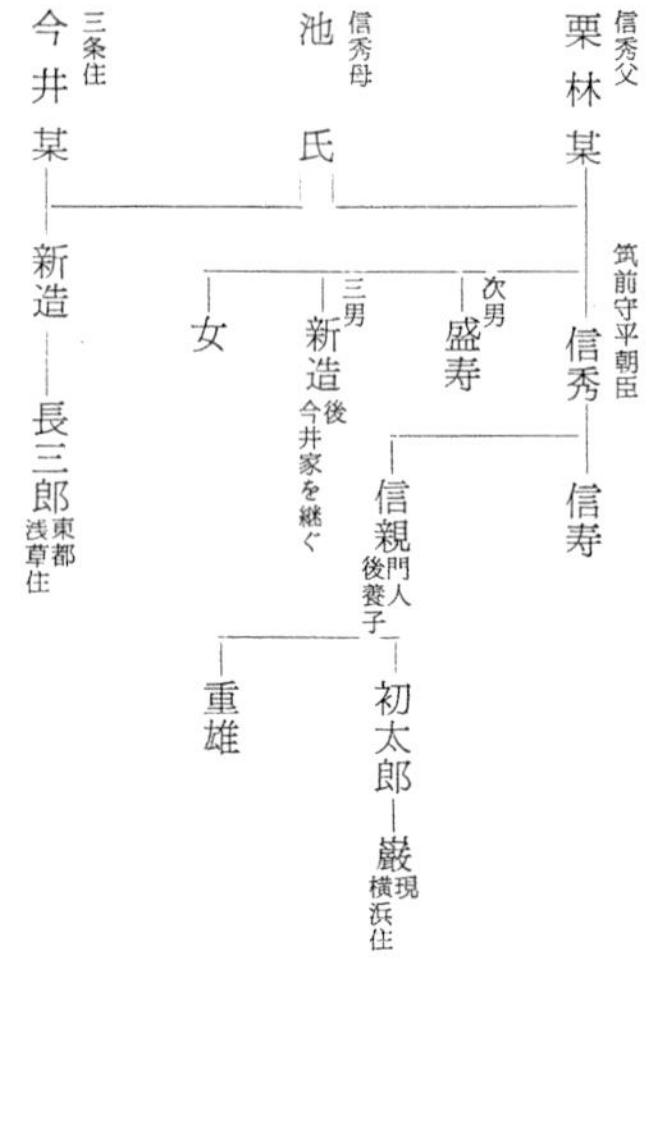

三条八幡宮神鏡（明治9年製作）

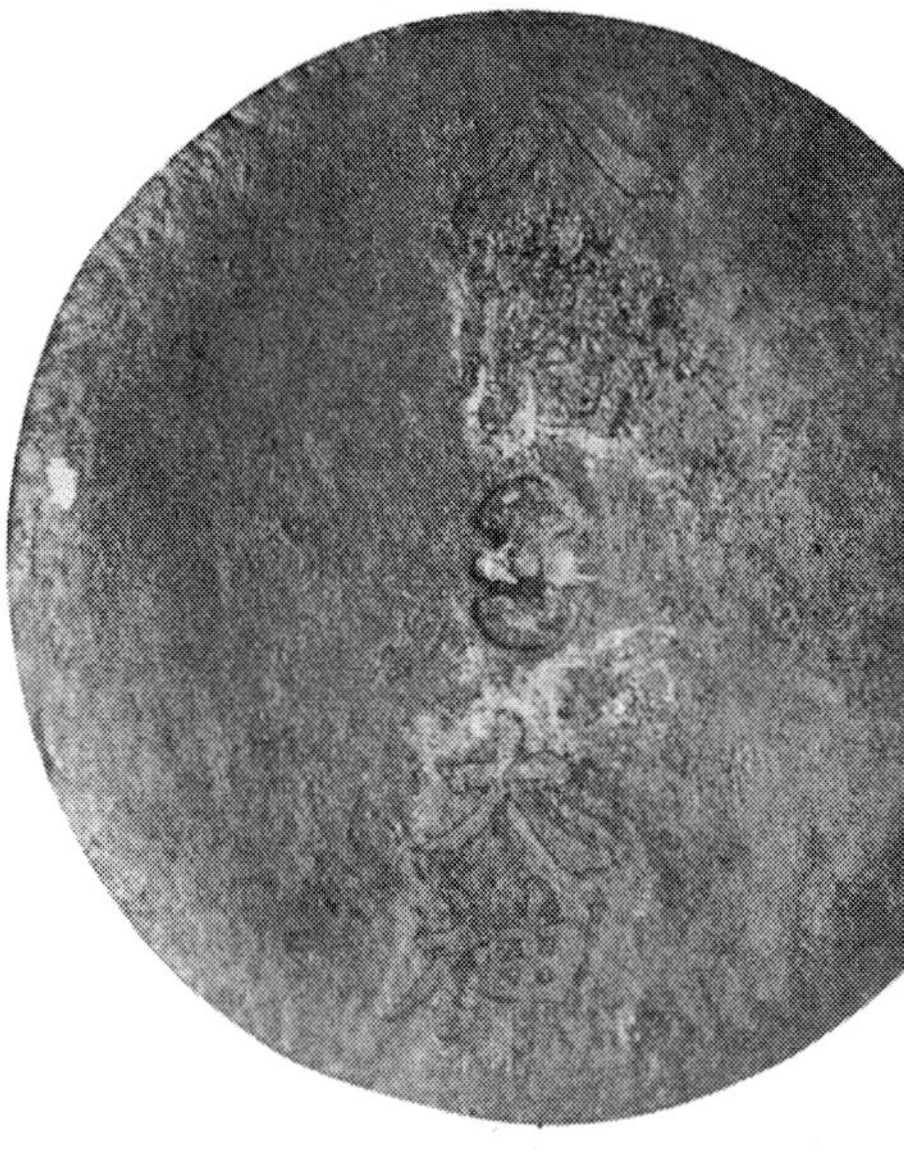

新潟県三条市八幡宮境内の信秀の碑

従五位下筑前守平朝臣謙司信秀　本姓栗原氏　生於西蒲原郡月潟邑　幼失父　母池氏有三男一女　家政不振　携児再醮条陽第四坊今井氏　信秀少頴悟　竜腮之珠非池中物　十五歳立志趨西都欲究刀匠秘方　歴訪四方　刻苦研鑽　不判生死殆三十年　学幕末志士山浦清麿門　嶄然見頭角為人恬寡欲　不拘外物　雖然澄心下槌　天地同化　特至鉄彫亀文竜藻　天下無敵也矣　明治二年事達　天聴　謹作御剣拝位記恩命　声誉鳴海内　時会維新百度広張　廃刀令相踵　遂不得志　飄然帰故山　暮年視力漸衰　不能揮妙技　欲需靉靆《めがね》　再遊東京而遂不帰　時六十六　遺作伝世者曰九段靖国神社宝鏡　曰伊夜彦神社宝鏡　曰三条八幡宮宝鏡是也　葬於東京下谷区池之端七軒町真宗忠綱寺塋地　今茲有志相胥　建碑此地　欲伝遺徳後昆焉　法号信行院釈速成居士

銘曰　技奪他工　名達天聴　郷土之誉　群匠之雄

昭和十乙亥年六月上浣　愛山岩田屯撰並書

信秀は明治十二年秋頃より健康勝れず、翌十三年一月二十五日東京本郷元町の栗原信親宅に没す。時に六十六歳。法名「信行院釈速成信士」

東京都台東区下谷池之端七軒町真宗忠綱寺に葬る。

この信秀の墓は昭和六年十二月孫　栗原初太郎氏の建立になるものである。

生《うぶ》彫《ぼり》

言うまでもなく、彫刻は信仰から始まり、その象徴としての顕れであるから、人々に崇高な念を抱かしめるような厳粛なものでなければならぬのに、次第に装飾化されて、遂に江戸中期になると（これは我国の財力が次第に町人の手に握られて行くにつれ、趣味嗜好が庶民化したことの現れと見られる）彫物は堕落の一途を辿ったのである。

「後彫」は偽銘と同様に、刀にとっては致命的被害である。この為にあたら名刀も台なしにされて了うもので、後彫は、あたかも寄生して害毒を流すバチルスの如き嫌むべき存在である。然し、知らぬが仏とはよく言ったもので、かかるものでも、過去に於ては結構有難がられて後生大事に取扱われた時代もあった。

近世に於ては埋忠明寿、長曽祢虎徹、一竿子忠綱、栗原信秀等の自身彫から越前刀には記内彫。肥前刀の宗長や吉長彫。直胤には義胤彫などと呼ばれるようにそれぞれ専門の彫工が従属しいずれも特色を発揮しているのである。

「生彫」は鍛冶が彫師に依頼の場合も同様、（左図の不動尊写真参照）この工程で一旦止めて、焼刃渡しを了えて再び精密な部分の彫仕上に入るものである。この事が、この不動尊の彫身が焼入前の状態で発見されたので、これを実証する唯一の重要な資料となった。従って、この方法によると彫の表面から彫底に至るまでが、刀身の地鉄と同じ硬度となるので、彫は磨きのかかった珠玉の如き光彩を放つ。

未完成の彫物

小刀　信秀造
今村長賀翁遺愛の逸品

彫物は拡大

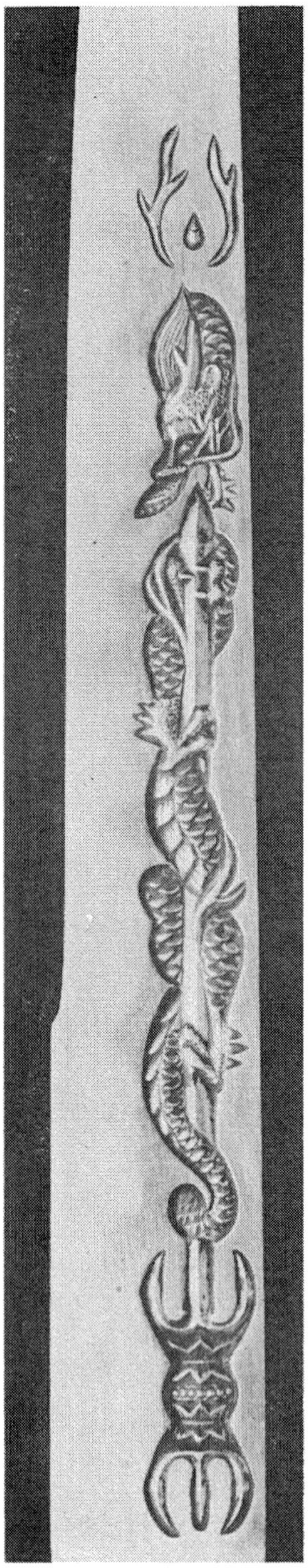

「繁慶・虎徹の様に信秀もまた始めからの刀鍛冶ではなかつた」とこの名鏡は語る

鉄砲鍛冶の繁慶、甲冑師の虎徹のように、信秀もまた鏡工から刀鍛冶に転じたもので、彼等は鍛刀界に異彩を放つ三人男である。

文政12年 15歳 ←信秀在京20年間の動静→ 嘉永2年 35歳

信秀の京師に於ける二十年間は「鏡」と取り組んで終始した。「鏡作部《かがみつくりべ》」伝承の彫金が信秀芸術の基本となった。

信秀は嘉永三年刀工を志して清麿の指導を仰いで鍛刀の技を身につけると共に、原始時代さながらの青銅の鋳造という伝統を守って立ち遅れている鏡作部に疑問を懐き、彼はこれに刀同様の地鉄をもって鏡の素地をつくり、文様は鏨で表現するなど実に凝ったもので真に新時代に適応した斬新なそして芸術的に優れた鏡を造り出すことに成功している。

この鏡は信秀が晩年に新構想を練って、自己の持つ彫刻の力量をこの鏡に傾注して成った彼畢生の名作である。信秀は幕末、越後国の生んだ重要な無形文化財である。

然し、信秀ほど不遇のものもない。少年の頃は刃物工を嫌って越後三条から上洛。二十カ年の歳月を労して漸く大成した鏡造りは衰微し、刀工となれば明治の廃刀令に会い、全く自己の頼みとする芸術は目前に次々と崩れて行った時の彼の心事は如何ばかり悲痛なものであったろうか。実に、彼の生涯は数奇な運命に翻弄され不幸の連続であったが、明治二年六月明治天皇の聖慮によって九段坂上の靖国神社が創建された時、信秀は神鏡奉鍛の栄誉に輝いた。これにより彼の苦労は償われて余りあるものといえよう。

名鏡倭魂《やまとだましい》

と題する三枚続きの錦絵で、画工は猩々暁斎。明治七戌年の沢村板である。中央は、無我の境地に入って、懸命に鏡造りに傾倒する筑前守信秀で、制作に打込んでいる姿ほど美しく神々しいものはない。向って右は研師の本阿弥平十郎が一心になって鏡面を磨上ると、途端に霊光を発した鏡の威力によって諸々の悪鬼の類は恐怖にふるえて西方に向って雲散霧消する有様を画いたものである。これは明治初年の世相を諷刺したもので、今では皮相のそしりは免れないかも知れないが、鋭さと気骨があって当時の人々は非常に喜び迎えたものと思われる。　（ロンドン新聞ニノスル図）とある。

			安政						嘉永				弘化														天保	文政	年
丁己	丙辰	乙卯	甲寅	癸丑	壬子	辛亥	庚戌	己酉	戊申	丁未	午丙	乙己	甲辰	癸卯	壬寅	辛丑	庚子	己亥	戊戌	丁酉	丙申	乙未	甲午	癸己	壬辰	辛卯	庚寅	己丑	
4	3	2	元	6	5	4	3	2	元	4	3	2	元	14	13	12	11	10	9	8	7	6	5	4	3	2	元	12	号
43	42	41	40	39	38	37	36	53	34	33	32	31	30	29	28	27	26	25	24	23	22	21	20	19	18	17	16	15	年齢

事蹟

これまでは沓として知ることの出来なかつた信秀20年間の足跡玆に明らかとなる。

> 信秀十五歳の時大志を抱いて上洛（刀工）の秘法を身につけようと思って、諸所を尋ね回って、その探究に心を砕いた。彼の消息は三十年間も不明であった。（略）

以上は新潟の三条八幡宮境内にある信秀碑文の一節の意訳である。この説が、いままで疑われず真実と思い込まれていたので、信秀の真相を久しい間明らかにする機会を逸していた。

慶長八年徳川家康が江戸に幕府を開いて以来、大都会となり、文化の中心は次第に上方から江戸にと移って刀鍛冶も自然とここに集中して互いに腕を競っている、この本場の江戸を信秀は避けて、昔日の繁栄の跡をとどめないまでに寂れ切っている。その京師を殊更選んでいるということは刀鍛冶の修業でないことと推察できる。これは、きっと王城の地でなければ学びとることのできない独自の芸術に打ち込むためであることは自明の理である。

文政12年↔嘉永2年＝信秀は鏡の製作で終始した。

源川直茂氏の名鏡がキー・ポイントとなって京師における信秀20年間の動静をここに明らかにすることができ、同時に彼の彫金は「鏡作部」伝承のものであることも解った。

弘化2年の初、鈴木次郎源正雄「**源正行**」門下となる。やがて上総国より正直続いて岩井正俊入門す。

弘化3年八月・**源清麿**と改銘。

修業時代

嘉永3年の初、不況の鏡の打開策として信秀刀工を志して、鍛刀の指導を清麿に受けるため江戸四ツ谷に赴く。

独　立

嘉永5年四月に出羽国庄内を発足した斎藤清人（廿六歳）清麿門下となる。

嘉永6年八月・信秀独立第一作を浦賀にて造る。

刀工となり活躍

安政元年二月・上総国正直・独立第一作を江戸にて発表す。八月・信秀東叡山御花畑にて造る。十一月十四日清麿自刃。

刀 刃長 二尺五寸 反五分

彫なしの信秀刀。そのせいか、地鉄は精美で鉄色よく、独特の板目肌に小銑が一面につき鎬地から平地は沸移のようになっている。刃中は互の目丁子乱の銑足が長く刃先まで出て葉も盛んに交じえ、これに金筋、砂流が盛んに絡んで、実に豪華絢爛な出来栄えで、見飽きない。信秀傑作の一。

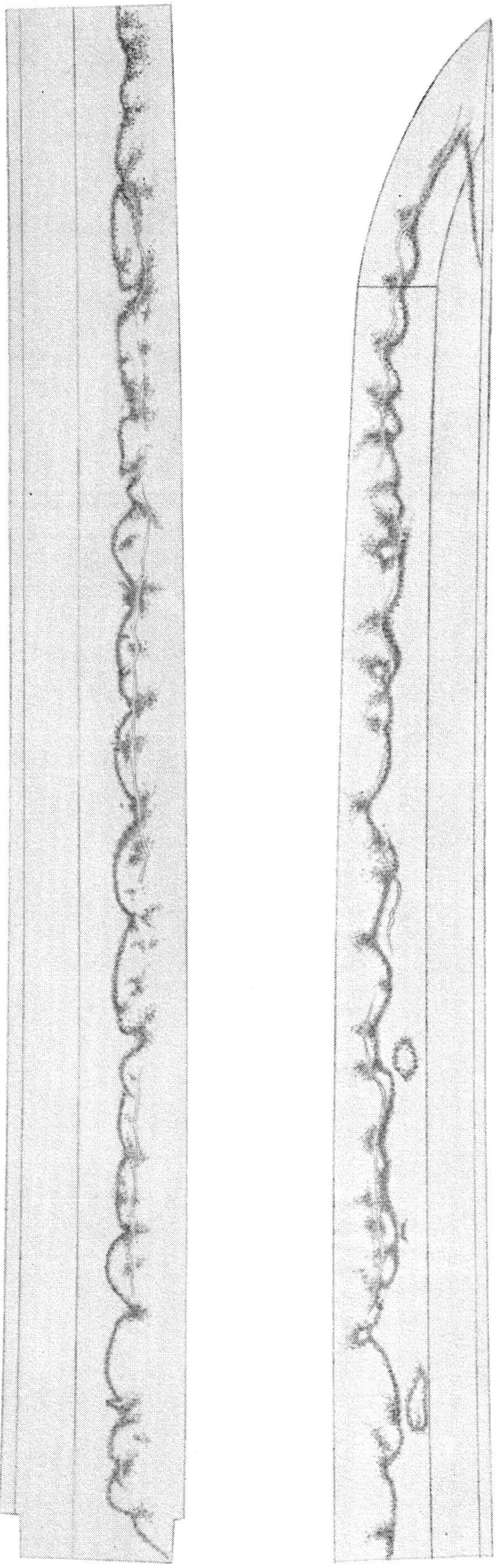

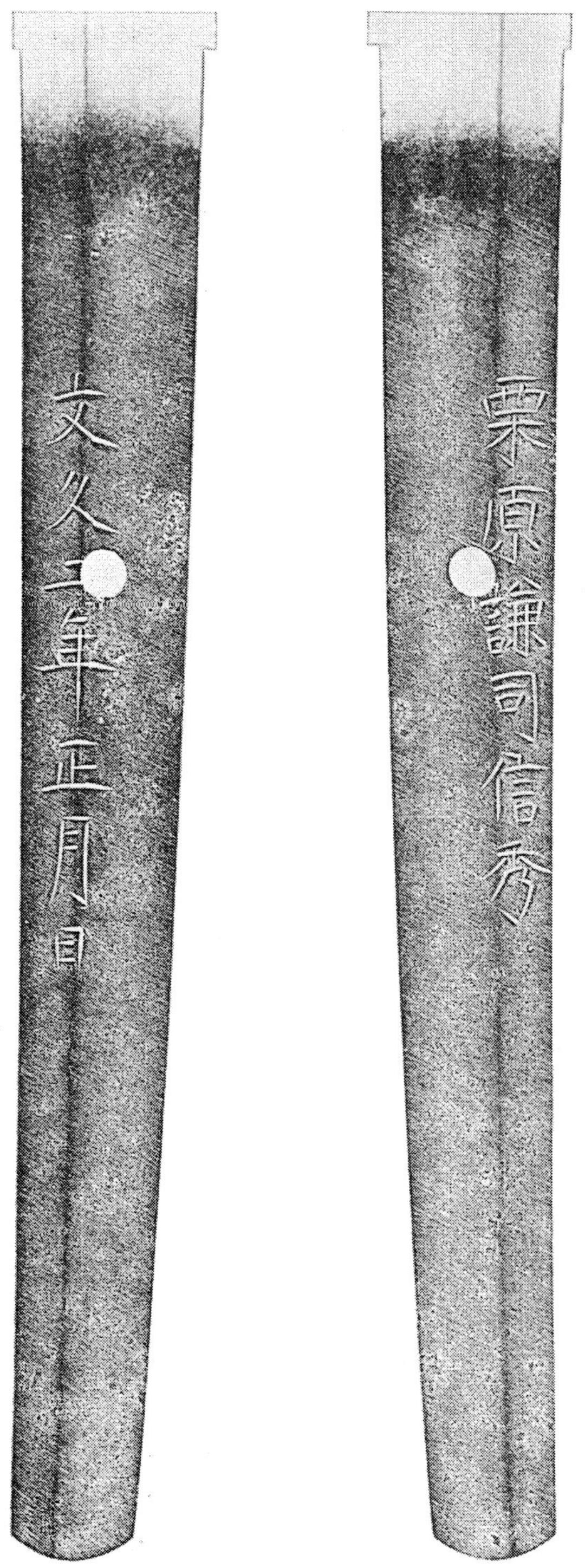

やまはさけ海はあせなん
世なりとも
君にふたこころこれ
あらめやも

信秀は刀身に下書して、一気呵成に彫上げた。筆勢は躍動してさながら生き物のようである。至極簡単な線彫と思えるが、どうして一点一画もゆるがせにできない、誠に神経を磨減らす技法で失敗すれば、補修のきかぬものだけに、鍛刀からやり直すより方法のない、苛酷なものである。このような優れた作品にまとめあげるにはよほどの高度の技量が必要である。

この詠歌の彫金は信秀の至芸である。刀身の出来も素晴しい。

刀　刃長二尺三寸五分　反五分

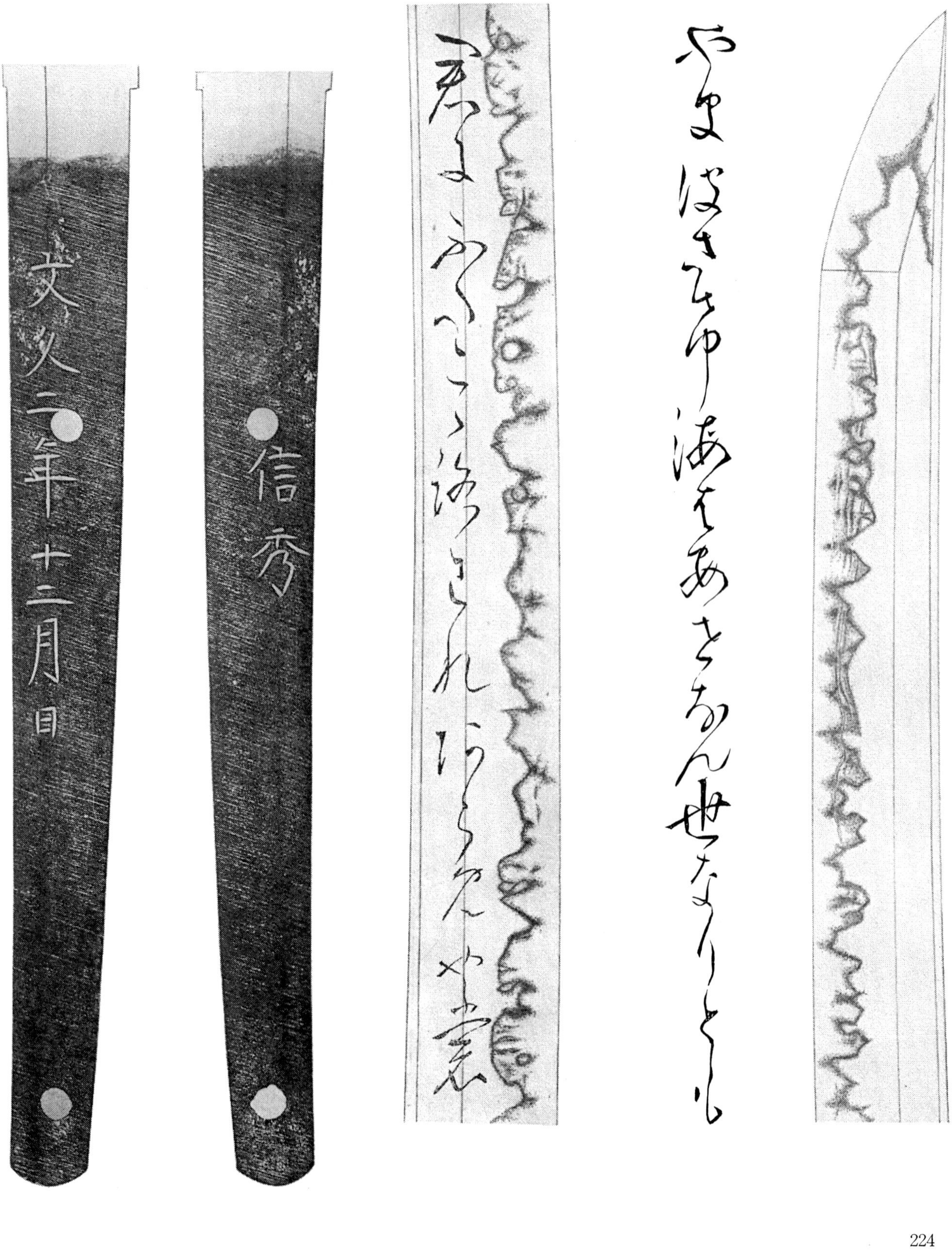

刀　刃長二尺三寸八分　反六分
魔軍を退け、一切の忘念を絶滅させるため、両眼を怒らし、上唇を咬み、右手に降魔の利剣を持ち、左手になわを持って、忿怒の形相も凄まじい、火焔中の不動明王像を、信秀は、驚くほど精緻な鏡作部伝法の彫金で描いた。この不動尊はさながら生物の如く、今にも躍り出て悪政をこの降魔の剣で断ち切らんとする凄まじい気魄を感じる。刀身の出来も、互の目丁子刃が入り狂って変化の妙を極め、長い銑足、葉など盛り入り、傑出している。地鉄もすこぶるよい。慶応四年は九月八日に改元。したがってこの刀は明治元年信秀六十五歳の時の作となる。

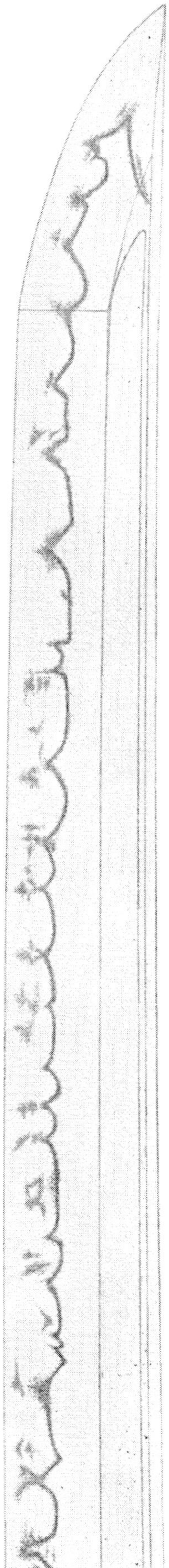

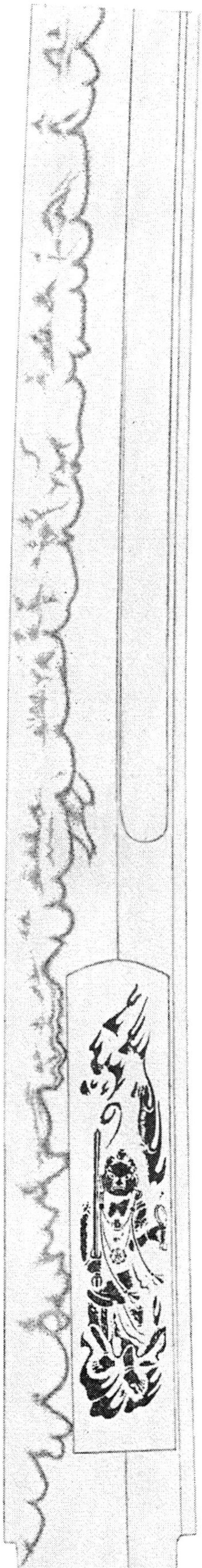

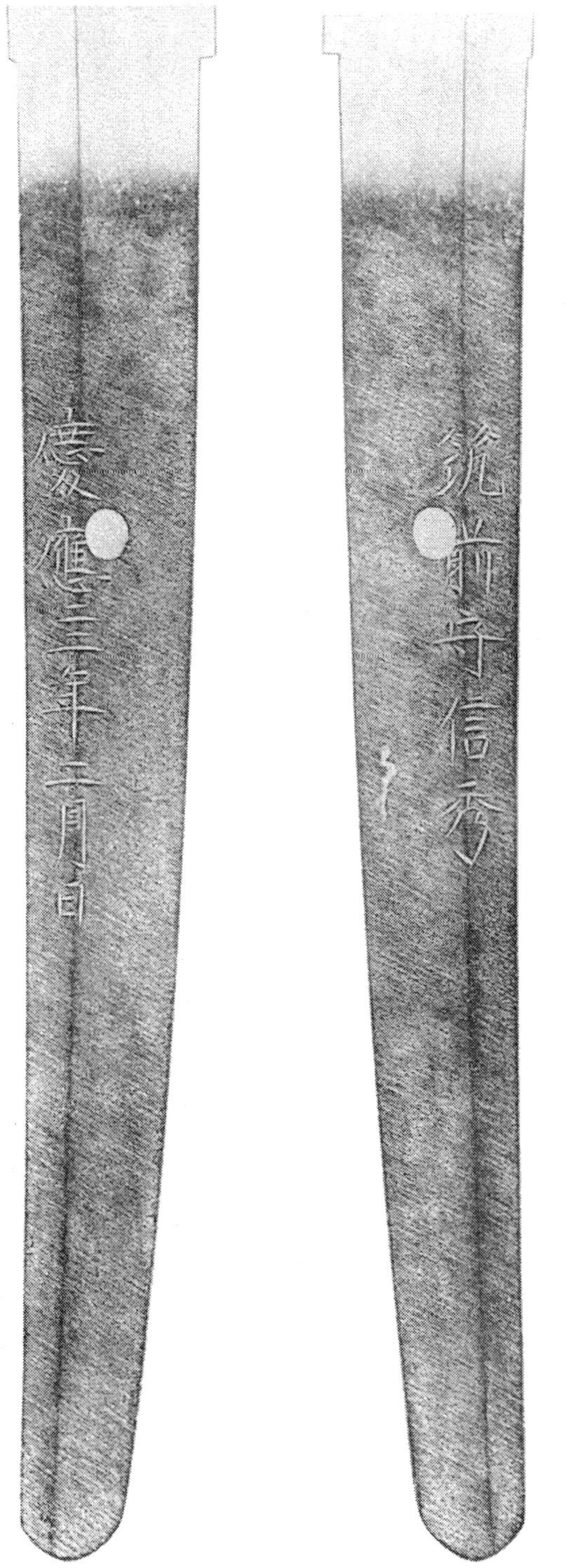

刀　刃長二尺二寸八分　反六分

栗原筑前守信秀は文化十二年越後国西蒲郡郡月潟村に生まれる。清麿門下で唯一の彫金家で本荘義胤と共に近世の双璧とされる。

歴代の天皇が継承された三種の神器のうちの天叢雲剣の由来を、名匠信秀は彫金をもって、この刀身に見事に描写している。

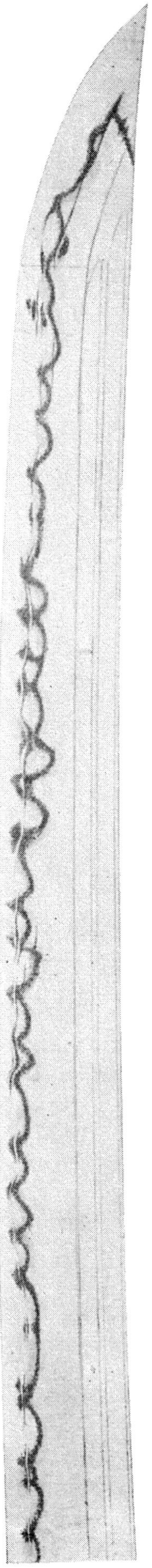

刀　刃長二尺一寸五分・反四分三厘
しきしまの大和心を人とはば
　朝日に匂ふ山桜花

本居宣長の詠んだ名歌を刀身の表裏に別ちて文字と絵画とで巧みな彫刻をもって表現している。

日本精神を象徴した、この宣長の和歌を注文によって刻したものではあろうが、信秀もまた宣長の提唱する尊皇愛国の思想に、いつとはなく薫化されて行ったものと思われる。

刀身の出来、彫刻ともに信秀会心の作である。

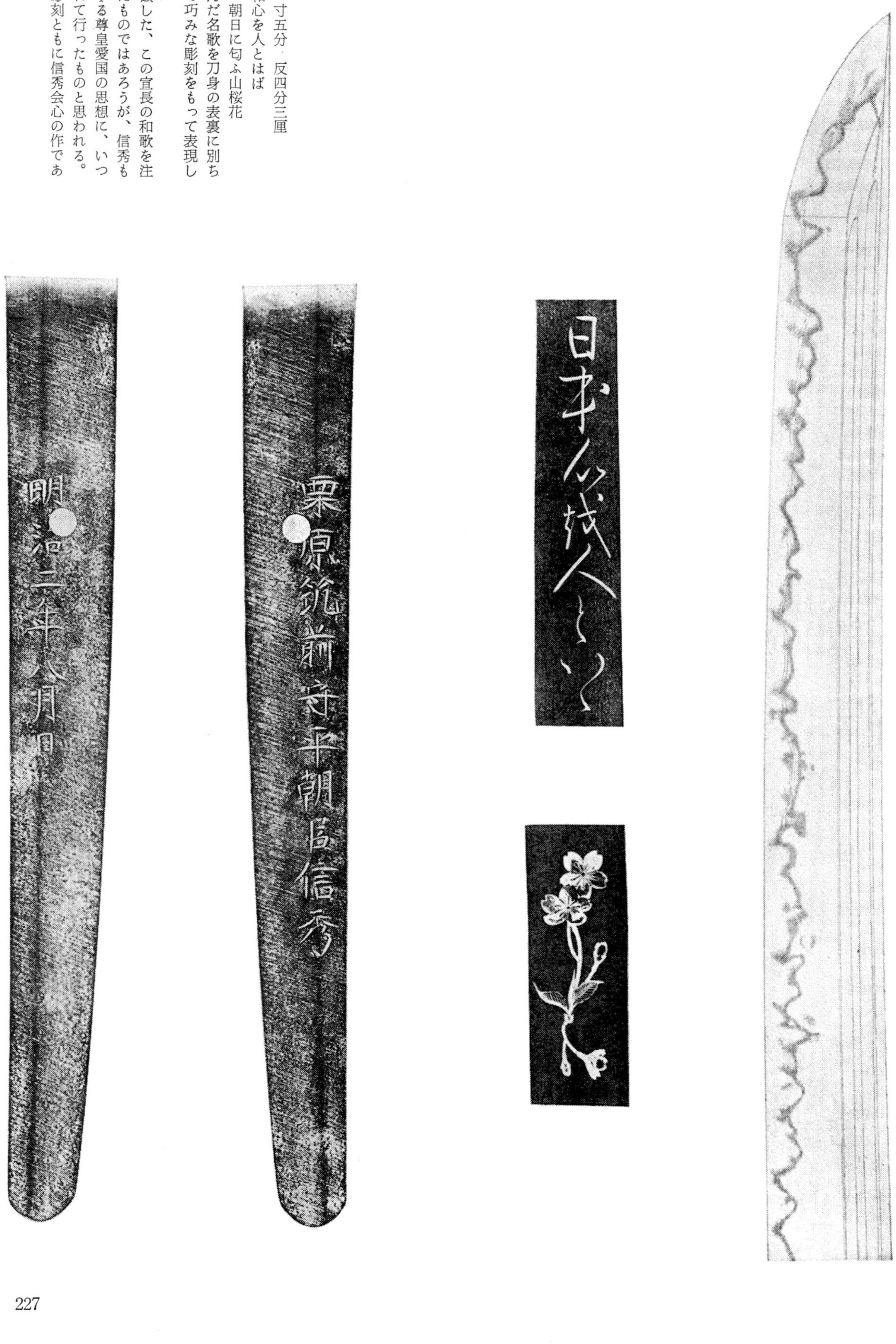

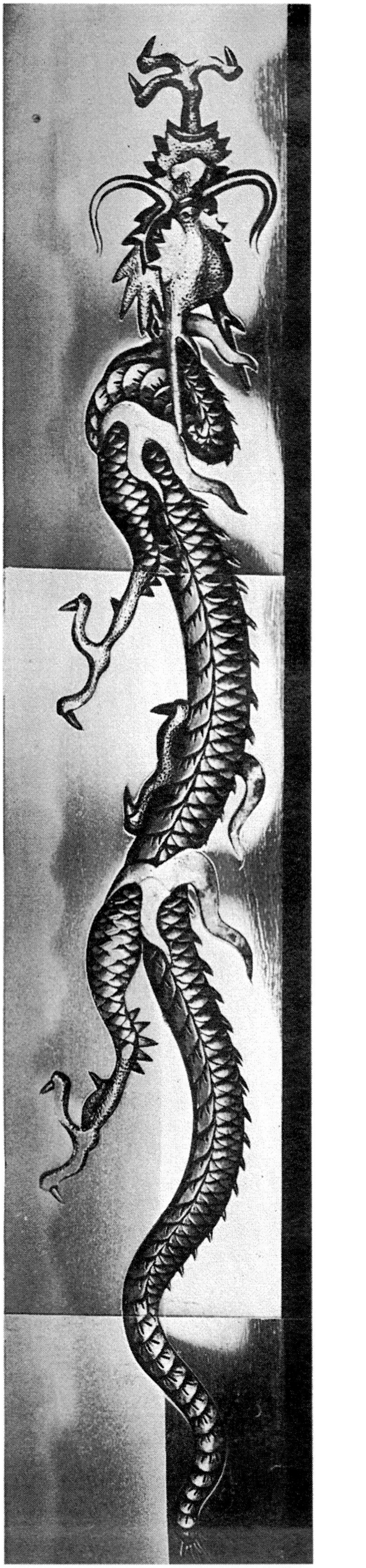

→実に見事な彫、刃中に竜の爪が入って焼入前に彫ったことを実証している、彫拡大

刀　刃長二尺一寸三分　反五分

焼刃渡しは刀工にとって、さながら真剣勝負にもひとしいもので、生命がけの操作である。一歩過れば、刃切れとなって、今までの労苦は、徒労となり、九仭の功を一きにかくこととなる。ことに彫身の焼入れとなると、とりわけ神経をつかうこととなる。さりとて、刃切れを意識しすぎると、焼入れの際塗った焼刃土(引土、置土)が適温によって千変万化し、妙味ある刃彩を描出するものであるから、この玄妙な刃紋に至る以前に冷却焼刃したのでは萎縮した刃文とはなり妙味が出ない。

刀工は数々の失敗を繰り返すうちに、どのようにすれば、刀造りの名人になれるかの極致《こつ》を自己の体で学びとるものである。これは実によくできたという傑作品に限って往々にして刃ぎれとか、致命的欠陥のものが多く出る。皮肉なものである。

信秀は至難な彫身の焼入れを見事に達成して腕の冴えを示している。

刀匠彫は迫真力のある深彫であるが、信秀の彫は、奈良派の乗意に見られるような肉合《ししあい》彫に近いもので、至極浅い精緻な彫が特徴で、見どころとなっているようである。

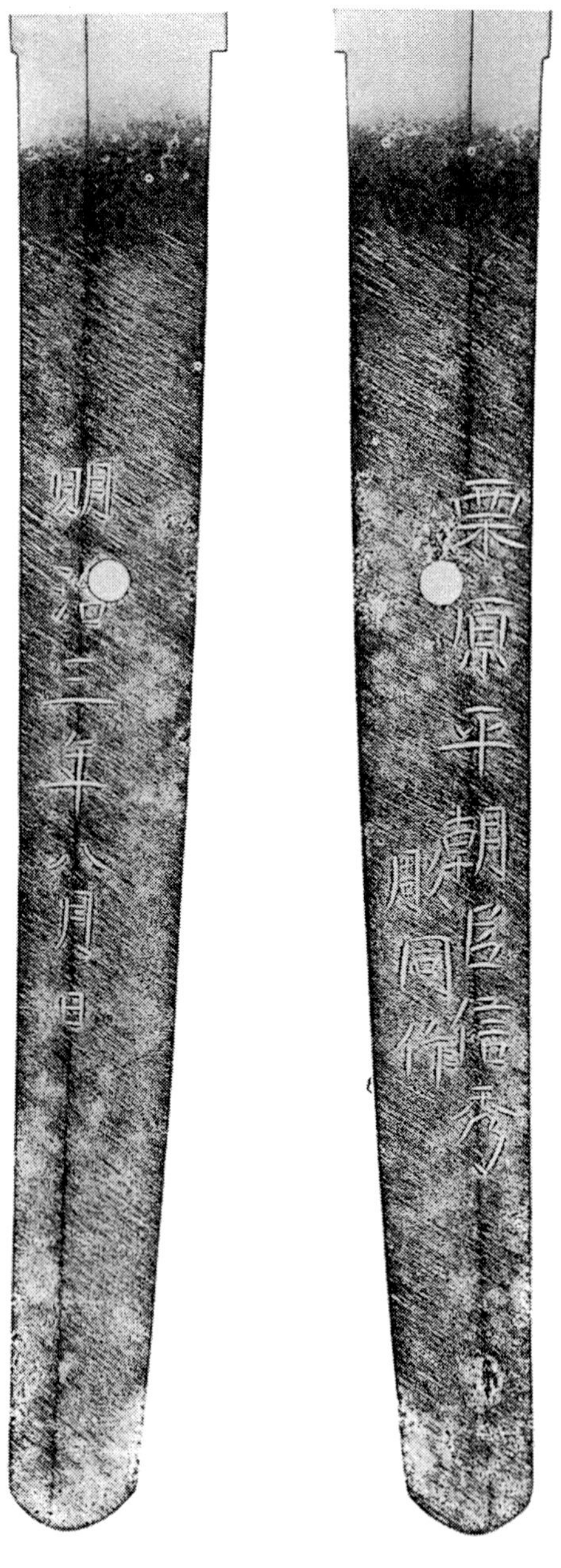

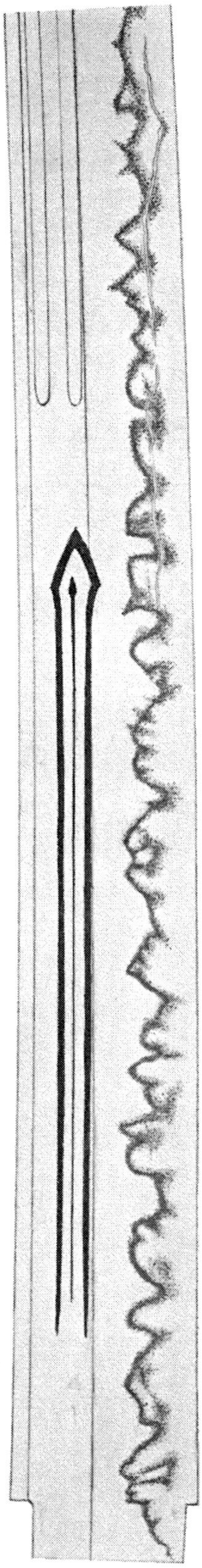

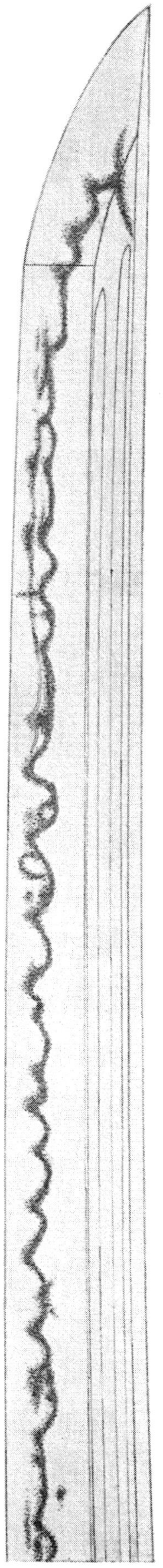

直刀　刃長二尺八分

これは勅命によって先に十八振り造ったその時の残鉄をもって作ったもので、信秀はこうした姿のものを天国と思っていたのか中心にそう刻している。そうかと思うと、これと同一の姿の直刀に「模正倉院御剣」と切ったものもある。

天鈿女命《あめのうずめのみこと》（天の岩戸の変に、舞を舞って天照大神を慰め、また天孫降臨に随従した女神）この天鈿女命の彫刻は信秀の創意工夫によって達成された信秀芸の神髄である。従って余人の模倣を許さぬ信秀独自の至芸である。天鈿女命は、この顔でないと真の信秀彫とはいえない。それに想像上の瑞鳥鳳凰を刀身の表裏に別けて彫っている信秀会心の一作。（新潟　弥彦神社蔵）

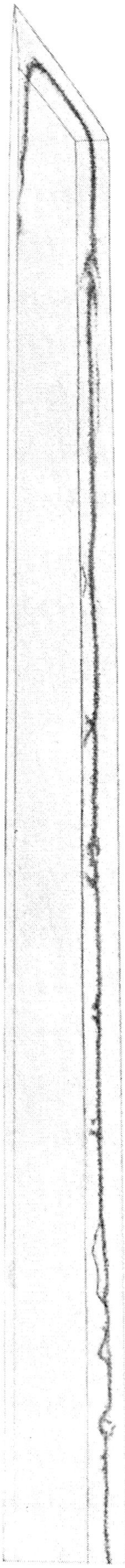

小烏丸型　刃長二尺二分

明治三年八月政府はまず農、工、商人の帯刀を禁じた。これにおいて栗原信秀は廃刀令の発布は必至で到底避け得べきものではないことを悟ると共に、この世界に冠絶した鍛刀の秘奥も、やがては湮滅するものであることを思い、せめても若き日に心血を注いで把握した彫刻の至芸を自作の刀身に、然も、彼の一生を飾るに足る力作を刻み残さんものと悲壮な決意の許に鑿を採って成ったのが即ちこの草薙の剣の由来を構図化したものである。

とまれ、この事は幸か不幸か廃刀令を前にし刀鍛冶は完全に失業状態となったが為に、非常に年月を要するこの畢生の超大作に彼は精魂を打込むことができた。

明治七年は信秀六十歳の時である。この老齢をもってこれだけの大作を完成する彼の気魄、精力の絶倫のほどには驚嘆すべきものがある。

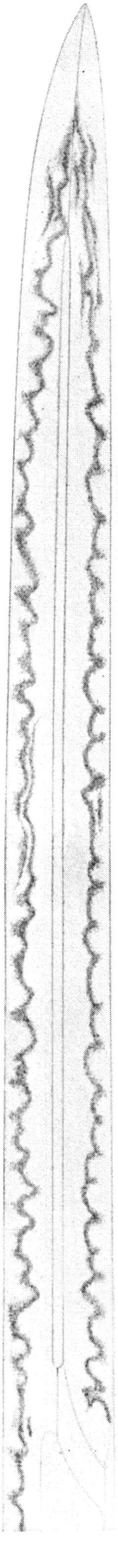

短刀　銘　平信秀
於北越

明治十年信秀六十三歳の時の作か、或は明治十一年最晩年の作品か。

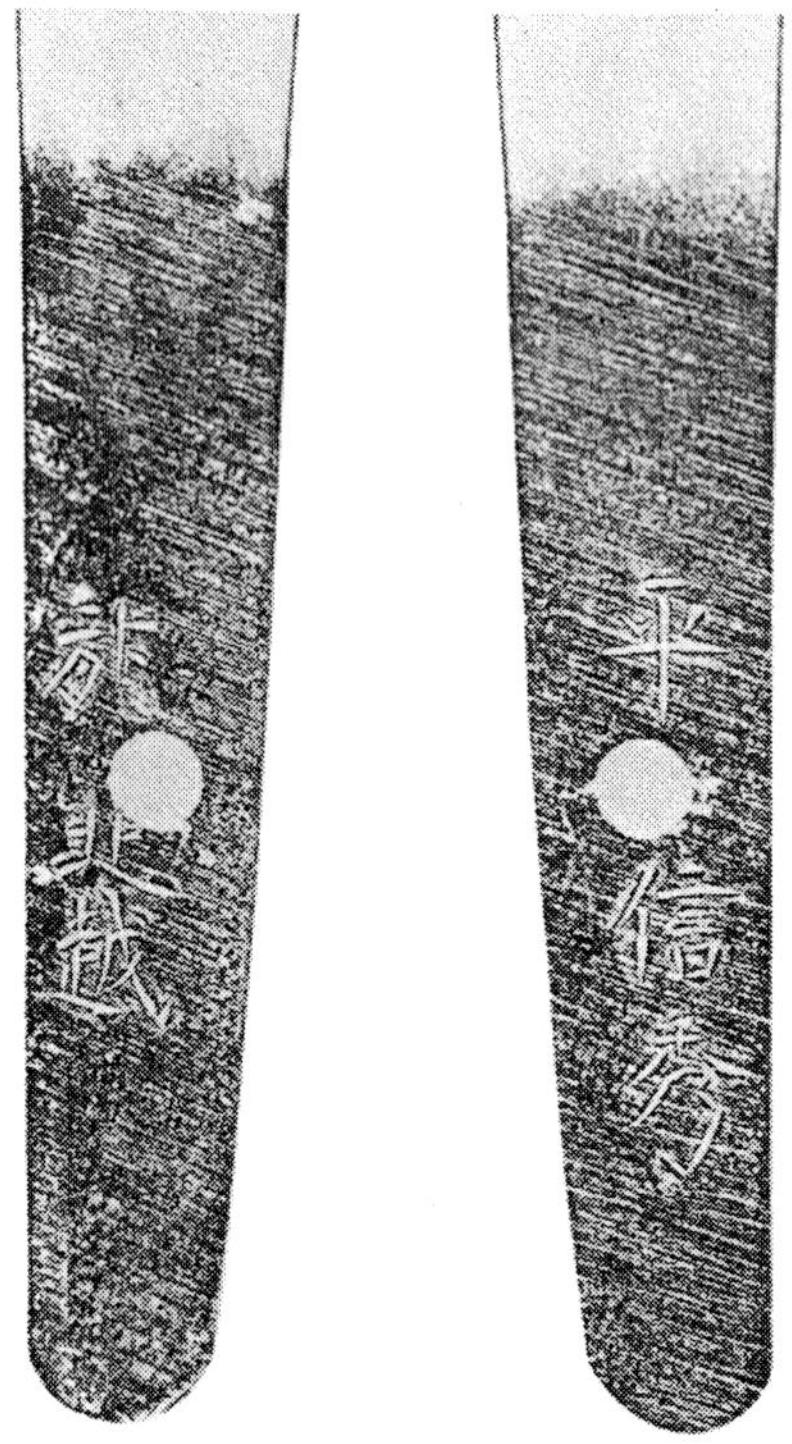

栗原謙司信秀の舎弟。久次郎と称す。幼にして父を失ったので、出府して酒屋の小僧となり苦労する。中年に至って、兄信秀を訪ね鍛刀彫金の指導をうける。後独立して、この時身につけた技法を自己の作品に生かす。修業に年期が足りないようである。清麿門とあるが、信秀門が適切ではないか。

←盛寿の彫刻

山形県飽海《あくみ》、東田川、西田川の三郡それに鶴岡、酒田の二市を含む、この宏大な地域を往時は荘内、あるいは大泉庄とも称した。

斎藤一郎（小市郎ともいった）清人《きよひと》は文政十年亥歳に、温海《あつ》の温泉宿滝野屋金十郎の養子となった元仙台浪人某の子として生まれた。同じ湯の町でも朝日屋となると領主酒井家の定宿であるので、土地の人々は御殿と呼び敬意を表していた。この朝日屋に、後の豊前守清人は、わずかに十歳を過ぎたころに養子に迎えられた。

朝日屋は刃物鍛冶屋も兼ねていたので、自然清人は鍛冶に親しむ機会に恵まれた。刃物鍛冶の道が一通り理解できるようになると、鍛冶として最高の刀工たらんとする野望に燃え、この願いは日ごとに強くなって行った。また当時の社会情勢が、また一身を託すに足りる刀を求めて止まぬ時であった。

清人が雄図を抱いて、はるばる江戸に上ったのは嘉永五年四月、彼二十六歳の時で「勤方明細書」に次の如く記している。

一、　私儀職道修業奉願　嘉永五年子四月江戸江登　刀剣師清麿江随身修業任候中　御次御用小柄小刀五本被仰付　出来指出候処　右代料被下置候

清人は、また清麿門下となって間もない嘉永五年夏のころより筆を取って「修業中知人覚帳」（斎藤小四郎氏蔵）に克明に記しているのでこれによって清麿を巡る人々の動きが、よく理解することができる。

一、船田**一琴子　入門之時世話人**

一琴は後薬一乗の門下で優れた彫金家である。同郷の誼からであろう、清人入門の際の斡旋は一琴であったことが、これではっきりする。さらに修業中に親身も及ばぬほど、心から面倒を見てくれた人々の名を挙げているが、とりわけ斎藤昌麿には特別目をかけてもらったもののように記されている。

一、神田左衛門がし笠原鉄之助殿内にて

斎藤（源助）**昌麿子　別而厚世話如師**

清麿は忽然嘉永七年十一月十四日に自刃して、数奇な生涯にピリオドを打った。清人の入門は、その前々年の嘉永五年も半ばすぎのころからなので実際師に就いて指導を受けた期間はわずか二カ年余の極めて短いものである。それにもかかわらず、腕前のほどは実に見事な上達ぶりである。ということはいかに修業が厳しいものであったかを、如実に物語っている。生前は修練の酷しさに恩師に怨み顔もしかねなかった清人も、今さらの如く、その偉大さに打たれ、弟子としての至らなさを詫び、懐かしさの憶いに心をいためた。

先輩の栗原信秀、鈴木正雄、上総の正直、岩井鬼晋麿正俊等は、すでに清麿の亡くなる前に独立していて、それぞれ作品を発表している。

訃報に接したこれらの人々は驚いて駆けつけてくれたが、葬儀が終るとあたふたと去って行った。兄の真雄はしばらく滞在して残務整理をよくやってくれた。清麿の残した大きな負債はなんといっても半金も受取りながら刀を納めてないものが三十余振りもあった。師なき四谷北伊賀町の鍛刀場に独り止っていた清人は、注文者に迫られ鎚を揮って順次債務を済ませていった。これは師思いの純情人清人なればこそなし得たもので、この一事は実に刀剣史上特筆すべき空前の美挙である。このような人柄であるから、世の信望はことに厚く清麿といえば直ちに清人を連想させるほど彼の名声は次第に高まっていった。その反面古参でありながら上総の正直、岩井正俊らは却って清人の弟子くらいに信じこまれているこのような気の毒な鍛冶もある。

これと前後して門弟、友人らによって墓碑建立の話が出て、安政二年五月には宗福寺にて清麿墓碑の除幕式を挙げることができた。同年十月二日の江戸大地震で、斎藤昌麿、晋藤伊十郎らの心尽しによって竣工したこの墓碑は惜しくも倒壊大破してその後墓石は行方知れずになってしまった。（清麿墓碑の石摺は斎藤小四郎氏蔵）

安政四年には領主酒井左衛門尉の佩刀を造り、その功によって紋付の上下を拝領して面目を施している。

安政五年には酒井家に召抱えられ、五人扶持を賜うとあるが、（温海温泉誌によると）「修業扶持の名で二人扶持を賜わることになった」。

文久三年の五月には、故郷に残してきた妻鉄恵の死が報ぜられた。清人が出府して、ここに十二年孤閨の淋しさをジッと耐えてきた夫人もまた薄幸な女性であった。

権田直助は武州入間郡毛呂本郷の産で、彼は青少年のころから幕府の医官野間広春院の門に入って医学を修め、さらに平田篤胤について国学を深く究めた。彼は上洛して貴顕と交わり、王政維新運動に尽瘁した勤王家である。この直助と清人は短刀の注文がきっかけとなって、両者の交わりは深まり直助の勧めで慶応三年に清人は京都に赴き、その七月には豊前守に任官した彼は喜び勇んで江戸小川町の自宅に帰ってみると、いつ戦乱の巷となるか知れぬので民衆は恐れおののいていた。このようなことでは落付いて刀造りもできない。その上に国許からは彼の帰郷を促す便りがしばしば来るので思い切って帰国することとした。そのころ荘内藩では官軍にひとあわ吹かせようと気負立っていたときなので、清人は喜び迎えられ彼の許には新作刀の注文が殺倒した。やがて奥州征討総督軍の矛先にあって、ひとたまりもなく潰えて、戦火が治まるとともに、鍛刀の注文はとだえた。

この不況をきり開こうと明治三年に清人は再び東京に上って、いく振りか鍛刀したが、同年八月政府は農、工、商人の帯刀を禁じた。これに彼は廃刀布の発令の近きを悟って鎚を棄てて淋しく故山に帰った。

明治三十四年八月二十四日七十五歳を以て永眠、長徳寺に葬った。法名賢光太聖居士。

種別	銘文	刃長	年齢
短刀	武州於四ツ谷清人造之 安政二年二月日	九寸七分	29
刀	羽州庄内住藤原清人於江府造之 安政二年八月日	二尺三寸四分	
脇指	藤原清人作 安政三年二月日	一尺五寸六分	30
脇指	羽州荘内藩藤原清人 安政三年二月日　於江府造之	一尺九寸二分	
脇指	荘内藩清仁藤原正行 安政四年二月　於江府造之	一尺六寸九分	31
刀	羽州荘内住藤原清人於江府造之 安政四年八月日	二尺四寸八分	
脇指	清人作 安政七年二月日	一尺四分	34
刀	羽州庄内藤原清人 万延元年八月吉日	二尺四寸	34
脇指	藤原清人作 文久元年八月日	二尺六寸六分	35
脇指	於江戸小川町藤原清人作之 文久二年二月日	一尺二寸	36
薙刀	応菅原涙斎需藤原清人　於武州江戸造之 文久二年二月日	一尺六寸	
薙刀	羽州庄内住藤原清人　於江都作之 文久二年八月日	二尺四寸八分	
刀	藤原清人作 文久二年八月同十一月廿五日　於千住太々上壇払	二尺三寸五分	
短刀	羽州荘内藤原清人於江都為 皇国無庵隠士如雲道人造之	九寸一分	
刀	藤原清人作 文久三年正月日	二尺三寸八分五厘	37
脇指	文久三年荘内士小花業富調充 皇居衛兵赴及帰特恩賜白 金二錠因畀冶工清人作此小佩刀	一尺二寸八分	
刀	斎藤一郎藤原清人作 文久三年八月日	二尺四寸四分	
刀	藤原清人作 元治元年二月日	二尺四寸八分五厘	38
脇指	清人 元治元年二月日	一尺一寸四分	
刀	庄内藩清人作之 元治元年八月日	二尺四寸六分	
刀	藤原清人作 元治元年八月日	二尺五寸九分	
脇指	清人 元治元年八月吉日	一尺八分	
刀	羽州荘内住藤原清人 元治二年二月吉日　於江都造之	二尺七寸	39
脇指	清人 元治二年二月日	一尺二寸	
刀	藤原清人作 元治二年春於千住両車土壇払山田吉豊	二尺四寸六分	
刀	於江都藤原清人造之 慶応元年十月廿七日　太々土壇払	二尺三寸七分	39
脇指	於江都清人造之 慶応二年二月日	一尺五寸八分	40
刀	為須藤清成主藤原清人造之 慶応二年八月吉日	二尺二寸九分	
刀	於江都藤原清人造之 慶応二年八月日	二尺二寸五分	
刀	慶戸田勝知君求藤原清人造之 慶応二年八月日	二尺二寸七分	
脇指	豊前守清人 慶応三年八月日	一尺五寸	41
脇指	斎藤豊前守清人造之 慶応三年八月日	一尺四寸九分	
短刀	豊前守清人 慶応三年八月日	六寸七分	
脇指	豊前守藤原清人造之 慶応四年二月日	一尺七寸	42
短刀	豊前守清人 明治二年月日	七寸四分	43
刀	羽州大泉住豊前守藤原清人 明治三年二月日　於東京造之	二尺二寸五分	44
脇指	豊前守清人 明治三年二月日	一尺一寸一分	
刀	羽州大泉住豊前守藤原清人 明治三年八月日	二尺二寸五分	
脇指	豊前守清人 明治四年二月日	一尺三寸一分	45
短刀	豊前守清人 明治八年二月日		49
刀	豊前守藤原清人作之 明治三十年八月日	二尺二寸六分	71

「おそらく」型　刃長九寸七分　反一分

清麿門下の古参鈴木正雄は下谷御徒町に、栗原信秀は浦賀にと、既に嘉永六年にはそれぞれ独立して自己の作品を発表している。

この短刀の年号「安政二年二月日」といえば清麿自刃して僅かに三カ月後である。しかも「於四ツ谷」と製作場所も明らかである。これによって純情な清人のみは、師なき南伊賀町の鍛刀場に独り踏み止って師が注文を受け代価の半を受領し作品の納っていない十余振りの代作を注文者から逼られ、追々にその約を果したといわれる。

この師に代っての作品は悉く清人自身銘を入れ、清麿銘を望む者があっても頑として斥け師の銘を冒したと思われるものはただの一振りも見かけない。

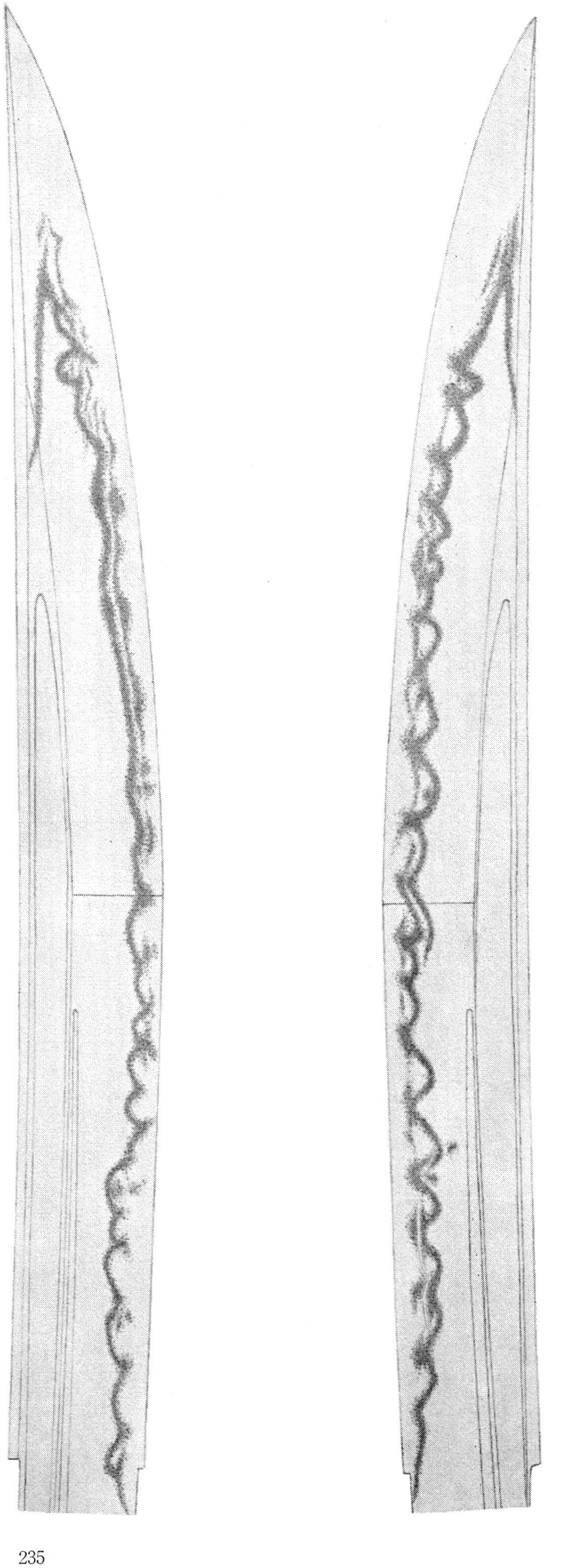

おそらく型　刃長九寸一分　反一分五厘

武田耕雲斎は水戸藩士、如雲と号し徳川斉昭に仕えて家老職に上った。元治元年春、桂小五郎、八木良蔵、藤田小四郎等水戸、長州、因州の志士は麻布竜土町の長藩邸に会合して挙兵の密議を凝した。同年六月、小四郎は山国兵部、田丸稲之衛門等及数百名の水戸藩士と共に攘夷の実をあげんとして筑波山に拠った。耕雲斎は之を援助すべく起ち上った。これが天狗党の乱である。一時は非常な勢力であったが、遂には四周から囲まれて大敗した。そこで、彼等は心事を慶喜に陳述すべく上京することとなった。

上州下仁田に出て高崎兵を破り、信州和田峠に松本、諏訪軍を激戦後撃破したので、最早その進路を阻むものがなくなり、木曽、伊那路に雪の根尾川渓谷をも一隊は無人の境を行く如く易々と歩を進めたが、やがて加賀藩は雪を侵して葉原まで出兵した。この時天狗党は敵に四面を包囲され、糧食は欠乏し加えて折柄の大雪に困憊その極に達していた。加賀藩は大量の食糧を送って救援の手をさしのべたので天狗党は感泣して之を謝した。時既にこの囲を破って脱出する事は不可能と悟り、温情の加賀藩にいつまでも敵対する事を潔とせず、竟に歎願書を提出して同藩の軍門に降った。加賀藩はこれ等志士の助命に奔走したが、冷酷な田沼玄蕃頭意尊が衝に当ったので、慶応元年二月敦賀に於て同志三百五十三名と共に耕雲斎も斬刑に処せられた。

この短刀は清人屈指の傑作で、耕雲斎の注文に応えて造ったとの伝来がある。「為皇国」云々と当然刻銘したい所であるが「皇国」の上に「為」と入れる事は不敬も甚しいものと恐懼していた時代なので、これを避けたために恰も如雲道人の作であるかの如く紛らわしい銘文となって了った。皇居の移転問題を平然と口にのぼすことの出来る今日から考えると全く隔世の感がある。

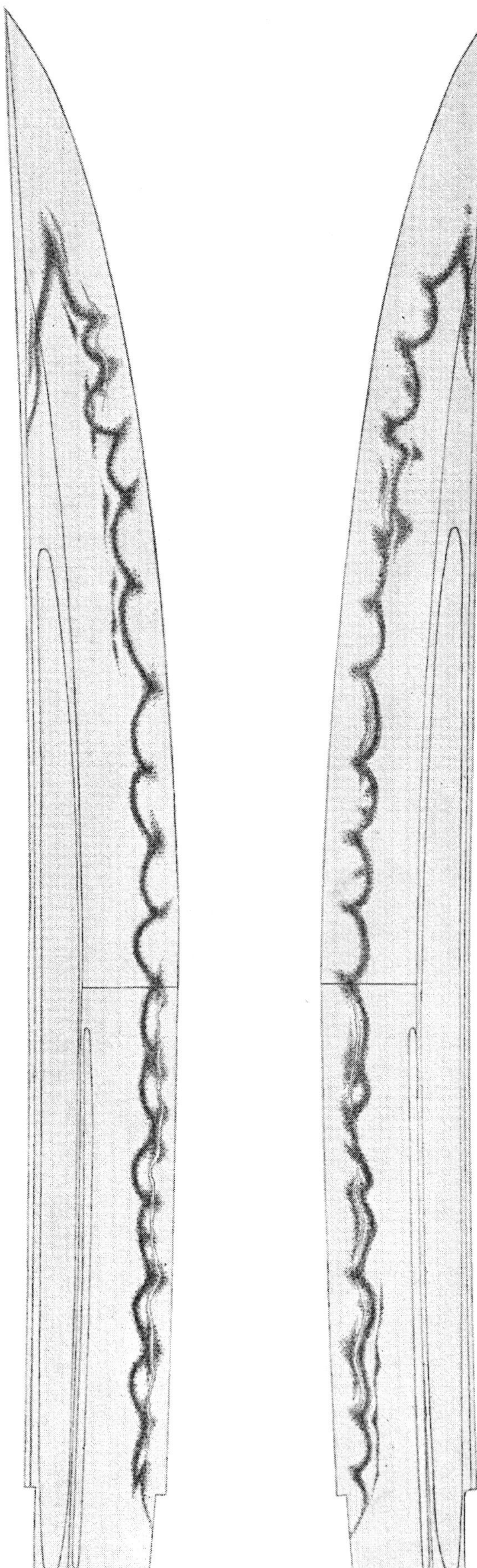

脇指　刃長一尺七寸　反二分五厘

安政元年十一月十四日には師清麿自刃。純真な清人は、独り師亡き後を守護しながら、鍛冶場跡にて、師の刀債の穴埋めに懸命になって槌を揮った。同年二月製作の武州於四ツ谷清人造とある短刀は実に貴重な資料である。

この年の十月二日には安政の大地震で、この鍛刀場も烏有に帰し、斎藤昌麿らによって建立した清麿の墓碑も倒壊し行方知れずとなる。

この脇指は、大地震から二年過ぎた安政四年の作である。安政三年二月より江戸小川町に開業、安政四年旧藩主酒井左衛門尉より紋付上下拝領、同五年五人扶持にて召抱らる、と記録されている。この頃の作品の茎に、羽州庄内住藤原清人於江府造之、年号、だけで於江戸小川町の添銘はまだ見られない。

この清仁《きよひと》銘を見ると、正しく清人《きよひと》と読んで貰いたいようだ。師を思慕して藤原正行と切っている。師弟愛の表れか。

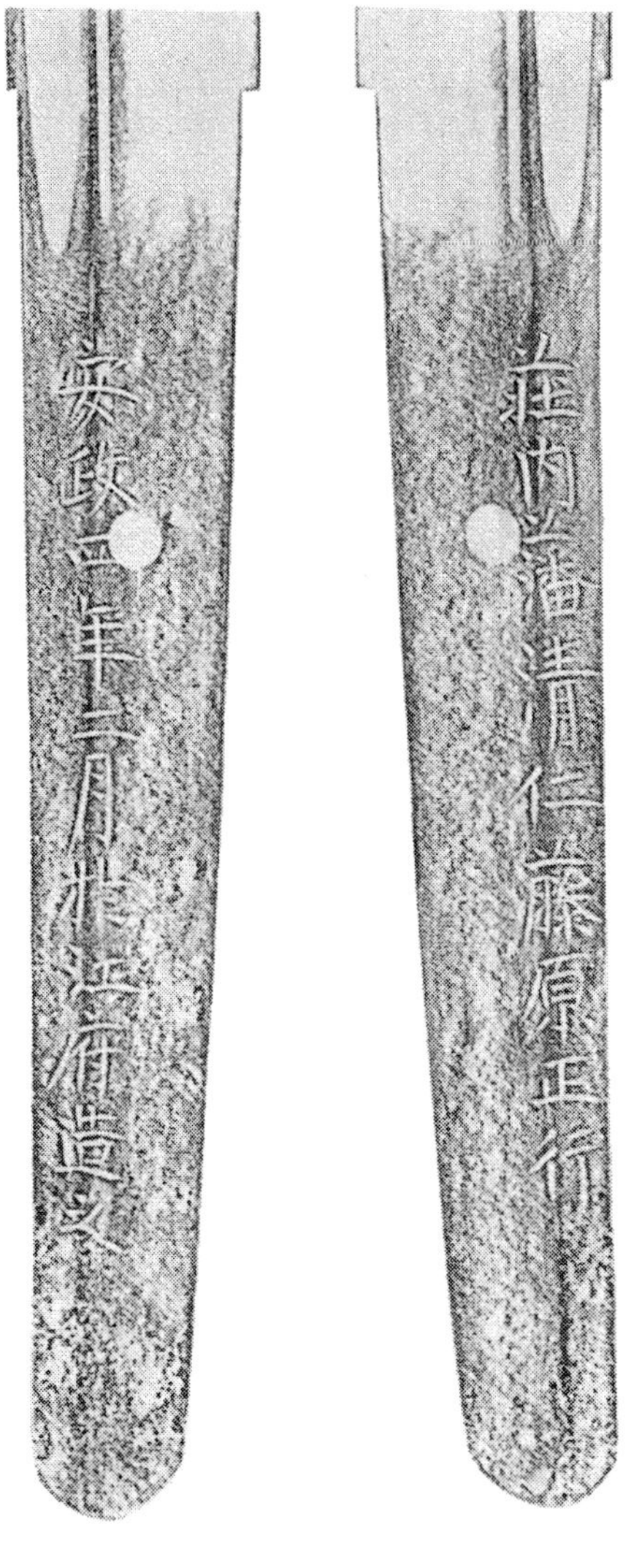

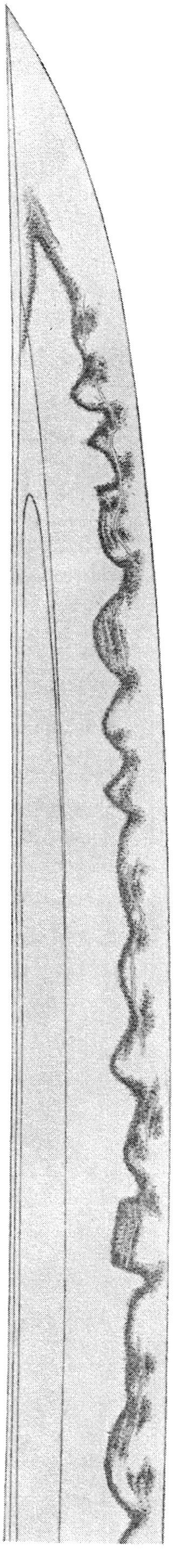

脇指　刃長一尺二寸　反六厘

安政二年二月亡師清麿の鍛冶場跡にて於四ツ谷清人銘の短刀を造った。同年十月二日の安政の大地震で鍛刀場を失った不遇の清人は、この時二十九歳。その後何処に、鍛刀場を求めたか、安政五、六年から万延元年頃は作品も稀で、困窮時代かと思われる。

文久二年二月の作品に於江戸小川町の添銘が見られることは、清人三十六歳この年に初めて小川町に移り、鍛刀場開きを記念して刻銘したと見るのが妥当ではなかろうか。この小川町移住から好運に恵れ、注文が殺到する。清人先生よかったネ。で、祝福を申上げたい。

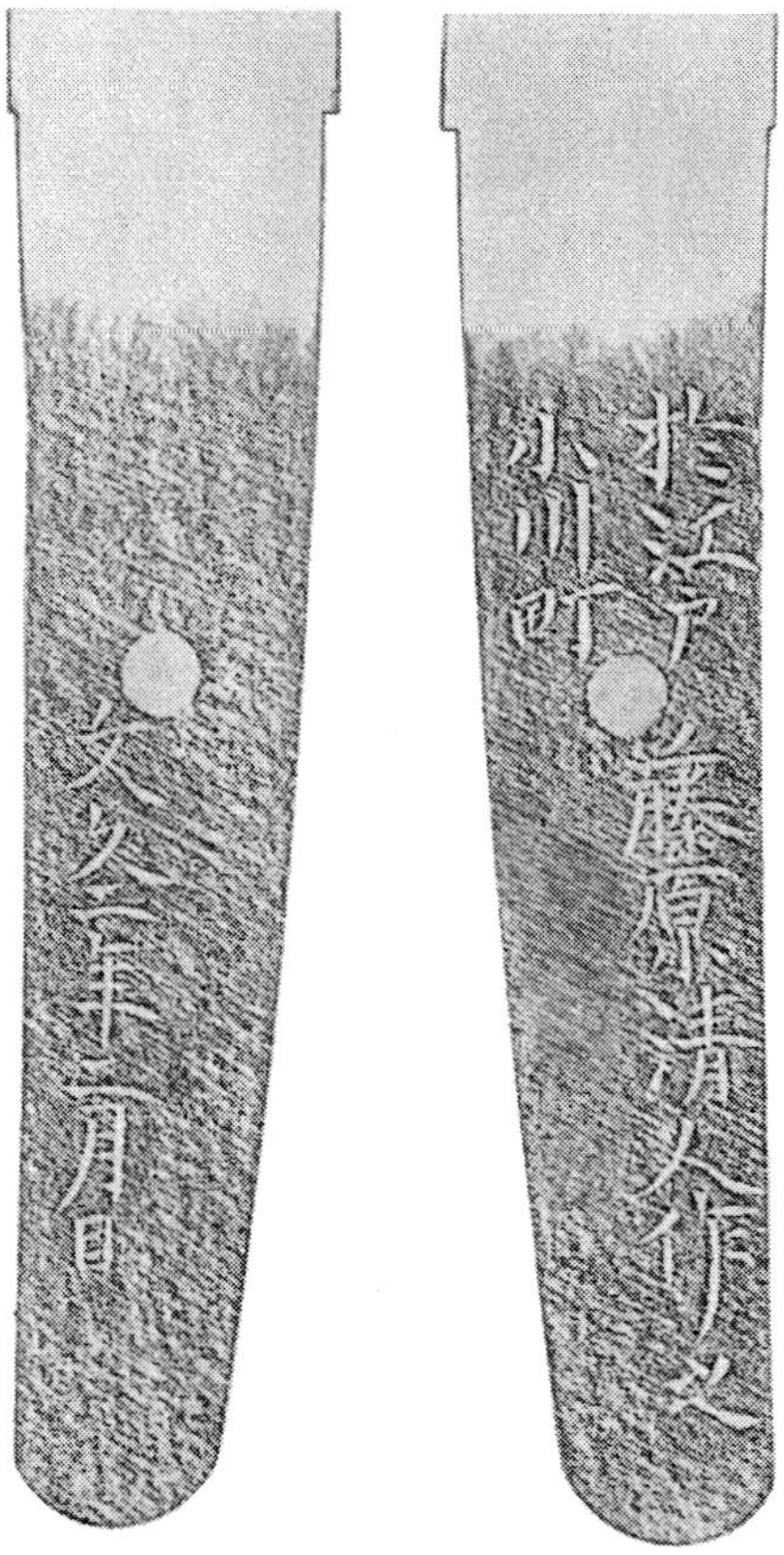

刀　刃長二尺三寸五分　反五分
「この刀を鑑定刀に出すと必ず清磨と入札される。清人辺りに、これほど立派なものが作れるとは考えてもみなかった。今後は清人を見直さなければならぬ」と所蔵者は頗るご満悦でこう話された。
〝我がものと思えば軽し傘の雪〟で、ご自身のものとなると、かくも、よく見えるものかと感じ入る。

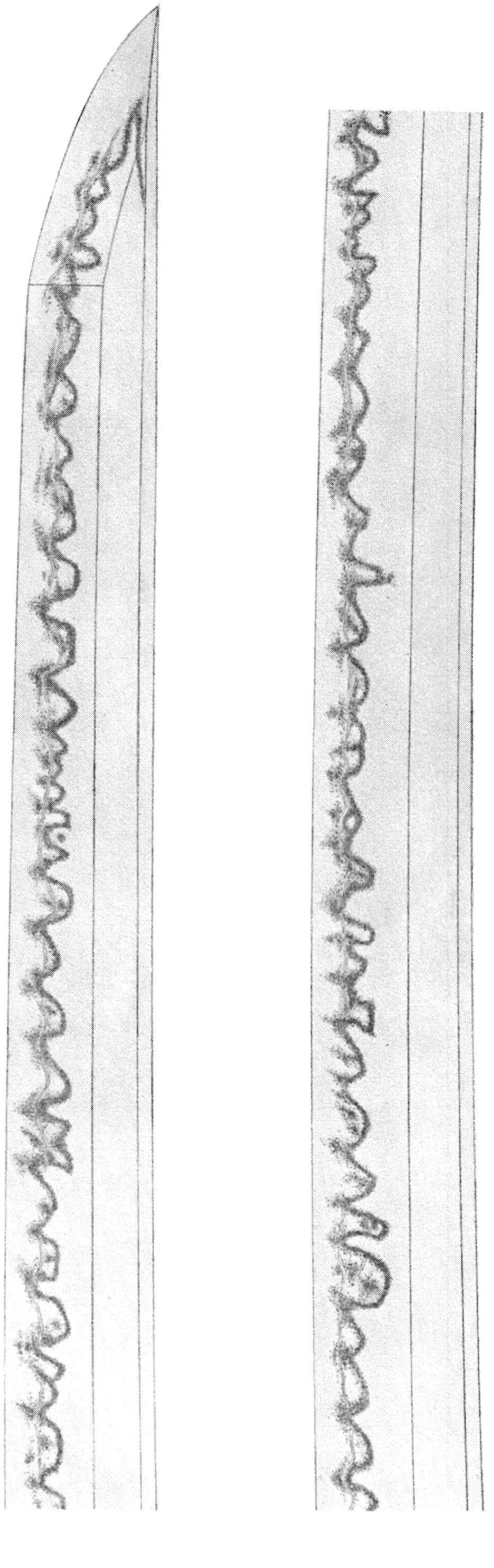

短刀　刃長七寸四分　無反り
慶応三年七月十三日（清人四十一歳）豊前守の御綸旨を賜る。同年八月日の作より茎に豊前守を切り初める。心願がかなって余程嬉しかったのか、ほとんどの作品に受領銘を切る、無いのが珍しい位である。この短刀清人独特の作風で、出来優れる。

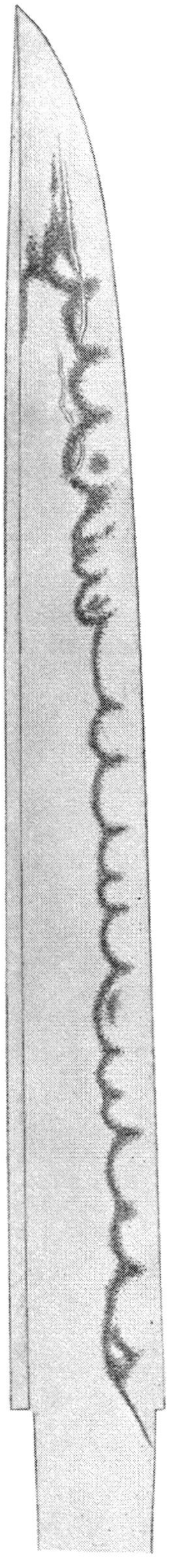

小柄小刀
豊前守受領後の明治初年の作。

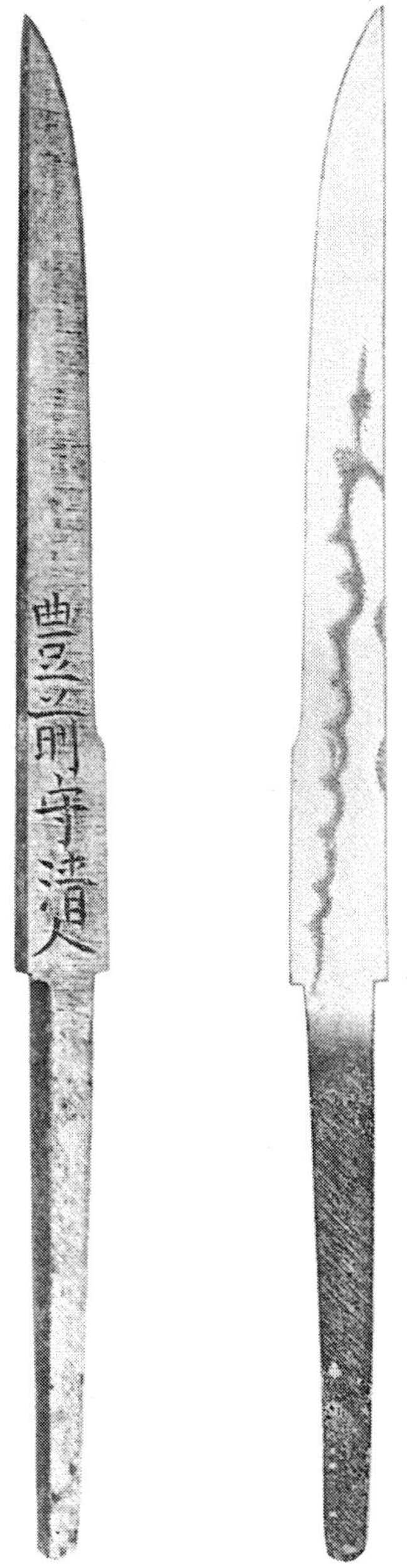

刀　刃長二尺五分五厘　反四分

荒木源清重は天保十年上野《こうずけ》国群馬郡京ケ島島野（現在高崎市島野）に生れ、本名は直江と称す。

清重江戸四ツ谷に清麿の門をたたくとあるが、安政元年に清麿は没している。この時清重十六歳で、門人説は年齢的に無理のようである。

安政五年清重二十歳となる。この頃に藤原清人門となったか。元治元年八月清重二十六歳の時独立、鍛刀を始め、慶応、明治三、四年まで作品が見られる。明治九年三月に廃刀令が公布され、野鍛冶となるが、洋鋼の鍛接は容易な業でない「切れない清重」といわれ散々な目に遭って廃業する。機運を得ず、清重も不遇な刀工の一人であった。

明治三十九年六十八歳の頃から再び鍛刀数振りが見られる。この刀は清重最晩年の作で、師清人より優れるといわれる程の傑作である。

大正八年七月五日八十一歳にて没す。

（亀山順治郎氏提供の資料による）

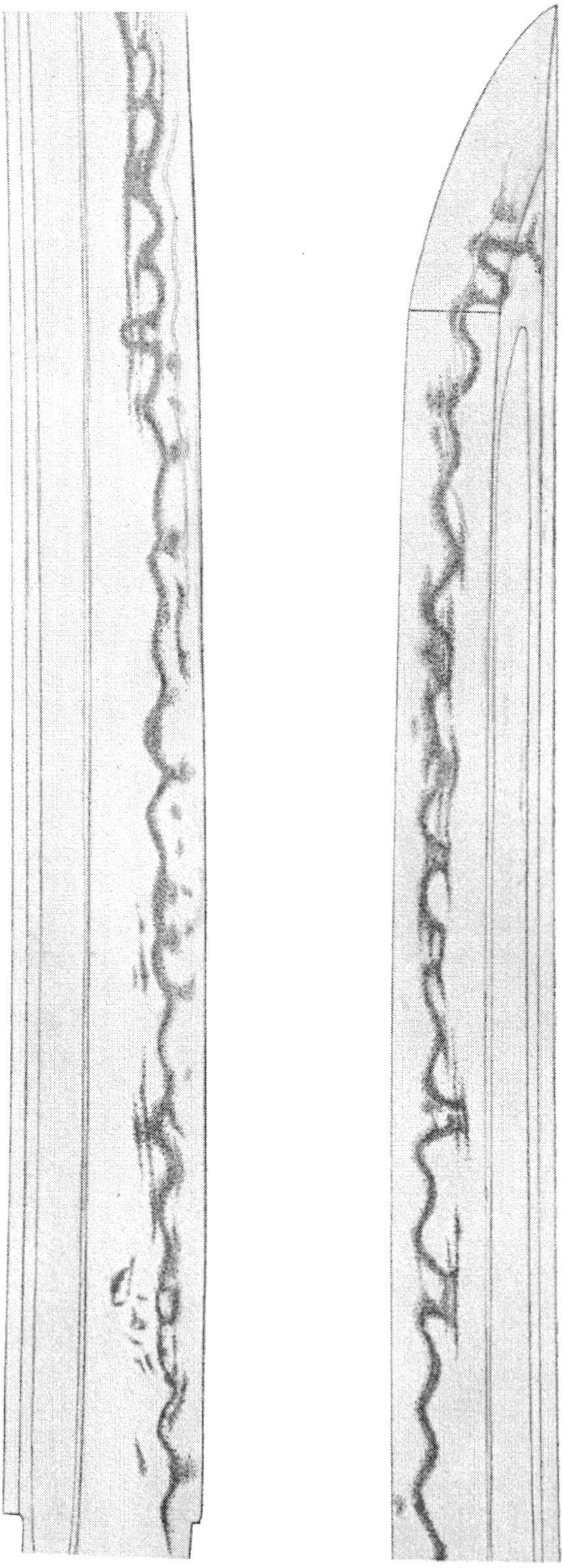

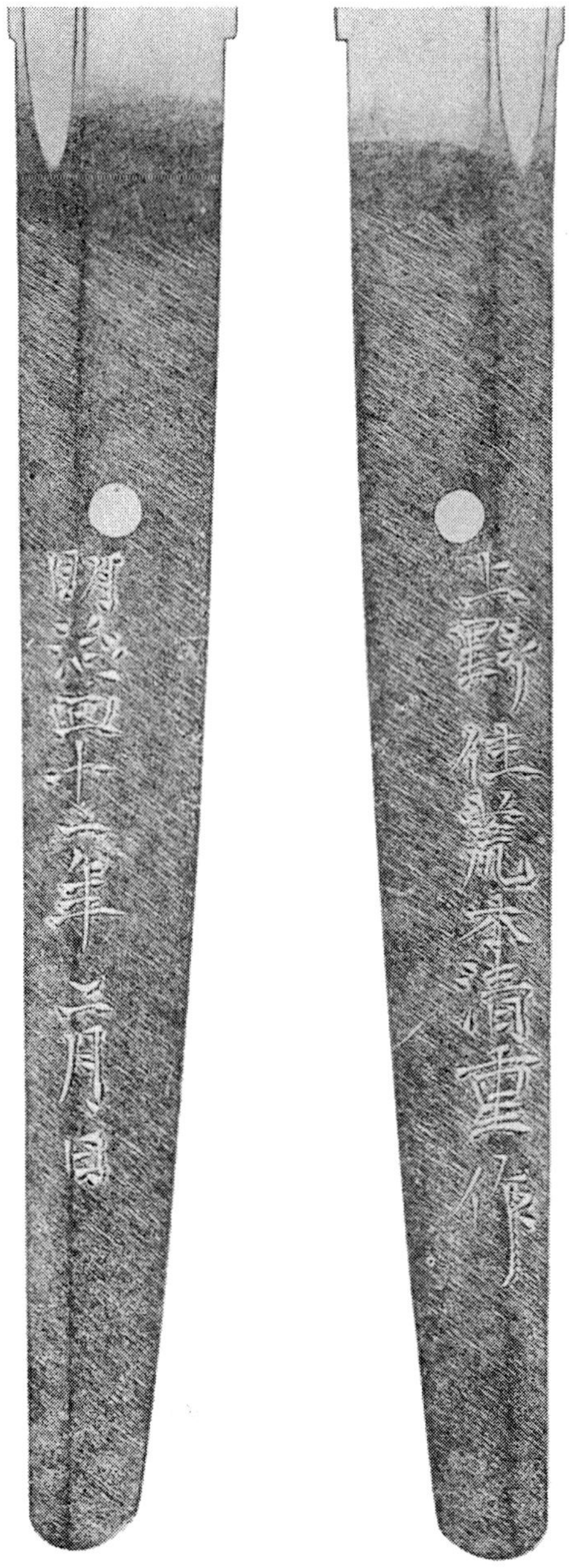

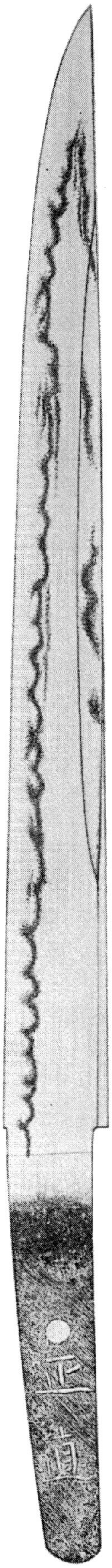

短刀　刃長六寸九分　無反
正直《まさなお》の処女作。たどたどしい銘で、ややもすれば偽銘と間違えられそうな、拙いが雅味のある銘である。
この短刀に使用されている原料の鉄はまとまり悪く、まだ試作の段階のものであるが、この鉄は強靭で、匂口も明るく将来が期待される。昌麿所蔵のこの短刀は県立木更津美術館へ斎藤家から寄贈された。

正　直

短刀	正直	六寸九分
短刀	正直 嘉永七年甲寅二月日	九寸四分
刀	上総国正直 嘉永七年甲寅二月吉辰於江府作之	二尺三寸九分
刀	上総国正直	二尺三寸五分

鬼晋麿**正俊**

刀	江府住岩井鬼晋麿源正俊於南総鶴牧作之 万延元年八月日応林斯貞需甲鉄棒打銚之	
刀	岩井鬼晋麿源正俊作之 文久元年七月日甲鉄鹿角試之	二尺五寸一分
刀	覇府住岩井鬼晋麿源正俊 文久二年二月日応大田公敏需	
刀	覇府住岩井鬼晋麿源正俊作之 文久二年二月日田中氏源光明佩刀	
刀	鬼晋麿源正俊 文久三年二月日作之	二尺三寸一分
刀	岩井鬼晋麿源正俊 文久三年二月日	二尺五寸

斎藤昌麿家土蔵。ここにはかつて、昌麿遺愛の清麿のおそらく、清麿の脇指、清人作稜威尾羽張剣の写し、などが所蔵されていた。

短刀　刃長九寸四分　無反

上総国正直は、これまでの説によると清麿没後は藤原清人の指導によって一廉の刀工となったように聞かされてきた。

ところが、上総国正直、喜永七年甲寅二月日と裏年紀入りの刀と短刀が現れた。これによって考えられることは、上総正直は、早くから清麿の許で薫陶を受け、師清麿の存命中に、既に独立して、この作品を世に出している。

この間の動静は、この刀と短刀によって立証される。こうなってくると、上総正直は清人の先輩ということとなる。ここに、意外な事実が判明した。

上総正直の作品は、どうしたものか、実に少ない。名作にでも化けたものか。近頃、清麿門ということが、はっきりして評判もよく、ボツボツ贋作が出回るようになってきた。喜んでよいか、悲しい事か。複雑である。

「偽物が作られるようにならなければ一人前の刀鍛冶とはいえない」というイヤなたとえ話がある。

この短刀、稀少価値だけでなく、刀身の出来も素晴らしいものである。

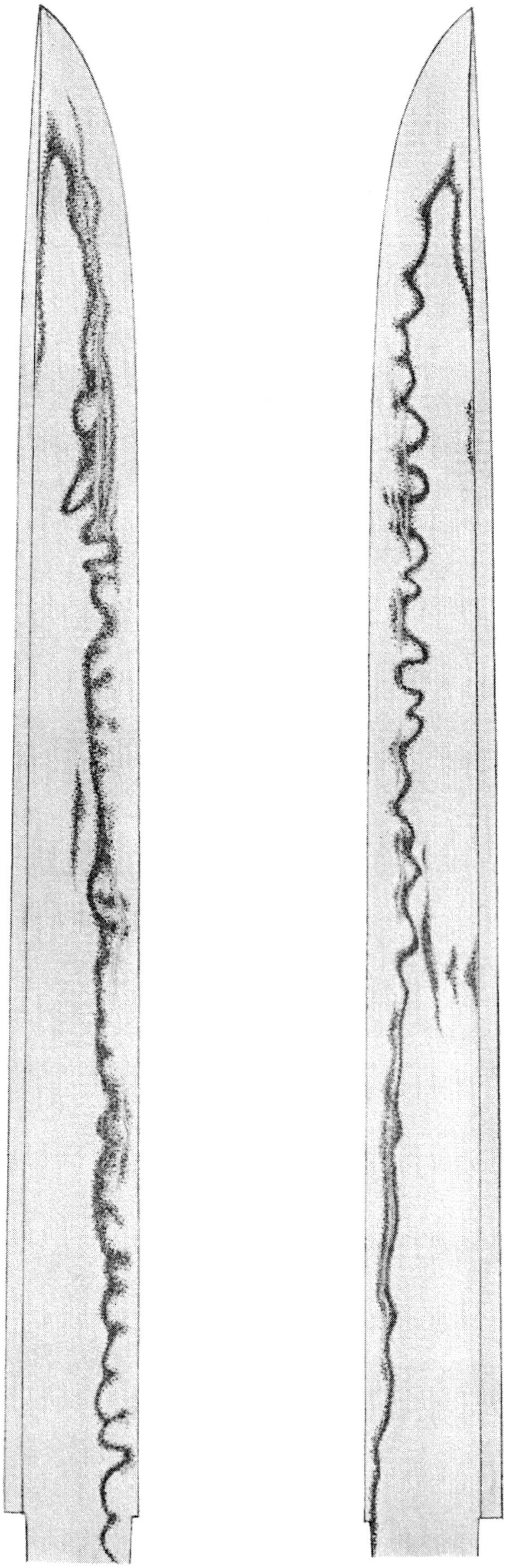

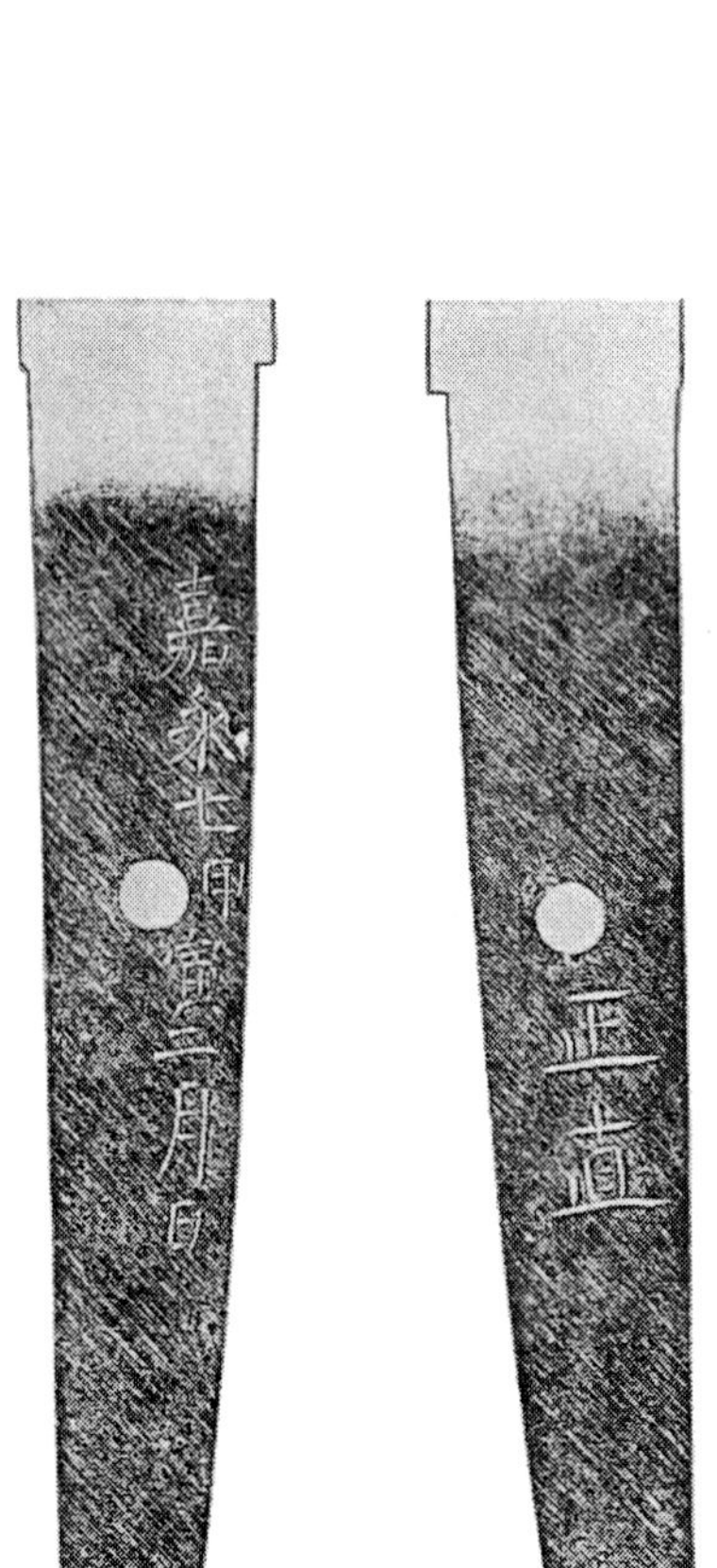

刀　刃長二尺三寸八分　反六分
この刀は正直の作品中出色の出来のもので、これに比肩できるものはないと思われる。

昭和三十七年二月十四日
巻藁二輪重ねを見事に二輪切断
神道無念流斎藤弥九郎——中山博道
中山博道門下　切手　羽賀準一

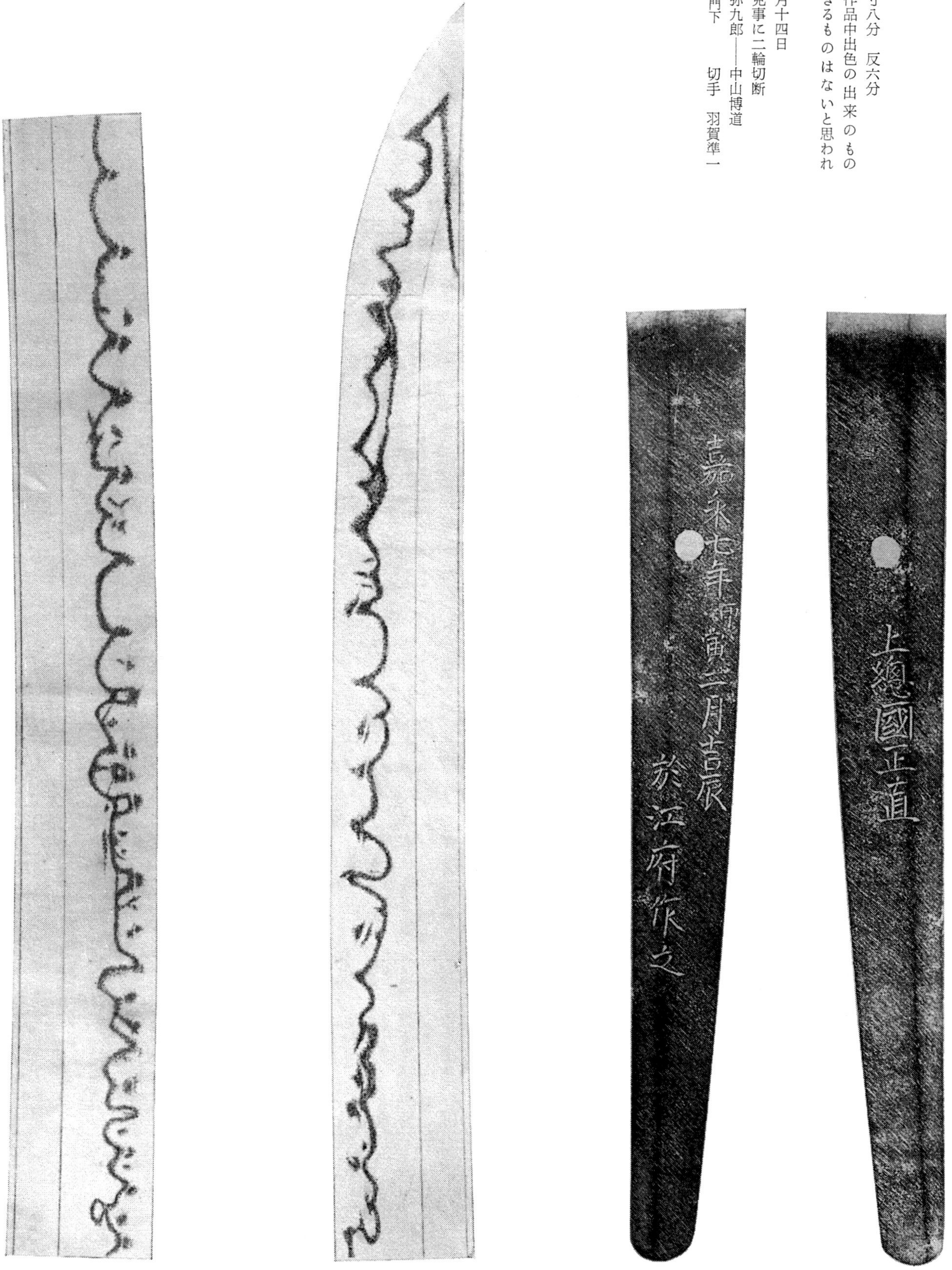

刀　刃長二尺五寸一分　反七分

「この刀は江戸に町道場を構えた剣豪某の愛刀であった」とこの武人の遠縁に当たる旧秋元侯菩提寺、天南寺の冨士原住職のお話である。

茎に三分角鉄、鹿角試之と文久元年七月に荒試が行なわれた事が記録されている。

昭和三十七年二月十四日　巻藁二輪重、二輪切断の上、力余って台に三分切れ込むという凄い切れ味。

切手 羽 賀 準 一

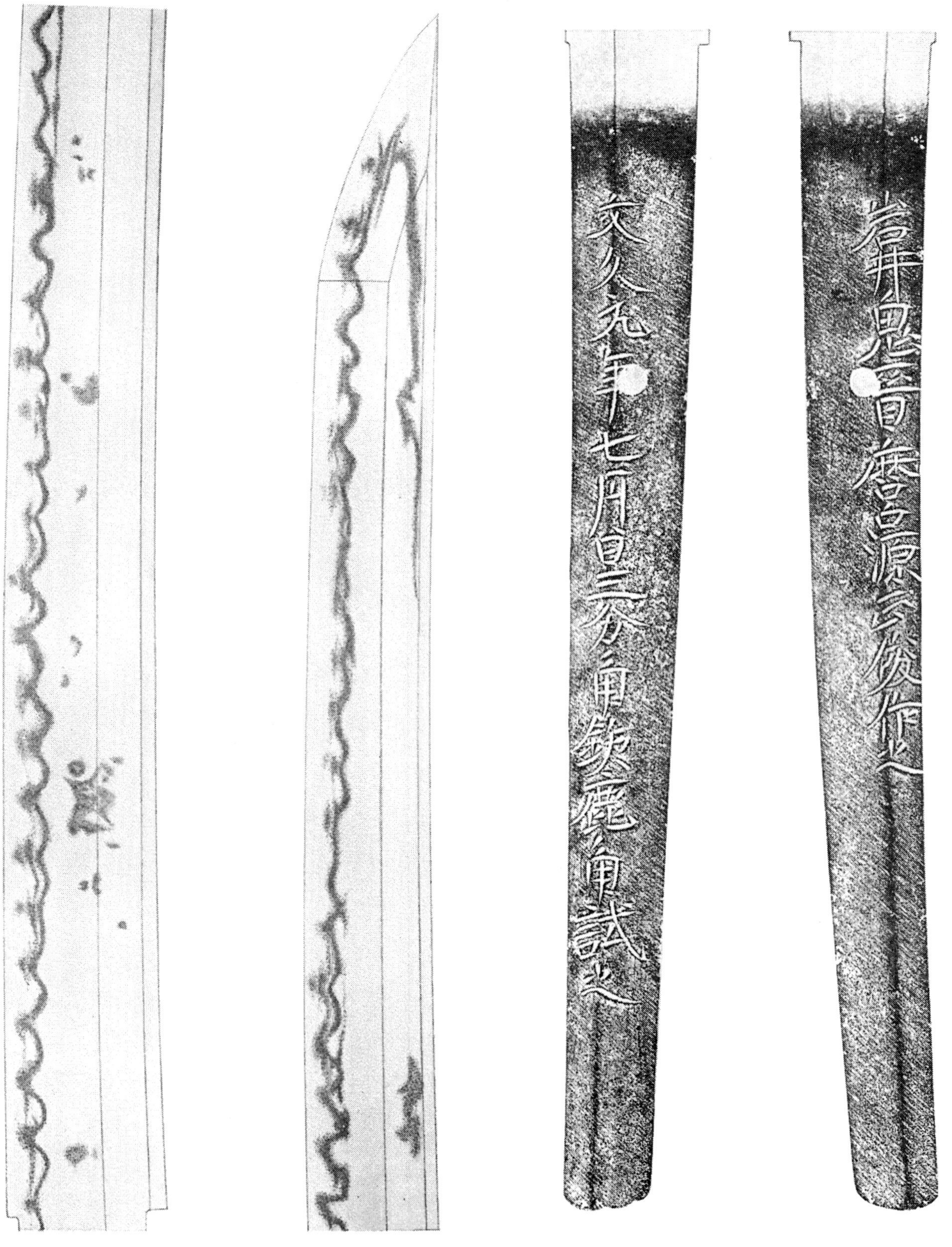

刀　刃長二尺五寸　反六分
実に豪快な作風で、正俊の作品中で、これほど優れた出来のものは未だ見かけない。正俊の代表作である。

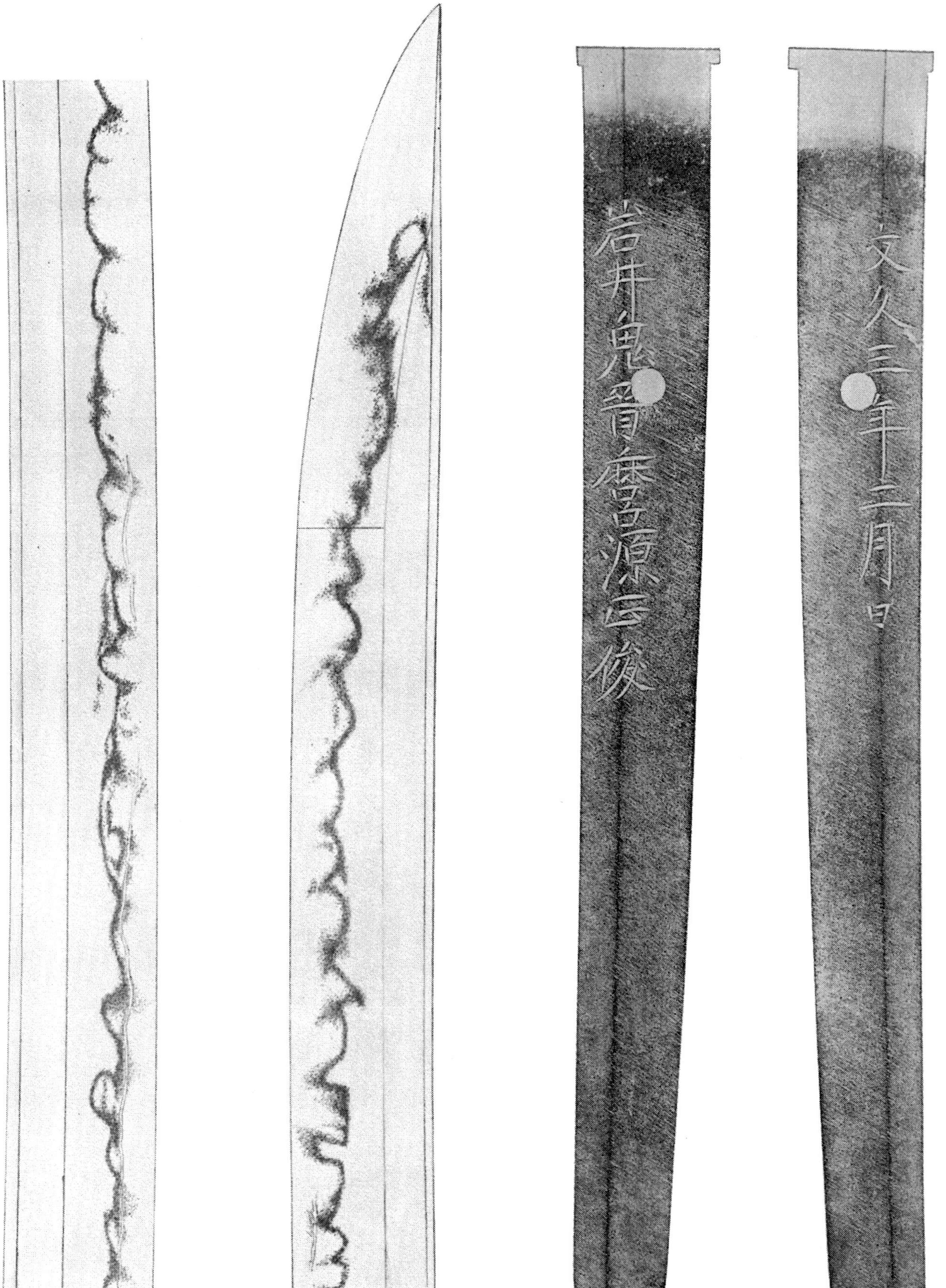

神道無念流

福井兵衛門嘉平（元禄十五―天明二）が流祖。門人戸賀崎熊太郎（延享一―文化六）の代になって著名になり、江戸二番町に道場を開いた。その門弟岡田十松吉利（明和二―文政三）が跡をつぎ神田猿楽町に道場「撃剣館」を開き大いに栄えた。門人斎藤弥九郎善道（寛政十―明治四）が、跡をつぎ、門下には勤皇志士が多かった。北辰一刀流と称した千葉周作成政（寛政六―安政二）の神田お玉が池の道場「玄武館」。鏡新明智流桃井春蔵直正（文政八―明治十八）の京橋あさり河岸の道場「士学館」。神道無念流斎藤弥九郎の神田まないた橋畔の道場「練兵館」。心形刀流伊庭軍兵衛秀業（文化七―安政五）の下谷御徒町の道場は江戸四大道場にあげられた。

岡田　十松――（四代）斎藤弥九郎――（五代）（長男）弥九郎――（七代）中山　博道――羽賀　準一
　　　　　　├江川太郎左衛門　├桂　小五郎
　　　　　　├藤田　東湖　　　├高杉　晋作
　　　　　　├渡辺　崋山　　　├品川弥次郎
　　　　　　└芹沢　鴨　　　　└谷　干城

昭和三十七年二月十四日　於神田消防署三階道場

長谷川英信流居合と切り試

○　刀　上総国正直
　　　　嘉永七年甲寅二月吉辰
　　　　於江府作之
　　　　刃長　二尺三寸八分
　　　　巻藁二輪重切り落す。

○　刀　岩井鬼晋麿源正俊作之
　　　　文久元年七月日
　　　　三分角鉄鹿角試之
　　　　刃長　二尺五寸一分
　　　　巻藁二輪重。
　　　　切れ過ぎて台に三分切れ込む。

二振り共　切手　故羽賀準一先生

羽賀準一先生は剣道八段、大森流、長谷川英信流の名手である。

羽賀先生は若き日、結核にかかった。東大病院に入院する心ぐみで十八歳の時、上京したが、広島県比婆郡東城町の同郷の先輩から「剣道をやって結核がなおった例がある」と聞いて本郷真砂町の中山博道門に入った。（お師匠の博道先生も若い頃結核にかかったが、すっかりなおっている。）

羽賀先生は「剣道が面白くてたまらず、本格的にやり始めた頃には結核はなおっていた」とのことです。

合気道の創始者植芝盛平先生とも親交があり、新宿区若松町の植芝道場へよく出かける。ここで巨人軍の荒川コーチと知り合った。

そこで「剣道の話ならいくらでもするが、野球のことはしゃべりたくない」という羽賀先生を口説き落してバッティング伝授となる。先生曰く「バッティングで手首のかえしなんか問題でない。すべては打つ瞬間に両腕を真っすぐにしぼることだ、これこそ剣の極意に通ずる」と教えた。この理論を傾聴した荒川コーチは、さっそく広岡、王、須藤、安原ら巨人の選手にバッティングのコツを教えることとなる。

これらの選手のほかに大毎榎本、近鉄小森らが、羽賀先生を慕って週数回、神田一ツ橋の国民体育館で開かれる朝稽古に姿を見せて稽古に励んでいた。

米球界の名打者といわれるウィリー・メーズ（サンフランシスコ・ジャイアンツ）のバッティングフォームの写真を見て、「これはいかん、球《たま》を打つ瞬間の腕のしぼりが悪い」と落第点をつけた。

座右銘「若い人に風を与えること」

上総国正直・岩井鬼晋麿正俊にて切り試　　切手　羽賀準一先生

長谷川英信流居合の形　羽賀準一先生

及

一門と話題のある刀工

○愛染明王像彫物　国俊
○表愛染之意鍛之　山浦環

名物　**愛染国俊**　代金子　百枚

① 豊臣秀吉公の御物なり
② 元和二年　森美作守忠政、家康公より拝領
③ 正保元年二月十二日犬千代丸（後の前田綱利公）初めてお目見えの時家光公から愛染国俊をたまわる。
④ 重要文化財　現所有者　大野喜八郎氏

短刀　刃長九寸五分　反八厘

茎に刻まれた愛染明王像の彫物から「愛染国俊」といわれ享保名物牒に所載されている。

二字国俊銘の短刀で有銘ものは、この一口だけで他は未見。研べりもないのに、地鉄に異質の変り鉄が混じって美感を逸しているが、これは来物の特徴のようにいわれている。地映が見事に表れている。来国俊の短刀は、いずれも筍反りであるのに、この短刀には八厘もの反りがあり、身幅も広い点など異例である。

素剣の彫物が素晴らしくよい。特に茎に残されている、左右に開いた打込みの鏨跡は、何んともいえぬ枯淡な味があり、古き時代の彫物の手法を解明する鍵に、この彫はなると思われる。これは等閑に出来ない彫研究に好個の資料である。

国俊は仁治二年十月十三日生れか。

太刀	国俊 弘安元年十二月日		刃長二尺五寸七分	38歳
太刀	来国俊 永仁四年十二月十六日			56歳
◎太刀	来国俊 正和二年十月十三日七十五歳		刃長二尺五寸八分	75歳
⦿短刀	来国俊 正和五年十一月日		刃長八寸三分	76歳
○短刀	源来国俊 文保二年三月		刃長七寸四分	78歳
◎太刀	来国俊 元応元年八月日		刃長二尺四寸八分	79歳
○太刀	来国俊 元亨元年□月日		刃長二尺四寸六分	81歳

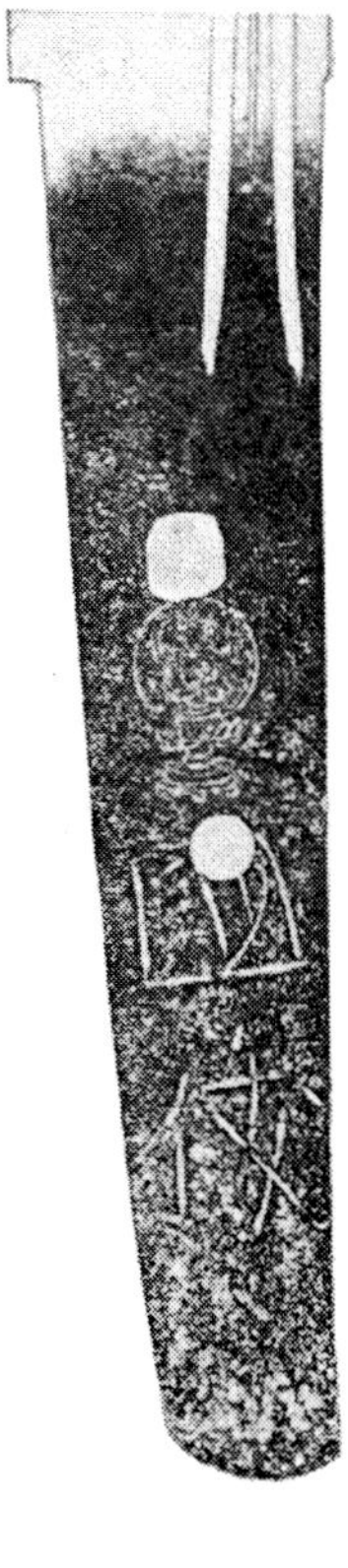

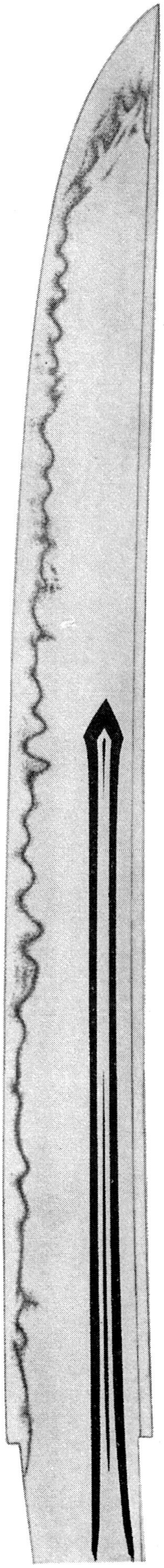

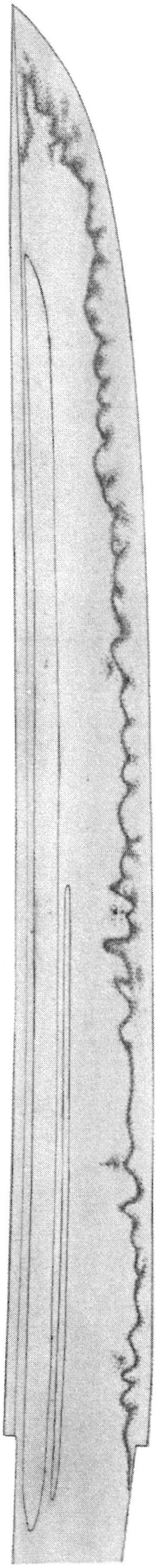

重要美術品　刀　刃長二尺〇寸八分　反四分

長船光忠は暦仁——文永ごろの備前刀工中で群を抜いた名手である。蛙子に大房丁子を交じえた絢爛豪華な光忠の刃文は世の賞玩厚いものである。

派手好みの信長が推賞おかなかったのは、この光忠で、彼は同作を二拾数振りも集めて愛刀としたが、惜しくも本能寺の変で多くの名品を失ったものと思われる。

この刀は秀吉から軍師竹中半兵衛重治に贈られたという伝来がある。

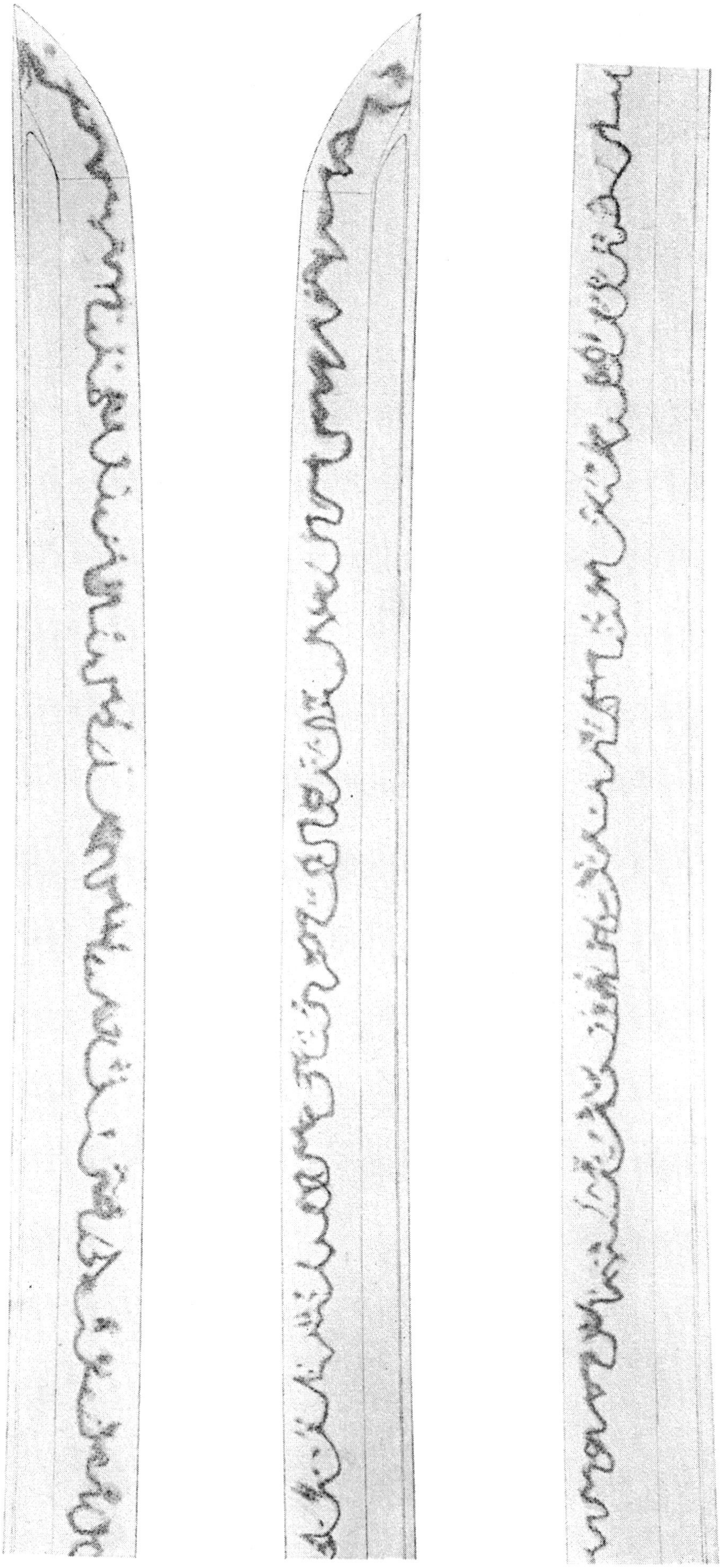

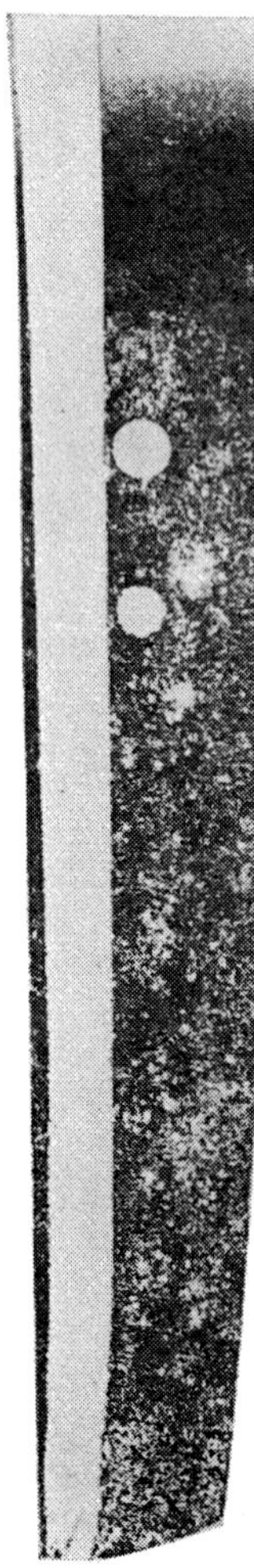

日蓮は承久四年（四月十三日貞応と改）春、安房国小湊の漁村に生まれる。文久元年日蓮〝立正安国論〟を北条時頼に勧める。文久五年三月五日北条時宗執権の座につく。文永八年十二月朝廷、伊勢神宮に勅使を送り敵国降伏を祈る。文永十一年十一月蒙古軍、壱岐、対馬を侵す。ついで元の大軍が博多、箱崎に上陸激戦となり、わが軍は苦戦する。夜にいって当時は伊勢の神風といわれた台風によって敵戦艦三百余が沈没、難を避けた。弘安四年五月元軍再度来襲、この時も台風によって元軍壊滅す。

文永・弘安の役で戦闘様式を異にする元軍からうけた痛手を再び繰り返さないよう、戦闘はもとより、鍛刀上の一大変革が起こるが、これは、かなり後のこととなる。まだ守家時代には、その兆も感じられない。

この守家の鋩子は錆のため焼刃不明。

清麿が窪田邸で古名刀に親しんだうちに光忠、一文字、守家などがあったものと思われる。弘化三年前後の清麿の作品には、これら名刀の作風をとり入れたものと見られるものを多く見かける。

太刀

備前国長船住守家

文永九年壬申二月廿五日

晩年の作と思われるこれと同銘同年紀入りの太刀が徳川黎明会にもう一口ある。

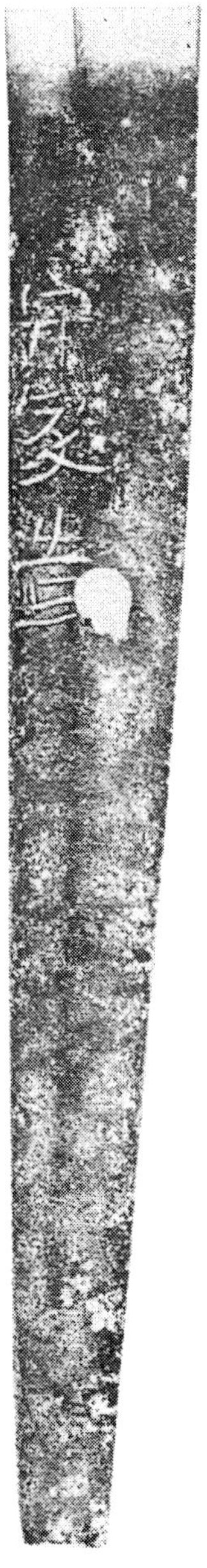

重要文化財　太刀　刃長二尺四寸　反七分

吉岡一文字磨上無銘ではあるが、優れた太刀姿を今にとどめている。伝来を首肯できる名刀である。地鉄は小板目つまり乱れ映りが見事に現われている。鎺元付近から中ほどは逆がかった互の目小丁子乱であるが、物打あたりは俄然、重花丁子に蛙子、大房丁子などを交じえ、足、葉が交差し、匂口は冴えて、吉岡一文字としては絢爛豪華に過る位の傑作である。

上杉謙信は戦国大名の一人で、川中島の合戦に、この太刀を佩き単騎千曲川を渡り信玄の陣営を襲った際や、その他数々の合戦に帯びた愛刀のうちに、この太刀も入るものと思われる。

この太刀には、刃こぼれ、棟に深い受け疵が残っていて、合戦の激しさを物語っている。元伯爵上杉憲章家伝来。

山浦真雄は「匂ものにおいては、武用一偏事なら古今、予が上にいづるものあるまじく」と自負している。これを立証したのが、嘉永六年三月二十四日信州松代城下、金子忠兵衛宅で行なわれた〝刀剣刃味並に折口試次第〟である。（別掲）

真雄はこの日刃味、耐久力に抜群の成績を示して〝洛陽信濃守国広〟以来の名工と誉め称えられた。その堀川国広とは、どんな名工か、あらましを記す。

埋忠明寿は新刀の祖といわれ、また彫刻の名手である。堀川国広、肥前忠吉は明寿門の双璧といわれているが、鍛冶の技量は遙かに国広が優れているが、日向出の田舎おやじを引け目に感じたか、明寿は宗近以来の名門である。これに敬意を表して、師弟の礼をとった程度の関係かと思われる。

国広一門には国安、大隅掾正弘、出羽大掾国路、越後守国儔、平安城弘幸、国正、阿波守在吉、和泉守国貞（初代）河内守藤原国助(初代)ら数多の名工が輩出して、堀川物の声価を高からしめた。

太刀　日州古屋之住国広山伏之時作之（不動明王、武運長久彫）
天正十二年二月彼岸　二尺五寸五分
太刀主日向国住飯田新七良藤原祐安

脇指　日州古屋住国広作
天正十四年八月日（大黒天彫）　一尺五寸一分

脇指　日州古屋住国広作
天正十四年二月吉日（毘沙門天彫）　一尺六寸三分

短刀　藤原国広　在京時作之
天正十九年八月日（大黒天彫）　九寸七分

太刀　幡枝八幡宮藤原国広造
慶長四年八月彼岸　二尺六寸

刀　慶長九年十一月吉日信濃守国広作
依賀茂祝重邦所望打之　二尺一寸五分五厘

太刀　千時慶長十二丁未十一月日信濃守国広作
北野天満天神豊臣秀頼公御造営之時

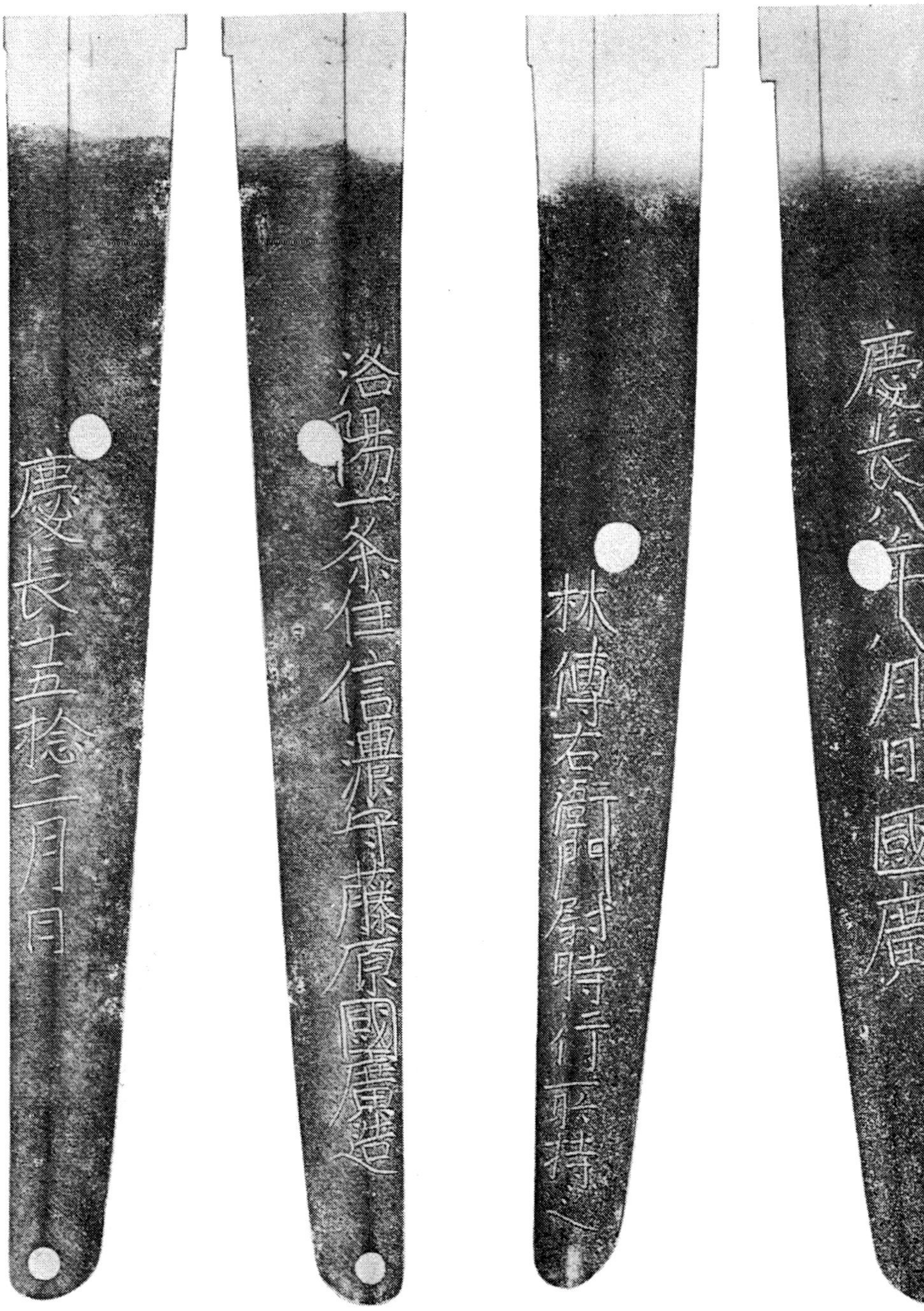

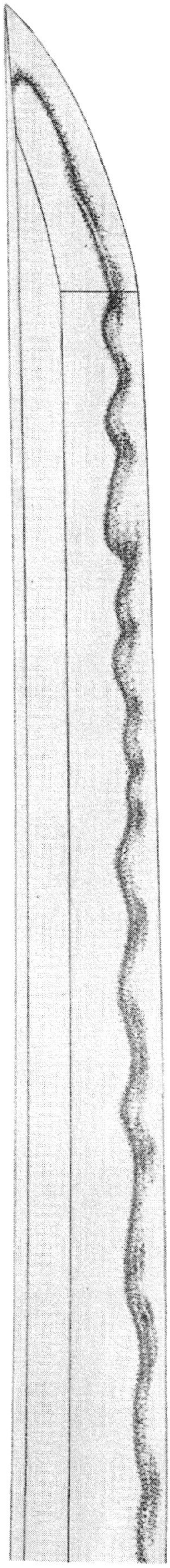

銘文

刀　肥後大掾藤原下坂　ウラ越前住

　　刃長二尺三寸

脇指　葵紋　奉納　尾州熱田大明神

　　両御所様被召出於武州江戸御剣作御

　　紋康之字被下罷上刻籠　越前康継

刀　葵紋　以南蛮鉄於武州江戸越前康継　　一口

　慶長十八年八月吉日

刀　葵紋　以南蛮鉄於武州江戸越前康継　　五口

　慶長十九年八月吉日（葵紋ナシモアリ）

この慶長十九年八月年紀の内一口（故田口儀之助氏蔵）は重要文化財に指定されている。重要美術品では、刀、短刀で十三口指定されている。

慶長八年二月徳川家康征夷大将軍に任命され、江戸幕府を開く。慶長十年四月には家康征夷大将軍を辞して子の秀忠が、これに任命されている。慶長十二年二月家康駿府城を修築して江戸より移る。

康継の駿府打はこのころから始まるか。

家康、秀忠から葵紋と康の字を切ることを許された。この喜びを茎に刻み熱田神宮に奉納した脇指は「康継研究」に欠くことのできない貴重な資料である。

南蛮鉄と茎に切ったのは康継をもって嚆矢とする。

シャム・ルソン・ジャワなどの地を経て舶来した異風、珍奇なものを南蛮と称した。南蛮鉄は人気があったものか多くの刀工たちによって刻銘されている。

康継の鉄質には見るべきものなしとの下馬評がある。

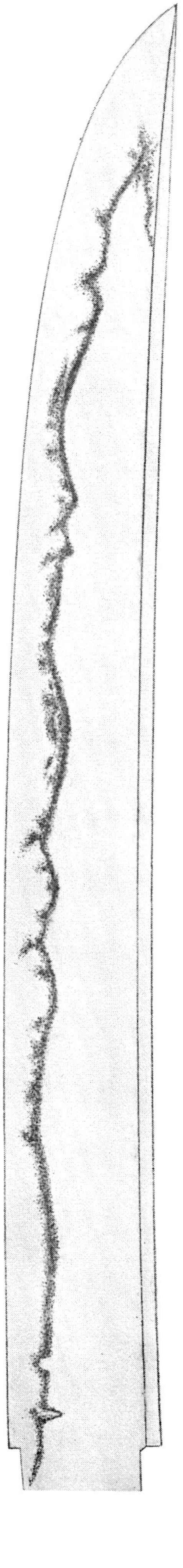

脇指　一尺四分　反一分五厘

刀　刃長二尺三寸五分　反五分

天文十二年八月台風に遭って種ケ島に漂着したポルトガル人によって火縄銃を伝えられた。この新兵器の導入が、当時の社会にどんなショックをあたえたか、鉄砲の力をもっともよく理解した最初の武将は信長である。短い年月で天下統一の偉業がなしとげられたのは、まったく鉄砲の力によるものと思われる。

慶長三年八月豊臣秀吉没す。元和元年四月大阪夏の陣起こり、五月大阪落城、秀頼、淀君ら自尽する。翌二年四月家康没す。

豊臣家の崩壊後は、泰平の続く世の中となり、鉄砲の需要は次第に減ってきた。これが、繁慶を刀鍛冶に転向させた一因となったものか。まだまだ鉄砲の製造は時運に乗った新兵器である。これをなげうって、刀剣製作に魅了された彼は生命がけで、とり組んだ。

繁慶は硬、軟異質の鉄を交互につみ重ねて、鍛接したと思われる。松皮肌といわれる大板目肌が刃文にからみ、砂流しが、曲線を描いて躍る。地けいも盛んに交じって、刃中は変化の妙味を尽している。

繁慶は鉄砲鍛冶から刀工になった異色の存在である。

鉄砲　銘文

慶長拾六年八月吉日
上野国　一宮大明神　野田善清尭　花押
奉納　日本　六十余州
慶長十七年十月吉日
出雲国　日御碕霊御宝前　野田善清尭　花押
日本六十余州大社寄進之内
慶長十八年五月吉日
奉　納　摂津国住吉大明神　野田善清尭　花押
日本六十余州御神殿

刀　銘文

小野繁慶
奉納　出雲国日御碕霊神
小野繁慶
奉納　摂州住吉大明神御宝前
繁慶　二尺四寸五分　二尺三寸六分　二口
（奉納刀　寛永元年八月二十一日　頼文添）

群馬　貫前神社
島根　日御碕神社
大阪　住吉神社
高野山　金剛三昧院

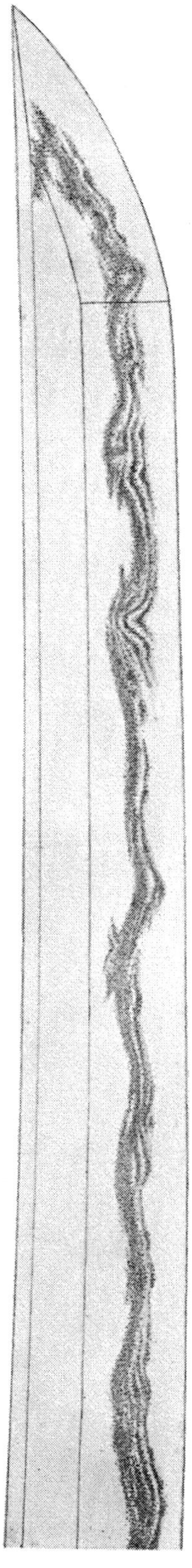

脇指　刃長一尺七寸
鉄砲の普及によって、これまでの甲冑は、ものの役に立ちにくくなってきた。胴丸部分は鉄を鍛造して一枚胴の様式にした「当世具足」にと変遷していく。
虎徹は防御の甲冑より、攻撃する武器が有利と考え刀工に転じたといわれているが、事実は甲冑の斜陽に、いち早く見切りをつけ転身したものではないか。（明暦初年の作）

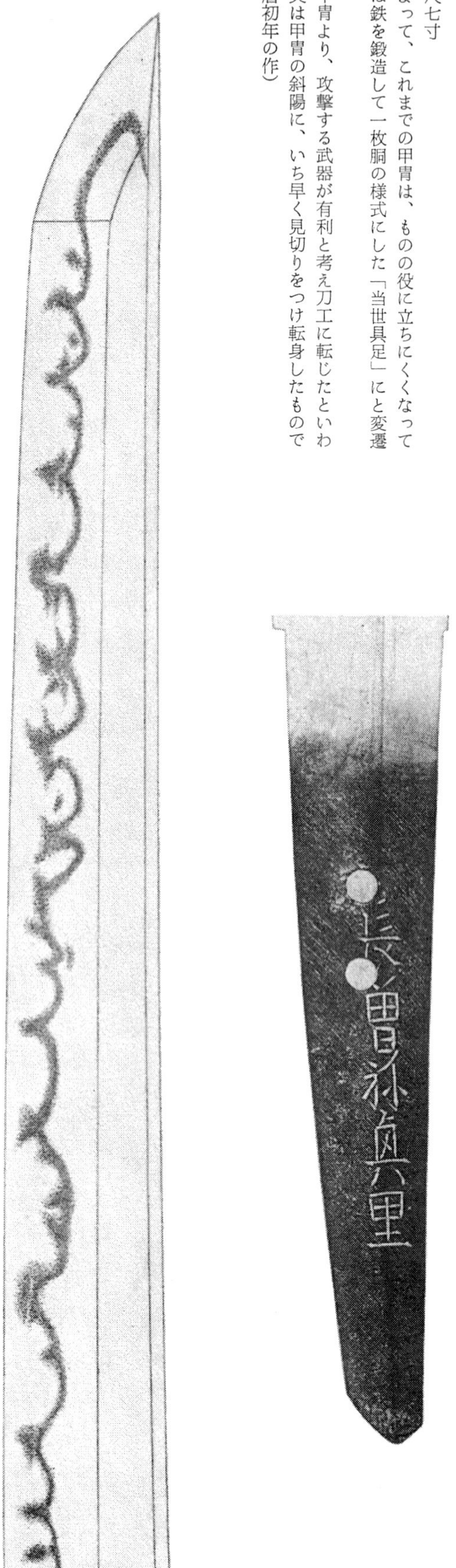

刀　刃長二尺五寸七分　反五分
互の目乱に、太い銑足盛んに入り、匂口強く冴え、地鉄肌潤あり、寛文元年ごろの傑作の一。

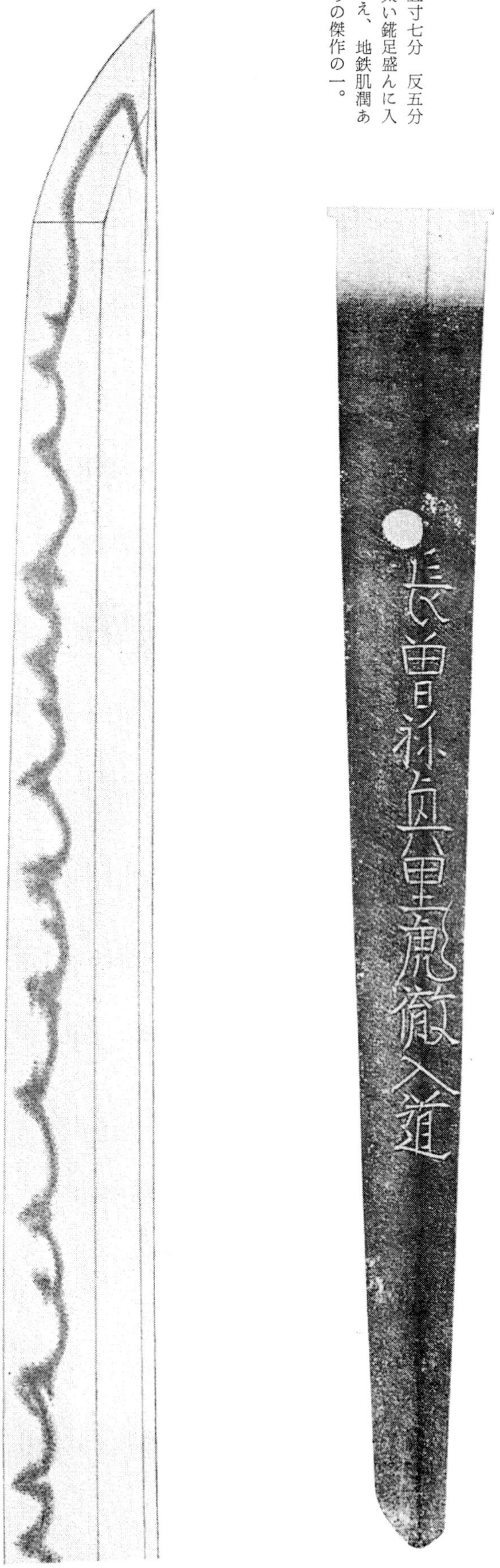

脇指　刃長一尺五寸　反三分

故杉原祥造翁の「長曽禰虎徹の研究」は洛陽の紙価を高からしめた名著である。現今では幻の書といわれるほど貴重なものとなった。

古から「虎徹を見たら偽物と思え」との戒めがある。それほど虎徹の贋作は多いものである、にも拘わらず、この書には、贋作は一振りも所載されていない、ということは驚嘆に値し、翁の高潔な人格が偲ばれる。

翁は虎徹の研究に先鞭をつけられ、虎徹といえば杉原翁を連想するほど著名である。昭和二十年ごろ門下の故内田疎天氏、故加島勲氏によって「長曽禰虎徹の研究」の再版が企画され、その完成は目睫の間に迫った時、大阪大空襲にて原版共々烏有に帰した、惜愛にたえない。

長曽禰虎徹入道興里
本国越前住人至半白居住　武劦之江戸尽鍛冶之工精　尒

と刻銘されたこの脇指によって虎徹の動静の一端を知ることのできる貴重な資料である。虎徹は明暦の初め江戸に出て、本所割下水に住み、その後湯島に移り住むとある。晩年の寛文十一年から延宝五年にわたって「住東叡山忍岡辺」と居住地を茎に切ったものを見かける。

家康の庇護下にある越前康継ですら使用し得ない、この優秀な鉄を市井の鍛冶虎徹は、どんなルートを経て求めていたか。抜荷買も考えられる。

刀の生命は鉄である。美しく潤のある地鉄、明るく強く冴える刃文、抜群の切れ味、これらは、すべて、この鉄の恩恵で、声望を一身にになって、天下の虎徹となることができた幸運児である。

日本刀とは全く違うが比較されるものに、シリアのダマスコ剣がある。ダマスカス地方に古くから伝わる独自の手法で製作されたもので、地鉄に渦巻状の組織が見られ、弾性に優れ、鞭のようにしなう鉄剣で、欧州中世の騎士によって東洋の名剣と称えられたのが、このダマスコ剣である。

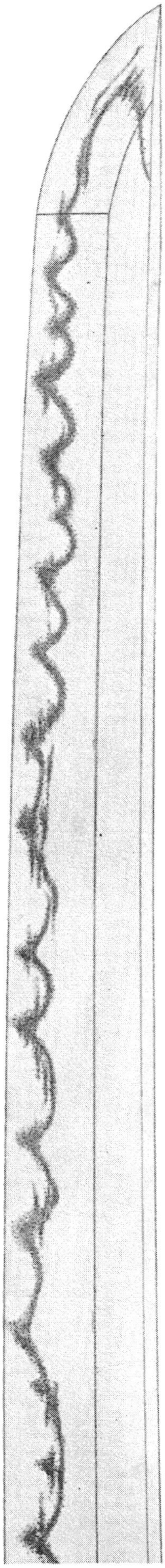

虎徹自身の手になる倶利迦羅彫が、さらに光彩を添える。

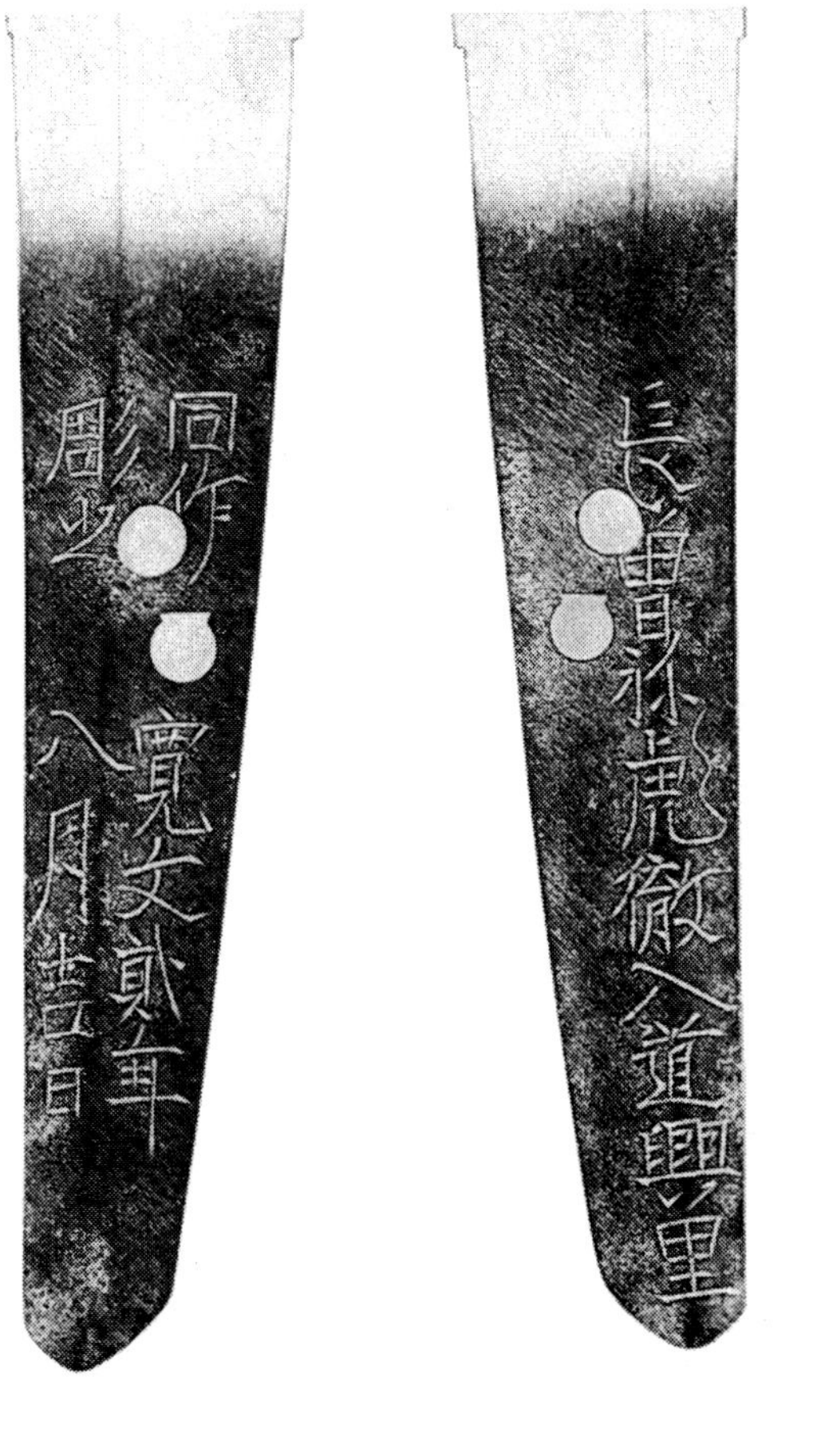

脇指　刃長一尺七寸　反四分

物打あたりは焼入温度が昇ったせいか、太い銑足に砂流し盛んに交じり、金筋がからんで、変化の妙味を尽している。

鉄の悪いものであったら焼崩れて見苦しいものになったと思われる。さすがに虎徹と思われる。かえって、平素見られない変った味が出て楽しめるものになっている。

東叡山　寛永寺（このあたりの呼名か）

忍岡《しのぶのおか》　上野公園一帯の古い呼び名という。寛永九年林羅山が、この地に忍岡文庫を建てている。大慶直胤も文化九年仲秋に於東府東叡山麓作之と刻銘した短刀を造っている。

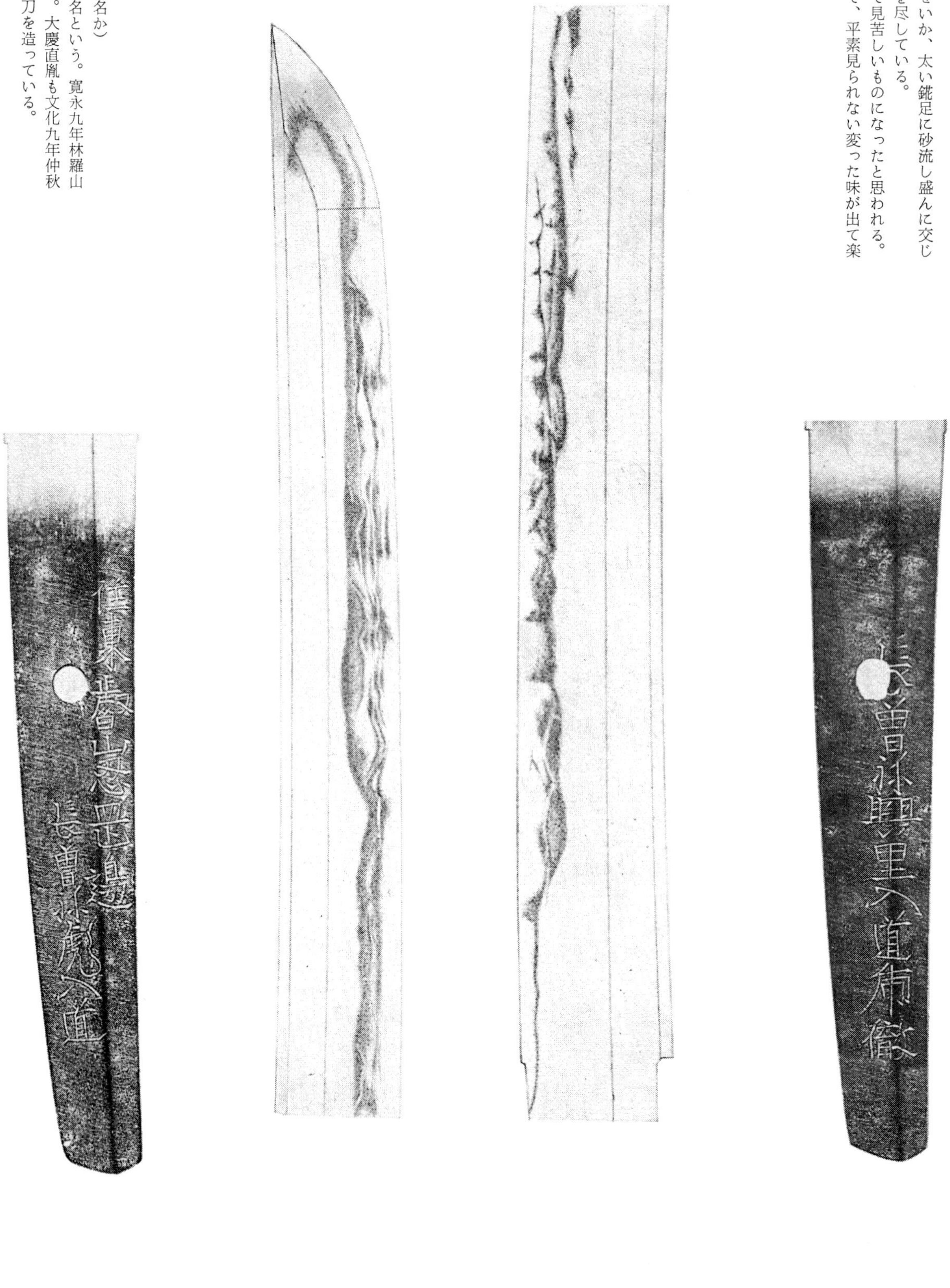

川部儀八郎藤原正秀は、寛延三年羽前国赤湯に生まる。水心子と号す。初銘を藤原英国という。安永三年正秀と改銘する。秋元家に仕え、江戸浜町に住む。

脇指　於出羽国霞城藤原正秀
　　　安永九年三月日　（三十一歳）

刀　水心子正秀
　　天明二年二月日　（三十三歳）
　　出羽国霞城中真鍛作之

刀　不如忍百戦百勝　（三十四歳）
　　天明三年八月日
　　秋元家臣川部儀八郎藤原正秀鍛之

「古鍛法の久しく廃絶せるを慨き、相州、備前の両伝を研究すること三十有余年、得る所ありて所謂復古刀を造成す」と立派なことをいっているが実施が見られず、空振りに終っている。（別項参照）

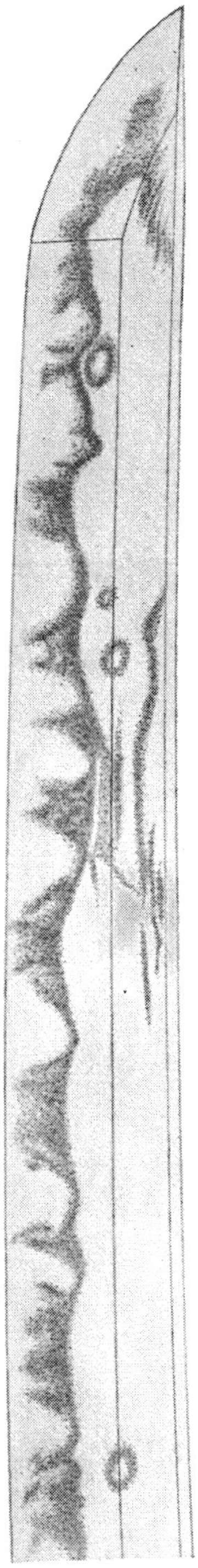

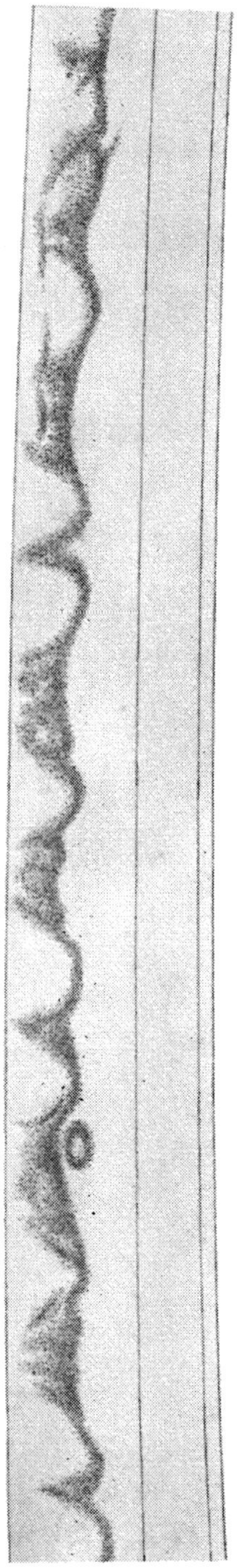

荘司箕兵衛と称し、大慶と号す。安永八年羽前山形に生まれる。江戸に出て水心子正秀に師事し、浜町の正秀宅に寄寓する。後日本橋堀江町の裏店に移る。名声が出て下谷御徒町に門戸を張る。このころ秋元侯に仕えるという。文政四年ごろ筑前大掾を受領し、嘉永元年には美濃介に変えている。

脇指　庄司直胤告　寛政十三年正月日　（二十三歳）

刀　荘司箕兵衛大慶直胤　文化元年八月日　（二十六歳）

短刀　大慶直胤花押　文化九年仲秋於　東府東叡山麓作之　（三十四歳）

刀　荘司筑前大掾大慶藤原直胤花押　文政五年仲秋　（四十四歳）

刀　シナノ造大慶直胤花押　天保七年十一月吉祥日　（五十七歳）

脇指　荘司美濃介藤原直胤花押　嘉永元年冬至日　（七十歳）

サガミ、エンシウ、助川、総、チバ、常陸、都、ナニワ、オシテル、イセ、シナノなど直胤は出先での鍛刀には刻印をもってその製作した場所を明らかにしている。

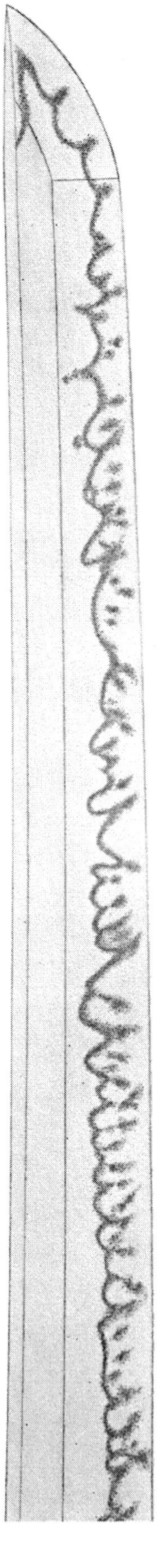

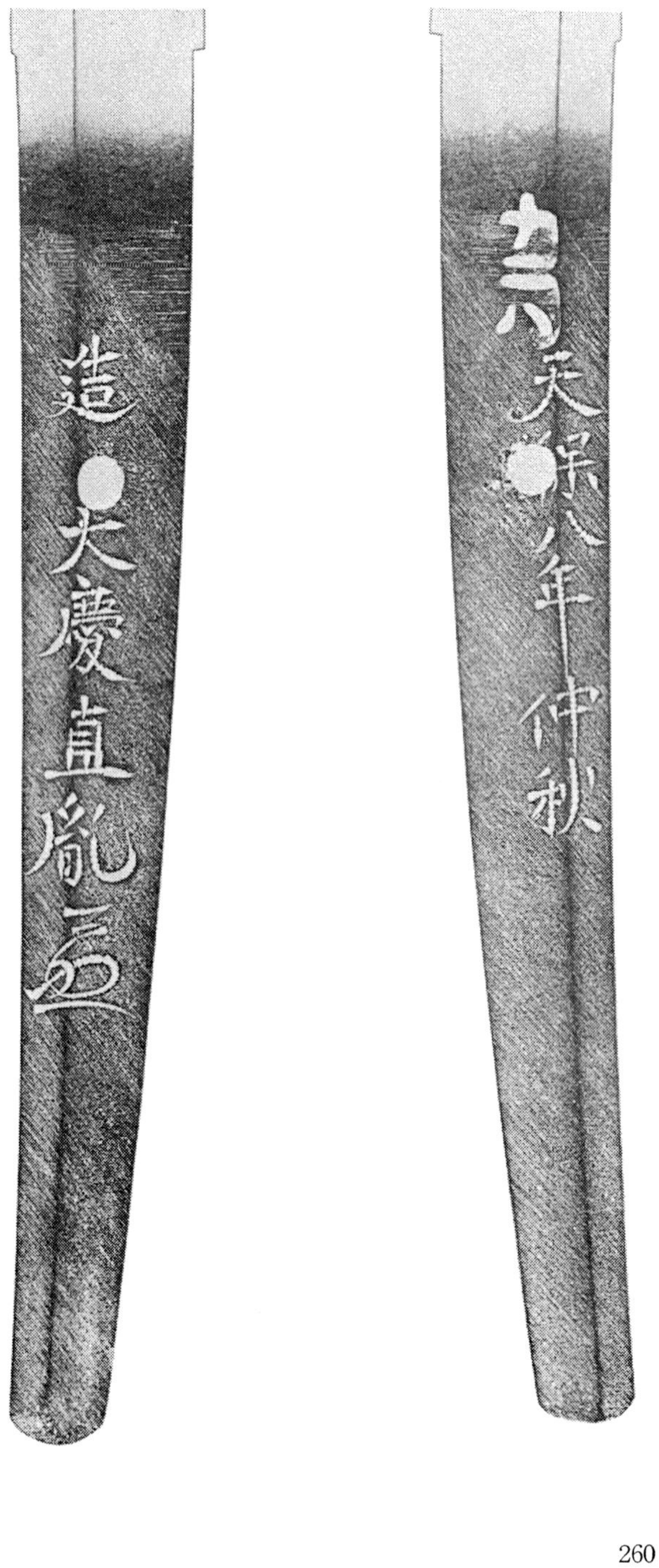

脇指　刃長一尺〇寸

奥州白川に生まれる。江戸に出て桑名藩（松平越中守定）の刀工となる。麻布永坂、四谷左門町に住む、山田浅右衛門に刃味の指導を受ける。弘化三年ごろ備前介受領する。

鑢目天保、弘化、万延までは、磨出しは切りに以下を筋違鑢をつくが、文久以降は切鑢に変っている。

天保固山には傑出したものが多いといって、この時代のものは特に賞美される。

清麿が四谷南伊賀町に鍛治開きをした際、近隣の左門町に住む宗次に挨拶しなかったので宗次は怒り、清麿に果し状をつけたという。(別項参照)

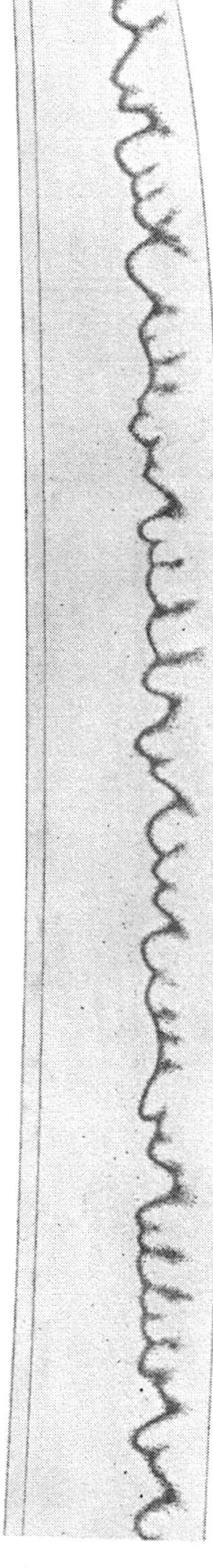

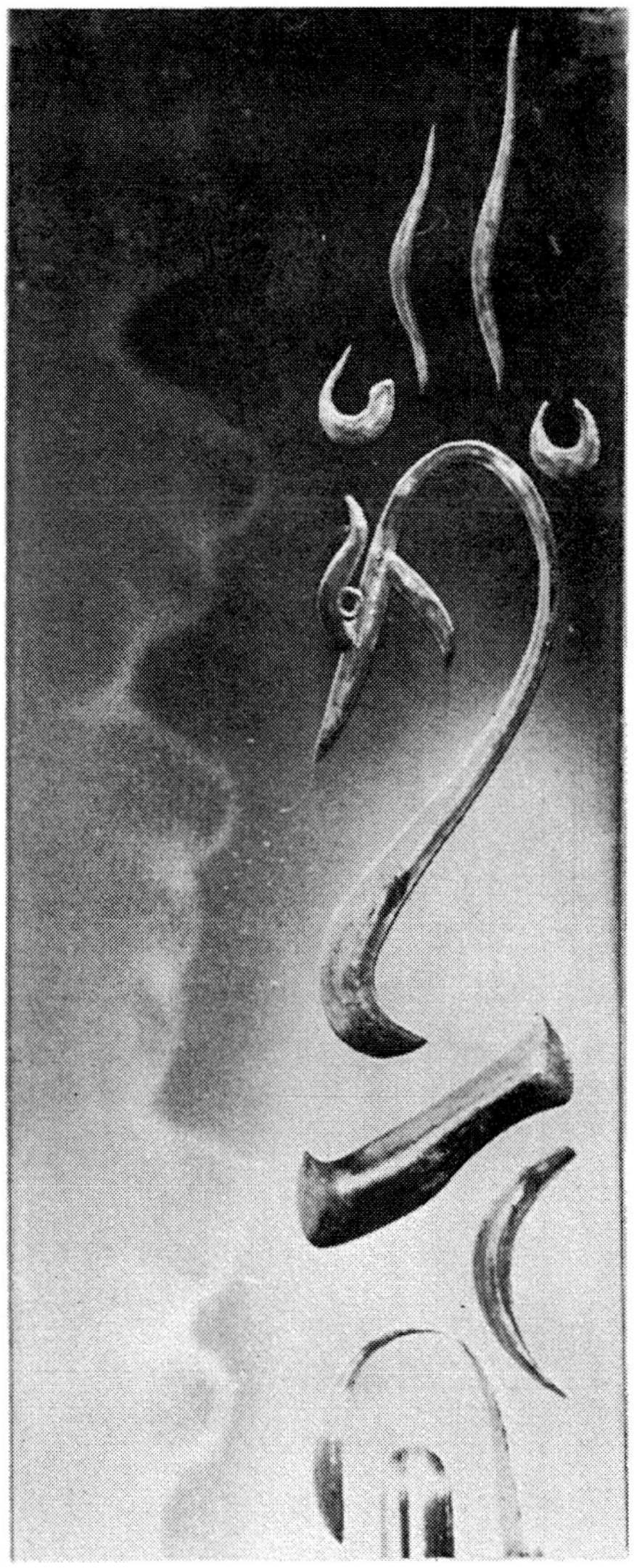

こゝ草の倶利迦羅は宗次彫刻の王座と見られる。

加藤　国秀――加藤　綱英――固山　宗次
長運斎綱俊――長運斎是俊
運寿斎是一
高橋　長信
越水　盛俊
赤間　綱信

左行秀は、筑州左の末葉と名乗っているが、作風に左文字らしい片鱗も見られない。

筑前信国系で、豊永久兵衛といい、東虎と号す。文化九壬申年の生まれであるから、清磨より一歳年上となる。行秀は明治二十年七十五歳で土佐で没している。清磨も健康で運よく、せめて明治の初年くらいまでも生きてくれればと惜しまれる。

行秀は出府して細川正義門の清水宇五郎久義について学ぶ。

弘化三年ごろ土佐幡多郡入野に移る。土佐藩工で浜部寿秀門の関田勝広の推挙で行秀は藩工となる。五台山下独鈷水の畔、北奉公人町、帯屋町など転々と住居を変える。文久二年秋江戸砂村の土佐藩邸に移る。

東虎と号し左の字を虎徹の虎の尾の如くハネあげている。今様虎徹と呼ばれる。

作風は行秀の気風を反映して銚深の直刃に足入り豪快なものが多い。

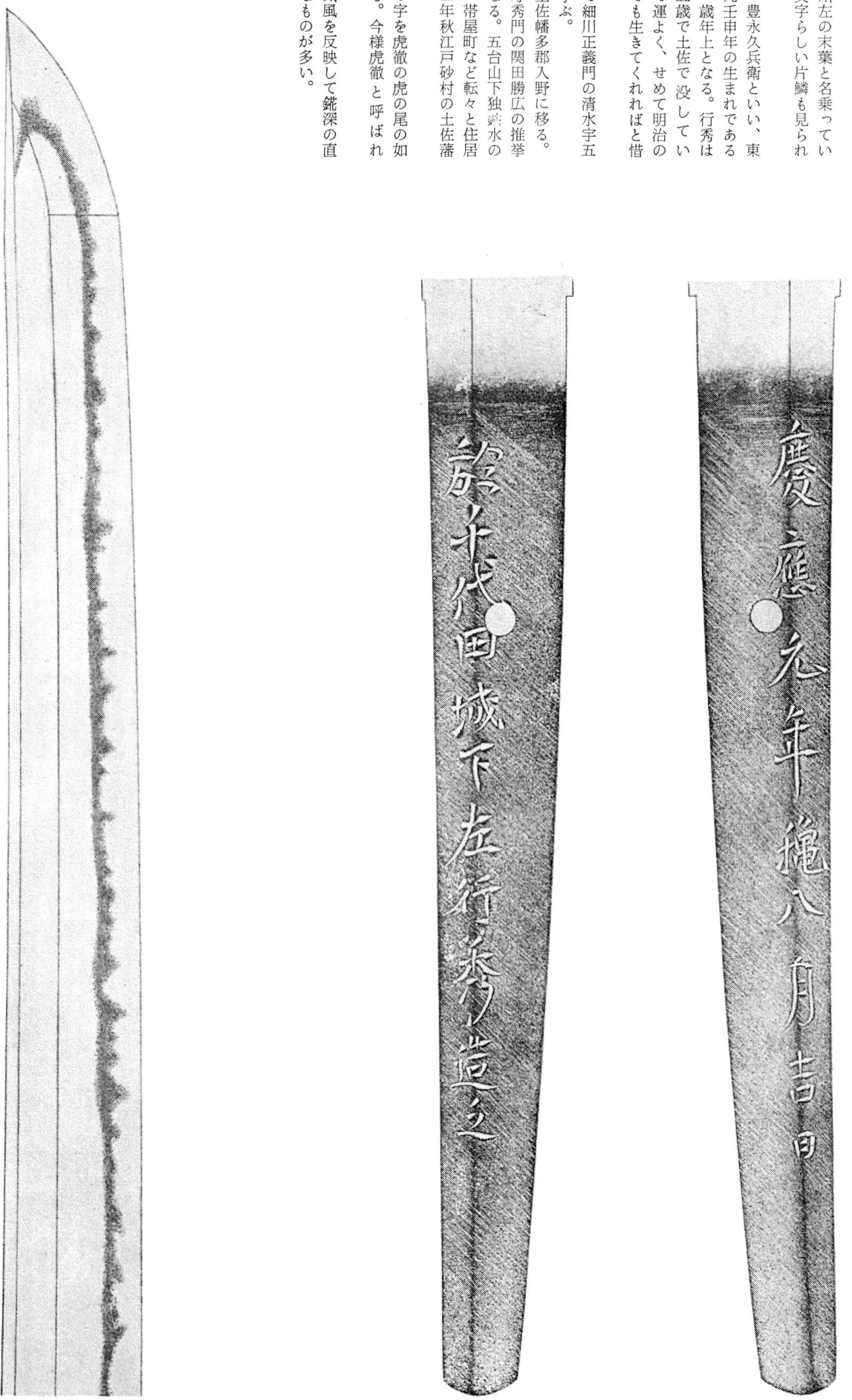

山浦真雄・同清麿・一門の年表

年号	年齢	山浦昇源眞雄	西暦	山浦環源清麿	年齢	備考
天保元年庚寅（一八三〇）	27	天然子完利、二十七歳造之、文政十三年四月日（一尺四寸）。	1830	一貫斎正行十八歳造之、文政十三年四月日（一尺四寸）。　一貫斎正行、同八月日（二尺三寸）	18	文政十二年頃、真雄、正行の兄弟信、上田に河村寿隆の門を叩く。
二年辛卯	28	天然子寿昌、天保二年二月日（二尺四寸七分）。	1831		19	
三年壬辰	29	天然子寿昌、天保三年壬辰仲夏（五寸七分）。	1832	短刀、山浦正行、於海津城造之、天保三年八月日。	20	海津城は貝津城ともいい、埴科郡松代にありて、真田家の居城。天保三年より同五年迄正行松代にて鍛刀す
四年癸巳	30	短刀、天然子寿昌、天保癸巳仲秋	1833	小刀、正行	21	
五年甲午	31		1834	山浦内蔵助源正行、為塩野入氏作之、天保五年甲午歳二月日（二尺三寸五分）短刀、信濃国正行。鵜首型、同銘、（三寸七分）。　一貫斎正行（七寸）。　脇指　山浦内蔵助源秀寿、為保土竜氏作之、天保五年仲冬。　短刀　源秀寿為濤斎主人作、同年仲冬。	22	
六年乙未	32	脇指、天然子寿昌、天保乙未年二月日	1835		23	天保六年正行、祐植嘉兵衛の紹介状を携えて出府、窪田清音へ武芸修業の為入門寄寓する。
七年丙申	33		1836	表愛染之意鍛之、山浦環、天保七申年九月吉日（一尺五寸二分）　脇指、環。　小刀、山浦環。	24	
八年丁酉	34		1837	山浦環（二尺二寸）　短刀、同銘。	25	天保八年十二月、山浦真雄、小諸藩主牧野遠江守より、佩刀の御用仰付らる。
九年戊戌	35		1838		26	
十年己亥	36		1839	（重美）山浦環正行、武器講一百之一、天保十年八月日（二尺三寸五分）。　長巻写、山浦環正行（二尺五寸五分）。　刀、同銘。　脇指、同銘。　同銘（二尺三寸五分）。　源正行（七寸九分）。於吾妻、山浦環源朝臣正行、以玉川水淬、天保十年秋八月日（二尺四寸一分）。	27	正行、窪田清音に入門して間もなく、その刀匠としての天稟を認められ古名刀に親しむ機会を得、之を摸して研鑽す。この年に清音の厚意にて武器講の設立を見る。
十一年庚子	37		1840	脇指、正行、天保十一年二月日。　正行、天保十一年庚子年八月（一尺五寸）。　刀　山浦環正行、	28	
十二年辛丑	38		1841	脇指、正行、天保十二年二月日。　山浦環正行、天保十二年八月日（一尺五寸一分）。	29	
十三年壬寅	39	天然子寿昌、天保十三年二月日。（二尺五寸）。	1842	槍、正行、天保十三年二月日（一尺三分）。　脇指、同銘。　刀、同銘。　於萩城、山浦環正行造之、天保十三月八月日（二尺七寸一分）。同銘（二尺七寸）。　短刀、於長門国萩城造之、源正行、天保十三年八月日。　恭呈、西涯磵先生於長門国正行製（九寸九分）。	30	
十四年癸卯	40		1843	源正行、天保十四年二月日（二尺五寸）。　山浦正行、同年号（一尺三寸四分）。　短刀、山浦正行、同年号。　山浦正行製（二尺七寸）。　長巻、於長門国山浦環源正行作、為佐々木猪三郎源高義子、天保十四年八月日。	31	天保十四年八月、佐々木猪三郎高義子より依頼の刀を鍛刀する。

弘化元年（一二、二）甲辰	41	刀、天然子寿昌、天保甲辰年二月日。於信小諸藩山本清廉邸同住天然子寿昌作、天保十五年辰二月日（二尺四寸五分）。	1844	源正行、天保十五月二月日（九寸九分）。山浦正行、同年号（二尺五寸）。正行、同年号（二尺五寸七分）。源正行、天保十五年八月日（二尺六寸）。同銘、同年号（二尺四寸）。於信小諸城製源正行、同年号（二尺六寸五分）。	32	天保十五年八月頃、正行信、小諸に兄真雄を訪れ、茲にて数振りを鍛刀する。
二年乙巳	42	信濃国寿昌、於小諸藩、弘化二年二月造之（二尺五寸）。信濃国寿昌、弘化二年二月日（一尺二寸三分）。	1845	脇指、源正行、弘化二年二月日。同銘、同年号（一尺五寸一分）。同銘、同号（一尺五寸八分）。太刀銘、源正行、応筑之後州米藩武藤積忠需焉、弘化二年八月日（二尺七寸五分）。脇指源正行、弘化二年八月日。刀、同銘、同年号（二尺五寸）。	33	弘化二年の初頃、正行江戸に帰来知人を介しての詫にて再び窪田清音の許にて鍛刀する。
三年丙午	43		1846	源正行、弘化三年正月日（二尺二寸九分）。菖蒲型、源正行、弘化三年二月日（一尺三寸六分）。同銘、弘化三年八月日（二尺七寸六分）。同銘、同年号（一尺五寸一分）。（これより源清麿と銘を切る）。源清麿、弘化三年八月日（二尺三寸六分）。同銘、同年号（一尺一寸三分）。（重美）太刀銘、山浦環源清麿製、為窪田清音君、弘化丙午八月日（二尺六寸五分）。	34	弘化三年秋、正行を「清麿」と改銘す。恩人窪田清音に佩刀を鍛えて贈る。
四年丁未	44	刀、河合直義君之需信濃国小諸住山浦寿昌作之。弘化四年丁未春二月上浣　応同国上田藩（二尺八寸八分五厘）	1847	脇指、清麿、弘化丁未年二月日。菖蒲型、源清麿、同年号（一尺九寸八分）。（重美）源清麿、弘化丁未年八月日（二尺二寸三分）。同銘、同年号（七寸二分）。同銘、同年号（一尺五寸八分）。同銘、同年号（七寸二分）。脇指、同銘、同年号。	35	正行の鍛刀談に刺激された兄真雄は各国に於ける風土、水の荒柔の相違を親しく体験し、拠って来る処を考察造刀上の参考に資せんものと、弘化四年京畿、中国地方への旅に出立。
嘉永元年（二、二八）戊申	45	刀、源正雄、嘉永元年於信州上田造之。菖蒲型、源正雄（一尺五寸五分）。	1848	源清麿、嘉永元年三月日（一尺五寸七分）。源清麿、嘉永元年八月日（二尺二寸五分）。	36	嘉永元年八月、清麿畢生の名作を鍛刀す。兄真雄、上田藩主松平伊賀守より長巻五十振りの御用仰付けらる。
二年己酉	46	山浦昇源正雄、嘉永二年信州上田造之、（二尺三寸八分）。	1849	清麿、嘉永二年正月日（六寸）。源清麿、嘉永二年二月日（一尺六寸二分）。脇指、同銘、同年号。同銘、同年号（二尺四寸七分）。同銘、同年号（二尺三寸五分）。同銘、嘉永二年八月日（二尺三寸四分）。	37	嘉永二年暮、叔父清麿の許にて修業中なりし兼虎、上田に帰り父の鍛刀に協力する。親友斎藤昌麿に清麿脇指を造る。
三年庚戌	47	短刀、山浦昇源正雄造之　嘉永三年二月十九日。藤本綱葛蔵（六寸三分弱）短刀、正雄、嘉永三年八月。（八寸二分弱）	1850	刀、源清麿、嘉永三年二月日。同銘、同年号（二尺三寸）。脇指（同一尺六寸九分）。同（一尺二寸三分）。同（八寸八分）。同（二尺二寸八分）。清麿（六寸九分）。薙刀、源清麿、嘉永三年八月日、為岡田善伯君造之（一尺六寸二分）。源清麿、嘉永三年八月日（九寸六分）。同銘、同年号、為山本重厚（二尺八寸一分）。源清麿、斉戒鍛之、晋勝氏九代政恒主（二尺三寸三分）。太刀銘、清麿、嘉永三年十二月吉日（二尺七寸五分）。源清麿（六寸三分）。同銘（一尺四寸四分）。短刀、源清麿、応需高松氏慎鍛之。太刀銘、同銘、中島兼足佩刀（二尺五寸五分）。	38	
四年辛亥	48	刀、信州住夏雄、嘉永四年八月日。脇指、信州住真雄、嘉永辛亥八月日。	1851	おそらく型、清麿（七寸）。	39	斎藤昌麿に清麿「おそらく」の典型ともいうべき名作を作る。
五年壬子	49	脇指、信州住真雄、嘉永五年三月日。	1852	源清麿、嘉永五年二月日（八寸三分）。同銘、同年号（一尺五寸）。長巻、同銘、嘉永五年八月日（二尺七寸）。	40	嘉永五年三月山城国日本鍛冶宗匠三品伊賀守金道より常陸国号を贈られているが、作品に受領を表示したものを見ない。（真雄には無意味な受領など迷惑に思われたであろう）
六年癸丑	50		1853	脇指、源清麿（倣大天狗𦒳造之）は清人切る。刀、清麿。清麿、嘉永六年八月日（二尺三寸五分）。源清麿、神建雄三郎所持（一尺五分）。	41	嘉永六年三月二四日、松代藩に於て直胤、真雄の両作刀に依って荒試しが行われた。真雄は上々の首尾にて好評を博し、長巻百振りの御用仰付けらる。これより松代に住す。

片切刃型、清麿（九寸九分）。同銘（九寸九分二厘）。源清麿、嘉永七年正月日（二尺三寸六分）。刀、同銘、同年号、試銘（切手山田源蔵安政三年十月廿二日於千住太々土壇払）之は固山宗次切る。（二尺五寸）。

42

安政元年十一月十四日、四谷の自宅に於て清麿謎の自刃を遂ぐ。四谷南寺町宗福寺に葬る。「大道義心居士」。

				真雄嫡子・清麿門 山浦隼太之助兼虎	清麿門 栗原謙司信秀	清麿門 鈴木次郎源正雄	清麿門 齋藤一郎清人
安政元年（一一、二七）甲寅	51		1854				
二年 乙卯	52	信濃国真雄、安政二年二月日（二尺三寸五分）。同銘、同年号（八寸）。遊射軒真雄、安政二歳乙卯月日（二尺三寸二分）。	1855	脇指、嘉永五年十月 行宗銘の処女作より始まる。	刀、栗原謙司信秀、安政三年仲春。栗原謙司信秀、安政二年八月日（二尺三寸四分）。	源正雄作、安政二年八月日（一尺一寸九分）。	脇指、武州於四ッ谷清人造之、安政二年二月日。
三年 丙辰	53	山浦真雄、安政三年八月日（二尺四寸九分）。	1856	短刀、源兼虎、安政三年五月日。		脇指、源正雄、安政三年二月日。	
四年 丁巳	54	山浦真雄、安政丁巳二月日（二尺三寸二分）。山浦真雄、安政丁巳八月日（五寸六分）。	1857		栗原謙司信秀、彫同作、安政四年六月甲子（二尺二寸二分）。刀、栗原謙司信秀、安政二二年十二月日。	源正雄、安政四年三月日（一尺二寸一分）。	刀、羽州庄内藤原清人、安政四年八月日、於江府造之。
五年 戊午	55	脇指、山浦真雄、安政五年八月日。	1858	短刀、隠士兼虎、安政五年二月日。	栗原謙司信秀、安政五年源造所持之（九寸八分）。栗原謙司信秀、安政五年七月日（二尺三寸四分）。	短刀、源正雄、安政五年八月日。	
六年 己未	56	刀短、真雄、安政六年十月吉日）九寸七分）。	1859			脇指、源正雄、安政六年八月日、於箱館以砂鉄造。	太刀。安政六年二月於江府清人作 我為者鞘示納而君之為国仁輝久益荒雄之太刀。
万延元年（三、一八）庚申	57	脇指、山浦真雄、万延元年八月日。	1860	兼虎、万延元年十二月（一尺四寸六分）。	刀、栗原謙司信秀、万延元年六月日。	源正雄、万延元年三月日、於箱館以砂鉄造（一尺一寸三分）。	刀、藤原清人作、安政七年二月日 刀、為長谷川利恭主、藤原清人謹造之 万延元庚申年卯月吉辰。刀、羽州庄内藤原清人、万延元年八月吉日。
文久元年（二、一九）辛酉	58	山浦真雄、万延二年二月日（一尺八寸三分）。為橘長敬、真雄、文久元年三月日（七寸六分）。	1861	脇指、兼虎、文久元年（一尺五分五厘）。	栗原謙司信秀、文久元年十二月日（二尺二寸九分）。	源正雄、文政元年三月日（二尺四寸七分）。	刀、為鈴木敏徳、藤原清人慎造之 文久元年酉二月吉日。
二年 壬戌	59	松代真雄造、文久二年（九寸五分）。	1862		栗原謙司信秀、文久二年八月日（一尺二寸）。	武州住鈴木次郎源正雄、文久二年二月日（二尺四寸）。源正雄、文久二年八月日（二尺三寸二分）。	藤原清人於江都作之、文久二年正月日（一尺六寸八分）。
三年 癸亥	60	遊射軒真雄、文久三年正月日、兼虎（二尺四寸）。刀、遊射軒真雄、文久三歳癸亥仲夏一信斎兼虎。	1863	刀、遊射軒真雄、文久三年 歳癸亥仲夏一信斎兼虎。	刀、栗原謙司信秀、杉田秀俊需、文久三年八月日。	刀、源正雄、文久三年正月日。文久三歳次癸亥三月、武蔵剣工源正雄鍛夷能南海宇賀浦乃砂鉄を以て武蔵国江戸に於て造里むさし野と名付。	於江府清人作、文久三年二月日（二尺四寸五分）。斎藤一郎清人作、文久三年八月日（二尺四寸）。
元治元年（二、二〇）甲子	61	刀、信濃国真雄、元治元年二月日（二尺三寸六分）。	1864	短刀、甲子二月兼造、一寸赤心惟報国。	刀、平信秀、文久四年二月日。刀、平信秀、元治元年三月日。平信秀、元治元年五月日（二尺六寸八分）。	源正雄、早乙女広吉持之、元治元年三月日（二尺三寸六分）。源正雄作、元治元年八月日、応桜井恒需（二尺三寸六分）。短刀、源正雄 元治元年八月日。	
慶応元年（四、八）乙丑	62	刀、信濃国遊雲斎真雄（花押）元治二歳乙丑春三月造、時年六十二。短刀、六十二双、真雄造、慶応元年乙丑臘月日。	1865	太刀銘、直心斎兼虎、慶応元年八月日。	栗原筑前守信秀、慶応元年五月日（二尺五寸）。筑前守信秀、慶応元年八月日（二尺三寸六分）。	刀、応及川孝道需、源正雄作、慶応元年八月日。	清人、元治二年二月日（一尺二寸）。羽州庄内住藤原清人、於江都造之、元治二年二月日（二尺三寸二分）。
二年 丙寅	63	脇指、造信陽士真雄、時年六十三、慶応二年八月日。	1866	直心斎兼虎、慶応二年三月日（一尺二寸七分）。	筑前守信秀於大坂、慶応二年、十一月日、依鈴木寿蔵好（二尺三寸八分）。		刀、於江都藤原清人造之、慶応二年八月日。刀、羽州荘内住藤原清人、於江都造之、慶応二年八月日。
三年 丁卯	64	脇指、造信陽士真雄、時年六十四、慶応三年二月日（一尺五寸七分）。	1867	短刀、信州士兼虎、慶応二年。	刀、栗原筑前守信秀、慶応三年五月日。		
明治元年（九、八）戊辰	65	短刀、遊雲斎真雄、慶応戊辰時年六十五歳（棟に）松代騎士小世心隠剣（六寸八分）。短刀、遊雲斎寿長明治元戊辰九月。	1868		栗原筑前守信秀彫同作、慶応二二年五月日（二尺三寸四分）。筑前守信秀、慶応四年六月日（六寸一分）		

二年 己巳	66		1869	信陽松代藩直心斎兼虎、明治二年三月日（二尺二寸二分）。	短刀、筑前守信秀、明治二年五月日　刀、栗原筑前守平朝臣信秀、明治二年八月日。			短刀、荘内住藤原清丸、明治二年八月日。　刀、豊前守藤原清人、明治二年八月日。
三年 庚午	67	短刀、六十七双寿長。	1870	松代士兼虎、明治三年二月日（六寸七分）。	栗原平朝臣信秀彫同作、明治三年八月日（二尺一寸四分）。　栗原信秀　明治三年十二月日（二尺二寸）。			羽州大泉住豊前守藤原清人、明治三年二月於東京造之（二尺五寸五分）
四年 辛未	68	明治四年十二月二十四日隠居、郷里赤岩に帰る。「老の寝覚め」脱稿。	1871		栗原筑前守平朝臣信秀、明治庚午年四月、応大石氏需（二尺三寸）。栗原信秀　明治四年八月日（七寸七分）			
五年 壬申	69	短刀、寿長六十九歳時。	1872	刀、源朝臣直心斎兼虎　明治五年初冬	栗原謙司信秀、明治五年七月日（二尺三寸四分）。			
六年 癸酉	70	小刀、七十翁寿長。	1873		摸東大寺正倉院宝剣、明治六年一月三十日信秀（二尺二寸四分）。			
七年 甲戌	71	明治七年五月十八日七十一歳にて逝く。先祖の墳域に葬る。「孝明院寿山亮長居士」	1874		栗原平朝臣信秀、明治七年八月日「草薙剣」彫（二尺二分）。			

附　記

○型について。従来平造、鎬造、鵜首造とか、片切刃造とか（造）の字を当てているが、これは刀の形象なので（型）と改め鵜首型というふうにした。（造）は「刀身の構成」である四方詰鍛、本三枚鍛、甲伏鍛などを、造込みといっている関係上、これとの混迷を避けたい主旨から斯くした。

○清麿は本三枚鍛で殆んど終始している。これは地鉄と刃鉄等を別個に鍛えるので、量少ない為に、内部まで熱叢なく行きわたるので、理想的な鍛法であるが、組合せの時鍛接が悪いと素延べの段階で大疵となり、まことに至難とされ高度の技量を要する操作なので、刀匠は簡略な甲伏で済ます。

○真雄の受領。

今般其許刀剣鍛練称美其成熟贈常陸国号者執達如件、御鍛冶所（印）（菊紋）日本鍛冶宗匠、三品伊賀守藤原朝臣金道花押、山浦源真雄殿

裏に、嘉永五壬子年三月（藤原朝臣金道）印。

これは朝廷より賜った口宣案でなく、伊賀守金道が私に贈った受領文書である。謹厳そのものの真雄はこの事を誇示し、或は詭策を弄して名声を昂める手段をとらない、恰々として芸道の本体を極めんと真意の槌を揮った。受領を表示した作品の見られないのも当然の事だと思われる。同匠の内に蔵する気魄がまざまざと感知される。

○真雄の門人。真雄は十七名に及ぶ門下を擁して、堂々と真田家御抱鍛冶の貫禄を示している。その弟子入りに際して行なう起請文は日本六十余州の神祇に誓って血判の痕も生々しく感ぜられる、厳粛なものである。水心子正秀の門人帳のような出鱈目なものではない。

入門順

天保　四年　正月　六日　掛川要左衛門
五年　三月　二十日　逢田逢助寿秀
八年十二月二十七日　清水内蔵允輝忠
十三年　正月　寺島儀三郎安行
十四年十二月　倉地岩尾直道
弘化　二年　十月　寺島忠次郎寿盛
二年十二月　十八日　滝沢佐五兵衛昌次
山浦昇源正雄男
四年　八月　二日　同苗勇源信雄
嘉永　元年　二月　一日　和田軍蔵信武
二年　七月　二日　佐藤佐代吉玉風
三年　十月　十九日　芳尾安左衛門守勝
六年　八月　十五日　渡辺啓司
飛州吉城郡古川
元治　元年十一月　山腰亀一郎虎明
慶応　元年　六月　金箱永次利金
二年十一月　二十日　中川求記重光
三年　三月　青木喜三太正之
明治　二年十一月二十三日　高橋運次藤原吉秀

以上のうち、真雄嫡子兼虎は信雄と署名している。かつて信雄と称したことを実証している貴重な文献である。

○山浦兼虎は文政八年乙酉九月四日赤岩に生まる。幼名秀作、兼平、後駒次郎、勇、軍蔵とも称した。天保六年十一歳の春三月、小諸藩剣道師範直心影流中山真道に入門する。弘化元年二十歳の時に出府し九月には、、浅草阿部川町の直心影流島田虎之助直親へ入門する。時に師虎之助は三十一歳の青年剣豪。ともに生気に溢れる壮期、忽ちにして、師弟の情誼は濃かになり、兼虎は師を畏敬し、剣の道に励んだが、惜しくも嘉永四年三十八歳の若さで師虎之助は逝った。後に兼虎刀匠となり師虎之助を思慕のあまり、虎の一字をとって兼虎とし直心影流をとって直心斎と号した。

○栗原謙司信秀。嘉永六年於浦賀信秀と銘し、初期作この頃より見られる。慶応元年筑前守受領のため上洛。大坂にても鍛刀する。信秀の孫栗原信雄氏の言に「叔父（信秀）は自負心強く、刀匠中第一人者を以て任じていた。筑前守受領は、一世の風雲児羽柴筑前守秀吉にあやかってのもの」という。廃刀令後、越後に帰り悠々自適して明治十一年頃まで僅かながら作品を残している。明治十三年一月二十五日六十六歳にて没す。

参考文献

鉄鋼　市川弘勝

鉄　立川昭二

金属　吉岡正二

火縄銃から黒船まで　奥村正二

日本史年表　歴史学研究編

あとがき

本間順治先生、佐藤寒山先生、辻本直男先生の玉稿を頂戴することの出来ました事は、本書にとって絶大な栄誉で之に過ぐる喜びは有りません。

清麿は不世出の天資の持主ではありましたがそれを琢磨し大成させたに就てはこれを支援する同好の士があまた有ったことによるのでありまして窪田清音と斎藤昌麿は就中その尤なる人々でありました。この人達の熱援があったればこそ彼は「四谷正宗」とまで謳われる程の腕を振うことが出来たのであります。

近時清麿の声価は愈々昂く、新々刀界の第一人者としてその地位は不動のものとなりつつありますがこれは亦当時の後援者の精神を受継いで明治・大正・昭和の愛刀家の方々が同匠の真価を認めてその作品を愛護されたからでありまして、彼は常に、そして永久に真の知己を失わぬ名匠と言えるでありましょう。別紙に「山浦真雄・清麿をとりまく人々」としてそれら愛刀家並に研究家の御芳名を列記し記念と致しました。掲載洩れの御方は申込み頂けましたら次の機会に掲げます。

終りに臨み清麿大鑑の刊行に当り先輩諸兄から賜りました心からの御支援と御協力に対して満腔の謝意を表します。

中島宇一

147	平信秀　於北越	Taira no Nobuhide Hokuetsu ni oite (Nobuhide in Hokuetsu)
148	盛寿造　明治三庚年十二月	Moritoshi tsukuru Meiji san kanoe no toshi junigatsu (December, 1870)
149	武州於四ツ谷清人造之　安政二年二月日	Bushu Yotsuya ni oite Kiyondo kore o tsukuru Ansei ninen nigatsujitsu (Kiyondo made this in Yotsuya, Musashi. February, 1855)
150	羽州荘内藤原清人於江都為 皇国無庵隠士如雲道人造之	Ushu shonai Fujiwara Kiyondo Koto ni oite kokoku Muan-inshi Nyoundojin no tame ni kore o tsukuru (Kiyondo Made this for Nyoundoujin at Edo.)
151	荘内藩清仁藤原正行　安政四年二月於江府造之	Shonaihan Kiyohito Fujiwara no Masayuki Ansei yonen nigatsu Kofu ni oite kore o tsukuru (Masayuki made this at Edo. February, 1857)
152	於江戸小川町藤原清人作之　文久二年二月日	Edo Ogawamachi ni oite Fujiwara no Kiyondo kore o tsukuru Bunkyu ninen nigatsujitsu (Kiyondo made this at Edo. February, 1862)
153	清人於江都造之　元治元年二月日	Kiyondo Koto ni oite kore o tsukuru Genji gannen nigatsujitsu (Kiyondo made this at Edo. February, 1864)
154	豊前守清人　明治二年八月日	Buzen no kami Kiyondo Meiji ninen hachigatsujitsu (August, 1869)
155	豊前守清人	Buzen no kami Kiyondo
156	上野住荒木清重作　明治四十一年二月日	Kozuke ju Araki Kiyoshige tsukuru Meiji yonjuichinen nigatsujitsu (Made by Kiyoshige February, 1908)
157	正直	Masanao
158	正直　嘉永七甲寅二月日	Masanao Kaei shichi kinoetora nigatsujitsu (February, 1854)
159	上総国正直　嘉永七年甲寅二月吉辰於江府作之	Kazusa no kuni Masanao Kaei shichinen kinoetora nigatsukisshin Kofu ni oite kore o tsukuru (Masanao made this at Edo. February, 1854)
160	岩井鬼晋麿源正俊作之 文久元年七月日三分角鉄鹿角試之	Iwai Kishimmaro Minamoto no Masatoshi kore o tsukuru Bunkyu gannen shichigatsujitsu sambukakutetsu shikatsuno kore o tamesu (Tested the sharpness with an iron bar and a staghorn. July, 1861)
161	岩井鬼晋麿源正俊　文久三年二月日	Iwai Kishimmaro Minamoto no Masatoshi Bunkyu sannen nigatsujitsu (February, 1863)
162	国俊(名物・愛染国俊)	Kunitoshi (Meibutsu・Aizenkunitoshi) (without the maker's name. Called Aizen-Kunitoshi)
163	無銘(長船光忠)	Mumei (Osafune Mitsutada) (without the maker's name)
164	守家造	Moriie tsukuru (Made by Moriie)
165	無銘(伝吉岡一文字)	Mumei (den Yoshiokaichimonji) (without the maker's name. Called Yosioka- Ichimonji)
166	慶長八年八月日国広　林伝右衛門尉時行所持之	Keicho hachinen hachigatsujitsu Kunihiro Hayashi Denemon no jo Tokiyuki kore o shojisu (Made by Kunihiro. August, 1603. In possession of Hayashi Tokiyuki.)
167	洛陽一条住信濃守藤原国広造 慶長十五捻二月日	Rakuyo Ichijo ju shinano no kami Fujiwara no Kunihiro tsukuru Keicho jugonen nigatsujitsu (Kunihiro made this. February, 1610)
168	以南蛮鉄於武州江戸越前康継 本多飛騨守所持内　かさ祢胴及度々末世剣是也	Nambantetsu o motte Bushu Edo ni oite Echizen Yasutsugu Honda Hida no kami shoji no uchi kasanedo tabitabi ni oyobu masse no ken kore nari (Yasutsugu made this with foreign-made iron. In possession of Honda. This sword sometimes bisected the human body.)
169	越前国住康継	Echizen no kuni ju Yasutsugu
170	繁慶	Hankei
171	繁慶	Hankei
172	長曽祢興里	Nagasone Okisato
173	長曽祢興里虎徹入道	Nagasone Okisato Kotetsu nyudo
174	長曽祢虎徹入道興里　同作彫之 寛文弐年八月吉日	Nagasone Kotetsu nyudo Okisato dosaku kore o horu Kambun ninen hachigatsukichijitsu (Kotetsu made and sculptured. August, 1662)
175	長曽祢興里入道乕徹	Nagasone Okisato nyudo Kotetsu
176	住東叡山忍岡辺長曽祢虎徹入道	Toueizan Shinobu no oka hen ni jusu Nagasone Kotetsu nyudo (Kotetsu lives in Shinobu no oka, Toeizan.)
177	水心子正秀　寛政元年八月日 以五郎入道正宗末孫源綱広嫡伝鍛之	Suishinshi Masahide Kansei gannen hachigatsujitsu Goro nyudo Masamune basson Minamoto no Tsunahiro no chakuden o motte kore o kitau (Masahide Made this by the skill of Tsunahiro who is a descendant of Masamune. August, 1789)
178	造大慶直胤　ナニハ　天保八年仲秋	Taikei Naotane tsukuru Naniwa Tempo hachinen chushu (Naotane made this at Naniwa. Autumn, 1837)
179	固山宗次作　天保十五年七月日	Koyama Munetsugu tsukuru Tempo jugonen shichigatsujitsu (Munetsugu made this July, 1844)
180	於千代田城下左行秀造之　慶応元年穐八月吉日	Chiyoda joka ni oite Sa Yukihide kore o tsukuru Keio gannen aki hachigatsukichijitsu (Sa Yukihide made this at Chiyoda Castle town. Autumn August, 1865)

98	源清麿　嘉永五年二月日	Minamoto no Kiyomaro Kaei gonen nigatsujitsu (February, 1852)
99	源清麿　嘉永五年二月日	Minamoto no Kiyomaro Kaei gonen nigatsujitsu (February, 1852)
100	清麿	Kiyomaro
101	清麿　嘉永六年八月日	Kiyomaro Kaei rokunen hachigatsujitsu (August, 1853)
102	清麿	Kiyomaro
103	源清麿　神建雄三郎所持	Minamoto no Kiyomaro Kamidate Yuzaburo shoji (In possession of Kamidate Yuzaburo)
104	源清麿	Minamoto no Kiyomaro
105	源清麿　嘉永七年正月日　安政三年十月廿三日 於千住太々土檀払　切手山田源蔵	Minamoto no Kiyomaro Kaei shichinen shogatsujitsu Ansei sannen jugatsu nijusannichi Senju ni oite taitai dodanbarai kirite Yamada Genzo (Made by Kiyomaro January, 1854. Yamada Genzo tested the sharpness with the body at Senju. October 23, 1856)
106	清麿	Kiyomaro
107	源清麿　嘉永七年正月日	Minamoto no Kiyomaro Kaei shichinen shogatsujitsu (January, 1854)
108	源清麿　弘化丁未年二月日	Minamoto no Kiyomaro Koka hinotohitsuji no toshi nigatsujitsu (February, 1847)
109	信濃国天然子寿昌　於江府造之 天保二年辛卯孟春	Shinano no kuni Tennenshi Toshimasa Kofu ni oite kore o tsukuru Tempo ninen kanotou moushun (Toshimasa made this in Edo. Spring, 1831)
110	寿昌（花押）	Toshimasa(kao)〔Toshimasa (Paraph)〕
111	信濃国寿昌　於小諸藩弘化二年二月作之	Shinano no kuni Toshimasa Komorohan ni oite Koka ninen nigatsu kore o tsukuru (Toshimasa made this at Komoro. February, 1845)
112	山浦昇源正雄　嘉永二年於信州上田造之	Yamaura Noboru Minamoto no Masao Kaei ninen Shinshu Ueda ni oite kore o tsukuru (Masao made this at Shinshu Ueda. February, 1849)
113	正雄　嘉永三年八月	Masao Kaei sannen hachigatsu (August, 1850)
114	信濃国真雄	Shinano no kuni Masao(Saneo)
115	真雄　安政巳八月日	Masao(Saneo) Ansei mi hachigatsujitsu (August, 1857)
116	山浦真雄造　文久元年八月吉辰	Yamaura Masao(Saneo) tsukuru Bunkyu gannen hachigatsukisshin (August, 1861)
117	遊射軒真雄　文久三年歳癸亥仲夏　一信斎兼寅	Yushaken Masao(Saneo) Bunkyu sannen toshi mizunotoi chuka Isshinsai Kanetora (Summer, 1863)
118	山浦真雄　男兼虎	Yamaura Masao(Saneo) musuko Kanetora (Masao and his son Kanetora)
119	遊雲斎真雄（安政三年）、兼虎（花押）	Yuunsai Masao(Saneo) , Kanetora(kao)〔Yuunsai Masao(Saneo), Kanetora(Paraph)〕
120	天然子真雄（安政三年）	Tennenshi Masao(Saneo)
121	信濃国真雄	Shinano no kuni Masao(Saneo)
122	文久二年八月　真雄	Bunkyu ninen hachigatsu Masao(Saneo) (August, 1862)
123	游雲斎寿長　明治元戊辰九月	Yuunsai Toshinaga Meiji gan tsuchinoetatsu kugatsu (September, 1868)
124	行宗　嘉永五年十月日	Yukimune Kaei gonen jugatsujitsu (October, 1852)
125	安政五年五月　兼虎造　応伊藤信成君需	Ansei gonen gogatsu Kanetora tsukuru Ito Nobunari kun no Motome ni oujite (Kanetora made this by a request of Ito Nobunari. May, 1858)
126	直信斎兼虎　慶応二年三月日	Jikishinsai Kanetora Keio ninen sangatsujitsu (March,1866)
127	信陽松代藩直信斎兼虎　明治二年二月日	Shinyo Matsushirohan Jikishinsai Kanetora Meiji ninen nigatsujitsu (February, 1869)
128	信濃国宗次　文久四年二月	Shinano no kuni Munetsugu Bunkyu yonen nigatsu (February, 1864)
129	信濃国宗次造之　慶応四年二月日	Shinano no kuni Munetsugu kore o tsukuru Keio yonen nigatsujitsu (Munetsugu made this. February, 1868)
130	源真雄作　嘉永七年八月日	Minamoto no Masao(Saneo) tsukuru Kaei shichinen hachigatsujitsu (August, 1854)
131	源正雄　万延二年二月日	Minamoto no Masao Manen ninen nigatsujitsu (February, 1861)
132	源正雄　文久元年八月日	Minamoto no Masao Bunkyu gannen hachigatsujitsu (August, 1861)
133	武州住鈴木次郎源正雄　文久二年二月日	Bushu ju Suzuki Jiro Minamoto no Masao Bunkyu ninen nigatsujitsu (Masao lives in Musashi. February, 1862)
134	源正雄　文久二年二月日	Minamoto no Masao Bunkyu ninen nigatsujitsu (February, 1862)
135	源正雄　文久三年二月日	Minamoto no Masao Bunkyu sannen nigatsujitsu (February, 1863)
136	源正雄　文久三年八月日	Minamoto no Masao Bunkyu sannen hachigatsujitsu (August, 1863)
137	源正雄　元治元年八月日	Minamoto no Masao Genji gannen hachigatsujitsu (August, 1864)
138	信秀造	Nobuhide tsukuru (Made by Nobuhide)
139	栗原謙司信秀　文久二年正月日	Kurihara Kenji Nobuhide Bunkyu ninen shogatsujitsu (January, 1862)
140	信秀　文久二年十二月日	Nobuhide Bunkyu ninen junigatsujitsu (December, 1862)
141	筑前守信秀　慶応二二年二月日	Chikuzen no kami Nobuhide Keio yonen nigatsujitsu (February, 1868)
142	栗原筑前守平朝臣信秀　明治二年二月日	Kurihara Chikuzen no kami Taira no ason Nobuhide Meiji ninen nigatsujitsu (February, 1869)
143	栗原筑前守平朝臣信秀　明治二年八月日	Kurihara Chikuzen no kami Taira no ason Nobuhide Meiji ninen hachigatsujitsu (August, 1869)
144	栗原筑前守平朝臣信秀　明治三年八月日	Kurihara Chikuzen no kami Taira no ason Nobuhide Meiji sannen hachigatsujitsu (August, 1870)
145	以残鉄平朝臣信秀　明治五年三月写天国 皇命依十八振　謹	Meiji gonen sangatsu Amakuni o Koumei ni yorite juhachifuri tsutsushimite utsusu zantetsu o motte Taira no ason Nobuhide (March, 1872)
146	栗原平朝臣信秀　明治七年八月日	Kurihara Taira no ason Nobuhide Meiji shichinen hachigatsujitsu (August, 1874)

47	源正行　弘化二年二月日	Minamoto no Masayuki Koka ninen nigatsujitsu (February, 1845)
48	源正行　弘化二年二月日	Minamoto no Masayuki Koka ninen nigatsujitsu (February, 1845)
49	源正行　弘化二年八月日	Minamoto no Masayuki Koka ninen hachigatsujitsu (August, 1845)
50	源正行　弘化二年八月日	Minamoto no Masayuki Koka ninen hachigatsujitsu (August, 1845)
51	源正行　弘化二年八月日	Minamoto no Masayuki Koka ninen hachigatsujitsu (August, 1845)
52	源正行　弘化三年正月日	Minamoto no Masayuki Koka sannen shogatsujitsu (January, 1846)
53	源正行　弘化三年正月日	Minamoto no Masayuki Koka sannen shogatsujitsu (January, 1846)
54	源正行　弘化三年八月日	Minamoto no Masayuki Koka sannen hachigatsujitsu (August, 1846)
55	源正行　弘化三年二月日　筑前守信秀 慶応四年正月上ル之	Minamoto no Masayuki Koka sannen nigatsujitsu Chikuzen no kami Nobuhide Keio yonen shogatsu kore o ageru (Masayuki February, 1846 Nobuhide shortened this January, 1868)
56	源正行　弘化三年二月日	Minamoto no Masayuki Koka sannen nigatsujitsu (February, 1846)
57	源正行　弘化三年八月日	Minamoto no Masayuki Koka sannen hachigatsujitsu (August, 1846)
58	源清麿　弘化三年八月日	Minamoto no kiyomaro Koka sannen hachigatsujitsu (August, 1846)
59	為窪田清音君・山浦環源清麿製 弘化丙午年八月日	Kubota Sugane kun no tame ni Yamaura Tamaki Minamoto no Kiyomaro tsukuru Koka hinoeuma no toshi hachigatsujitsu (Kiyomaro made this for Kubota Sugane. August, 1846)
60	山浦環清麿	Yamaura Tamaki Kiyomaro
61	山浦環清麿製	Yamaura Tamaki Kiyomaro tsukuru (made by Kiyomaro)
62	源清麿　依鳥居正意好造之 弘化丁未年二月日	Minamoto no Kiyomaro Torii Masaoki no konomi ni yorite kore o tsukuru Koka hinotohitsuji no toshi nigatsujitsu (Kiyomaro made this according to preference of Torii Masaoki. February, 1847)
63	源清麿　弘化丁未年八月日	Minamoto no Kiyomaro Koka hinotohitsuji no toshi hachigatsujitsu (August, 1847)
64	源清麿　弘化丁未年八月日	Minamoto no Kiyomaro Koka hinotohitsuji no toshi hachigatsujitsu (August, 1847)
65	源清麿　弘化丁未年八月日	Minamoto no Kiyomaro Koka hinotohitsuji no toshi hachigatsujitsu (August, 1847)
66	源清麿　弘化丁未年八月日	Minamoto no Kiyomaro Koka hinotohitsuji no toshi hachigatsujitsu (August, 1847)
67	源清麿　弘化丁未年八月日	Minamoto no Kiyomaro Koka hinotohitsuji no toshi hachigatsujitsu (August, 1847)
68	源清麿　弘化丁未年八月日	Minamoto no Kiyomaro Koka hinotohitsuji no toshi hachigatsujitsu (August, 1847)
69	源清麿　弘化丁未年八月日	Minamoto no Kiyomaro Koka hinotohitsuji no toshi hachigatsujitsu (August, 1847)
70	源清麿　嘉永元年三月日	Minamoto no Kiyomaro Kaei gannen sangatsujitsu (March, 1848)
71	源清麿　嘉永元年八月日	Minamoto no Kiyomaro Kaei gannen hachigatsujitsu (August, 1848)
72	源清麿　嘉永元年八月日	Minamoto no Kiyomaro Kaei gannen hachigatsujitsu (August, 1848)
73	源清麿　嘉永元年八月日	Minamoto no Kiyomaro Kaei gannen hachigatsujitsu (August, 1848)
74	清麿　嘉永二年正月日	Kiyomaro Kaei ninen shogatsujitsu (January, 1849)
75	山浦環清麿	Yamaura Tamaki Kiyomaro
76	源清麿　嘉永二年二月日	Minamoto no Kiyomaro Kaei ninen nigatsujitsu (February, 1849)
77	源清麿　嘉永二年二月日	Minamoto no Kiyomaro Kaei ninen nigatsujitsu (February, 1849)
78	源清麿　嘉永二年二月日	Minamoto no Kiyomaro Kaei ninen nigatsujitsu (February, 1849)
79	源清麿　嘉永二年八月日	Minamoto no Kiyomaro Kaei ninen hachigatsujitsu (August, 1849)
80	源清麿　嘉永二年八月日	Minamoto no Kiyomaro Kaei ninen hachigatsujitsu (August, 1849)
81	源清麿　嘉永三年二月日	Minamoto no Kiyomaro Kaei sannen nigatsujitsu (February, 1850)
82	源清麿　嘉永三年二月日	Minamoto no Kiyomaro Kaei sannen nigatsujitsu (February, 1850)
83	源清麿　嘉永三年二月日	Minamoto no Kiyomaro Kaei sannen nigatsujitsu (February, 1850)
84	源清麿　嘉永三年二月日	Minamoto no Kiyomaro Kaei sannen nigatsujitsu (February, 1850)
85	源清麿　中島兼足佩刀	Minamoto no Kiyomaro Nakajima Kanetari haito (In possession of Nakajima Kanetari)
86	源清麿　中島兼足佩刀	Minamoto no Kiyomaro Nakajima Kanetari haito (In possession of Nakajima Kanetari)
87	源清麿　嘉永三年八月日	Minamoto no Kiyomaro Kaei sannen hachigatsujitsu (August, 1850)
88	源清麿　嘉永三年八月日　為山本重厚	Minamoto no Kiyomaro Kaei sannen hachigatsujitsu Yamamoto Shigeatsu no tame (For Yamamoto Shigeatsu August, 1850)
89	源清麿　嘉永三年八月日　為岡田善伯君造之	Minamoto no Kiyomaro Kaei sannen hachigatsujitsu Okada Zenhaku kun no tame ni kore o tsukuru (Kiyomaro made this for Okada Zenhaku August, 1850)
90	清麿　嘉永三年十二月吉日	Kiyomaro Kaei sannen junigatsukichijitsu (February, 1850)
91	源清麿（嘉永四年の作銘三種）	Minamoto no Kiyomaro (1851)
92	清麿　嘉永辛亥歳二月日	Kiyomaro Kaei kanotoi no toshi nigatsujitsu (February, 1851)
93	源清麿	Minamoto no Kiyomaro
94	清麿	Kiyomaro
95	源清麿	Minamoto no Kiyomaro
96	源清麿　嘉永五年二月日	Minamoto no Kiyomaro Kaei gonen nigatsujitsu (February, 1852)
97	源清麿　嘉永五年二月日	Minamoto no Kiyomaro Kaei gonen nigatsujitsu (February, 1852)

1	筑州住左	Chikushu ju Sa (Sa lives in Chikushu.)
2	安吉	Yasuyoshi
3	於長門国萩城造源正行　天保十三年八月日	Nagato no kuni Hagijo ni oite tsukuru Minamoto no Masayuki Tempo jusannen hachigatsujitsu (Masayuki made this at Hagi Castle, Nagato. August, 1842)
4	河村三郎源寿隆　文政十三年八月日	Kawamura Saburo Minamoto no Toshitaka Bunsei jusannen hachigatsujitsu (August, 1830)
5	信濃守幸貫の来国俊	Shinano no kami Yukitsura no Rai Kunitoshi (Rai Kunitoshi in possession of Yukitsura)
6	天然子完利二十七歳造之 一貫斎正行十八歳造之 文政十三年四月日	Tennenshi Mitsutoshi nijunanasai kore o tsukuru Ikkansai Masayuki juhassai kore o tsukuru Bunsei jusannen shigatsujitsu (Mitsutoshi made this at the age of 27. Masayuki made this at the age of 18. April, 1830)
7	一貫斎正行　文政十三年八月日	Ikkansai Masayuki Bunsei jusannen hachigatsujitsu (August, 1830)
8	山浦正行　於海津城造之　天保三年八月日	Yamaura Masayuki Kaizujo ni oite kore o tsukuru Tempo sannen hachigatsujitsu (Masayuki made this at Kaizu Castle. August, 1832)
9	一貫斎秀寿	Ikkansai Hidetoshi
10	信濃守正行(花押)　・正行	Shinano no kami Masayuki(kao)〔Shinano no kami Masayuki (Paraph)〕
11	信濃国正行	Shinano no kuni Masayuki
12	山浦内蔵助源正行　為塩野入氏作之 天保五甲午歳二月	Yamaura Kuranosuke Minamoto no Masayuki Shiono Iriuji no tame ni kore o tsukuru Tempo go kinoeuma no toshi nigatsu (Masayuki made this for Shiono Iriuji. February, 1834)
13	源秀寿　天保五年仲冬　為涛斎主人作之	Minamoto no Hidetoshi Tempo gonen chuto Tosaishujin no tame ni kore o tsukuru (Hidetoshi made this for Tosaishujin. Winter, 1834)
14	表愛染之意鍛之山浦環　天保七申年九月吉日	Aizen no kokoro o arawashi kore o kitau Yamaura Tamaki Tempo shichi sarunotoshi kugatsukichijitsu 〔Tamaki made this with faith to Aizen-myouou(Ragaraja).〕
15	山浦環	Yamaura Tamaki
16	山浦環	Yamaura Tamaki
17	山浦環	Yamaura Tamaki
18	環	Tamaki
19	山浦環正行　武器講一百之一　天保十年八月日	Yamaura Tamaki Masayuki bukiko ippyaku no ichi Tempo junen hachigatsujitsu (One of the 100 swords production plan. August, 1839)
20	山浦環正行	Yamaura Tamaki Masayuki
21	於吾妻山浦環源朝臣正行　以玉川水淬刃 天保十年秋八月日	Azuma ni oite Yamaura Tamaki Minamoto no ason Masayuki Tamagawa no mizu o motte yaiba o kitau Tempo junen aki hachigatsujitsu (Using the water of the Tama River to forge a blade, Masayuki at Azuma. Autumn, August, 1839)
22	山浦環正行　天保十年十二月日主伴景徳	Yamaura Tamaki Masayuki Tempo junen junigatsujitsu shu Ban Kagenori (Orderer:Ban Kagenori December, 1839)
23	正行　天保十一庚子年八月	Masayuki Tempo juichi kanoene no toshi hachigatsu (August, 1840)
24	山浦環正行	Yamaura Tamaki Masayuki
25	正行　天保十一庚子年八月	Masayuki Tempo juichi kanoene no toshi hachigatsu (August, 1840)
26	正行　天保十二年二月日	Masayuki Tempo juninen nigatsujitsu (February, 1841)
27	正行　天保十三年二月日	Masayuki Tempo jusannen nigatsujitsu (February, 1842)
28	正行　天保十三年二月日	Masayuki Tempo jusannen nigatsujitsu (February, 1842)
29	正行　天保十三年二月日	Masayuki Tempo jusannen nigatsujitsu (February, 1842)
30	恭呈西涯磵先生　於長門国正行製	Seigaikan sensei ni kyoteisu Nagato no kuni ni oite Masayuki tsukuru (For Mr. Seigaikan, Masayuki made this at Nagato.)
31	於長門国萩城製源正行　天保十三年八月日	Nagato no kuni Hagijo ni oite tsukuru Minamoto no Masayuki Tempo jusannen hachigatsujitsu (Masayuki made this at Hagi Catsle, Nagato. August, 1842)
32	於萩城山浦正行造之　天保十三年八月日	Hagijo ni oite Yamaura Masayuki kore o tsukuru Tempo jusannen hachigatsujitsu (Masayuki made this at Hagi Castle. August, 1842)
33	山浦正行製　天保十四年二月日	Yamaura Masayuki tsukuru Tempo juyonen nigatsujitsu (February, 1843)
34	山浦正行製　天保十四年二月日	Yamaura Masayuki tsukuru Tempo juyonen nigatsujitsu (February, 1843)
35	山浦正行製	Yamaura Masayuki tsukuru (made by Masayuki)
36	山浦正行製	Yamaura Masayuki tsukuru (made by Masayuki)
37	天保十五年春　源正行	Tempo jugonen haru Minamoto no Masayuki (Spring, 1844)
38	正行　天保十五年二月日	Masayuki Tempo jugonen nigatsujitsu (February, 1844)
39	山浦正行　天保十五年二(以下切)	Yamaura Masayuki Tempo jugonen ni (Ikakire) 〔1844.2(The following sentences are lost)〕
40	於信小諸城製源正行　天保十五年八月日	Shin Komorojo ni oite tsukuru Minamoto no Masayuki Tempo jugonen hachigatsujitsu 〔Masayuki made this at Komoro Castle, Shin(Shinano). August, 1844〕
41	山浦環正行　天保十五年八月日	Yamaura Tamaki Masayuki Tempo jugonen hachigatsujitsu (August, 1844)
42	源正行　天保十五年八月日	Minamoto no Masayuki Tempo jugonen hachigatsujitsu (August, 1844)
43	源正行　天保十五年八月日	Minamoto no Masayuki Tempo jugonen hachigatsujitsu (August, 1844)
44	源正行　天保十五年八月日	Minamoto no Masayuki Tempo jugonen hachigatsujitsu (August, 1844)
45	源正行　弘化二年二月日	Minamoto no Masayuki Koka ninen nigatsujitsu (February, 1845)
46	応筑之后州米藩武藤積忠需鍛焉	Chiku no koshu Beihan Muto Tsumitada no motome ni ojite kitaeowannu (Made this by a request of Muto Tsumitada at Kurume, Chikugo)

〔著者紹介〕

中島宇一（なかじま・ういち）

1903年広島に生まれる。愛刀家であった父の影響を受け、映画雑誌の編集者を経て、22歳で研師山本七造に入門。独立後、研磨依頼を通じて清麿刀と出会い、その魅力にとりつかれる。以来、源清麿研究に打ち込み、斯道の第一人者となる。主な著書に『源清麿』（日本美術刀剣保存協会千葉支部）がある。

清麿大鑑〔普及版〕

2010年11月11日 第1刷発行
2025年10月11日 第7刷発行

編　者　中島宇一
発行者　宮下玄覇
発行所　刀剣春秋
〒160-0008 東京都新宿区四谷三栄町11-4（宮帯出版社内）
TEL 03-3355-5555　FAX 03-3355-3555
URL http://toukenshunju.com
発売元　㈱宮帯出版社
〒602-8157 京都市上京区小山町908-27
TEL 075-366-6600　FAX 075-366-3377
URL http://www.miyaobi.com
振替口座 00960-7-279886
印刷所　富士リプロ㈱

定価はカバーにあります。
落丁・乱丁本はお取り替え致します。

 ISBN978-4-86366-083-0 C3072

本書は1974年に発行された『清麿大鑑』の普及版です。著作権について可能な限り許諾を得るように致しましたが、残念ながら不明のままとなりました。判明した際はすみやかに対処しますので、継承者の方は編集部までご一報下さい。